개념은 **쉽게**
기능은 **빠르게**
실무활용은 **바로**

회사에서
바로 **통**하는

실무

김경자 지음

엑셀

매크로 & VBA

모든 버전 사용 가능

2007 2010 2013 2016 2019 Microsoft 365

HB 한빛미디어
Hanbit Media, Inc.

지은이 **김경자** (onwings@cpedu.co.kr)

LG전자 LearningCenter에 근무하면서 IT교육과 인연을 맺어 현재는 LG전자, 대우건설, 신세계푸드, 서울우유, 샘표식품, 한국표준협회, 한국수력원자력연구원, 국가공무원인재개발원, 국토교통인재개발원, 대한상공회의소 등에서 강의 및 엑셀 VBA를 활용한 업무혁신 프로그램을 개발하고 있습니다.

저서로는 《회사에서 바로 통하는 실무 엑셀 데이터 활용+분석》(한빛미디어, 2019), 《엑셀 2016 기본+실무》(북스홀릭, 2018), 《엑셀 함수 실무 강의》(한빛미디어, 2017), 《엑셀 2016 매크로와 VBA》(정보문화사, 2016), 《엑셀 2013 기본 실무완성》(북스홀릭, 2014), 《엑셀 2010 매크로와 VBA》(영진닷컴, 2012), 《엑셀 2010 기본 실무완성》(북스홀릭, 2010) 등이 있습니다.

회사에서 바로 통하는

실무 엑셀 매크로&VBA

초판 1쇄 발행 2020년 8월 20일
초판 4쇄 발행 2024년 4월 29일

지은이 김경자 / **펴낸이** 전태호
펴낸곳 한빛미디어(주) / **주소** 서울특별시 서대문구 연희로2길 62 한빛미디어(주) IT출판1부
전화 02-325-5544 / **팩스** 02-336-7124
등록 1999년 6월 24일 제25100-2017-000058호 / **ISBN** 979-11-6224-342-8 13000

총괄 배윤미 / **책임편집** 장용희 / **기획 · 편집** 박지수 / **교정** 신꽃다미 / **진행** 진명규
디자인 표지 이아란 내지 박정화 / **전산편집** 김보경
영업 김형진, 장경환, 조유미 / **마케팅** 박상용, 한종진, 이행은, 김선아, 고광일, 성화정, 김한솔 / **제작** 박성우, 김정우

이 책에 대한 의견이나 오탈자 및 잘못된 내용은 출판사 홈페이지나 아래 이메일로 알려주십시오.
파본은 구매처에서 교환하실 수 있습니다. 책값은 뒤표지에 표시되어 있습니다.
한빛미디어 홈페이지 www.hanbit.co.kr / 이메일 ask@hanbit.co.kr / 자료실 www.hanbit.co.kr/src/10342

지금 하지 않으면 할 수 없는 일이 있습니다.
책으로 펴내고 싶은 아이디어나 원고를 메일(writer@hanbit.co.kr)로 보내주세요.
한빛미디어(주)는 여러분의 소중한 경험과 지식을 기다리고 있습니다.

엑셀 기본 기능으로 쉽게 접근하는 매크로&VBA 학습

강의를 듣던 교육생 한 분이 이런 질문을 한 적이 있습니다. 함께 근무하는 동료가 엑셀 매크로를 사용하면 복잡한 엑셀 작업이 클릭 한 번으로 해결된다고 하여 매크로와 VBA 학습을 시작하기 위해 여러 번 시도해보았다고 합니다. 하지만 생소한 프로그래밍 언어가 많아 선뜻 학습을 시작하기가 두렵다는 것이었습니다.

매크로와 VBA는 기본적으로 프로그램을 제작하는 프로그래밍 언어입니다. 프로그래밍 경험이 있다면 쉽게 접근할 수 있지만 그러한 경험이 없는 일반 사용자는 매크로와 VBA가 엑셀과 전혀 다른 분야라는 느낌이 들 수밖에 없습니다.

모든 엑셀 사용자가 프로그래머는 아니기 때문에 처음부터 Visual Basic 문법을 무작정 익히고 외우려 한다면 쉽게 지치고 금세 포기하고 맙니다. 따라서 매크로를 학습할 때는 엑셀의 기본 기능을 이용하여 매크로에 접근해야 한 단계씩 쉽게 엑셀 매크로를 배울 수 있습니다.

실무 밀착형 예제와 친절한 설명으로 배우는 매크로&VBA 도서

이 책은 필사가 25년 동안 교육 현장에서 엑셀 실무자들을 대상으로 엑셀 매크로와 VBA 내용을 강의하며 접했던 현장감을 담았습니다. 매크로와 VBA 초보자들이 보다 쉽게 기본기를 쌓고 활용 문법을 학습할 수 있도록 실무 밀착형 예제와 친절한 설명으로 내용을 구성했습니다. 특히 예제에는 실무에 직접 사용할 수 있는 응용 사례를 담기 위해 노력했습니다.

이 책에는 어떠한 형태로 기능을 전달해야 가장 잘 이해할 수 있는지, 어떠한 예제를 다루어야 실무에 적용할 때 부족함이 없는지, 그리고 엑셀 매크로와 VBA 교육이 끝난 후에 교육생들이 주로 질문하는 사항은 어떤 것들이 있는지 등 다양한 피드백을 차곡차곡 모아 최선을 다해 담았습니다. 이러한 노력이 이 책을 통해 엑셀 매크로와 VBA를 학습하는 여러분에게 그대로 전달되었으면 합니다. 그리고 더 나아가 독자 여러분이 엑셀 VBA 프로그래머가 되어 업무에 필요한 프로그램을 직접 제작할 수 있는 엑셀 전문가로 거듭날 수 있길 바랍니다.

2020년 8월
김경자

핵심기능

매크로와 VBA를 다룰 때 반드시 알아야 할 핵심기능과 활용 방법을 소개합니다. 핵심기능을 통해 매크로와 VBA의 기본기를 충실히 익힐 수 있습니다.

회사에서 바로 통하는 키워드

어떤 기능과 VBA 코드를 이용해 실습을 진행하는지 확인할 수 있습니다.

프로젝트 실무 예제

실제 업무에서 쏙 뽑아온 실무 예제로 엑셀 매크로와 VBA를 이용한 자동화 프로그램 작성 방법을 학습할 수 있습니다.

실습 파일&완성 파일

핵심기능과 프로젝트를 따라 할 때 필요한 예제 파일과 결과를 비교해 볼 수 있는 완성 파일을 제공합니다.

프로젝트 시작하기

프로젝트 예제에서 어떤 작업을 배울지 친절하게 안내합니다. 실무에 바로 써먹을 수 있어 매크로와 VBA 프로그래밍 능력을 단숨에 업그레이드해줍니다.

프로젝트 예제 미리 보기

학습에 들어가기 전에 완성된 실습 예제를 미리 확인할 수 있습니다.

한눈에 보는 작업순서

예제의 진행 과정을 한눈에 확인할 수 있도록 단계별 작업순서를 표시했습니다.

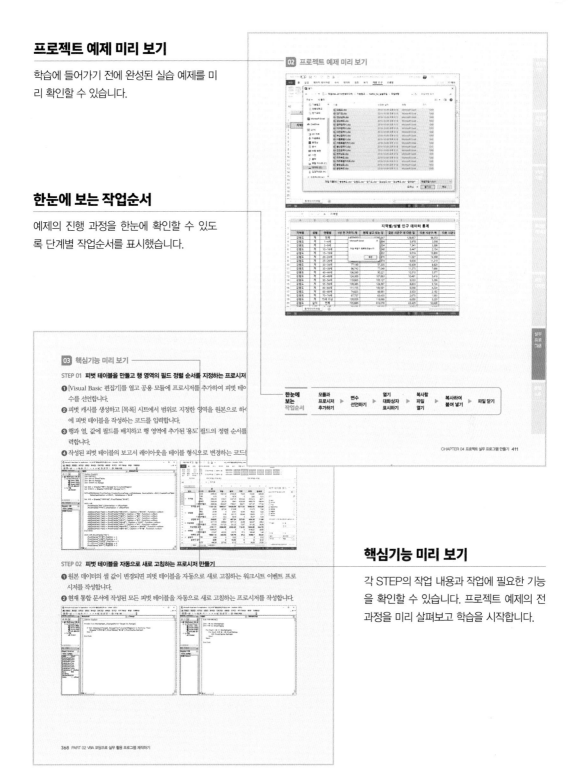

02 프로젝트 예제 미리 보기

| 한눈에 보는 작업순서 | 모듈과 프로시저 추가하기 | ▶ | 변수 선언하기 | ▶ | 열기 대화상자 표시하기 | ▶ | 복사할 파일 열기 | ▶ | 복사하여 붙여 넣기 | ▶ | 파일 닫기 |

CHAPTER 04 프로젝트 실무 프로그램 만들기 **411**

03 핵심기능 미리 보기

STEP 01 피벗 테이블을 만들고 행 영역의 필드 정렬 순서를 지정하는 프로시저

❶ [Visual Basic 편집기]를 열고 공용 모듈에 프로시저를 추가하여 피벗 테이...
수를 선언합니다.

❷ 피벗 캐시를 생성하고 [목록] 시트에서 범위로 지정한 영역을 원본으로 하여...
에 피벗 테이블을 작성하는 코드를 입력합니다.

❸ 행과 열, 값에 필드를 배치하고 행 영역에 추가된 '용도' 필드의 정렬 순서를...
력합니다.

❹ 작성된 피벗 테이블의 보고서 레이아웃을 테이블 형식으로 변경하는 코드...

STEP 02 피벗 테이블을 자동으로 새로 고침하는 프로시저 만들기

❶ 원본 데이터의 셀 값이 변경되면 피벗 테이블을 자동으로 새로 고침하는 워크시트 이벤트 프로시저를 작성합니다.

❷ 현재 통합 문서에 작성된 모든 피벗 테이블을 자동으로 새로 고침하는 프로시저를 작성합니다.

핵심기능 미리 보기

각 STEP의 작업 내용과 작업에 필요한 기능을 확인할 수 있습니다. 프로젝트 예제의 전 과정을 미리 살펴보고 학습을 시작합니다.

비법노트

매크로와 VBA를 다루는 데 필요한 기본 개념이나 따라 하기 실습 과정에서 알면 좋은 엑셀 활용 방법, 함수 구성 방법 등 엑셀 전문가의 노하우를 알려줍니다.

문법노트

매크로와 VBA를 이용해 프로그램을 작성하면서 앞서 실습한 코드 내용을 확인하고 응용할 수 있는 방법을 알려줍니다.

인덱스

매크로, VBA 학습 내용 및 문법노트 등 현재 학습하고 있는 지점이 어디인지 바로 확인할 수 있습니다.

실력향상

실습을 진행하며 헷갈리기 쉬운 부분이나 기능 활용에 유용한 팁을 수록했습니다.

별책 부록

예제 파일의 [별책 부록] 폴더에 포함된 PDF
도서입니다. 실전형 프로그램을 제작할 수 있
는 고급 실무 프로젝트 예제로 구성되어 있습
니다.

회 사 에 서 바 로 통 하 는 실 무 엑 셀 매 크 로 & V B A

실무 프로그램
제작으로
VBA 프로그래밍
실전 감각
기르기

고급 실무 프로젝트

02

리모델링 수주 고객관리
프로그램 만들기

실습 파일 | 별책부록/리모델링고객관리.xlsx
완성 파일 | 별책부록/리모델링고객관리(완성).xlsm

01 프로젝트 시작하기

주택, 아파트의 리모델링을 의뢰하는 고객의 정보를 등록하고, 수정 또는 삭제할 수 있는 고객관리 프로
그램을 만들어보겠습니다.
사용자 정의 폼을 이용하여 [고객등록] 폼과 [고객 검색/삭제] 폼을 삽입한 후 [고객등록] 폼에서는 신규
고객의 정보와 리모델링 항목, 비용, 사진 등을 등록하여 [고객DB] 시트에 자동 입력되도록 합니다. [고
객 검색/삭제] 폼에서는 검색 단어를 입력하면 [고객DB] 시트에서 데이터를 검색하여 폼에 표시하고, 수
정사항이 있을 경우 폼에서 수정하면 [고객DB] 시트에도 자동 수정되도록 프로그램을 작성해보겠습니다.

회사에서 바로 통하는 키워드	사용자 정의 폼, 콤보 상자, 목록 상자, 텍스트 상자, 이미지, 확인란, 옵션 단추, 명령 단추, Initialize 이벤트, ListIndex 속성, SetFocus 메서드, SendKeys 메서드, GetOpenFilename 메서드, Show 메서드, Picture 속성, EntireRow 속성, Find 메서드, LoadPicture 함수, Date 함수, Unload 문, If 조건문, Do While 반복문

모든 기능을 코드로 구현할 수 있지만, 실제 업무에 사용하는 코드는 한정되어
서 실무에서 많이 사용되는 VBA 학습에 하나의 완성된 프로그램을 제작하는
VBA를 활용해 업무에 적용하는 데 있어 중요한 경험이 됩니다. 특별 부록으로 제
무 프로젝트를 통해 하나의 프로그램을 처음부터 끝까지 직접 따라 하며 제작에
밍 감각을 경험할 수 있습니다.

고급 실무 프로젝트 예제

엑셀 매크로와 VBA를 사용해 본격적으로
프로그램을 제작하는 예제로, 실제 프로그램
전 과정을 제작하여 실전 프로그래밍 감각을
기를 수 있습니다.

회사에서 바로 통하는 실습 예제&별책 부록 다운로드

이 책에 사용된 모든 실습 및 완성 예제 파일은 한빛미디어 홈페이지(www.hanbit.co.kr/media)에서 다운로드할 수 있습니다. 예제 파일은 따라 하기를 진행할 때마다 사용되므로 컴퓨터에 복사해두고 활용합니다.

---

1 한빛미디어 홈페이지(www.hanbit.co.kr/media)로 접속합니다. 로그인 후 화면 오른쪽 아래에 [자료실] 버튼을 클릭합니다.

2 자료실 도서 검색란에서 도서명을 검색하고, 찾는 도서가 나타나면 [예제소스] 버튼을 클릭합니다.

3 선택한 도서 정보가 표시되면 오른쪽에 있는 [다운로드] 버튼을 클릭합니다.

다운로드한 예제 파일은 일반적으로 [다운로드] 폴더에 저장되며, 사용하는 웹 브라우저 설정에 따라 다를 수 있습니다.

목차

—— CHAPTER 02 ——
자동 매크로를 활용하여 업무 자동화 프로그램 만들기

목차

—— CHAPTER 02 ——
프로그램 실행을 제어하는 조건문과 반복문 사용하기

—— **CHAPTER 03** ——
화면 디자인을 위한 컨트롤과 사용자 정의 폼 만들기

PART
01

쉽고 빠르게
프로그램을 만드는
자동 매크로
활용하기

매크로는 사용자가 실행한 엑셀 작업을 기록해 언제든 동일하게 다시 실행하도록 만들어주는 기능입니다. 매크로는 VBA 코드를 직접 입력하지 않아도 사용자가 실행한 작업을 VBA 코드로 입력해줍니다. 자동 매크로를 사용하면 어려운 VBA 문법을 모두 익히지 않아도 업무에 필요한 프로그램을 만들 수 있습니다. 이번 PART 에서는 자동 매크로를 기록, 편집, 실행하는 방법부터 업무에 응용하는 방법까지 자세하게 살펴보겠습니다.

CHAPTER

01

매크로 사용에 꼭 필요한 기본기 익히기

엑셀의 매크로 기록 기능은 매크로 기록을 시작한 후 키보드와 마우스를 조작 했을 때 해당 동작에 맞는 VBA 코드를 자동으로 만듭니다. 이것을 자동 매크로라고 합니다. 자동 매크로 기능을 이용하여 기본 코드를 작성한 후 조금씩 보완하면 업무에 사용할 매크로 프로그램을 쉽고 빠르게 만들 수 있습니다. 이번 CHAPTER에서는 자동 매크로 사용에 꼭 필요한 핵심기능을 학습해보겠습니다. 이 내용은 매크로 실력 향상을 위한 초석이 되므로 충분히 이해하고 실습하는 것이 좋습니다.

개발 도구 탭 살펴보기

실습 파일 | 없음 완성 파일 | 없음

매크로와 관련된 기능을 실행하려면 우선 [개발 도구] 탭을 활성화해야 합니다. 엑셀을 설치한 후 [개발 도구] 탭은 기본적으로 표시되지 않으므로 리본 메뉴에 별도로 추가하는 작업이 필요합니다. [개발 도구] 탭을 엑셀 화면에 표시해보겠습니다.

미리 보기

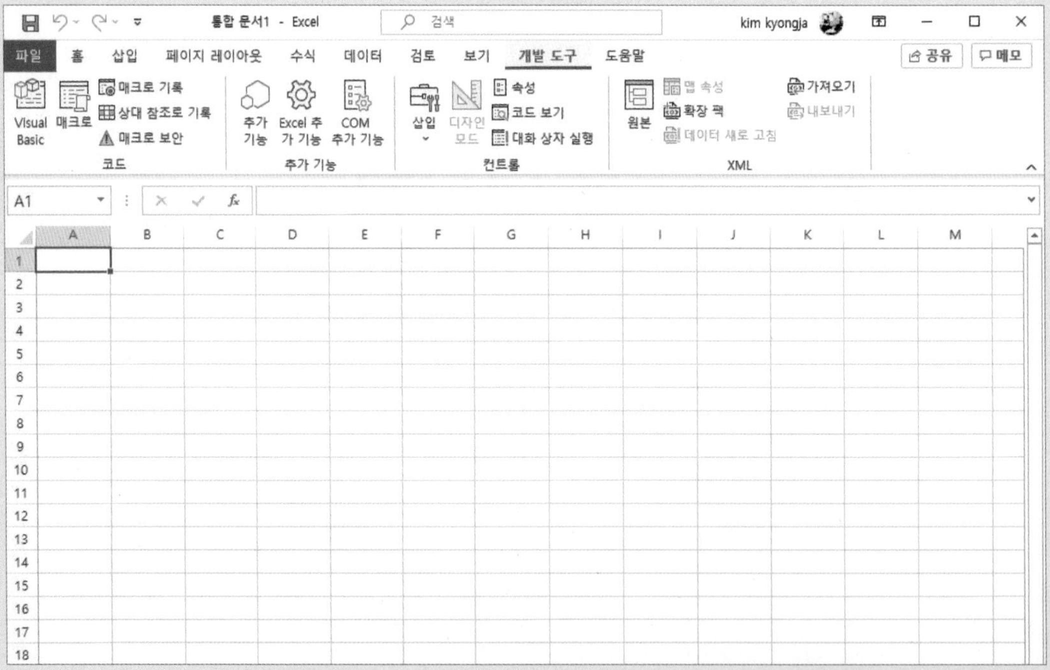

회사에서 바로 통하는 **키워드** : 개발 도구

한눈에 보는 작업순서 개발 도구 표시

01 개발 도구 표시하기 ❶ [파일] 탭을 클릭한 후 백 스테이지 화면에서 ❷ [옵션]을 클릭합니다.

02 [Excel 옵션] 대화상자가 나타나면 ❶ [리본 사용자 지정]을 클릭합니다. [리본 메뉴 사용자 지정]에서 ❷ [개발 도구]에 체크합니다. ❸ [확인]을 클릭합니다.

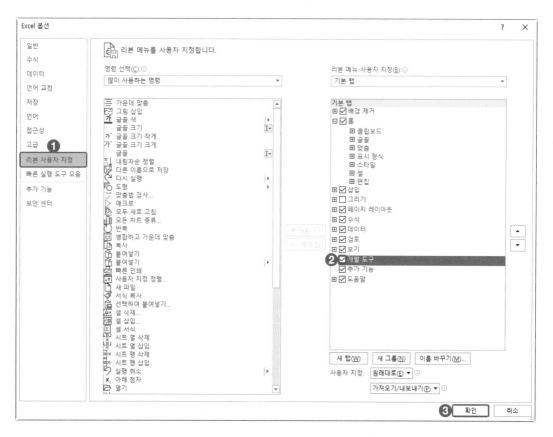

03 리본 메뉴에 [개발 도구] 탭이 표시됩니다. [개발 도구] 탭을 클릭합니다.

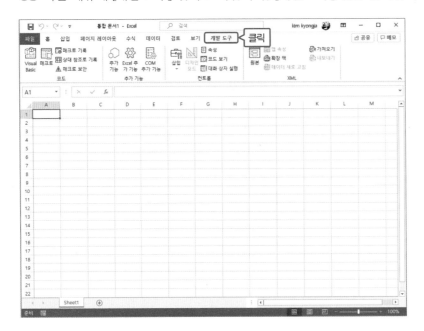

개발 도구 탭의 주요 도구 살펴보기

[개발 도구] 탭에는 [코드], [추가 기능], [컨트롤], [XML]의 네 그룹이 있습니다. [코드] 그룹은 자동 매크로를 기록하고 실행하거나 코드를 수정할 때 주로 사용하고, [추가 기능] 그룹은 엑셀에서 추가로 사용할 수 있는 기능을 선택하거나 해제할 때 사용합니다. [컨트롤] 그룹에는 엑셀 자동화를 위한 양식 컨트롤과 ActiveX 컨트롤을 삽입하고 각 컨트롤을 작동하는 명령이 있습니다. [XML] 그룹은 다른 프로그래밍 언어나 응용프로그램에서 만들어진 XML(eXtensible Markup Language)과 상호 작용해야 할 경우 사용합니다. 앞으로 주로 사용할 [코드] 그룹, [추가 기능] 그룹, [컨트롤] 그룹의 각 항목에 대해 살펴보겠습니다.

1. [코드] 그룹

❶ **Visual Basic** : 매크로와 관련된 코드를 입력하고 수정할 수 있는 [Visual Basic 편집기]를 표시합니다. [Visual Basic 편집기]에서 현재 열려 있는 모든 엑셀 파일에 포함된 매크로 코드를 관리할 수 있습니다. 기록한 매크로와 VBA 코드는 통합 문서와 함께 저장됩니다.

❷ **매크로** : [매크로] 대화상자가 표시되고 현재 열려 있는 문서에 포함된 매크로의 목록을 볼 수 있습니다. [매크로] 대화상자에서는 매크로 실행, 삭제, 바로 가기 키 변경 작업 등을 할 수 있습니다.

❸ **매크로 기록** : [매크로 기록] 대화상자가 표시되고 새로운 매크로를 기록할 수 있습니다.

❹ **상대 참조로 기록** : 이 항목이 활성화된 상태에서 매크로를 기록하면 상대 참조로 기록됩니다. 상대 참조 매크로는 셀 주소를 상대적인 위치로 기록하고 실행하는 매크로입니다. 이 기능이 활성화되어 있지 않으면 절대 참조로 기록됩니다.

⑤ 매크로 보안 : 매크로가 포함된 통합 문서 파일을 열 때 콘텐츠 허용에 대한 메시지 표시줄 설정을 변경할 수 있습니다.

2. [추가 기능] 그룹

① 추가 기능 : 스토어에서 추가 기능을 검색하여 설치할 수 있습니다.

② Excel 추가 기능 : 엑셀 추가 기능 목록이 표시됩니다. 기본적으로 제공하는 기능과 VBA를 이용하여 사용자가 직접 작성한 추가 기능 파일(*.xlam)이 모두 표시되고 해당 파일을 선택해 열 수 있습니다. 열린 추가 기능 파일은 [Visual Baisc 편집기]에서 확인할 수 있습니다.

③ COM 추가 기능 : PC에 설치된 프로그램 중에 엑셀에 추가하여 사용할 수 있는 프로그램 목록이 표시됩니다. 목록에서 원하는 항목에 체크하면 해당 프로그램이 엑셀에서 동작합니다.

3. [컨트롤] 그룹

① 삽입 : 양식 컨트롤과 ActiveX 컨트롤을 삽입합니다. 두 컨트롤은 모두 엑셀 문서의 워크시트에 인터페이스를 추가하기 위해서 주로 사용합니다. 양식 컨트롤은 함수와 연결하여 사용하고, ActiveX 컨트롤은 VBA 프로그램에 사용합니다.

② 디자인 모드 : ActiveX 컨트롤을 삽입한 경우 디자인 모드와 실행 모드를 전환합니다. 디자인 모드가 활성화되면 삽입한 컨트롤을 수정할 수 있으며, 활성화되어 있지 않으면 워크시트 작업을 할 수 있습니다.

③ 속성 : 삽입된 각 컨트롤의 속성 목록을 보여줍니다. [Visual Basic 편집기]에 있는 [속성] 창과 연결됩니다.

④ 코드 보기 : [Visual Basic 편집기]의 [코드] 창을 표시합니다.

⑤ 대화 상자 실행 : 엑셀에서 제공하는 대화상자와 별개로 사용자가 직접 작성한 사용자 정의 폼 형태의 대화상자를 표시할 수 있습니다.

매크로가 포함된 파일
열고 저장하기

실습 파일 | Part01/Chapter01/01_02.생산실적보고.xlsm
완성 파일 | Part01/Chapter01/01_02.생산실적보고(완성).xlsm

기본적으로 매크로가 포함된 통합 문서를 열면 매크로가 차단된 상태로 열립니다. 매크로 코드나 컨트롤을 확인할 수는 있지만 매크로가 실행되지는 않습니다. 매크로가 실행되도록 파일을 열고 매크로 파일을 저장하는 방법에 대해 살펴보겠습니다.

미리 보기

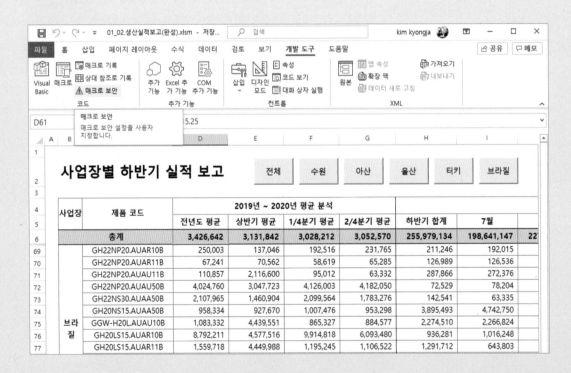

회사에서 바로 통하는 **키워드** : 보안 경고, 콘텐츠 사용, 매크로 사용 통합 문서

**한눈에
보는
작업순서**   매크로 포함하여
파일 열기 ▶ 매크로 사용 통합 문서로
저장하기

01 매크로가 포함된 파일 열기 매크로가 포함된 통합 문서를 처음 열면 메시지 표시줄에 [보안 경고]가 표시됩니다. [보안 경고]가 표시되면 현재 매크로가 차단된 상태라는 의미입니다. [콘텐츠 사용]을 클릭합니다.

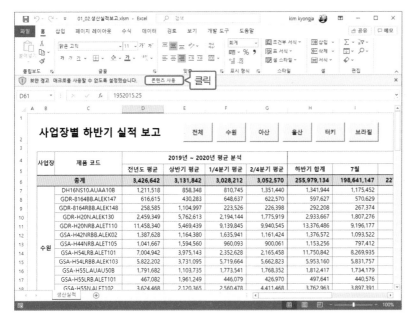

실력향상

한 번 허용된 매크로 파일은 신뢰할 수 있는 문서로 등록되어 다시 열 경우 [보안 경고]가 표시되지 않습니다.

02 메시지가 사라집니다. 차단된 매크로가 허용되어 자유롭게 매크로를 실행할 수 있습니다.

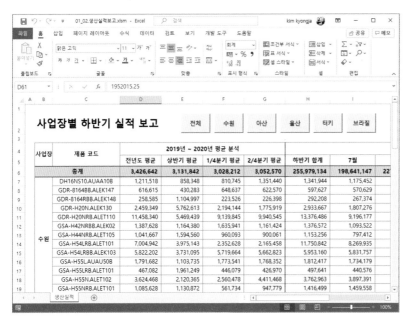

실력향상

[보안 경고]는 파일을 열었을 때 바로 표시되며 [콘텐츠 사용]을 클릭하지 않고 다른 작업을 하면 사라집니다. 이때 [콘텐츠 사용]을 활성화하려면 파일을 닫고 다시 열어야 합니다.

03 매크로로 실행하기 매크로가 연결된 6개의 컨트롤 명령 단추를 각각 클릭해봅니다. 매크로가 실행되어 해당 사업부의 데이터만 화면에 표시됩니다.

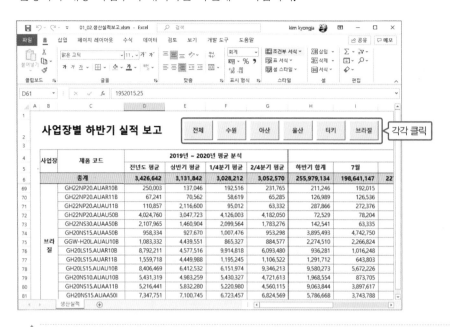

ᐟᐟᐟ 실력향상 [보안 경고]에서 [콘텐츠 사용]을 클릭하지 않고 매크로를 실행하면 매크로를 사용할 수 없다는 경고 메시지가 표시됩니다.

04 매크로 사용 통합 문서로 저장하기 ❶ [파일] 탭-[다른 이름으로 저장]을 클릭합니다. [다른 이름으로 저장] 화면에서 ❷ [기타 위치]의 [이 PC]를 클릭합니다. ❸ 파일 이름으로 **01_02.생산실적보고(완성)**를 입력하고 ❹ 파일 형식에서 [Excel 매크로 사용 통합 문서(*.xlsm)]를 클릭합니다. ❺ [저장]을 클릭합니다.

ᐟᐟᐟ 실력향상 매크로가 포함되어 있는 통합 문서를 [Excel 통합 문서(*.xlsx)] 형식으로 저장하면 '다음 기능은 매크로 제외 통합 문서에 저장할 수 없습니다'라는 메시지가 표시됩니다. 이 메시지에서 [예]를 클릭하여 Excel 통합 문서로 저장한 후 파일을 닫으면 작성된 매크로는 모두 없어지니 주의합니다.

비법노트 매크로 보안 설정 변경하기

매크로가 포함된 엑셀 파일을 열 때 메시지 표시줄에 [보안 경고]가 표시되지 않으면 [보안 센터] 대화상자에서 [매크로 설정]과 [메시지 표시줄]을 확인합니다.

01 [개발 도구] 탭-[코드] 그룹-[매크로 보안]을 클릭합니다.

02 [보안 센터] 대화상자가 나타나면 [매크로 설정]을 클릭합니다. 매크로가 포함된 통합 문서를 열 때 매크로 차단 여부를 네 항목 중에서 선택할 수 있습니다.

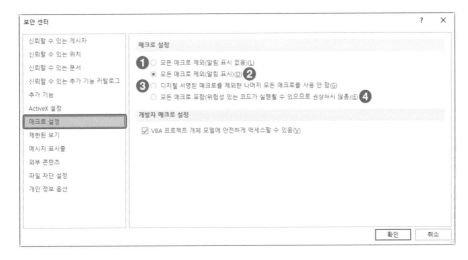

❶ **모든 매크로 제외(알림 표시 없음)** : 모든 매크로가 차단된 상태에서 열리며 [보안 경고] 메시지도 표시되지 않습니다. 매크로 코드나 관련 내용을 볼 수 있지만 매크로는 실행되지 않습니다.

❷ **모든 매크로 제외(알림 표시)** : 매크로가 차단된 상태에서 파일이 열린 후 [보안 경고] 메시지가 표시됩니다. [콘텐츠 사용]을 클릭하면 매크로 차단이 해제됩니다. 기본 권장 항목입니다.

❸ **디지털 서명된 매크로를 제외한 나머지 모든 매크로를 사용 안 함** : 특정 매크로와 파일에 디지털 서명 파일이 포함된 경우에만 매크로가 실행됩니다.

❹ **모든 매크로 포함(위험성 있는 코드가 실행될 수 있으므로 권장하지 않음)** : 이 항목을 선택하면 모든 매크로를 차단하지 않습니다. 매크로는 기본적으로 코딩이 가능한 프로그램으로 악의적인 바이러스를 포함하여 저장할 수도 있습니다. 사용자의 컴퓨터 안전을 위하여 이 항목은 권장하지 않습니다.

03 [메시지 표시줄]에서는 차단된 매크로가 있을 경우 메시지 표시줄에 [보안 경고] 메시지를 표시할 것인지 여부를 설정할 수 있습니다.

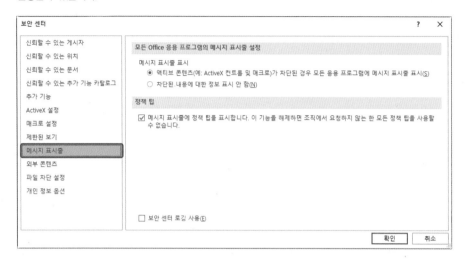

핵심기능

03

절대 참조 매크로 기록하여
실행하기

실습 파일 | Part01/Chapter01/01_03.실험측정데이터.xlsx
완성 파일 | Part01/Chapter01/01_03.실험측정데이터(완성).xlsm

절대 참조 매크로는 매크로 기록에 사용된 셀 위치와 범위가 고정되어 매크로를 실행할 때도 동일한
셀과 범위에서만 동작합니다. 실험 측정 데이터를 자동으로 편집하는 절대 참조 매크로를 기록하여
실행해보겠습니다. 머리글을 날짜, 습도, 온도로 변경하고, 날짜에서 시간 데이터를 삭제한 후 열 너
비를 자동 맞추는 작업을 기록해보겠습니다.

미리 보기

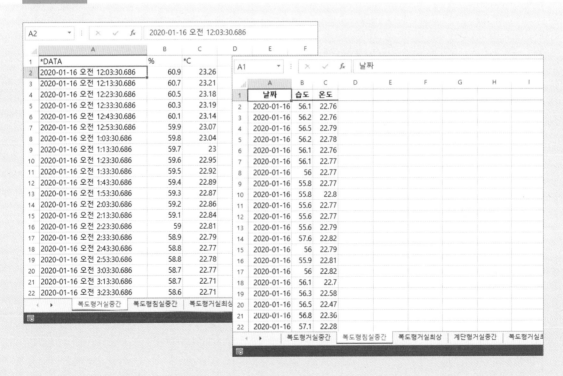

회사에서 바로 통하는 **키워드** : 매크로 기록, 매크로 실행

한눈에 보는 작업순서	매크로 기록 시작하기	▶	머리글 변경하기	▶	텍스트 나누기로 시간 삭제하기	▶	열 너비 자동 맞춤하기	▶	매크로 기록 중지하기	▶	매크로 사용 통합 문서로 저장하기

01 매크로 기록 시작하기 실습 파일을 엽니다. ❶ [A6] 셀을 클릭한 후 ❷ [개발 도구] 탭–[코드] 그룹–[매크로 기록]을 클릭합니다. [매크로 기록] 대화상자에서 ❸ [매크로 이름]에 **데이터편집**, [바로 가기 키]에 **q**, [설명]에 **머리글을 변경하고, 날짜 데이터만 남기는 편집 매크로**를 입력합니다. ❹ [확인]을 클릭합니다.

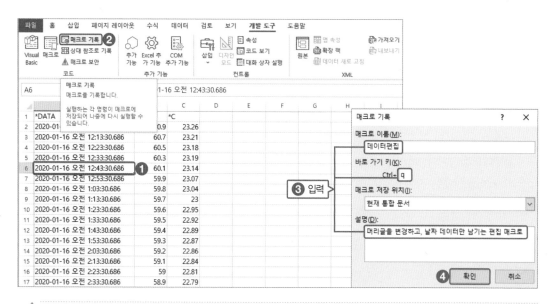

실력향상 [A1] 셀이 클릭된 상태에서는 [A1] 셀을 지정하는 동작을 기록할 수 없으므로 [A1] 셀이 아닌 다른 임의의 셀을 클릭한 상태에서 매크로 기록을 시작합니다. [매크로 이름]에는 공백과 특수문자를 사용할 수 없고, [바로 가기 키]에는 영어 소문자를 입력합니다.

02 머리글 변경하기 [A1] 셀에 **날짜**, [B1] 셀에 **습도**, [C1] 셀에 **온도**를 각각 입력합니다.

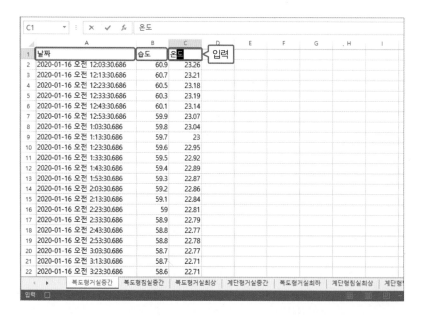

03 텍스트 나누기로 시간 삭제하기 ❶ A열을 범위로 지정한 후 ❷ [데이터] 탭-[데이터 도구] 그룹-[텍스트 나누기]를 클릭합니다. [텍스트 마법사-3단계 중 1단계] 대화상자에서 ❸ [너비가 일정함]을 클릭한 후 ❹ [다음]을 클릭합니다.

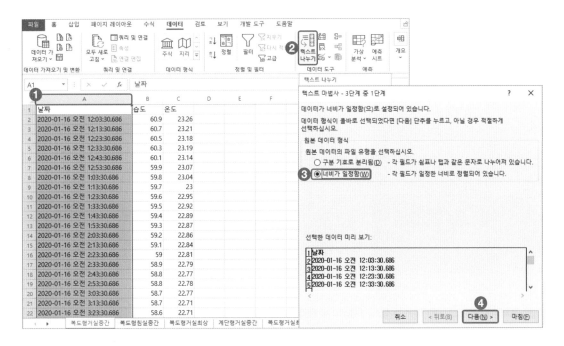

04 [텍스트 마법사-3단계 중 2단계] 대화상자에서 ❶ 날짜 다음에 있는 구분선만 남기고 삭제한 후 ❷ [다음]을 클릭합니다. [텍스트 마법사-3단계 중 3단계] 대화상자에서 ❸ 두 번째 열을 클릭한 후 ❹ [열 가져오지 않음(건너뜀)]을 클릭합니다. ❺ [마침]을 클릭합니다.

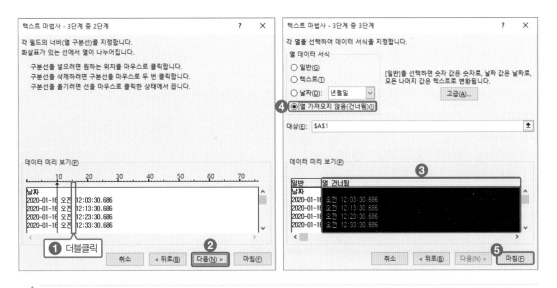

실력향상 이 경우에는 구분선이 자동으로 두 개가 표시됩니다. 필요 없는 구분선은 더블클릭하거나 바깥 영역으로 드래그하여 삭제합니다.

05 열 너비 자동 맞춤하기 ❶ [A:C] 열을 범위로 지정한 후 ❷ A열과 B열 사이의 경계선을 더블 클릭하여 너비를 자동 맞춥니다. 지정된 범위를 해제하기 위해 ❸ [A1] 셀을 클릭합니다.

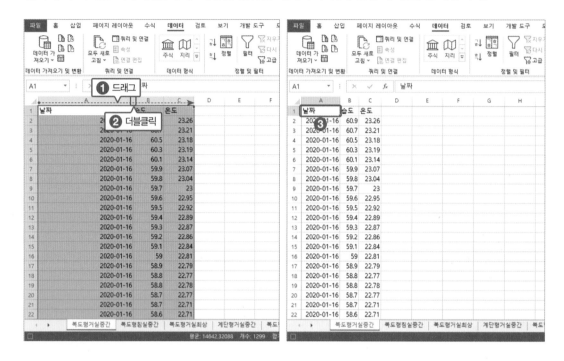

06 매크로 기록 중지하기 [개발 도구] 탭–[코드] 그룹–[기록 중지]를 클릭합니다.

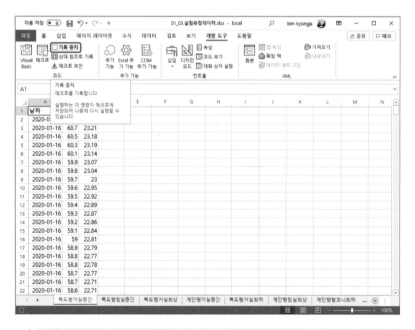

📶 **실력향상** 매크로 기록에 필요한 동작이 끝났는데 매크로 기록을 중지하지 않고 바로 실행하는 경우가 있습니다. 이러한 경우 매크로가 무한 반복되어 엑셀 프로그램이 중단될 수 있으므로 매크로로 기록하는 동작이 끝났으면 반드시 기록을 중지합니다.

07 매크로 실행하기 ❶ 두 번째에 있는 [복도형침실중간] 시트 탭을 클릭합니다. ❷ 바로 가기 키로 지정한 Ctrl + Q 를 누릅니다. 매크로가 실행되며 입력된 데이터가 자동으로 편집됩니다.

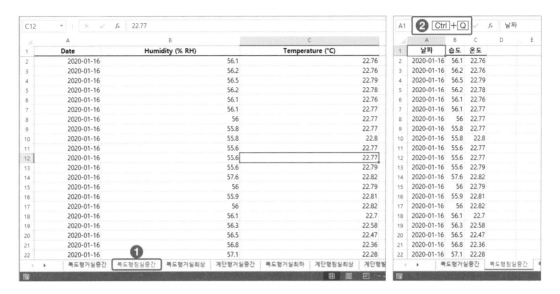

📊 **실력향상** 소문자 **q**를 입력해 바로 가기 키를 만들었으면 Ctrl + Q 를 누르고, 대문자 **Q**를 입력했으면 Ctrl + Shift + Q 를 눌러야 합니다. 매크로를 기록할 때 설정한 바로 가기 키는 [개발 도구] 탭-[코드] 그룹-[매크로]를 클릭하여 [옵션]에서 변경할 수 있습니다.

08 매크로 사용 통합 문서로 저장하기 ❶ [파일] 탭-[다른 이름으로 저장]을 클릭합니다. [다른 이름으로 저장] 화면에서 ❷ 파일 이름으로 **01_03.실험측정데이터(완성)**를 입력하고 ❸ 파일 형식에서 [Excel 매크로 사용 통합 문서(*.xlsm)]를 클릭합니다. ❹ [저장]을 클릭합니다.

매크로 기록 대화상자 살펴보기

[매크로 기록] 대화상자의 각 항목에 대해 살펴보겠습니다.

❶ **매크로 이름** : 매크로 이름은 필수 항목으로 한글 또는 영문으로 간략하게 입력합니다. 반드시 첫 글자는 문자로 시작하고 뒤에 문자, 숫자, 언더바(_)를 사용할 수 있습니다. 공백과 특수문자(!, @, #, $, %, ^ 등)는 사용할 수 없으므로 주로 언더바를 사용해 단어를 구분합니다. 엑셀에서 사용하고 있는 함수나 다른 개체의 이름으로 사용하고 있는 것을 중복 지정하면 에러가 발생합니다. 이미 사용하고 있는 매크로 이름을 지정할 경우 '기존의 매크로를 바꾸시겠습니까?'라는 확인 메시지가 나타나며, 이때 [예]를 클릭하면 기존 매크로가 삭제되고 새롭게 기록됩니다.

❷ **바로 가기 키** : 매크로를 실행하는 바로 가기 키를 지정하는 선택 항목입니다. Ctrl과 영어 소문자를 조합하여 지정합니다. 대문자로 지정하면 Shift와 함께 바로 가기 키가 지정되므로 실행할 때 Shift를 같이 누르거나 Caps Lock이 활성화된 상태여야 합니다. 엑셀 프로그램에서 이미 설정되어 있는 바로 가기 키를 지정하면 사용자가 매크로에서 지정한 바로 가기 키가 우선 작동합니다. 현재 열려 있는 통합 문서의 다른 매크로에서 이미 사용하고 있는 바로 가기 키는 지정할 수 없습니다.

❸ **매크로 저장 위치** : 기록되는 매크로를 저장할 통합 문서를 지정하는 선택 항목입니다. 대부분 [현재 통합 문서]로 지정하여 작업 중인 통합 문서에 저장되도록 합니다. 이 외에 [새 통합 문서]와 [개인용 매크로 통합 문서]가 있는데, [새 통합 문서]는 새로운 통합 문서를 추가하여 그 문서에 매크로를 저장하고, [개인용 매크로 통합 문서]는 'personal.xlsb'이라는 이름으로 엑셀 시작 폴더인 [XLStart]에 저장됩니다. 이 폴더에 저장된 파일은 엑셀이 실행될 때마다 자동으로 열리기 때문에 특정한 경우가 아니면 사용하지 않습니다.

❹ **설명** : 기록하는 매크로의 기능이나 용도에 대한 설명을 추가하는 선택 항목입니다. 설명은 매크로 실행에는 아무런 영향을 미치지 않으며, [Visual Basic 편집기]의 코드에 작은따옴표(')가 맨 앞에 붙어 주석으로 처리됩니다.

상태 표시줄에서 매크로 기록하고 중지하기

매크로를 기록하면서 다른 리본 메뉴를 조작해야 하는데 매크로를 기록하고 중지할 때마다 [개발 도구] 탭을 일일이 클릭하기는 불편합니다. 이때 상태 표시줄에 있는 버튼을 이용하여 매크로를 기록하고 중지할 수 있습니다. 엑셀 화면 하단에 위치한 상태 표시줄 왼쪽의 ❶ 📷 버튼으로, 매크로 기록 중이 아닐 경우 '현재 기록 중인 매크로가 없습니다. 새 매크로를 기록하려면 클릭하세요' 메시지가 나타납니다. 클릭하면 매크로 기록이 시작됩니다. ❷ 매크로가 기록 중이면 ⬜ 버튼으로 표시됩니다. 클릭하면 매크로 기록이 중지됩니다.

매크로 기록에 포함되지 않는 동작들

● **리본 메뉴의 탭만 클릭할 경우** : 단순히 [홈], [삽입], [페이지 레이아웃], [수식] 탭 등의 리본 메뉴를 클릭하는 동작은 매크로 기록에 포함되지 않습니다.

● **대화상자에서 [취소]를 클릭했을 경우** : 예를 들어 [셀 서식] 대화상자를 열고 서식 변경을 하더라도 [취소]를 클릭하면 셀 서식 관련 변경 내용과 기능은 매크로에 기록되지 않습니다.

● **직접적인 변화가 없는 기능 키를 누를 경우** : 키보드의 [한/영], [Insert], [Num Lock] 등 엑셀 화면에 직접적인 변화가 없는 키를 누르는 동작은 매크로에 기록되지 않습니다.

● **엑셀 이외의 다른 프로그램을 사용할 때** : 매크로 기록 중 엑셀에서 작업을 중단하고 파일 탐색기를 실행하거나 다른 응용프로그램을 사용하는 경우 해당 프로그램의 작업 내용은 매크로에 기록되지 않습니다.

매크로 대화상자와
Visual Basic 편집기 살펴보기

실습 파일 | Part01/Chapter01/01_04.자동매크로코드.xlsm
완성 파일 | Part01/Chapter01/01_04.자동매크로코드(완성).xlsm

[매크로] 대화상자에서 현재 열려 있는 통합 문서에 포함된 모든 매크로를 관리할 수 있으며 매크로
실행, 삭제, 바로 가기 키 변경 등의 작업을 할 수 있습니다. 또한 매크로를 구성하는 VBA 코드의 내
용은 [Visual Basic 편집기]에서 확인하고 수정할 수 있습니다.

미리 보기

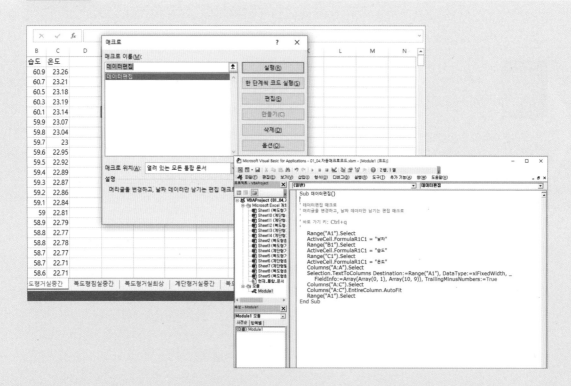

회사에서 바로 통하는 **키워드** : 매크로 대화상자, 바로 가기 키 변경, Visual Basic 편집기, 편집기 글꼴 서식 변경

한눈에 보는 작업순서	매크로 통합 문서 열고 콘텐츠 허용하기	▷	매크로 대화상자에서 실행하기	▷	바로 가기 키 변경하기	▷	[Visual Baisc 편집기] 표시하기	▷	편집기 글꼴 서식 변경하기

01 매크로 통합 문서 열고 콘텐츠 허용하기 실습 파일을 열면 메시지 표시줄에 [보안 경고]가 표시됩니다. [콘텐츠 사용]을 클릭합니다.

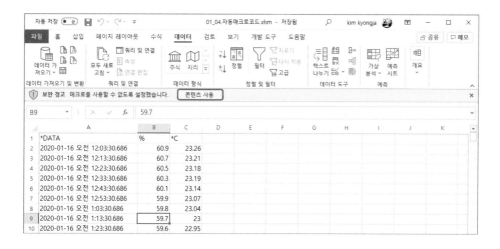

02 매크로 대화상자에서 실행하기 ❶ [개발 도구] 탭-[코드] 그룹-[매크로]를 클릭합니다. [매크로] 대화상자의 [매크로 이름]에 [데이터편집] 매크로가 선택되어 있는 것을 확인한 후 ❷ [실행]을 클릭합니다.

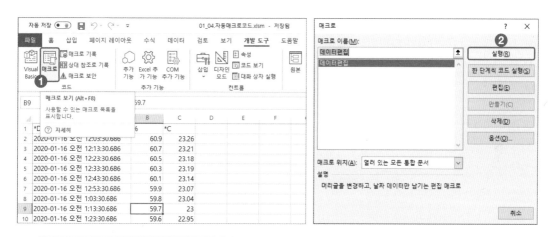

🔼 **실력향상** [매크로] 대화상자에서 [한 단계씩 코드 실행]을 클릭하면 [Visual Basic 편집기]가 열리고 코드를 한 문장씩 실행할 준비가 됩니다. 이때 F8을 한 번 누를 때마다 한 문장씩 매크로가 실행되고 실행 중인 문장은 노란색 음영으로 표시됩니다. 이 기능은 프로그램에 오류가 발생했을 때 오류를 점검하기 위해 주로 사용합니다. 매크로를 완진히 종료하려면 [Visual Basic 편집기]의 [표준] 도구 모음에서 [재설정■]을 클릭합니다.

03 매크로가 실행되고 선택된 시트의 데이터가 자동으로 편집됩니다.

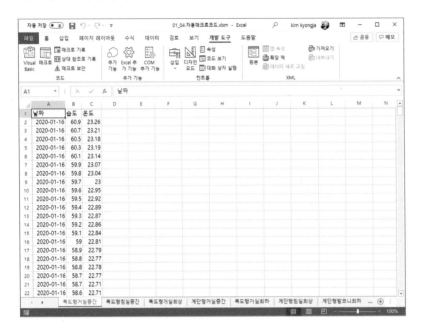

04 바로 가기 키 변경하기 ❶ [개발 도구] 탭-[코드] 그룹-[매크로]를 클릭합니다. [매크로] 대화상자의 [매크로 이름]에 [데이터편집] 매크로가 선택되어 있는 것을 확인하고 ❷ [옵션]을 클릭합니다. [매크로 옵션] 대화상자가 나타나면 ❸ [바로 가기 키]를 **w**로 변경한 후 ❹ [확인]을 클릭합니다.

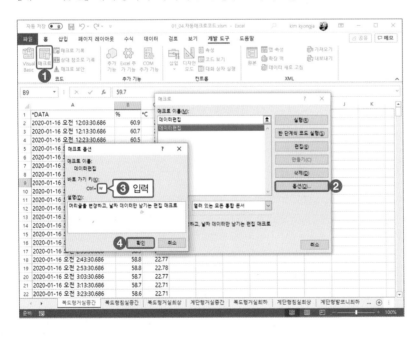

05 Visual Baisc 편집기 표시하기 [개발 도구] 탭-[코드] 그룹-[Visual Basic]을 클릭합니다.

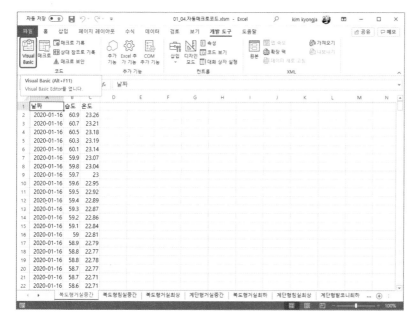

실력향상

[Visual Basic 편집기]와 엑셀 워크시트를 전환하면서 표시할 때는 Alt + F11을 누릅니다.

06 [Visual Basic 편집기]가 열립니다. [프로젝트] 탐색기 창에서 ❶ [모듈]을 더블클릭해 열고 ❷ [Module1]을 더블클릭합니다. [코드] 창이 나타나고 '데이터편집' 매크로의 VBA 코드가 표시됩니다.

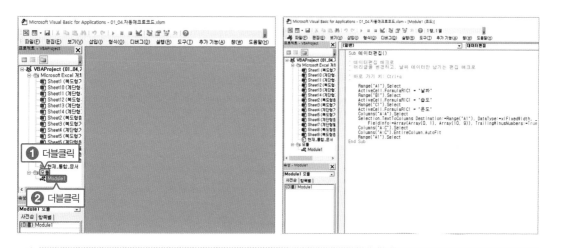

실력향상 [매크로] 대화상자에서 매크로를 선택하고 [편집]을 클릭하면 선택한 매크로 코드가 [Visual Basic 편집기]의 [코드] 창에 바로 표시됩니다.

07 편집기 글꼴 서식 변경하기 ❶ [도구]–[옵션]을 클릭해 [옵션] 대화상자가 열리면 ❷ [편집기 형식] 탭을 클릭합니다. ❸ [글꼴]은 [Verdana(영어)]로 변경하고, [크기]는 12로 변경합니다. ❹ [확인]을 클릭합니다.

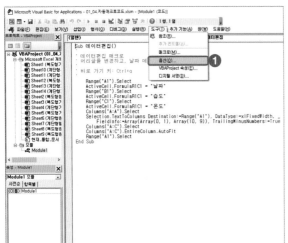

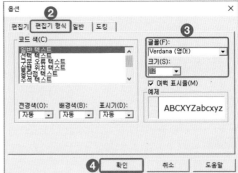

08 [Visual Basic 편집기]의 코드 글꼴 서식이 변경되었습니다.

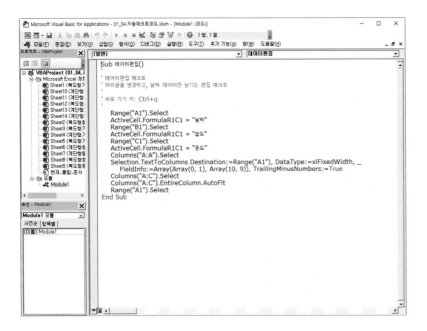

매크로와 VBA, Visual Basic 편집기 알아보기

1. 매크로와 VBA

● 엑셀에서 매크로를 기록할 때 사용하는 프로그래밍 언어는 Visual Basic이고, Visual Basic을 엑셀에 맞도록 재구성한 프로그래밍 언어가 Visual Basic Applications입니다. 보통 앞 글자만 따서 VBA라고 부릅니다.

● VBA의 기본적인 문법 구조는 Visual Basic 언어에서 출발하지만 사용하는 응용프로그램 특징에 맞게 재구성하여 차별화된 기능을 제공합니다. 이러한 VBA는 MS Office 각 프로그램에 이미 내장되어 있으므로 추가 설치 과정은 필요 없습니다.

2. Visual Basic 편집기의 특징

● [Visual Basic 편집기]는 VB 편집기 또는 VBE(Visual Basic Editor)라고 줄여 부르기도 합니다.

● [Visual Basic 편집기]에는 자동 매크로 기록된 코드가 표시되고, 이곳에서 직접 코딩하여 프로그램을 작성할 수도 있습니다.

● [Visual Basic 편집기]에 작성한 코드는 엑셀 통합 문서와 함께 저장됩니다. [Visual Basic 편집기]의 [표준] 도구 모음에서 [저장🖫]을 클릭하면 워크시트 내용과 함께 편집기 코드가 저장됩니다.

3. Visual Basic 편집기의 구성

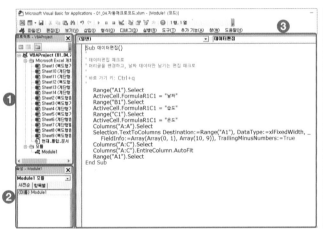
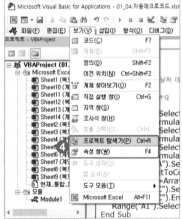

[Visual Basic 편집기]는 기본적으로 [프로젝트] 탐색기 창, [속성] 창, [코드] 창으로 구성됩니다. ❶ [프로젝트] 탐색기 창은 통합 문서의 이름과 시트 이름이 나타나는 곳으로 현재 열려 있는 모든 통합 문서가 표시됩니다. ❷ [속성] 창은 [프로젝트] 탐색기 창에서 선택한 개체의 속성을 보여주는 곳으로 개체의 종류에 따라 항목의 내용과 개수가 다르게 나타납니다. ❸ [코드] 창은 메모장처럼 코드를 입력해 실제 VBA 프로그램을 작성하는 곳입니다.

[Visual Basic 편집기]에 기본으로 표시된 창은 고정된 것이 아니며 하나씩 닫거나 위치를 이동할 수 있습니다. 창이 닫혀서 보이지 않을 경우 ❹ [보기]-[프로젝트 탐색기] 또는 [속성 창]을 클릭하면 다시 화면에 표시됩니다. 단, 각 창의 위치를 변경하면 다시 원래 상태로 배치하기 어려우므로 변경하지 않는 것이 좋습니다.

핵심기능

05

자동 매크로 코드 간략하게 줄이기

실습 파일 | Part01/Chapter01/01_05.입력과텍스트나누기코드.xlsm
완성 파일 | Part01/Chapter01/01_05.입력과텍스트나누기코드(완성).xlsm

자동 매크로로 기록된 코드에는 불필요한 문장이 많이 포함되어 있습니다. 이런 문장을 삭제해 간결하게 정리해야 프로그램 오류와 불필요한 작동을 줄일 수 있습니다. 또한 자동 매크로로 기록된 코드를 줄이는 방법을 통해 매크로를 학습하면 보다 쉽게 VBA 문법을 익힐 수 있습니다.

미리 보기

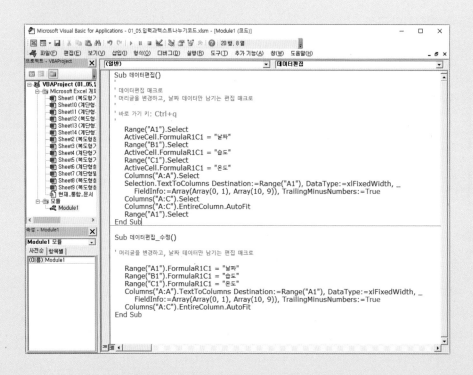

회사에서 바로 통하는 **키워드** : 매크로 코드 이해, 매크로 복사, 수정

한눈에 보는 작업순서	매크로 통합 문서 열고 콘텐츠 허용하기	▶	기록된 매크로 코드 표시하기	▶	매크로 코드 이해하기	▶	매크로 복사하여 짧게 줄이기	▶	수정한 매크로 실행하기

01 매크로 통합 문서 열고 콘텐츠 허용하기 실습 파일을 열면 메시지 표시줄에 [보안 경고]가 표시됩니다. [콘텐츠 사용]을 클릭합니다.

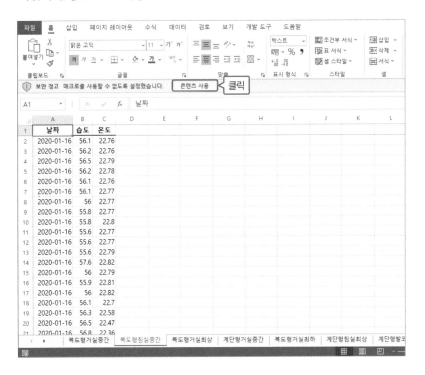

02 기록된 매크로 코드 표시하기 ❶ [개발 도구] 탭–[코드] 그룹–[매크로]를 클릭합니다. [매크로] 대화상자에서 ❷ [편집]을 클릭합니다. [Visual Basic 편집기]가 열리고 [코드] 창에 매크로 코드가 표시됩니다.

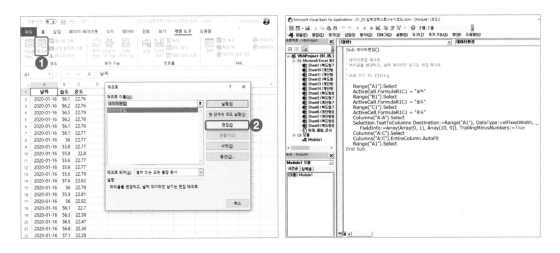

03 매크로 코드 이해하기 기록된 '데이터 편집' 매크로의 코드를 시작과 종료(Sub 문과 End Sub 문), 주석문, 실행문으로 나눠서 살펴보겠습니다.

1. 매크로 시작과 종료 매크로는 Sub 문으로 시작하고 End Sub 문으로 종료됩니다.

> ❶ Sub 데이터편집( ) ~
> ❷ End Sub

❶ 매크로를 시작합니다. Sub 문과 매크로를 기록할 때 입력한 이름이 표시됩니다. 매크로 이름 뒤에는 괄호가 반드시 포함되어야 합니다. 일반적인 매크로에는 괄호 안에 입력되는 항목이 없으나 이벤트 프로시저를 사용하면 리턴값에 해당하는 인수를 입력하기도 합니다.

❷ 매크로를 종료합니다. 보통 코드 맨 마지막에 입력됩니다.

2. 주석문 주석문은 프로그램 실행에는 아무런 영향도 주지 않습니다. 문장 앞에 작은따옴표(')가 붙으면 그 행에 입력되는 모든 문장은 주석문으로 처리되고 초록색 텍스트로 표시됩니다.

> ❶ ' 데이터편집 매크로
> ❷ ' 머리글을 변경하고, 날짜 데이터만 남기는 편집 매크로
> ❸ ' 바로 가기 키: Ctrl+q

❶ 매크로 이름이 주석문으로 입력됩니다.

❷ 매크로를 기록할 때 [설명]에 입력한 내용입니다.

❸ 설정한 바로 가기 키가 표시됩니다. 단, 주석문에서 바로 가기 키를 변경하더라도 매크로의 바로 가기 키는 변경되지는 않습니다.

3. 실행문 매크로를 기록할 때 키보드와 마우스 동작을 기록한 문장으로 작업의 결과나 변화를 보여줄 수 있는 실제적인 프로그램 작동과 관련된 부분입니다. 자동 매크로의 실행문은 개체, 속성, 메서드의 조합으로 이루어지므로 매크로를 기록할 때 작업했던 키보드와 마우스의 동작을 연결해서 코드를 이해하는 것이 좋습니다.

> ❶ Range("A1").Select
> ❷ ActiveCell.FormulaR1C1 = "날짜"
> ❸ Range("B1").Select
> ❹ ActiveCell.FormulaR1C1 = "습도"
> ❺ Range("C1").Select
> ❻ ActiveCell.FormulaR1C1 = "온도"
> ❼ Columns("A:A").Select
> ❽ Selection.TextToColumns Destination:=Range("A1"), DataType:=xlFixedWidth, _
>   FieldInfo:=Array(Array(0,1), Array(10,9)), TrailingMinusNumbers:=True
> ❾ Columns("A:C").Select
> ❿ Columns("A:C").EntireColumn.AutoFit

⓫ Range("A1").Select

❶ [A1] 셀을 범위로 지정합니다.

❷ 지정된 셀(A1)에 **날짜**를 입력합니다. FormulaR1C1은 수식을 입력할 때 주로 사용하는 속성입니다. 보통은 셀에 값을 대입할 때 Value 속성을 사용합니다.

❸ [B1] 셀을 범위로 지정합니다.

❹ 지정된 셀(B1)에 **습도**를 입력합니다.

❺ [C1] 셀을 범위로 지정합니다.

❻ 지정된 셀(C1)에 **온도**를 입력합니다.

❼ A열을 범위로 지정합니다.

❽ 지정된 범위(A열)를 텍스트 나누기합니다. 한 문장이지만 길어서 두 줄로 나누어 입력했습니다. 줄을 나눌 때는 반드시 한 칸 띄우고 언더바(_)를 입력합니다. 문장의 각 코드는 텍스트 나누기를 할 때 이용한 [텍스트 마법사] 대화상자의 각 항목과 연결하여 이해하면 쉽습니다. 먼저 **Destination:=Range("A1")**는 3단계의 [대상] 셀 위치를 지정하고, **DataType:=xlFixedWidth**는 1단계의 [원본 데이터 형식]을 선택합니다. **FieldInfo:=Array(Array(0, 1), Array(10, 9))**는 2단계의 나누고자 하는 위치와 3단계의 열 데이터 서식을 지정하는 인수로, Array(0, 1)에서 앞 숫자인 0은 나눌 위치이고 뒤 숫자인 1은 데이터 형식을 지정합니다. 각 인수를 [텍스트 나누기] 대화상자와 연결하면 다음과 같습니다.

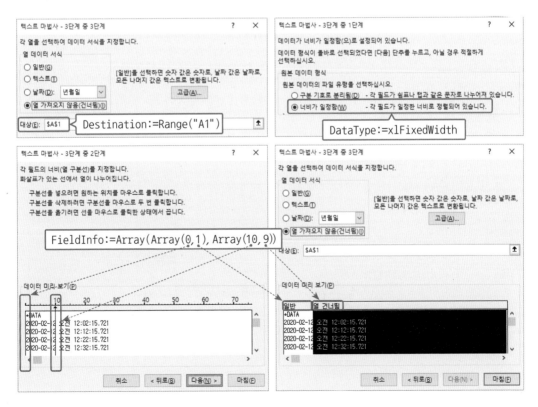

❾ [A:C] 열을 범위로 지정합니다.

❿ [A:C] 열의 너비를 자동으로 맞춥니다.

⓫ [A1] 셀을 범위로 지정합니다.

04 매크로 복사하여 짧게 줄이기 **❶**Sub부터 End Sub까지 선택한 후 **❷**Ctrl+C로 복사합니다. **❸**End Sub 다음에 Enter를 눌러 줄을 바꾸고 **❹**복사한 내용을 Ctrl+V로 붙여 넣습니다.

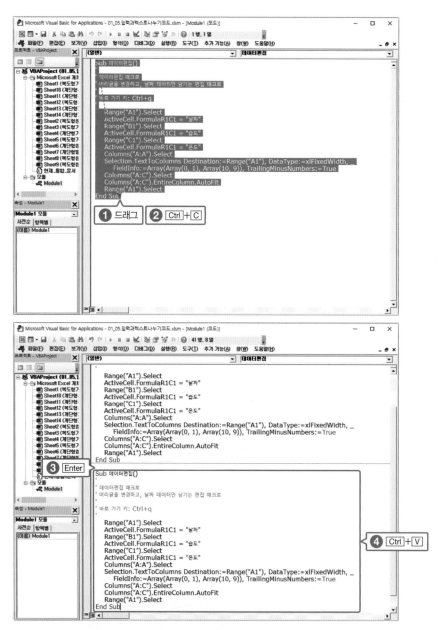

05 Sub 뒷부분의 복사한 매크로의 이름을 **데이터편집_수정**으로 변경하고 코드를 다음과 같이 수정합니다.

06 수정한 코드를 살펴보겠습니다.

❶ Sub 데이터편집_수정()
❷ ' 머리글을 변경하고, 날짜 데이터만 남기는 편집 매크로
❸   Range("A1").FormulaR1C1 = "날짜"
❹   Range("B1").FormulaR1C1 = "습도"
❺   Range("C1").FormulaR1C1 = "온도"
❻   Columns("A:A").TextToColumns Destination:=Range("A1"), DataType:=
      xlFixedWidth, _
❼   FieldInfo:=Array(Array(0, 1), Array(10, 9)), TrailingMinusNumbers:=True
❽   Columns("A:C").EntireColumn.AutoFit
❾   End Sub

❶ 매크로 이름을 **데이터편집**에서 **데이터편집_수정**으로 변경합니다.

❷ 매크로 설명에 대한 주석문만 남기고 나머지 주석문은 모두 삭제합니다.

❸ ~ ❺ Select와 ActiveCell을 지우고 두 문장을 한 문장으로 줄입니다.

❻ Select와 Selection을 지우고 두 문장을 한 문장으로 줄입니다. 한 줄로 입력합니다.

❼ ❻과 이어지는 문장입니다. 길어서 언더바(_)를 추가한 후 두 줄로 입력하였습니다.

❽ Columns("A:C").Select와 Range("A1").Select를 삭제하고 열 너비 자동 맞춤 문장만 남깁니다.

❾ 매크로를 종료합니다.

실력향상 한 문장은 반드시 한 줄로 입력되어야 하는데 만약 코드가 길어서 줄 바꿈을 할 경우에는 한 칸을 띄운 다음 줄 연속 문자인 언더바(_)를 입력하고 [Enter]를 눌러 줄을 바꿉니다.

실력향상 문장과 문장 사이에는 빈 줄이 있어도 상관없습니다. 또한 문장 왼쪽에 여백을 두기 위해 들여쓰기해서 입력하려면 [Tab]을 누르고, 내어쓰기를 하려면 [Shift]+[Tab]을 누릅니다.

07 수정한 매크로 실행하기 ❶[복도형거실최상] 시트 탭을 클릭한 후 ❷[개발 도구] 탭-[코드] 그룹-[매크로]를 클릭합니다. [매크로] 대화상자의 ❸[매크로 이름]에서 [데이터편집_수정]을 클릭한 후 ❹[실행]을 클릭합니다.

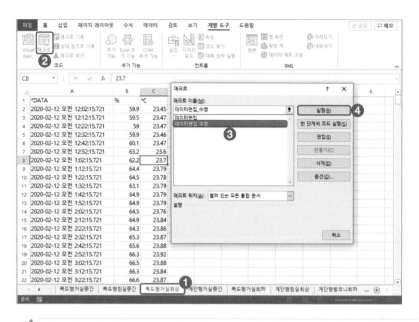

실력향상 수정된 매크로에는 바로 가기 키가 없습니다. 매크로를 복사해도 바로 가기 키는 복사되지 않으므로 수정한 매크로에 바로 가기 키를 지정할 경우 [매크로] 대화상자에서 [옵션]을 클릭하여 추가합니다.

08 매크로가 실행되어 [복도형거실최상] 시트의 데이터가 자동으로 편집됩니다.

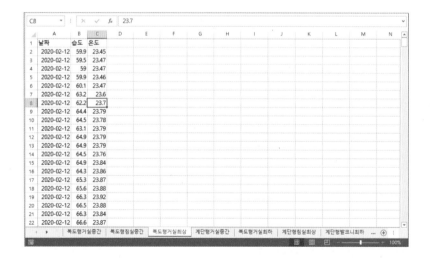

매크로 기본

매크로 만들기

VBA 기본

자동화 선택문

화면 디자인

실무 프로 그램

문법 노트

개체, 속성, 메서드 이해하기

VBA 키워드 : 개체, 컬렉션, 속성, 메서드

VBA는 개체(객체, Object) 지향주의 언어로 개체를 중심으로 프로그램이 만들어집니다. 개체를 중심으로 개체와 속성, 개체와 메서드가 조합을 이루어 하나의 문장을 형성합니다. 자동 매크로로 기록된 코드를 편집할 때 개체, 속성, 메서드의 구조를 잘 이해하면 매크로 학습이 아주 쉬워집니다.

1. 개체의 이해와 표현 방법

개체는 처리 대상이 되는 하나의 독립된 사물을 의미합니다. 엑셀의 개체에는 파일(Workbooks), 시트(Worksheets), 차트(Charts), 셀(Range) 등이 있습니다. VBA는 개체를 중심으로 속성과 메서드로 구성되기 때문에 개체를 지정하고 선택하는 것이 가장 중요합니다. 개체는 집합체의 의미가 있는 컬렉션(Collection)으로 구성되어 있고, 엑셀 프로그램 자체를 의미하는 최상위 Application 개체부터 하위 개체를 단계별로 표현합니다.

❶ 개체의 컬렉션 구조

- 컬렉션은 관련 있는 한 개 이상의 개체 집합으로, 개체 이름에 복수형 'S'를 붙여 사용합니다. 이름은 '개체컬렉션(숫자 또는 이름)'으로 표현합니다.

- **예시**

```
Worksheets("Sheet1") → 이름이 Sheet1인 워크시트 개체
Range("A1") → 이름이 A1인 범위 개체
```

❷ 개체의 계층 구조

- 개체는 계층 구조로 되어 있어 최상위 개체부터 하위 개체를 단계별로 표현합니다.

- **예시**

```
Application.Workbooks("Book1").Worksheets("Sheet1").Range("A1")
→ 엑셀프로그램.Book1통합 문서.Sheet1시트.A1셀
```

- 현재 작업 중인 프로그램인 엑셀 내에서 실행된다면 Application을 생략할 수 있고, 현재 활성화된 파일 안에서 작업한다면 Workbooks("Book1")도 생략할 수 있습니다. 또 현재 선택되어 있는 시트에서만 작업한다면 간단하게 Range("A1")로 사용할 수 있습니다.

❸ 개체 코딩 규칙과 표현방법

- 개체와 개체를 구분할 때는 반드시 마침표(.)를 사용합니다.
- VBA는 대소문자를 구분하지 않으며, 전부 소문자나 대문자로 입력하면 자동으로 단어 첫 글자만 대문자로 변경됩니다. 코드가 틀리면 자동으로 바뀌지 않으므로 오타를 확인하기 편리합니다.

- ActiveCell(선택된 셀), ActiveSheet(선택된 시트), ThisWorkbook(이 통합 문서), ActiveWork Book(선택된 통합 문서) 등은 속성이지만 개체의 정보를 가지고 있어 Range 개체나 Worksheets 개체처럼 사용할 수 있습니다.

- 개체를 지정할 때 컬렉션 자체를 지정하면 전체를 뜻합니다. Sheets로 표현하면 지정된 통합 문서 의 모든 시트를 뜻하고, Workbooks로 표현하면 현재 열려 있는 모든 통합 문서를 뜻하며, Charts 로 표현하면 현재 문서의 모든 차트를 뜻합니다.

2. 속성의 이해와 표현 방법

- 개체에 어떠한 특성을 부여하는 것을 속성이라고 합니다. 엑셀에는 이름(Name), 색상(Color), 크 기(Size), 값(Value) 등 다양한 속성이 있습니다.

- 속성은 개체 다음에 항상 '개체.속성=속성값' 형식으로 기술되고 구분 기호는 마침표(.)입니다.

- 서로 다른 개체가 같은 속성을 사용하는 경우도 많습니다. 예를 들어 이름에는 파일의 이름도 있고 시 트의 이름도 있으므로 Name 속성은 Workbooks 개체와 Worksheets 개체 모두에 사용합니다.

- **예시**

```
Worksheets(1).Name="VBA"  ➝ 첫 번째 워크시트의 이름을 'VBA'로 변경합니다.
Range("B1").Formula = Range("C1").Formula
➝ [B1] 셀의 수식에 [C1] 셀의 수식을 대입합니다.
Range("A1").Font.Color = VbBlue  ➝ [A1] 셀의 글꼴 색을 파란색으로 설정합니다.
MsgBox Sheets.Count ➝ 현재 문서의 시트 개수를 메시지로 표시합니다.
```

3. 메서드의 이해와 표현 방법

- 메서드는 개체의 행동을 뜻합니다. 엑셀의 메서드에는 선택한다(Select), 추가한다(Add), 삭제한 다(Delete), 저장한다(Close) 등이 있습니다.

- 메서드는 개체 다음에 항상 기술되어 '개체.메서드' 또는 '개체.메서드 인수1, 인수2, …' 형식으로 사용되고, 구분 기호는 마침표(.)입니다.

- 메서드 종류에 따라 인수가 필요한 메서드가 있고 필요하지 않은 메서드가 있습니다. 인수 필요 유무 에 대해서는 [코드] 창에 메서드를 입력할 때 나타나는 자동 데이터 설명으로 구분할 수 있습니다.

- **예시**

```
Range("A1:A10").Select  ➝ [A1:A10] 범위를 지정합니다. Select 메서드는 인수가 필요하지 않습니다.
Range("A1").AutoFill Destination:=Range("A1:A10"), Type:=xlFillDefault
➝ [A1] 셀부터 [A10] 셀까지 채우기합니다.
```

- AutoFill 메서드는 인수가 필요합니다. 메서드 다음에 인수를 입력할 때는 먼저 공백을 한 칸 입력 합니다. 인수와 인수의 구분에는 쉼표(,)를 사용합니다.

핵심기능

06

매크로를 수정할 때 발생하는 오류 해결하기

실습 파일 | Part01/Chapter01/01_06.오류의종류와해결.xlsm
완성 파일 | Part01/Chapter01/01_06.오류의종류와해결(완성).xlsm

매크로를 수정할 때 문법적으로 코드를 잘못 입력하면 구문 오류가 발생하고, 문법적으로는 문제가 없지만 실행할 때 오류가 발생하면 실행 중인 프로그램이 중단되는 실행 오류가 발생합니다. 실행 오류는 다른 문장의 영향으로 발생하는 경우가 많습니다. 구문 오류와 실행 오류가 발생했을 때 어떻게 대처하고 해결하는지 알아보겠습니다.

미리 보기

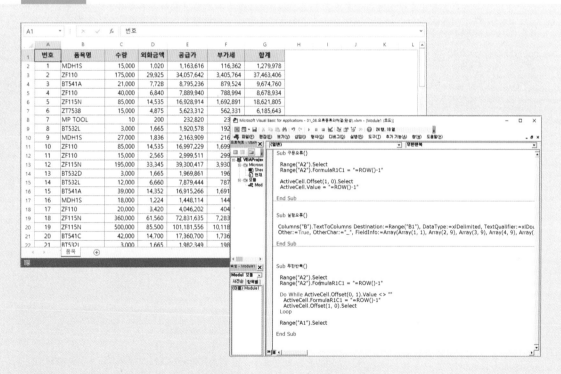

회사에서 바로 통하는 **키워드** : 오류 해결, 컴파일 오류, 런타임 오류, 매크로 중단

한눈에 보는 작업순서

구문 오류 해결하기 ▶ 실행 오류 해결하기 ▶ 무한반복 오류 해결하기

01 구문 오류 해결하기 실습 파일을 열면 메시지 표시줄에 [보안 경고]가 표시됩니다. ❶ [콘텐츠 사용]을 클릭합니다. ❷ [개발 도구] 탭-[코드] 그룹-[매크로]를 클릭한 후 [매크로] 대화상자의 ❸ [매크로 이름]에서 [구문오류]를 클릭합니다. ❹ [실행]을 클릭합니다.

02 [Visual Basic 편집기]가 열리고 컴파일 오류 메시지가 표시되면 ❶ [확인]을 클릭합니다. [코드] 창에 빨간색으로 표시된 구문을 확인합니다. Range("A2).Select 문장에 셀 주소를 닫는 큰따옴표(")가 없고, Range("A2")FormulaR1C1 = "=ROW()-1" 문장에는 개체와 속성을 구분하는 마침표(.)가 없습니다. ❷ 첫 번째 문장에는 큰따옴표를 입력해 **"A2"**가 되도록 수정하고, ❸ 두 번째 문장에는 Range 개체와 Formula 속성 사이에 마침표(.)를 입력합니다. 구문 오류가 해결되어 문장이 검은색으로 변경됩니다.

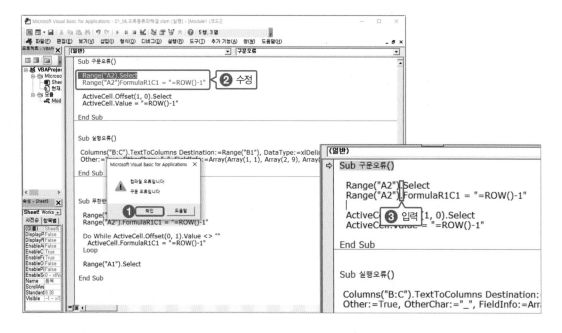

03 컴파일 오류가 발생하면 코드를 수정하거나 입력할 때 자동 구문 검사가 이루어집니다. 컴파일 오류를 만들기 위해 세 번째 문장에서 ❶ Offset(1, 0) 코드의 쉼표(,)를 삭제합니다. 컴파일 오류 메시지가 표시되고 오류가 발생한 문장이 빨간색으로 변경됩니다. ❷ [확인]을 클릭한 후 ❸ 다시 쉼표를 입력합니다.

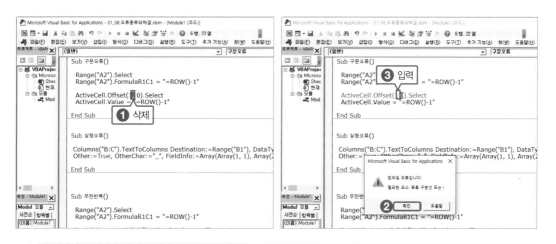

🔺 **실력향상** 코드를 입력하거나 수정할 때 자동으로 구문 오류 검사를 못하는 경우 [Visual Basic 편집기]의 [도구] – [옵션]을 클릭하면 나타나는 [옵션] 대화상자의 [편집기] 탭에서 [자동 구문 검사]에 체크되어 있는지 확인합니다.

04 실행 오류 해결하기 ❶ '실행오류' 매크로 문장 사이의 위치를 임의로 클릭한 후 ❷ [표준] 도구 모음에서 [Sub/사용자 정의 폼 실행▶]을 클릭합니다. 런타임 오류 메시지가 표시됩니다. ❸ [디버그]를 클릭합니다.

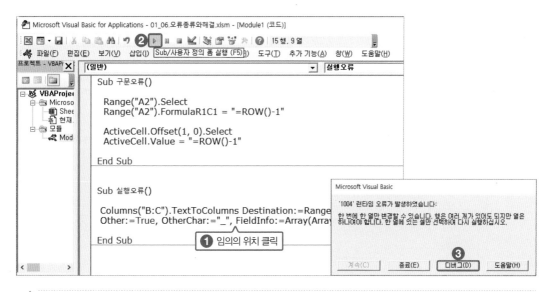

🔺 **실력향상** 런타임 오류 메시지에서 [종료]를 클릭하면 오류가 발생한 문장 직전까지만 실행한 후 매크로가 종료되고, [디버그]를 클릭하면 오류가 발생한 문장에 노란색 음영이 표시되면서 매크로가 중단됩니다.

05 오류가 발생한 문장에 노란색 음영이 표시됩니다. TextToColumns 메서드는 [텍스트 나누기] 기능으로 선택된 열이 한 개일 때만 동작합니다. 개체로 입력된 코드는 Columns("B:C")로 두 개의 열이 지정되었기 때문에 오류가 발생한 것입니다. ❶ Columns("B:C")를 Columns("B")로 변경한 후 ❷ [표준] 도구 모음에서 [재설정■]을 클릭합니다.

실력향상 런타임 오류가 발생했을 때 [디버그]를 클릭하면 매크로가 실행 중단된 상태로 유지됩니다. [재설정■]을 클릭하여 중단된 매크로를 완전히 종료해야 다른 작업을 할 수 있습니다.

06 무한반복 오류 해결하기 ❶ '무한반복' 매크로 문장 사이의 위치를 임의로 클릭한 후 ❷ [표준] 도구 모음에서 [Sub/사용자 정의 폼 실행▶]을 클릭합니다. 매크로가 실행되지만 아무런 응답이 없습니다. 코드에 문제가 있어 매크로가 무한 반복되어 종료되지 않는 것입니다. 실행 중인 매크로를 강제로 중단하기 위해 ❸ Esc 를 누릅니다. 코드 실행이 중단되었다는 메시지가 표시됩니다. ❹ [종료]를 클릭합니다.

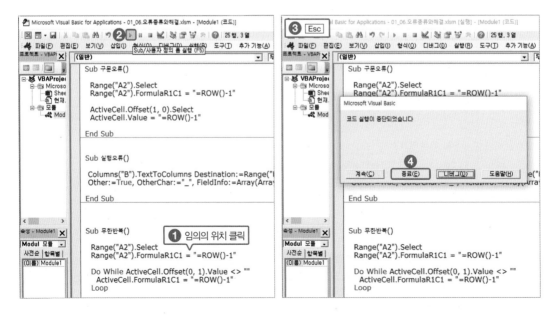

07 무한 반복이 실행되지 않도록 ❶ 실행문의 네 번째 문장 다음에 **ActiveCell.Offset(1, 0).Select**를 입력합니다. 한 번 반복할 때마다 아래쪽 셀로 한 칸 이동하는 코드입니다. 수정된 매크로가 정상적으로 실행되는지 확인하기 위해 ❷ '무한반복' 매크로 문장 사이의 위치를 임의로 클릭한 후 ❸ [표준] 도구 모음에서 [Sub/사용자 정의 폼 실행▶]을 클릭합니다. 매크로가 정상적으로 실행된 후 종료됩니다.

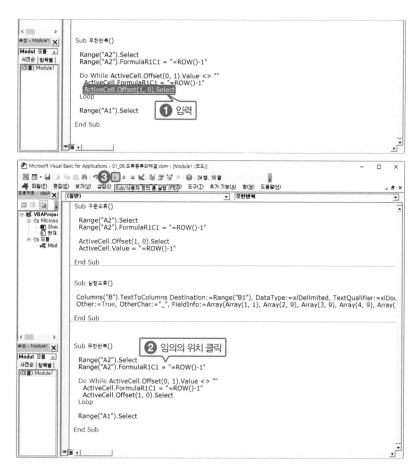

상대 참조 매크로 기록하고 수정하기

실습 파일 | Part01/Chapter01/01_07.고객사정리.xlsx
완성 파일 | Part01/Chapter01/01_07.고객사정리(완성).xlsm

자동 매크로는 셀의 작업 위치가 고정되는 절대 참조 매크로와 현재 셀의 위치에 따라 상대적으로 바뀌는 상대 참조 매크로로 구분됩니다. 두 매크로의 기록하는 동작이 같더라도 [Visual Basic 편집기]에 작성되는 코드는 서로 다릅니다. 매크로는 기본적으로 절대 참조로 기록되므로 상대 참조 매크로로 기록하려면 [개발 도구] 탭-[코드] 그룹-[상대 참조로 기록]을 활성화한 후 기록합니다.

미리 보기

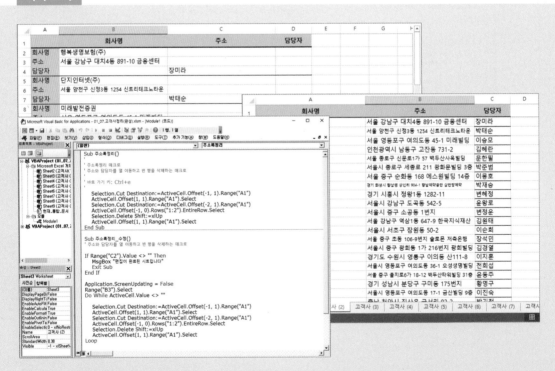

회사에서 바로 통하는 **키워드 :** 상대 참조 매크로, Cut 메서드, ActiveCell 속성, Selection 속성, Offset 속성, ScreenUpdating 속성, If 조건문, Do While 반복문

한눈에 보는 작업순서	상대 참조 매크로 기록하기	바로 가기 키로 매크로 실행하기	기록된 코드 이해하기	매크로 복사하여 수정하기	수정된 매크로 실행하기	완료된 시트에서 다시 매크로 실행하기	매크로 포함 통합 문서로 저장하기

01 상대 참조 매크로 기록하기 실습 파일을 열고 ❶ [개발 도구] 탭–[코드] 그룹–[상대 참조로 기록]을 클릭합니다. ❷ [B3] 셀을 클릭한 후 ❸ [개발 도구] 탭–[코드] 그룹–[매크로 기록]을 클릭합니다. [매크로 기록] 대화상자에서 ❹ [매크로 이름]에 **주소록정리**, [바로 가기 키]에 **e**, [설명]에 **주소와 담당자를 열 이동하고 빈 행을 삭제하는 매크로**를 입력합니다. ❺ [확인]을 클릭합니다.

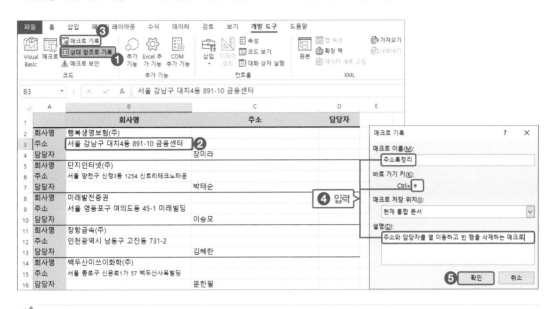

📊 **실력향상** 상대 참조 매크로는 기록하기 전에 선택되어 있던 셀 위치에서부터 상대적으로 셀을 이동하도록 매크로가 만들어지므로 반드시 첫 번째 주소가 입력된 [B3] 셀을 클릭한 후 매크로 기록을 시작해야 합니다.

02 ❶ [B3] 셀의 테두리를 드래그해 [C2] 셀로 이동합니다. 주소 데이터가 [C2] 셀로 이동됩니다. ❷ 다음에 이동할 담당자 데이터가 있는 [C4] 셀을 클릭합니다.

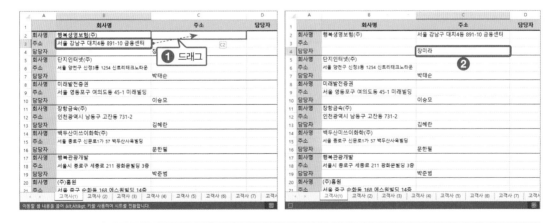

📊 **실력향상** 주소를 이동할 때 [잘라내기]한 후 [붙여넣기]로 작업하면 매크로 코드가 잘라내기, 붙여넣기 각각 두 문장으로 기록되고 드래그로 이동하면 한 문장으로 기록됩니다. 코드를 간략하게 기록하려면 드래그로 이동하는 것이 좋습니다.

03 ❶ [C4] 셀의 테두리를 드래그해 [D2] 셀로 이동합니다. 담당자 데이터가 [D2] 셀로 이동됩니다. ❷ [3:4] 행을 범위로 지정한 후 ❸ 마우스 오른쪽 버튼을 클릭합니다. ❹ [삭제]를 클릭합니다.

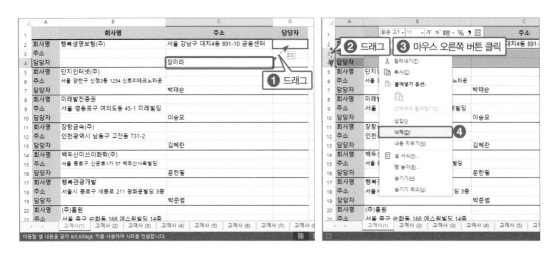

04 ❶ [B4] 셀을 클릭합니다. ❷ [개발 도구] 탭-[코드] 그룹-[기록 중지]를 클릭합니다.

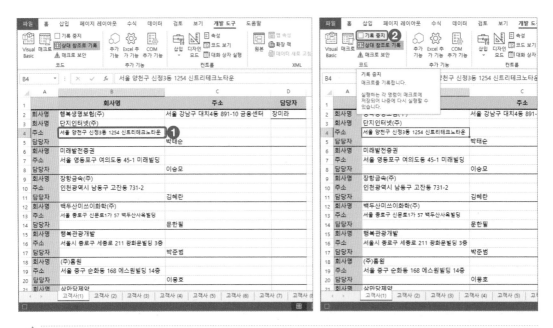

실력향상 매크로 기록을 중지하기 전에 다음에 이동할 셀을 클릭해야 다음 매크로를 실행할 때의 동작과 연결될 수 있습니다. 이렇게 기록한 매크로는 상대 참조 매크로이므로 처음 매크로가 실행될 때는 첫 번째 주소록이 이동한 후 삭제되고, 그 다음은 두 번째 주소록, 그 다음은 세 번째 주소록 순서로 연속해 작업할 수 있습니다.

05 바로 가기 키로 매크로 실행하기 Ctrl + E 를 한 번 누르면 하나의 고객사 주소록 정보가 이동, 삭제됩니다. 자동으로 셀 포인터가 다음 주소록 정보로 이동하므로 연달아 Ctrl + E 를 눌러 주소록 정보를 이동할 수 있습니다.

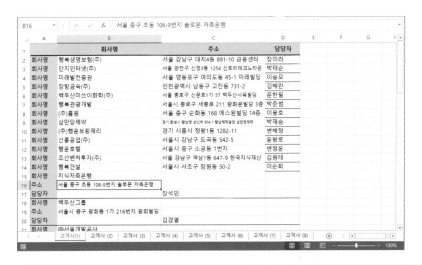

실력향상 기록된 매크로가 완전한 프로그램이 아니므로 바로 가기 키로 실행할 때 이동할 주소가 입력된 셀이 지정된 상태에서 Ctrl + E 를 눌러야 합니다. 만약 다른 셀이 지정되어 있으면 잘못 지정된 셀의 데이터가 이동됩니다.

06 기록된 코드 이해하기 ❶ [개발 도구] 탭–[코드] 그룹–[매크로]를 클릭합니다. [매크로] 대화상자에서 ❷ [편집]을 클릭합니다. [Visual Basic 편집기]가 열리고 '주소록정리' 매크로에 기록된 코드가 나타납니다.

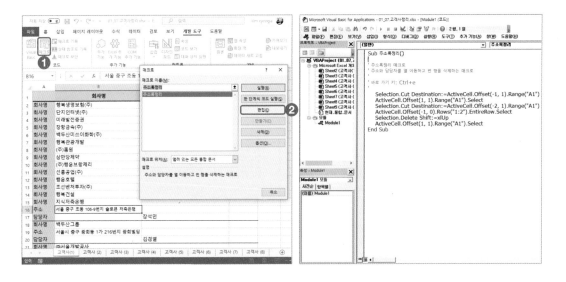

07 기록된 코드의 실행문 부분을 살펴보겠습니다.

❶ Selection.Cut Destination:=ActiveCell.Offset(-1, 1).Range("A1")
❷ ActiveCell.Offset(1, 1).Range("A1").Select
❸ Selection.Cut Destination:=ActiveCell.Offset(-2, 1).Range("A1")
❹ ActiveCell.Offset(-1, 0).Rows("1:2").EntireRow.Select
❺ Selection.Delete Shift:=xlUp
❻ ActiveCell.Offset(1, 1).Range("A1").Select

❶ 지정된 셀의 주소 데이터를 이동하는 동작입니다. 현재 지정된 셀을 기준으로 위쪽으로 한 칸(-1), 오른쪽으로 한 칸(1) 떨어진 셀로 데이터를 이동합니다. 만약 현재 지정된 셀이 [B3] 셀이라면 [C2] 셀로 데이터를 이동합니다. 여기서 중요한 것은 이 문장이 실행되어도 현재 지정된 셀의 위치는 변하지 않는다는 것입니다. 셀 포인터는 여전히 [B3] 셀에 위치한 상태이고 데이터만 [C2] 셀로 이동합니다.

❷ 다음에 이동할 담당자 데이터가 있는 셀을 클릭하는 동작입니다. 셀 포인터는 [B3] 셀에 있으므로 현재 셀에서 아래쪽으로 한 칸(1), 오른쪽으로 한 칸(1) 이동한 곳을 지정합니다.

❸ 현재 셀을 기준으로 위쪽으로 두 칸(-2), 오른쪽으로 한 칸(1) 떨어진 셀로 데이터를 이동합니다.

❹ 빈 행을 삭제하기 위해 행을 범위로 지정하는 동작으로 현재 셀을 기준으로 위쪽으로 한 칸(-1) 이동한 셀부터 행 전체를 두 개 지정합니다.

❺ 지정된 행들을 삭제합니다.

❻ 다음에 이동할 주소 셀을 범위로 지정합니다.

08 매크로 복사하여 수정하기 ❶ '주소록정리' 매크로 코드를 Sub부터 End Sub까지 선택한 후 ❷ Ctrl + C 로 복사합니다. ❸ End Sub 다음에 Enter 를 눌러 줄 바꿈한 후 ❹ Ctrl + V 로 붙여 넣습니다.

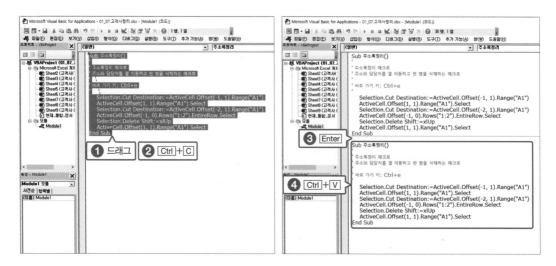

09 복사한 매크로의 이름을 **주소록정리_수정**으로 변경하고 다음과 같이 코드를 수정합니다.

입력

```
Sub 주소록정리_수정()
' 주소와 담당자를 열 이동하고 빈 행을 삭제하는 매크로

If Range("C2").Value <> "" Then
    MsgBox "편집이 완료된 시트입니다"
    Exit Sub
End If

Application.ScreenUpdating = False
Range("B3").Select
Do While ActiveCell.Value <> ""

    Selection.Cut Destination:=ActiveCell.Offset(-1, 1).Range("A1")
    ActiveCell.Offset(1, 1).Range("A1").Select
    Selection.Cut Destination:=ActiveCell.Offset(-2, 1).Range("A1")
    ActiveCell.Offset(-1, 0).Rows("1:2").EntireRow.Select
    Selection.Delete Shift:=xlUp
    ActiveCell.Offset(1, 1).Range("A1").Select
Loop

Columns("A").Delete
Application.ScreenUpdating = True
MsgBox "작업완료"

End Sub
```

10 수정한 매크로 코드를 살펴보겠습니다.

Sub 주소록정리_수정()
❶ ' 주소와 담당자를 열 이동하고 빈 행을 삭제하는 매크로
❷ If Range("C2").Value <> "" Then
❸   MsgBox "편집이 완료된 시트입니다"
❹   Exit Sub
❺ End If
❻ Application.ScreenUpdating = False
❼ Range("B3").Select
❽ Do While ActiveCell.Value <> ""
       Selection.Cut Destination:=ActiveCell.Offset(-1, 1).Range("A1")
       ActiveCell.Offset(1, 1).Range("A1").Select
       Selection.Cut Destination:=ActiveCell.Offset(-2, 1).Range("A1")
       ActiveCell.Offset(-1, 0).Rows("1:2").EntireRow.Select
       Selection.Delete Shift:=xlUp
       ActiveCell.Offset(1, 1).Range("A1").Select
❾ Loop
❿ Columns("A").Delete
⓫ Application.ScreenUpdating = True
⓬ MsgBox "작업완료"
End Sub

❶ 설명으로 입력한 주석문만 남기고 나머지 주석문은 모두 삭제합니다.

매크로
기본

매크로
만들기

VBA
기본

조건문
반복문

화면
디자인

실무
프로
그램

문법
노트

❷ 주소록 정리가 완료된 시트에서는 매크로가 실행되지 않도록 조건문을 추가합니다. 주소록 정리가 완료된 시트는 [C2] 셀에 담당자가 입력되어 있으므로 **Range("C2").Value <> " "** 조건에 의해 [C2] 셀이 빈 셀이 아니면 ❸~❹를 실행합니다.

❸ If 조건이 참일 때 실행할 문장으로, 따옴표 안에 입력된 문자를 메시지로 표시합니다.

❹ 매크로를 종료합니다.

❺ If 문을 종료합니다.

❻ 자료 이동 과정을 워크시트에 표시하지 않습니다. 셀을 범위로 지정하고 행을 삭제하는 과정이 화면에 표시되면 프로그램 실행 속도가 느려집니다. 이때 ScreenUpdating 속성값을 False로 지정하면 업데이트 과정이 표시되지 않아 속도가 빨라집니다.

❼ 첫 번째 이동할 [B3] 셀을 범위로 지정합니다. 어느 셀에서 이 매크로를 실행해도 프로그램에 오류가 없도록 하기 위해 필요한 문장입니다.

❽ 반복문을 시작합니다. 현재 지정한 셀이 빈 셀이 아닐 때까지 이동과 삭제하는 문장을 반복합니다.

❾ 반복문을 종료합니다. Do와 Loop가 각각 반복문의 시작과 종료를 의미합니다.

❿ A열을 삭제합니다.

⓫ ScreenUpdating 속성값을 다시 원래 상태인 True로 변경합니다. ScreenUpdating 속성을 매크로에서 False로 설정했다면 항상 매크로가 끝나기 전에 True로 재설정해야 합니다.

⓬ 작업완료 메시지를 표시합니다.

11 수정된 매크로 실행하기 ❶주소록 정리가 되지 않은 [고객사 (2)] 시트 탭을 클릭합니다. ❷[개발 도구] 탭-[코드] 그룹-[매크로]를 클릭합니다. [매크로] 대화상자의 ❸[매크로 이름]에서 [주소록정리_수정]을 클릭한 후 ❹[실행]을 클릭합니다. 이동과 삭제가 반복되어 주소록 데이터가 모두 편집됩니다. 작업완료 메시지가 표시되면 ❺[확인]을 클릭합니다.

12 완료된 시트에서 다시 매크로 실행하기 ❶ [개발 도구] 탭-[코드] 그룹-[매크로]를 클릭합니다. [매크로] 대화상자의 ❷ [매크로 이름]에서 [주소록정리_수정]을 클릭한 후 ❸ [실행]을 클릭합니다. 매크로가 실행되지 않고 작업이 완료된 시트임을 알려주는 메시지가 나타납니다. ❹ [확인]을 클릭합니다.

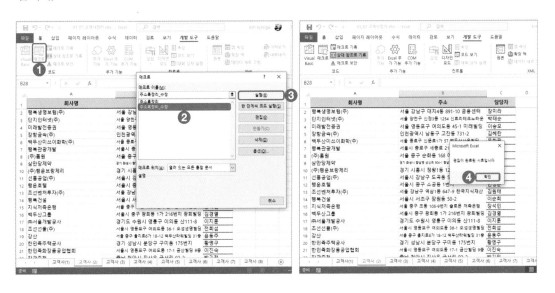

13 매크로 포함 통합 문서로 저장하기 ❶ [파일] 탭-[다른 이름으로 저장]을 클릭합니다. [다른 이름으로 저장] 대화상자에서 ❷ 파일 이름을 **01_07.고객사정리(완성)**으로 입력하고 ❸ 파일 형식에서 [Excel 매크로 사용 통합 문서(*.xlsm)]를 클릭합니다. ❹ [저장]을 클릭합니다.

예제 매크로 코드 문법 알아보기

VBA **키워드** : ActiveCell 속성, Selection 속성, Cut 메서드, ScreenUpdating 속성, Offset 속성, If 조건문, Do While~Loop 반복문

1. ActiveCell 속성과 Selection 속성의 차이

ActiveCell 속성은 선택된 범위 중에서 활성화된 한 개의 셀을 뜻하고, Selection 속성은 선택된 범위 전체를 뜻합니다. 만약 선택된 셀이 한 개라면 ActiveCell 속성과 Selection 속성의 값은 같습니다.

2. Cut 메서드

개체를 자르고 클립보드나 지정한 대상 범위에 붙여 넣는 메서드로, 자르기와 이동을 모두 할 수 있습니다.

- **형식** : 범위 개체.Cut Destination

  – **범위 개체** : Range 개체의 값을 사용하며 한 개 이상의 셀을 값으로 설정할 수 있습니다.

  – **Destination** : 개체를 붙여 넣을 셀 위치입니다. 이 인수를 지정하지 않으면 잘라낸 셀은 클립보드에 저장되므로 다음 문장에 Paste 메서드가 있어야 붙여 넣을 수 있습니다.

3. ScreenUpdating 속성

엑셀 시트 화면에 데이터가 변경되는 과정을 표시할 것인지 표시하지 않을 것인지를 결정하는 속성입니다. 매크로의 동작 중 데이터 이동, 복사, 편집 작업이 많을 경우 중간 작업 과정은 화면에 표시하지 않는 것이 좋은데 이때 ScreenUpdating 속성을 False로 설정하면 프로그램 실행 속도를 빠르게 할 수 있습니다. False로 설정한 이후 작업 결과를 화면에 표시하려면 코드 마지막에 True로 다시 설정해야 합니다.

- **형식** : Application.ScreenUpdating = True 또는 False

  – **Application** : 엑셀을 뜻하는 최상위 개체입니다.

4. Offset 속성

지정한 셀(범위)에서부터 지정한 행수와 열수만큼 이동한 셀(범위)을 지정합니다. 현재 위치가 [A1] 셀인 경우 이동 행수 인숫값과 이동 열수 인숫값이 음수로 지정되면 왼쪽이나 위쪽으로 이동할 수 없기 때문에 오류가 발생합니다.

- **형식** : 범위 개체.Offset(이동 행수, 이동 열수)

  – **범위 개체** : Range개체의 값을 사용하며 한 개 이상의 셀값을 설정할 수 있습니다.

  – **이동 행수** : 현재 셀 위치에서부터 지정하는 만큼 행이 이동합니다. 이동 행수의 인숫값으로는 양수, 음수, 0을 지정할 수 있습니다. 값이 양수이면 아래로 이동하고, 음수이면 위로 이동합니다. 기본값은 0입니다.

매크로
기본

매크로
만들기

VBA
기본

조건문
/반복문

화면
디자인

실무
프로
그램

문법
노트

- **이동 열수** : 현재 셀 위치에서부터 지정하는 만큼 열이 이동합니다. 이동 열수의 인숫값으로는 양수, 음수, 0을 지정할 수 있습니다. 값이 양수이면 오른쪽으로 이동하고, 음수이면 왼쪽으로 이동합니다. 기본값은 0입니다.

5. If 조건문

프로그램은 위에서 아래로 작성된 코드가 순차적으로 실행되는 것이 기본입니다. 하지만 이 흐름을 변경하여 조건에 따라 다르게 실행되도록 하려면 If 조건문을 사용합니다. If 조건문은 여러 가지 형태로 사용할 수 있습니다. 조건이 한 개이고, 참일 때 실행할 실행문이 두 개 이상일 때는 다음과 같은 형식을 사용합니다.

- **형식**

```
If 조건 Then
참일 때 실행문1
     실행문2
End If
```

- **조건** : 참과 거짓을 판단할 수 있는 식이나 명령문입니다.

- **실행문1, 실행문2** : 조건이 참일 때 실행할 문장입니다.

- **End If** : If 문을 종료합니다. 조건이 거짓일 때는 실행할 문장이 없으므로 End If 문을 만나 If 문을 종료합니다.

6. Do While~Loop 반복문

반복 횟수를 알 수 없고 특정 조건을 만족할 때나 만족하지 않을 때까지 반복하도록 할 때 사용합니다. While 다음에 지정한 조건이 만족되는 동안 Loop 이전에 있는 실행문을 반복하여 실행합니다.

- **형식**

```
Do While 조건
     실행문
     Exit Do
Loop
```

- **조건** : 참과 거짓을 판단할 수 있는 식이나 명령문입니다.

- **실행문** : 반복적으로 실행할 문장입니다.

- **Exit Do** : 선택 요소로서 실행문을 처리하는 도중 경우에 따라 Do 문을 종료할 때 사용합니다.

- **Loop** : Do 문의 종료를 의미하는 것으로, 조건이 만족되는 중에 Loop를 만나면 Do While 문으로 분기하고 조건이 만족되지 않으면 Do 문을 종료합니다.

단추와 도형에 매크로 연결하여 실행하기

실습 파일 | Part01/Chapter01/01_08.도형과단추로실행.xlsm
완성 파일 | Part01/Chapter01/01_08.도형과단추로실행(완성).xlsm

통합 문서에 저장된 매크로는 [매크로] 대화상자에서 실행할 수도 있고, 지정되어 있는 바로 가기 키로도 실행이 가능합니다. 만약 실행해야 할 매크로가 여러 개이거나 바로 가기 키를 모르는 사용자도 편하게 실행하도록 하려면 단추나 도형에 매크로를 연결해 클릭만으로 실행되도록 하는 것이 편리합니다.

미리 보기

회사에서 바로 통하는 키워드 : 양식 컨트롤 단추, 컨트롤 서식, 매크로 연결

| 한눈에 보는 작업순서 | 매크로 통합 문서 열고 콘텐츠 허용하기 | ▶ | 양식 컨트롤 단추 삽입하기 | ▶ | 단추 컨트롤에 매크로 연결하기 | ▶ | 단추 컨트롤 서식 설정하기 | ▶ | 도형에 매크로 연결하기 |

01 매크로 통합 문서 열고 콘텐츠 허용하기 실습 파일을 열면 메시지 표시줄에 [보안 경고]가 표시됩니다. [콘텐츠 사용]을 클릭합니다.

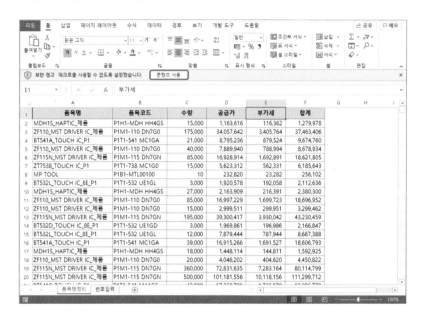

02 양식 컨트롤 단추 삽입하기 ❶ [개발 도구] 탭–[컨트롤] 그룹–[삽입]–[단추(양식 컨트롤)□]을 클릭합니다. ❷ 워크시트 오른쪽 빈 공간에 드래그하여 삽입합니다.

03 단추 컨트롤에 매크로 연결하기 [매크로 지정] 대화상자의 ❶ [매크로 이름]에서 [품목명정리]를 클릭한 후 ❷ [확인]을 클릭합니다. 단추가 삽입되면서 매크로가 연결됩니다.

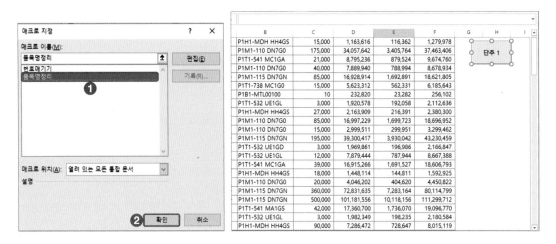

iii 실력향상 [매크로 지정] 대화상자가 닫혀서 연결할 매크로를 선택할 수 없다면 삽입된 단추를 마우스 오른쪽 버튼으로 클릭한 후 [매크로 지정]을 클릭합니다. 만약 [ActiveX 컨트롤]에서 [명령 단추]를 삽입했다면 [매크로 지정] 대화상자도 나타나지 않고 [매크로 지정] 메뉴도 없습니다.

04 단추 컨트롤 서식 설정하기 ❶ 단추 레이블로 **품목명 정리**를 입력합니다. ❷ 단추를 마우스 오른쪽 버튼으로 클릭한 후 ❸ [컨트롤 서식]을 클릭합니다.

iii 실력향상 단추 레이블은 삽입한 직후 편집할 수 있습니다. 편집할 수 있는 상태가 아니면 단추를 마우스 오른쪽 버튼으로 클릭한 후 [텍스트 편집]을 클릭합니다.

05 [컨트롤 서식] 대화상자의 [글꼴] 탭에서 ❶ [글꼴 스타일]을 [굵게], ❷ [크기]를 12로 설정하고, ❸ [속성] 탭을 클릭합니다. ❹ [개체 위치]에서 [변하지 않음]을 클릭하고 ❺ [확인]을 클릭합니다.

06 삽입한 [품목명 정리] 단추에 마우스 포인터를 위치하면 마우스 포인터가 손 모양 🖑으로 변경됩니다. 클릭하면 '품목명정리' 매크로가 실행됩니다.

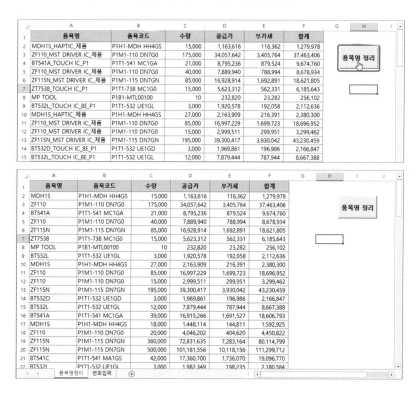

매크로
기본

매크로
만들기

VBA
기본

조건문
/반복문

화면
디자인

실무
프로
그램

문법
노트

07 도형에 매크로 연결하기 ❶ [번호입력] 시트 탭을 클릭합니다. ❷ [삽입] 탭-[일러스트레이션] 그룹-[도형]을 클릭한 후 ❸ [사각형]의 [모서리가 둥근 직사각형☐]을 클릭합니다. ❹ 시트 오른쪽 빈 공간에 드래그하여 삽입합니다.

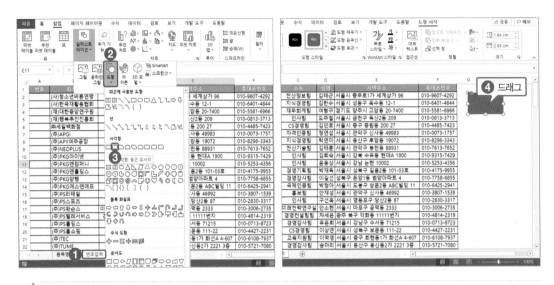

📊 **실력향상** 양식 컨트롤의 단추는 배경색을 변경하지 못하기 때문에 다양한 색상의 매크로 단추를 만들려면 도형을 이용합니다.

08 ❶ 삽입된 도형을 마우스 오른쪽 버튼으로 클릭한 후 ❷ [매크로 지정]을 클릭합니다. [매크로 지정] 대화상자의 ❸ [매크로 이름]에서 [번호매기기]를 클릭한 후 ❹ [확인]을 클릭합니다.

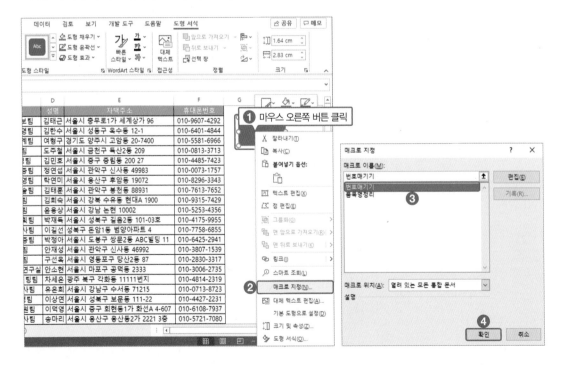

09 ❶ 도형이 선택된 상태에서 **번호 입력**을 입력합니다. 도형에 문자가 입력됩니다. ❷ [홈] 탭-[글꼴] 그룹-[굵게[가]]를 클릭하고, ❸ [맞춤] 그룹-[가운데 맞춤 ≡, ≣]을 각각 클릭합니다.

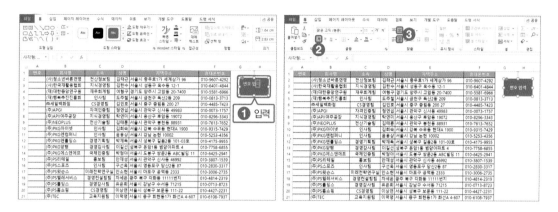

10 도형에 마우스 포인터를 위치하면 마우스 포인터가 손 모양 🖱으로 변경됩니다. 클릭하면 '번호 매기기' 매크로가 실행됩니다.

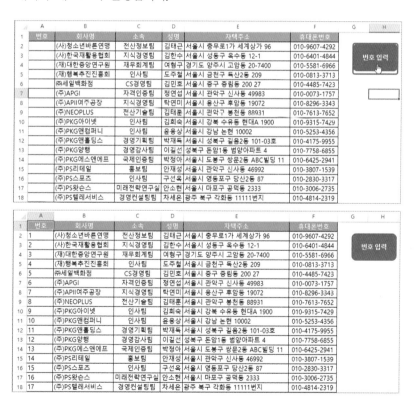

추가 기능으로 저장하여
모든 문서에 매크로 사용하기

실습 파일 | Part01/Chapter01/ 01_09.모든문서사용매크로.xlsm
완성 파일 | 없음

엑셀의 모든 문서에 사용할 매크로는 Excel 추가 기능(*.xlam) 형식으로 저장하여 리본 메뉴에 등록하면 편리하게 실행할 수 있습니다. 추가 기능으로 저장하면 워크시트 데이터는 저장되지 않고, VB 편집기 매크로 코드만 저장되므로 어떤 파일에서 작업해도 일일이 파일을 열 필요가 없어 편리합니다.

미리 보기

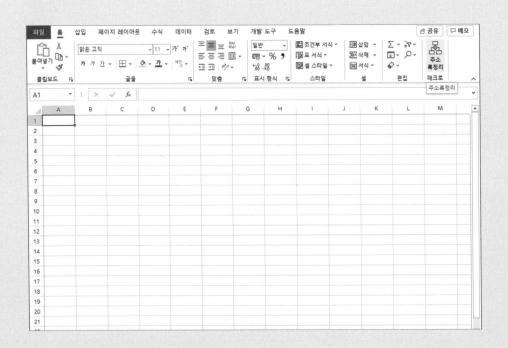

회사에서 바로 통하는 **키워드** : 추가 기능, 홈 탭에 등록

한눈에 보는 작업순서	추가 기능으로 저장하기	▶	추가 기능 파일 열기	▶	[홈] 탭에 매크로 등록하기

01 추가 기능으로 저장하기 실습 파일을 열고 ❶ [파일] 탭–[다른 이름으로 저장]을 클릭합니다. ❷ 파일 이름으로 **편집매크로**를 입력하고, ❸ 파일 형식에서 [Excel 추가 기능(*.xlam)]을 클릭합니다. ❹ [저장]을 클릭합니다.

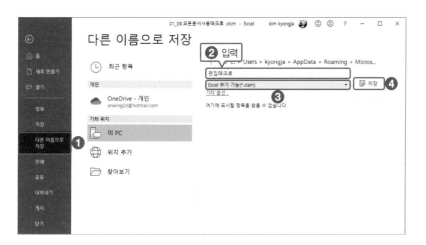

🔼 **실력향상** 추가 기능 형식으로 저장할 파일의 저장 위치는 별도로 선택하지 않습니다. 엑셀의 사용자 추가 기능은 운영체제와 엑셀 버전에 맞게 정해져 있습니다. 파일 형식을 [Excel 추가 기능]으로 설정하면 저장 위치는 자동으로 설정됩니다.

02 추가 기능 파일 열기 ❶ 모든 엑셀 파일을 닫고 새 통합 문서를 엽니다. ❷ [개발 도구] 탭–[추가 기능] 그룹–[Excel 추가 기능]을 클릭합니다. [추가 기능] 대화상자에서 ❸ [편집매크로]에 체크합니다. '편집매크로' 매크로가 삽입되었지만 워크시트에는 표시되지 않습니다. [Visual Basic 편집기]에서 확인해보겠습니다. ❹ [개발 도구] 탭–[코드] 그룹–[Visual Basic]을 클릭합니다.

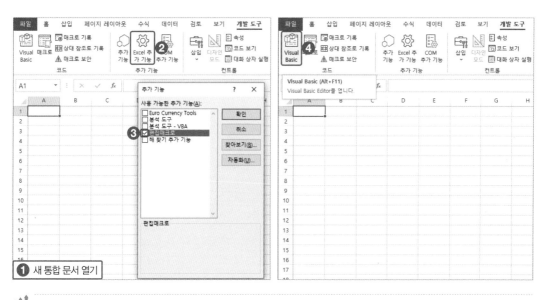

🔼 **실력향상** 추가 기능으로 저장할 경우 워크시트 내용은 저장되지 않고 [Visual Basic 편집기]에 있는 코드만 저장되어 [파일]–[열기]로 파일을 열 수 없습니다.

매크로
기본

매크로
만들기

VBA
기본

조건문
/반복문

화면
디자인

실무
프로
그램

문법
노트

03 [Visual Basic 편집기]의 [프로젝트] 탐색기 창을 확인해보면 '편집매크로.xlam' 파일이 표시되어 있습니다.

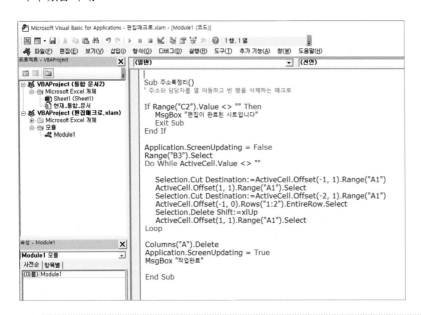

실력향상 추가 기능으로 저장된 파일을 닫으려면 [개발 도구] 탭 – [추가 기능] 그룹 – [Excel 추가 기능]을 클릭하고 [추가 기능] 대화상자에서 [편집매크로]의 체크를 해제합니다.

04 홈 탭에 매크로 등록하기 ❶ [파일] 탭 – [옵션]을 클릭합니다. ❷ [Excel 옵션] 대화상자에서 [리본 사용자 지정]을 클릭합니다. [기본 탭]에서 ❸ [홈] 탭을 클릭한 후 ❹ [새 그룹]을 클릭합니다.

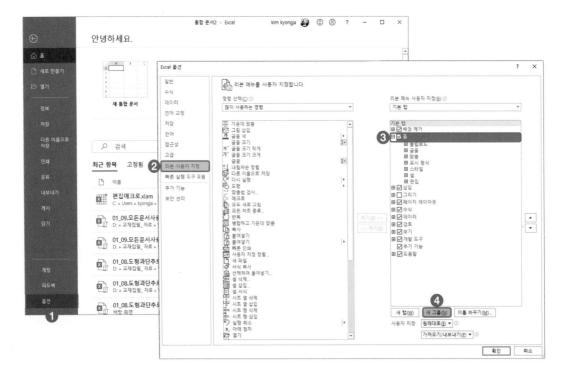

05 ❶ 추가된 [새 그룹 (사용자 지정)]을 클릭한 후 ❷ [이름 바꾸기]를 클릭합니다. [이름 바꾸기] 대화상자에서 ❸ [표시 이름]에 **매크로**를 입력한 후 ❹ [확인]을 클릭합니다.

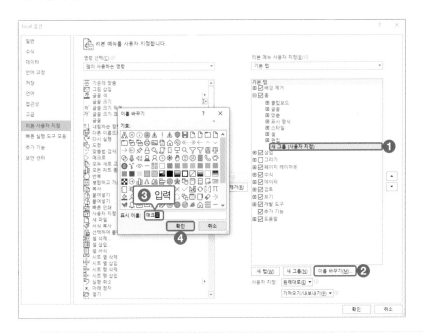

실력향상 추가한 그룹을 삭제하려면 마우스 오른쪽 버튼으로 클릭한 후 [제거]를 클릭합니다. 모든 리본 메뉴와 도구 설정을 기본 상태로 되돌리려면 [사용자 지정]의 [원래대로]–[모든 사용자 지정 다시 설정]을 클릭합니다.

06 [명령 선택] 목록에서 ❶ [매크로]를 선택합니다. ❷ [주소록정리]를 클릭한 후 ❸ [추가]를 클릭합니다. [매크로 (사용자 지정)] 그룹 안에 [주소록정리]가 추가됩니다. ❹ [확인]을 클릭합니다.

실력향상 리본 메뉴에 삽입한 매크로는 마우스 오른쪽 버튼으로 클릭한 후 [제거]를 클릭해 리본 메뉴에서 삭제할 수 있습니다.

07 [홈] 탭에 [매크로] 그룹–[주소록정리]가 추가되었습니다.

 빠른 실행 도구 모음에 매크로 연결하기

추가 기능으로 저장된 매크로는 빠른 실행 도구 모음에 추가하여 사용할 수 있습니다.

[Excel 옵션] 대화상자에서 ❶ [빠른 실행 도구 모음]을 클릭합니다. [명령 선택] 목록에서 ❷ [매크로]를 클릭합니다. ❸ [주소록정리]를 클릭한 후 ❹ [추가]를 클릭합니다. 빠른 실행 도구 모음에 [주소록정리] 매크로가 추가됩니다.

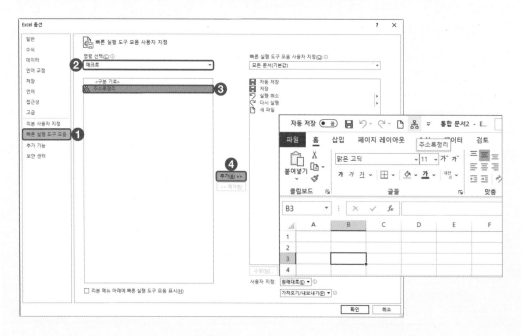

CHAPTER

02

자동 매크로를 활용하여 업무 자동화 프로그램 만들기

프로그램 제작 경험이 없는 엑셀 사용자들이 처음부터 VBA 문법을 익혀가면서 매크로를 하나 하나 만들려면 쉽게 포기할 수밖에 없습니다. 그러나 자동 매크로 기록 기능을 이용하여 기본 프로그램을 작성한 후 반복문이나 조건문을 추가하고 오류가 발생하는 부분만 해결한다면 쉽고 빠르게 매크로 프로그램을 만들 수 있습니다. 이번 CHAPTER에서는 실무에 자주 사용하는 기능을 자동 매크로로 기록한 후 수정하여 업그레이드된 업무 자동화 프로그램을 만들어보 겠습니다.

전체와 부분을 선택하여
표시하는 매크로 만들기

실습 파일 | Part01/Chapter02/02_01.1분기실적집계.xlsx
완성 파일 | Part01/Chapter02/02_01.1분기실적집계(완성).xlsm

---

01 프로젝트 시작하기

모든 사업부의 4분기 실적이 한 시트에 집계되어 있습니다. 사업부가 총 네 개이고, 각 사업부별 생산 제품이 7~13개로 다양합니다. 이러한 실적 데이터는 한 시트에 모두 입력되어 있어 내용이 너무 복잡합니다. 분기 실적 데이터를 분석할 때 전체 사업부의 데이터를 보는 경우도 있고, 각 사업부별로 나누어서 보는 경우도 있어 전체와 부분을 선택하여 볼 수 있는 동적 데이터를 만들려고 합니다. 각 사업부 데이터만 표시하도록 매크로를 만들어 단추에 연결하면 클릭 한 번으로 원하는 사업부만 조회할 수 있습니다. 총 다섯 개의 매크로가 필요한데 첫 번째 매크로는 자동 매크로로 기록하고 나머지 매크로는 기록된 코드를 복사한 후 수정하여 만들겠습니다.

회사에서 바로 통하는 키워드	행 숨기기 매크로, Rows 개체, Hidden 속성, 양식 컨트롤 단추

02 프로젝트 예제 미리 보기

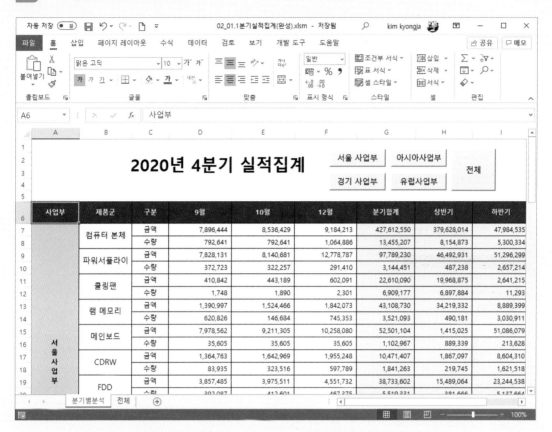

한눈에 보는 작업순서

서울사업부 데이터만 보이는 자동 매크로 기록하기 ▶ 매크로 간략하게 수정하기 ▶ 수정한 매크로 복사하여 매크로 다섯 개 만들기 ▶ 작성한 매크로를 단추에 연결하기

STEP 01 서울사업부 데이터만 표시하는 매크로 기록하기

❶ 매크로 기록을 시작합니다.

❷ [7:30] 행을 범위로 지정하여 숨기기를 취소하고, [31:76] 행을 범위로 지정하여 숨기기를 적용합니다.

❸ 매크로 기록을 중지합니다.

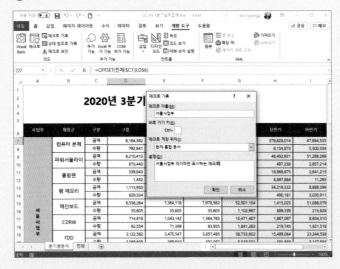

STEP 02 기록된 매크로 짧게 수정한 후 복사하기

❶ 기록된 '서울사업부' 매크로를 [Visual Basic 편집기]에서 짧게 수정합니다.

❷ 수정한 '서울사업부' 매크로를 네 개 복사합니다.

❸ 복사한 매크로를 '경기사업부', '아시아사업부', '유럽사업부', '전체사업부'로 각각 수정합니다.

STEP 03 단추 삽입하여 매크로 다섯 개 연결하기

❶ 양식 컨트롤의 단추를 삽입하여 '서울사업부' 매크로를 연결합니다.

❷ 단추를 세 개 복사하여 다른 사업부 이름으로 변경하고 매크로를 연결합니다.

❸ '전체사업부' 매크로를 연결하는 단추를 추가합니다.

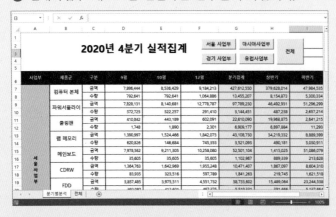

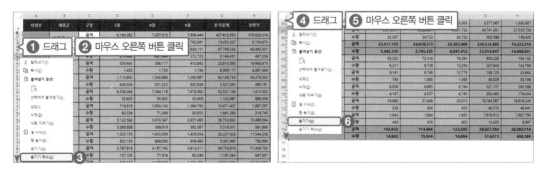

매크로
기본

매크로
만들기

VBA
기본

프로젝트
/컨트롤

화면
디자인

실무
프로
그램

문법
노트

서울사업부 데이터만 표시하는 매크로 기록하기

서울사업부 데이터만 표시하는 매크로를 기록해보겠습니다. 이 매크로에는 [7:30] 행을 범위로 지정하여 숨기기를 취소하고, [31:76] 행을 범위로 지정하여 숨기는 동작을 기록합니다.

01 매크로 기록 시작하기 실습 파일을 열고 ❶ [분기별분석] 시트 탭을 클릭합니다. ❷ [개발 도구] 탭-[코드] 그룹-[매크로 기록]을 클릭합니다. [매크로 기록] 대화상자에서 ❸ [매크로 이름]에 **서울 사업부**, [설명]에 **서울사업부 데이터만 표시하는 매크로**를 입력합니다. [바로 가기 키]는 지정하지 않습니다. ❹ [확인]을 클릭합니다.

02 행 숨기기 취소와 숨기기하기 ❶ 서울사업부 데이터가 있는 [7:30] 행을 범위로 지정한 후 ❷ 마우스 오른쪽 버튼을 클릭하여 ❸ [숨기기 취소]를 클릭합니다. ❹ 다른 지역 데이터가 있는 [31:76] 행을 범위로 지정한 후 ❺ 마우스 오른쪽 버튼을 클릭하여 ❻ [숨기기]를 클릭합니다.

실력향상 [7:30] 행은 숨겨진 상태가 아니기 때문에 [숨기기 취소]를 해도 화면에는 변화가 없습니다. 그러나 이 매크로가 실행될 때 [7:30] 행이 숨겨져 있을 수 있으므로 숨기기를 취소하는 문장이 필요합니다.

STEP 02 기록된 매크로 짧게 수정한 후 복사하기

기록된 '서울사업부' 매크로에는 불필요한 코드가 있어 꼭 필요한 문장만 남기고 삭제하겠습니다. 수정된 매크로를 네 개 복사하여 다른 사업장의 데이터와 전체 사업부 데이터를 각각 표시하도록 만들어보겠습니다.

03 Visual Basic 편집기에서 기록된 코드 확인하기 ❶ [개발 도구] 탭–[코드] 그룹–[매크로]를 클릭합니다. [매크로] 대화상자에서 ❷ [편집]을 클릭합니다. [Visual Basic 편집기]가 열리고 [코드] 창에 '서울사업부' 매크로의 코드가 표시됩니다.

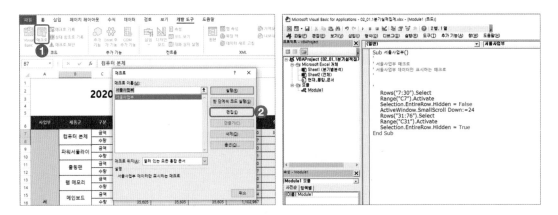

ⅲ 실력향상 [Visual Basic 편집기]가 표시되지만 [코드] 창이 나타나지 않을 수 있습니다. 이때는 [프로젝트] 탐색기 창에서 [모듈]–[Module1]을 차례로 더블클릭하면 '서울사업부' 매크로가 코드가 표시됩니다.

04 코드 짧게 줄이기 불필요한 코드는 다음과 같이 삭제하여 문장을 줄입니다.

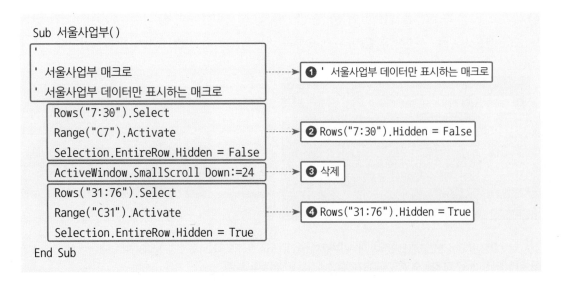

❶ 주석문을 한 줄만 남기고 모두 삭제합니다.

❷ [7:30] 행을 범위로 지정한 후 숨기기를 취소하는 문장입니다. 매크로에서는 행을 지정하면 별도로 지정하지 않아도 숨기기를 할 수 있습니다. Select, Selection, EntireRow 코드를 삭제하여 한 문장으로 만듭니다. Rows 개체는 행 전체를 뜻하는 개체이므로 EntireRow 속성이 없어도 됩니다. Range("C7"). Activate는 A열이 병합되어 있어서 [C7] 셀을 활성화한다는 의미인데 불필요한 문장입니다.

❸ 화면을 아래로 스크롤합니다. 만약 매크로를 기록하면서 화면을 아래쪽으로 스크롤하지 않았다면 이 문장은 없습니다. 불필요한 문장이므로 삭제합니다. 다른 위치에 이 문장이 있다면 함께 삭제합니다.

❹ [31:76] 행을 범위로 지정한 후 숨기기를 실행하는 문장입니다. Select, Selection, EntireRow, Range("C31").Activate 코드를 삭제하여 한 문장으로 만듭니다.

05 불필요한 코드를 삭제하면 다음과 같이 한 개의 주석문과 두 개의 실행문만 남습니다.

```
Sub 서울사업부( )
❶    ' 서울사업부 데이터만 표시하는 매크로
❷        Rows("7:30").Hidden = False
❸        Rows("31:76").Hidden = True
End Sub
```

❶ 매크로를 설명하는 주석문입니다.

❷ [7:30] 행의 숨기기를 취소합니다.

❸ [31:76] 행을 숨기기합니다.

06 서울사업부 매크로 복사하기 ❶ Sub부터 End Sub까지 선택한 후 ❷ Ctrl + C 를 눌러 복사합니다. ❸ End Sub 다음에 Enter 를 눌러 줄 바꿈을 한 후 ❹ Ctrl + V 를 눌러 붙여 넣습니다.

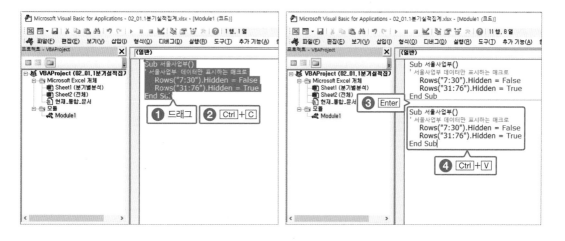

07 복사한 매크로 수정하기 복사한 매크로의 이름을 **경기사업부**로 변경하고 코드를 다음과 같이 수정합니다.

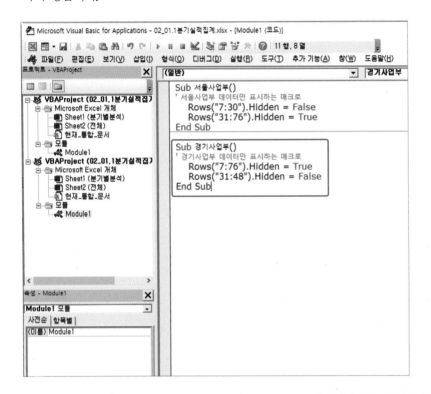

```
Sub  경기사업부()
❶    '  경기사업부 데이터만 표시하는 매크로
❷       Rows("7:76").Hidden = True
❸       Rows("31:48").Hidden = False
End Sub
```

❶ 주석문을 변경합니다.

❷ [7:76] 행을 숨기기합니다.

❸ [31:48] 행의 숨기기를 취소합니다. 경기사업부 위쪽 행들과 아래쪽 행들의 숨기기를 각각 취소할 수도 있지만 코드를 간결하게 작성하기 위해 전체 데이터를 숨긴 후 경기사업부 행만 숨기기를 취소합니다.

🏛 **실력향상** 프로그램은 순차적으로 실행되므로 [7:76] 행을 모두 숨기기한 후 경기사업부 데이터에 해당하는 [31:48] 행을 숨기기 취소해야 합니다.

08 같은 방법으로 '경기사업부' 매크로를 복사하여 '아시아사업부', '유럽사업부', '전체사업부' 매크로를 작성합니다.

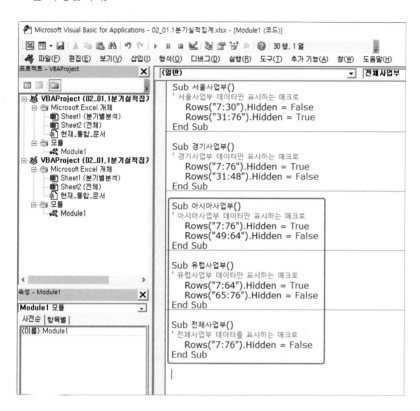

```
Sub 아시아사업부()
' 아시아사업부 데이터만 표시하는 매크로
    Rows("7:76").Hidden = True
    Rows("49:64").Hidden = False
End Sub
```

```
Sub 유럽사업부()
' 유럽사업부 데이터만 표시하는 매크로
    Rows("7:64").Hidden = True
    Rows("65:76").Hidden = False
End Sub
```

```
Sub 전체사업부()
' 전체사업부 데이터를 표시하는 매크로
    Rows("7:76").Hidden = False
End Sub
```

단추 삽입하여 매크로로 다섯 개 연결하기

작성된 다섯 개의 매크로를 편리하게 실행하기 위해 [분기별분석] 시트에 양식 컨트롤 단추를 삽입하여
매크로를 연결해보겠습니다. 같은 크기로 삽입해야 하는 컨트롤은 한 개를 먼저 삽입한 후 복사하여 매
크로 지정을 변경하는 것이 편리합니다.

09 서울사업부 매크로 연결하는 단추 삽입하기 ❶ [개발 도구] 탭–[컨트롤] 그룹–[삽입]–[단추(양
식 컨트롤)▭]을 클릭합니다. ❷ 제목 옆 빈 공간에 적당한 크기로 드래그하여 삽입합니다.

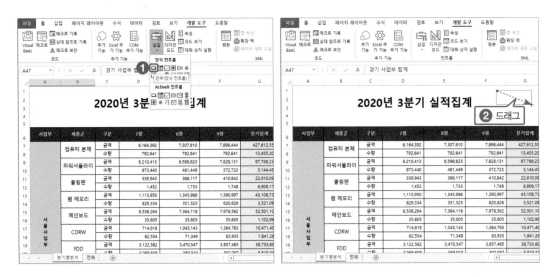

10 [매크로 지정] 대화상자의 ❶ [매크로 이름]에서 [서울사업부]를 클릭한 후 ❷ [확인]을 클릭합
니다. 단추가 삽입되면서 매크로가 연결됩니다.

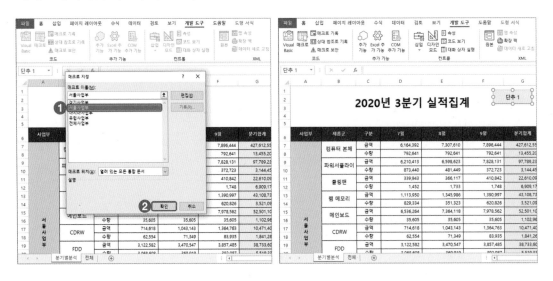

11 단추 레이블에 **서울 사업부**를 입력합니다.

📊 **실력향상** 단추 레이블을 삽입한 직후에는 편집할 수 있는 상태가 됩니다. 편집할 수 있는 상태가 아니라면 단추를 마우스 오른쪽 버튼으로 클릭한 후 [텍스트 편집]을 클릭합니다.

12 단추 복사하여 매크로 변경하기 ❶ Ctrl + Shift 를 누른 상태에서 [서울 사업부] 단추를 아래쪽으로 드래그합니다. 단추가 수직으로 복사됩니다. ❷ Ctrl 을 누른 상태에서 두 개의 단추를 클릭하여 같이 선택합니다. ❸ Ctrl + Shift 를 누른 상태에서 선택된 두 개의 단추를 오른쪽으로 드래그합니다. 단추 두 개가 수평으로 복사됩니다.

📊 **실력향상** 단추에는 매크로가 연결되어 있어서 선택되지 않은 상태에서 클릭하면 매크로가 실행됩니다. 이때는 Ctrl 을 누른 상태에서 클릭하면 매크로가 실행되지 않고 단추가 편집 모드로 선택됩니다.

13 ❶ 복사된 단추를 마우스 오른쪽 버튼으로 클릭한 후 ❷ [매크로 지정]을 클릭합니다. [매크로 지정] 대화상자의 ❸ [매크로 이름]에서 [경기사업부]를 클릭한 후 ❹ [확인]을 클릭합니다.

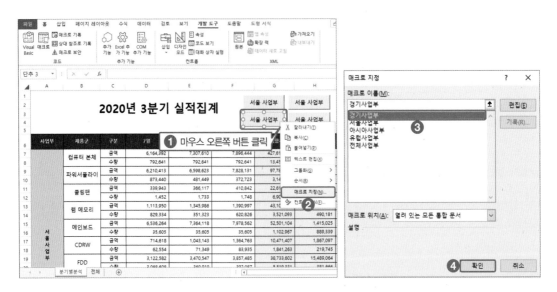

14 ❶ '경기사업부' 매크로를 지정한 단추의 레이블을 **경기 사업부**로 변경합니다. ❷ 같은 방법으로 나머지 두 개의 단추에도 각각 '아시아사업부', '유럽사업부' 매크로를 지정하고, 레이블도 **아시아 사업부, 유럽 사업부**로 변경합니다.

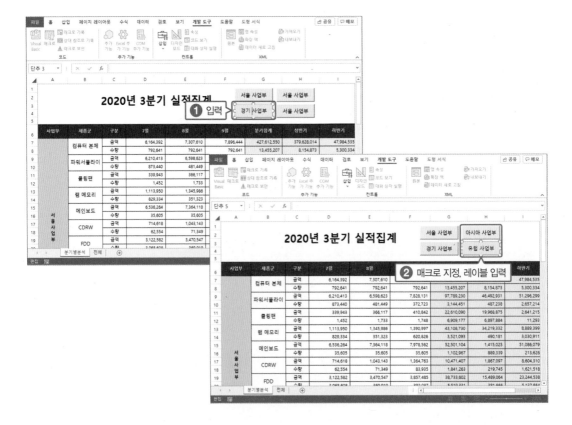

15 전체사업부 매크로 연결 단추 삽입하기 ❶ [개발 도구] 탭–[컨트롤] 그룹–[삽입]–[단추(양식 컨트롤)⬜]을 클릭합니다. ❷ [아시아 사업부] 단추 옆 빈 공간에 적당한 크기로 드래그하여 삽입합니다.

16 [매크로 지정] 대화상자의 ❶ [매크로 이름]에서 [전체사업부]를 클릭한 후 ❷ [확인]을 클릭합니다. 단추가 삽입되면서 매크로가 연결됩니다. ❸ 단추의 레이블을 **전체**로 변경합니다.

17 매크로가 연결된 단추를 클릭하면 연결된 매크로가 각각 실행됩니다.

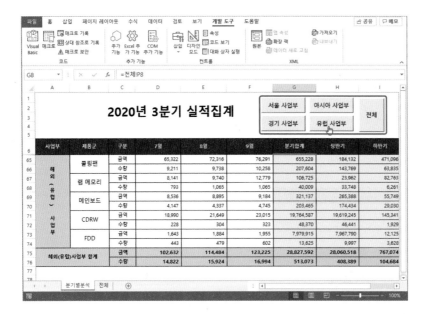

예제 매크로 코드 문법 알아보기

VBA **키워드** : EntireRow 속성, EntireColumn 속성, Hidden 속성, Visible 속성

1. EntireRow 속성과 EntireColumn 속성

EntireRow 속성은 지정한 셀의 행 전체를 뜻하고 EntireColumn 속성은 지정한 셀의 열 전체를 뜻합니다. 주로 셀을 지칭하는 Range 개체나 Cells 개체에 사용합니다.

· **예시**

```
Range("A1").EntireRow.Select
→ [A1] 셀의 행 전체를 지정합니다. 1행을 범위로 지정하는 것과 같습니다.
Range("A1").EntireColumn.Select
→ [A1] 셀의 열 전체를 지정합니다. A열을 범위로 지정하는 것과 같습니다.
```

2. Hidden 속성

행이나 열의 숨기기를 실행하거나 숨기기를 취소하는 속성입니다. 속성값으로는 True와 False를 사용합니다. True로 설정하면 숨기기를 하고, False를 설정하면 숨기기를 취소를 합니다. 이 속성을 사용할 때는 지정한 범위에 열이나 행 전체가 포함되어야 하므로 Rows나 Columns로 범위를 지정하고 Range에는 EntireRow나 EntireColumn을 함께 사용합니다.

· **예시**

```
Rows(1).Hidden = True → 1행을 숨기기합니다.
Columns("A:B").Hidden = False → A열과 B열을 숨기기 취소합니다.
Range("A3").EntireRow.Hidden = False → [A3] 셀의 행 전체(3행)를 숨기기 취소합니다.
Range("B4").EntireColumn.Hidden = True → [B4] 셀의 열 전체(B열)를 숨기기합니다.
```

3. Visible 속성

시트를 엑셀 화면에 보여줄 것인지 숨길 것인지를 결정하는 속성입니다. 속성값으로 True, False, xlSheetVisible, xlSheetHidden, xlSheetVeryHidden을 사용합니다. xlSheetVisible은 True와 같고, xlSheetHidden은 False와 같습니다. xlSheetVeryHidden으로 시트를 숨기면 시트 이름을 마우스 오른쪽 버튼으로 클릭하여 숨기기 취소를 할 수 없고 매크로 코드를 이용해야 숨기기 취소가 가능합니다.

· **예시**

```
Worksheets("1월").Visible = xlSheetHidden → [1월] 시트를 숨기기합니다.
Worksheets("2월").Visible = xlSheetVeryHidden
→ [2월] 시트를 숨기기합니다. 이렇게 하면 시트 이름을 마우스 오른쪽 버튼으로 클릭해도 숨기기 취소를 할 수 없습니다.
```

표 구조를 자동으로 변경하는 매크로 만들기

실습 파일 | Part01/Chapter02/02_02.연구재료비.xlsx
완성 파일 | Part01/Chapter02/02_02.연구재료비(완성).xlsm

01 프로젝트 시작하기

연구 재료비 목록 데이터 중 세부사항 열에 다섯 가지 세부 항목이 함께 입력되어 있습니다. 이 항목을 열 단위로 분리하여 엑셀에서 사용하기 편리한 표 형태로 편집하는 자동 매크로를 만들어보겠습니다.
머리글 입력과 바꾸기 기능은 절대 참조 매크로로 기록하고 셀 데이터를 이동한 후 빈 행을 삭제하는 기능은 상대 참조 매크로로 기록합니다. 그 다음 기록된 매크로에 반복문과 조건문을 추가하여 완전한 프로그램으로 업그레이드해보겠습니다.

회사에서 바로 통하는 키워드	바꾸기로 삭제, 셀 데이터 이동, 빈 행 삭제, If 조건문, Do While 반복문, ScreenUpdating 속성, MsgBox 함수, Call 문, Copy 메서드, PasteSpecial 메서드

	A	B	C	D	E	F
1	번호	일자	거래처	예산액	집행액	세부사항
2	140	2020-05-11	상당아크릴	49,500	35,398	사용목적 :재료구매
3						사업자등록번호 :104-04-35847
4						품명 :아크릴
5						수량 :1
6						단가 :35398
7	141	2020-04-08	API솔루션	1,216,000	1,216,000	사용목적 :연구재료구매
8						사업자등록번호 :536-15-00013
9						품명 :전자부품구매
10						수량 :1
11						단가 :1216000
12	142	2020-04-05	KPCON	3,000	2,727	사용목적 :배송비
13						사업자등록번호 :101-08-40015
14						품명 :배송비
15						수량 :1
16						단가 :3000
17	143	2020-04-05	KPCON	28,000	25,455	사용목적 :DMX 케이블 구매
18						사업자등록번호 :101-08-40015
19						품명 :DMX Cable 5M
20						수량 :4
21						단가 :7000

	A	B	C	D	E	F	G	H
1	번호	일자	거래처	예산액	집행액	사용목적	사업자등록번호	품명
2	140	2020-05-11	상당아크릴	49,500	35,398	재료구매	104-04-35847	아크릴
3	141	2020-04-08	API솔루션	1,216,000	1,216,000	연구재료구매	536-15-00013	전자부품구매
4	142	2020-04-05	KPCON	3,000	2,727	배송비	101-08-40015	배송비
5	143	2020-04-05	KPCON	28,000	25,455	DMX 케이블 구매	101-08-40015	DMX Cable 5M
6	144	2020-04-01	OP전기	17,600	16,000	전기부품구	101-33-72386	H.B
7	145	2020-04-01	에스알티	38,500	35,000	연구재료 민	601-20-68572	민특 M-1
8	146	2020-03-31	스마트유통	420,000	381,819	장비전원 이	105-12-58019	모니터 아답터 DC12V5A
9	147	2020-03-31	스마트유통	2,500	2,273	장비전원 이	105-12-58019	배송
10	148	2020-03-31	NAPPA(주)	17,900	16,273	연구재료비	220-81-62517	재료비
11	149	2020-03-30	뱅큐PIK	2,200	2,000	재료구매 비	114-81-69078	배송비
12	150	2020-03-30	뱅큐PIK	11,550	10,500	테스트 센서	114-81-69078	RV160-20
13	151	2020-03-30	(주)파인파크	14,100	12,818	마이크로 USB케이블	217-09-50552	마이크로5핀 USB 데이터 충전
14	152	2020-03-25	아크릴조안	500,000	500,000	재료비- 아크릴 가공	101-36-72451	아크릴가공
15	153	2020-03-24	NAPPA(주)	80,000	72,727	연구재료비 - 전자부품구매	817-08-00189	리밋스위치
16	154	2020-03-24	렉스(주)	30,800	28,000	연구 부품구매	113-81-88335	테프론튜브
17	155	2020-03-24	NAPPA(주)	65,000	59,091	연구재료비 - 전자부품구매	817-08-00189	테프론튜브
18	156	2020-03-24	NAPPA(주)	40,000	36,364	연구재료비 - 전자부품구매	817-08-00189	써미스터
19	157	2020-03-24	NAPPA(주)	24,000	21,819	연구재료비 - 전자부품구매	817-08-00189	타이밍벨트
20	158	2020-03-24	NAPPA(주)	80,000	72,727	연구재료비 - 전자부품구매	817-08-00189	커플러
21	159	2020-03-24	렉스(주)	52,800	48,000	연구 부품구매	113-81-88335	팬풀러

한눈에 보는 작업순서

절대 참조 매크로 기록하기 ▶ 머리글 입력과 바꾸기 실행하기 ▶ 상대 참조 매크로로 전환하기 ▶ 셀 데이터 이동하고 빈 행 삭제하기 ▶

매크로 기록 중지하기 ▶ 코드 간략하게 줄이기 ▶ 반복문과 조건문 추가하기 ▶ 서식 복사 매크로 추가 기록하기 ▶ 매크로 호출하기

STEP 01 머리글 입력, 반복 문자 삭제, 데이터 이동, 빈 행 삭제 매크로 기록하기

❶ 매크로 기록을 시작합니다. 머리글을 변경하고 바꾸기로 반복 문자를 삭제합니다.

❷ 상대 참조 매크로로 전환하여 데이터를 이동하고 빈 행을 삭제합니다.

❸ 매크로 기록을 중지합니다.

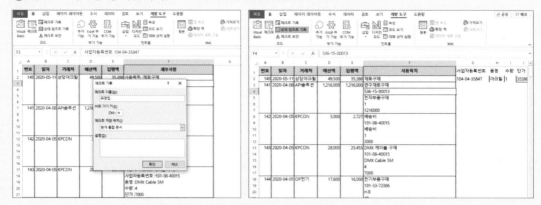

STEP 02 불필요한 코드를 삭제하고 반복문과 조건문 추가하기

❶ 불필요한 코드를 삭제하고 주석문으로 작업에 대한 설명을 추가합니다.

❷ 데이터 이동과 빈 행 삭제를 반복하도록 Do While 반복문을 추가합니다.

❸ 작업이 완료된 시트에서 재실행을 방지하기 위해 조건문을 추가합니다.

STEP 03 서식 복사와 열 너비 자동 맞춤 매크로 추가하기

❶ 매크로 기록을 시작하여 F열의 서식을 [G:J] 열에 복사합니다.

❷ [F:J] 열의 너비를 자동 맞춤하고 매크로 기록을 중지합니다.

❸ Call 문으로 매크로를 호출하여 한 개의 매크로에서 모두 실행되도록 합니다.

STEP 01 머리글 입력, 반복 문자 삭제, 데이터 이동, 빈 행 삭제 매크로 기록하기

표 편집 중 머리글 입력과 바꾸기 삭제 작업은 한 번만 실행되어야 하므로 절대 참조 매크로로 기록하고, 셀 데이터를 이동하고 빈 행을 삭제하는 매크로는 반복적으로 실행되어야 하므로 상대 참조 매크로로 기록합니다.

01 매크로 기록 시작하여 머리글 입력하기 실습 파일을 엽니다. ❶ [F1] 셀이 아닌 임의의 셀을 클릭한 후 ❷ [개발 도구] 탭-[코드] 그룹-[매크로 기록]을 클릭합니다. [매크로 기록] 대화상자에서 ❸ [매크로 이름]에 **표편집**을, [바로 가기 키]에는 **w**를 입력합니다. ❹ [확인]을 클릭합니다.

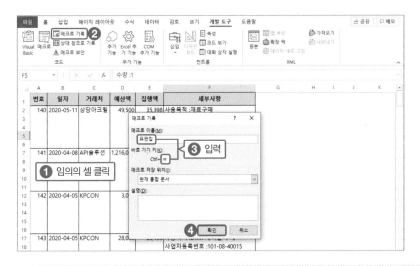

실력향상 [F1] 셀을 클릭해 지정하는 동작이 매크로로 기록되어야 하므로 매크로 기록을 시작하기 전에 [F1] 셀이 아닌 다른 셀이 지정되어 있어야 합니다.

02 [F1] 셀에 **사용목적**, [G1] 셀에 **사용자등록번호**, [H1] 셀에 **품명**, [I1] 셀에 **수량**, [J1] 셀에 **단가**를 각각 입력합니다.

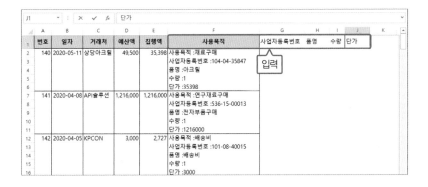

03 바꾸기로 F열의 항목과 콜론 문자 일괄 삭제하기 ❶ F열을 지정합니다. ❷ [홈] 탭-[편집] 그룹-[찾기 및 선택🔍]-[바꾸기]를 클릭합니다. [찾기 및 바꾸기] 대화상자의 [바꾸기] 탭에서 ❸ [찾을 내용]에 *:을 입력하고 ❹ 바꿀 내용은 공백으로 비워둡니다. ❺ [모두 바꾸기]를 클릭합니다.

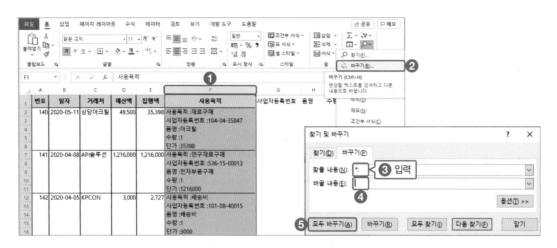

📊 **실력향상** 별표(*)는 와일드카드로 *:을 입력하면 콜론(:)까지의 모든 문자를 뜻합니다. 그리고 [바꿀 내용]을 입력하지 않으면 [찾을 내용]이 삭제됩니다. 와일드카드 문자로는 별표(*) 이외에 물음표(?)를 이용하기도 합니다. 별표(*)는 모든 데이터를, 물음표(?)는 한 글자를 찾아줍니다. 예를 들어 김*를 입력하면 '김'으로 시작하는 모든 데이터를 찾고, 김?를 입력하면 '김'으로 시작하는 데이터 중 뒤에 한 글자만 있는 데이터를 찾습니다.

04 F열의 각 행에 있던 콜론(:)까지의 글자가 모두 삭제되고 '250개 항목이 바뀌었습니다'라는 메시지가 나타납니다. ❶ [확인]을 클릭한 후 [찾기 및 바꾸기] 대화상자에서 ❷ [닫기]를 클릭합니다.

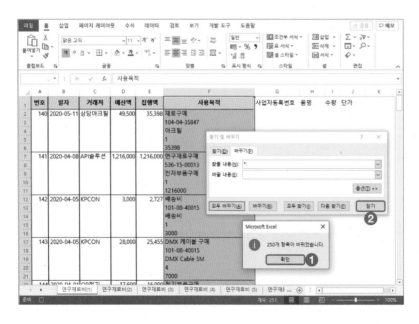

05 상대 참조 매크로로 전환하기 ❶ [F3] 셀을 클릭한 후 ❷ [개발 도구] 탭–[코드] 그룹–[상대 참조로 기록]을 클릭합니다.

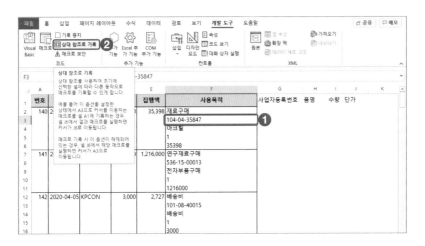

ⅲ 실력향상 셀 데이터를 이동하고 빈 행을 삭제하는 작업은 셀 위치를 상대적으로 변경하면서 반복 실행해야 하므로 상대 참조로 기록되어야 합니다. 상대 참조로 기록할 때는 시작 셀 위치가 중요합니다. 여기서는 첫 번째 이동할 사업자등록번호가 있는 [F3] 셀을 클릭하는 동작이 반드시 매크로에 기록되어야 합니다.

06 셀 데이터 이동하기 ❶ [F3] 셀의 테두리를 드래그하여 [G2] 셀로 이동합니다. ❷ 다음에 이동할 [F4] 셀을 클릭한 후 ❸ 셀의 테두리를 드래그하여 [H2] 셀로 드래그합니다.

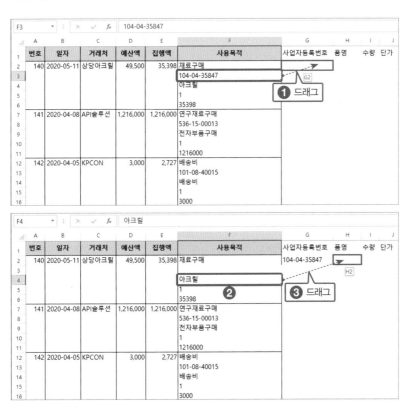

07 ① [F5] 셀을 클릭한 후 ② 셀의 테두리를 드래그하여 [I2] 셀로 드래그합니다. ③ [F6] 셀을 클릭한 후 ④ 셀의 테두리를 드래그하여 [J2] 셀로 드래그합니다. 열로 입력된 데이터가 행으로 정렬됩니다.

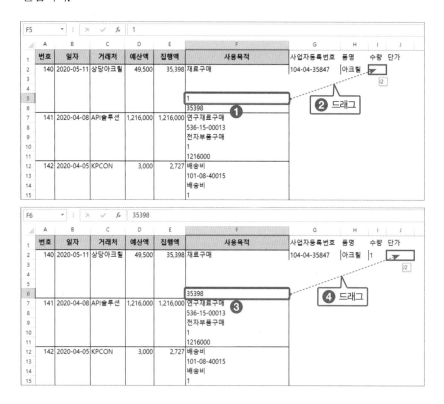

08 빈 행 삭제하고 매크로 기록 중지하기 ① [3:6] 행을 범위로 지정한 후 ② 마우스 오른쪽 버튼을 클릭하고 ③ [삭제]를 클릭합니다.

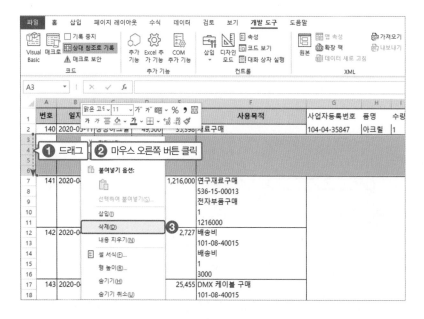

09 ❶ 다음에 이동할 사업자등록번호가 입력된 [F4] 셀을 클릭합니다. ❷ [개발 도구] 탭–[코드] 그룹–[기록 중지]를 클릭합니다.

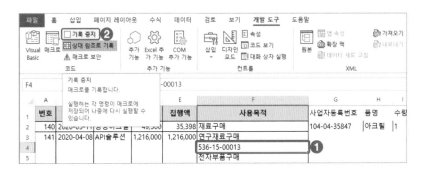

☝ 실력향상 셀 데이터 이동과 빈 행 삭제 작업은 셀 위치를 상대 참조로 변경해가면서 반복 실행해야 합니다. 여기서는 반복을 시작할 첫 작업이 지정된 사업자등록번호 데이터를 이동하는 작업이므로 매크로 기록을 중지하기 전에 반복 시작 작업과 연결될 수 있도록 다음에 이동할 사업자등록번호 셀을 범위로 지정하는 동작이 매크로에 기록되어야 합니다.

STEP 02

불필요한 코드를 삭제하고 반복문과 조건문 추가하기

자동 매크로로 기록된 '표편집' 매크로에서 불필요한 코드를 삭제합니다. 그 다음 반복문을 추가하여 이동과 빈 행 삭제를 자동 반복 실행하고, 조건문을 추가하여 편집이 완료된 시트에서는 매크로가 실행되지 않도록 코드를 추가해보겠습니다.

10 Visual Basic 편집기에서 기록된 코드 확인하기 ❶ [개발 도구] 탭–[코드] 그룹–[매크로]를 클릭합니다. [매크로] 대화상자에서 ❷ [편집]을 클릭합니다. [Visual Basic 편집기]가 열리고 '표편집' 매크로의 코드가 표시됩니다.

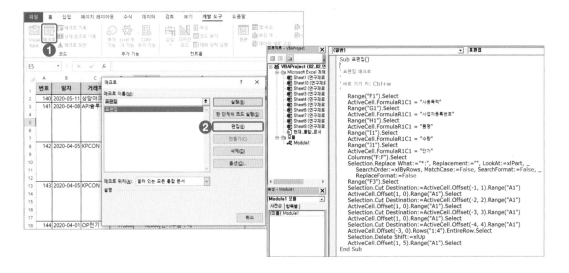

11 코드 짧게 줄이기 불필요한 코드를 다음과 같이 삭제하여 줄입니다.

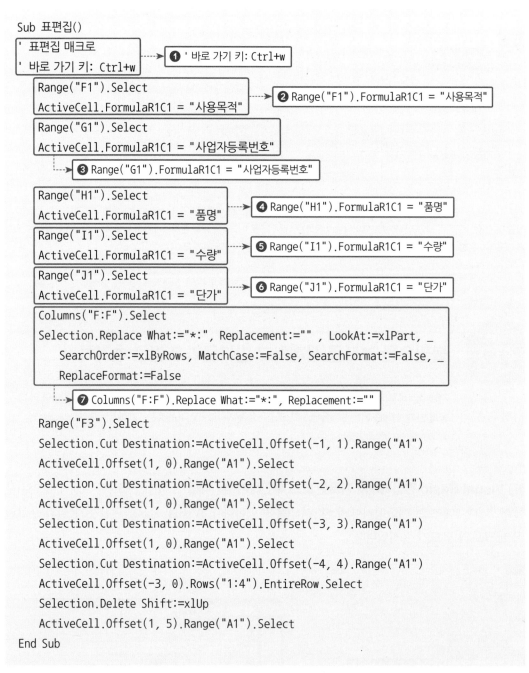

```
Sub 표편집()
' 표편집 매크로          ❶ ' 바로 가기 키: Ctrl+w
' 바로 가기 키: Ctrl+w
    Range("F1").Select           ❷ Range("F1").FormulaR1C1 = "사용목적"
    ActiveCell.FormulaR1C1 = "사용목적"
    Range("G1").Select
    ActiveCell.FormulaR1C1 = "사업자등록번호"
                      ❸ Range("G1").FormulaR1C1 = "사업자등록번호"
    Range("H1").Select           ❹ Range("H1").FormulaR1C1 = "품명"
    ActiveCell.FormulaR1C1 = "품명"
    Range("I1").Select           ❺ Range("I1").FormulaR1C1 = "수량"
    ActiveCell.FormulaR1C1 = "수량"
    Range("J1").Select           ❻ Range("J1").FormulaR1C1 = "단가"
    ActiveCell.FormulaR1C1 = "단가"
    Columns("F:F").Select
    Selection.Replace What:="*:", Replacement:="" , LookAt:=xlPart, _
        SearchOrder:=xlByRows, MatchCase:=False, SearchFormat:=False, _
        ReplaceFormat:=False
               ❼ Columns("F:F").Replace What:="*:", Replacement:=""
    Range("F3").Select
    Selection.Cut Destination:=ActiveCell.Offset(-1, 1).Range("A1")
    ActiveCell.Offset(1, 0).Range("A1").Select
    Selection.Cut Destination:=ActiveCell.Offset(-2, 2).Range("A1")
    ActiveCell.Offset(1, 0).Range("A1").Select
    Selection.Cut Destination:=ActiveCell.Offset(-3, 3).Range("A1")
    ActiveCell.Offset(1, 0).Range("A1").Select
    Selection.Cut Destination:=ActiveCell.Offset(-4, 4).Range("A1")
    ActiveCell.Offset(-3, 0).Rows("1:4").EntireRow.Select
    Selection.Delete Shift:=xlUp
    ActiveCell.Offset(1, 5).Range("A1").Select
End Sub
```

❶ 바로 가기 키 주석문만 남깁니다.

❷ ~ ❻ 각 문장의 Select와 ActiveCell을 삭제하여 각각 한 문장으로 만듭니다.

❼ Select와 Selection을 삭제하여 한 문장으로 만듭니다. Replace는 바꾸기 메서드로 What 인수와 Replacement 인수만 남기고 나머지 인수는 모두 삭제합니다.

12 주석문 추가하고 실행문 코드 이해하기 주석문을 추가하고 실행문을 살펴보겠습니다.

```
Sub 표편집()
' 바로 가기 키: Ctrl+w
❶    '----머리글 입력
❷       Range("F1").FormulaR1C1 = "사용목적"
❸       Range("G1").FormulaR1C1 = "사업자등록번호"
❹       Range("H1").FormulaR1C1 = "품명"
❺       Range("I1").FormulaR1C1 = "수량"
❻       Range("J1").FormulaR1C1 = "단가"
❼    '---- 바꾸기로 삭제
❽       Columns("F:F").Replace What:="*:", Replacement:=""
❾       Range("F3").Select
❿    '---- 셀 데이터 이동과 빈 행 삭제
⓫       Selection.Cut Destination:=ActiveCell.Offset(-1, 1).Range("A1")
⓬       ActiveCell.Offset(1, 0).Range("A1").Select
⓭       Selection.Cut Destination:=ActiveCell.Offset(-2, 2).Range("A1")
⓮       ActiveCell.Offset(1, 0).Range("A1").Select
⓯       Selection.Cut Destination:=ActiveCell.Offset(-3, 3).Range("A1")
⓰       ActiveCell.Offset(1, 0).Range("A1").Select
⓱       Selection.Cut Destination:=ActiveCell.Offset(-4, 4).Range("A1")
⓲       ActiveCell.Offset(-3, 0).Rows("1:4").EntireRow.Select
⓳       Selection.Delete Shift:=xlUp
⓴       ActiveCell.Offset(1, 5).Range("A1").Select
End Sub
```

❶ 주석문을 추가합니다.

❷ ~ ❻ [F1:J1] 범위에 머리글을 입력합니다.

❼ 주석문을 추가합니다.

❽ F열에서 바꾸기를 실행합니다. Replace는 바꾸기를 하는 메서드로, What 인수는 [찾을 내용]이고 Replacement 인수는 [바꿀 내용]입니다.

❾ [F3] 셀을 범위로 지정합니다. [F3] 셀은 첫 번째 이동해야 할 사업자등록번호 셀로, 반복을 시작하기 전에 지정해야 합니다.

❿ 주석문을 추가합니다.

⓫ 사업자등록번호를 이동하는 동작으로, 지정된 셀 데이터를 현재 셀 기준으로 위쪽으로 한 칸(-1), 오른쪽으로 한 칸(1) 이동한 셀로 옮깁니다.

⓬ 다음에 이동할 품명 셀을 클릭하는 동작으로, 현재 셀에서 아래쪽으로 한 칸(1) 이동한 셀을 범위로 지정합니다.

⑬ ~ ⑰ 품명을 이동하고, 수량과 단가를 각각 지정하여 이동하는 동작입니다.

⑱ 빈 행을 삭제하기 위해 행을 범위로 지정하는 동작으로, 현재 셀 기준으로 위쪽으로 세 칸(−3) 이동한 셀부터 행 전체를 지정합니다.

⑲ 지정된 행들을 삭제합니다.

⑳ 다음에 이동할 사업자등록번호 셀을 범위로 지정합니다.

13 조건문과 반복문 추가하기 표 편집 작업이 완료된 시트에서는 매크로가 실행되지 않도록 조건문을 추가하고, 셀 데이터 이동과 빈 행 삭제가 반복되도록 반복문을 추가합니다.

```
Sub 표편집()
' 바로 가기 키: Ctrl+w
❶ If Range("G1").Value <> "" Then
❷     MsgBox "작업이 완료된 시트입니다"
❸     Exit Sub
❹ End If
❺ Application.ScreenUpdating = False
'----머리글 입력
      Range("F1").FormulaR1C1 = "사용목적"
      Range("G1").FormulaR1C1 = "사업자등록번호"
      Range("H1").FormulaR1C1 = "품명"
      Range("I1").FormulaR1C1 = "수량"
      Range("J1").FormulaR1C1 = "단가"
'---- 바꾸기로 삭제
      Columns("F:F").Replace What:="*:", Replacement:=""
      Range("F3").Select
'---- 셀 데이터 이동과 빈 행 삭제
❻     Do While ActiveCell.Value <> ""
      Selection.Cut Destination:=ActiveCell.Offset(-1, 1).Range("A1")
      ActiveCell.Offset(1, 0).Range("A1").Select
      Selection.Cut Destination:=ActiveCell.Offset(-2, 2).Range("A1")
      ActiveCell.Offset(1, 0).Range("A1").Select
      Selection.Cut Destination:=ActiveCell.Offset(-3, 3).Range("A1")
      ActiveCell.Offset(1, 0).Range("A1").Select
      Selection.Cut Destination:=ActiveCell.Offset(-4, 4).Range("A1")
      ActiveCell.Offset(-3, 0).Rows("1:4").EntireRow.Select
      Selection.Delete Shift:=xlUp
      ActiveCell.Offset(1, 5).Range("A1").Select
❼ Loop
❽ Application.ScreenUpdating = True
```

❾ MsgBox "작업완료"

End Sub

❶ 표 편집 작업이 완료된 시트에서 매크로가 실행되지 않도록 하기 위한 조건문입니다. 편집이 완료된 시트는 [G1] 셀에 사업자등록번호가 입력되어 있으므로 **Range("G1").Value <> ""** 조건에 의해 [G1] 셀이 빈 셀이 아니면 **❷** ~ **❸**을 실행합니다.

❷ If 조건이 참일 때 실행될 문장으로, 따옴표 안의 내용을 메시지로 표시합니다.

❸ '표편집' 매크로를 종료합니다.

❹ If 문을 종료합니다.

❺ 매크로가 실행되며 화면이 변경되는 과정을 표시하지 않습니다.

❻ 반복문을 시작합니다. 현재 지정된 셀이 빈 셀이 아닐 때까지 이동과 삭제하는 문장을 반복합니다.

❼ 반복문을 종료합니다.

❽ **❺**에서 False로 설정한 ScreenUpdating 속성값을 원래 상태인 True로 변경합니다.

❾ 작업완료 메시지를 표시합니다.

14 수정된 표편집 매크로 실행하기 **❶** 편집이 되지 않은 [연구재료비(2)] 시트 탭을 클릭한 후 **❷** Ctrl+W를 누릅니다. '표편집' 매크로가 실행되고 작업완료 메시지가 표시됩니다. **❸** [확인]을 클릭합니다.

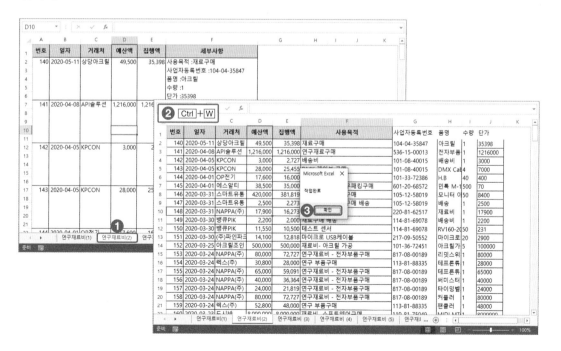

STEP 03 서식 복사와 열 너비 자동 맞춤 매크로 추가하기

서식 복사 기능을 이용해 표의 서식을 통일하는 '서식설정' 매크로를 작성한 후 이 매크로가 독립적으로
실행되지 않고 '표편집' 매크로 안에서 실행되도록 호출해보겠습니다.

15 매크로 기록 시작하기 ❶ '표편집' 매크로가 실행된 시트에서 [개발 도구] 탭–[코드] 그룹–[매크
로 기록]을 클릭합니다. [매크로 기록] 대화상자에서 ❷ [매크로 이름]에 **서식설정**을 입력한 후 ❸
[확인]을 클릭합니다. ❹ [개발 도구] 탭–[코드] 그룹–[상대 참조로 기록]을 클릭하여 해제합니다.

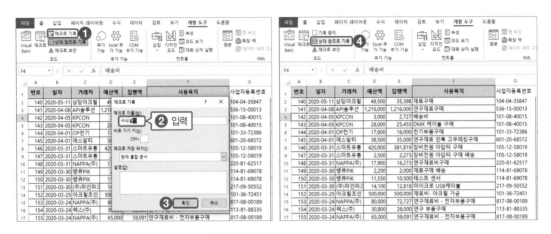

📊 실력향상 '서식설정' 매크로는 '표편집' 매크로에서 호출하여 실행될 매크로이므로 바로 가기 키가 필요하지 않습니다.

16 서식 복사하기 ❶ F열을 범위로 지정한 후 ❷ [홈] 탭–[클립보드] 그룹–[서식 복사]를 클릭
합니다. ❸ [G:J] 열을 범위로 지정합니다.

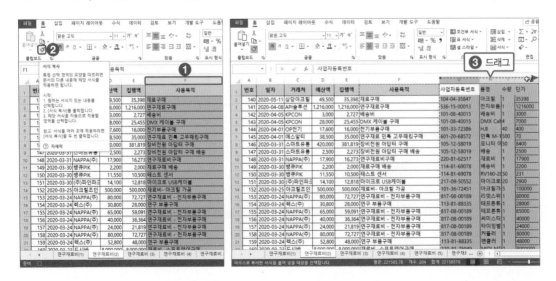

17 열 너비 자동 맞춤하기 ❶ [F:J] 열을 범위로 지정한 후 **❷** 열 경계선 중 하나를 더블클릭하여 열 너비를 자동 맞춤합니다. **❸** [A1] 셀을 클릭합니다. **❹** [개발 도구] 탭-[코드] 그룹-[기록 중지]를 클릭합니다.

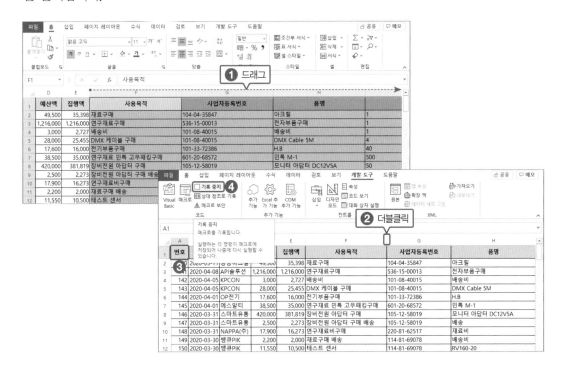

18 서식설정 매크로 코드 간략하게 줄이기 Alt + F11 을 눌러 [Visual Basic 편집기]를 엽니다. '서식설정' 매크로의 코드를 간략하게 줄여보겠습니다.

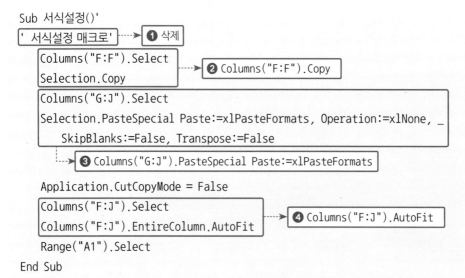

```
Sub 서식설정()'
' 서식설정 매크로'    ─ ─ ▶  ❶ 삭제
    Columns("F:F").Select
    Selection.Copy          ─ ─ ▶  ❷ Columns("F:F").Copy
    Columns("G:J").Select
    Selection.PasteSpecial Paste:=xlPasteFormats, Operation:=xlNone, _
        SkipBlanks:=False, Transpose:=False
        ─ ─ ▶  ❸ Columns("G:J").PasteSpecial Paste:=xlPasteFormats
    Application.CutCopyMode = False
    Columns("F:J").Select
    Columns("F:J").EntireColumn.AutoFit   ─ ─ ▶  ❹ Columns("F:J").AutoFit
    Range("A1").Select
End Sub
```

❶ 주석문은 삭제합니다.

❷ Select와 Selection을 삭제하여 한 문장으로 만듭니다.

❸ Select와 Selection을 삭제하고, PasteSpecial 메서드의 Paste 인수만 남기고 모두 삭제하여 한 문장으로 만듭니다.

❹ Select와 EntireColumn을 삭제하여 한 문장으로 만듭니다.

19 수정된 코드 이해하기 수정된 '서식설정' 매크로 코드를 살펴보겠습니다.

```
Sub 서식설정()
❶      Columns("F:F").Copy
❷      Columns("G:J").PasteSpecial Paste:=xlPasteFormats
❸      Application.CutCopyMode = False
❹      Columns("F:J").AutoFit
❺      Range("A1").Select
End Sub
```

❶ F열을 복사합니다. 열 이름을 한 번만 입력하여 Columns("F").Copy로 사용해도 됩니다.

❷ [G:J] 열에 붙여 넣습니다. PasteSpecial은 선택하여 붙여 넣는 메서드이고, Paste 인수는 붙여 넣을 대상을 지정합니다. **Paste:=xlPasteFormats**로 지정하면 서식만 붙여 넣습니다.

❸ 엑셀의 복사 모드 상태를 해제하여 F열의 복사 대상 눈금선이 사라집니다. CutCopyMode 속성은 잘라내기 또는 복사 모드의 상태를 지정하는데, False로 지정하면 복사 모드를 해제합니다.

❹ [F:J] 열의 너비를 자동으로 맞춥니다.

❺ [A1] 셀을 범위로 지정합니다.

20 표편집 매크로에서 서식설정 매크로 호출하기 '서식설정' 매크로는 '표편집' 매크로에서 반복문이 종료된 후에 이어서 실행되어야 하는 매크로입니다. '표편집' 매크로에 다른 매크로를 실행할 수 있도록 하는 Call 문을 이용해 '서식설정' 매크로를 호출하는 문장을 추가합니다.

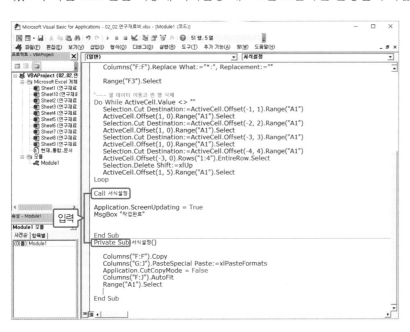

```
Sub 표편집()
' 바로 가기 키: Ctrl+w
If Range("G1").Value <> "" Then
    MsgBox "작업이 완료된 시트입니다"
    Exit Sub
End If
Application.ScreenUpdating = False
'----머리글 입력
    Range("F1").FormulaR1C1 = "사용목적"
    Range("G1").FormulaR1C1 = "사업자등록번호"
    Range("H1").FormulaR1C1 = "품명"
    Range("I1").FormulaR1C1 = "수량"
    Range("J1").FormulaR1C1 = "단가"
'---- 바꾸기로 삭제
    Columns("F:F").Replace What:="*:", Replacement:=""
    Range("F3").Select
'---- 셀 데이터 이동과 빈 행 삭제
Do While ActiveCell.Value <> ""
    Selection.Cut Destination:=ActiveCell.Offset(-1, 1).Range("A1")
    ActiveCell.Offset(1, 0).Range("A1").Select
```

```
    Selection.Cut Destination:=ActiveCell.Offset(-2, 2).Range("A1")
    ActiveCell.Offset(1, 0).Range("A1").Select
    Selection.Cut Destination:=ActiveCell.Offset(-3, 3).Range("A1")
    ActiveCell.Offset(1, 0).Range("A1").Select
    Selection.Cut Destination:=ActiveCell.Offset(-4, 4).Range("A1")
    ActiveCell.Offset(-3, 0).Rows("1:4").EntireRow.Select
    Selection.Delete Shift:=xlUp
    ActiveCell.Offset(1, 5).Range("A1").Select
Loop
❶ Call 서식설정
Application.ScreenUpdating = True
MsgBox "작업완료"
End Sub
```

❶ '서식설정' 매크로를 실행합니다. '서식설정' 매크로 실행이 완료되면 Call 문의 다음 문장을 계속 실행합니다.

```
❷ Private Sub 서식설정()
    Columns("F:F").Copy
    Columns("G:J").PasteSpecial Paste:=xlPasteFormats
    Application.CutCopyMode = False
    Columns("F:J").AutoFit
    Range("A1").Select
End Sub
```

❷ Sub 앞에 **Private**를 추가합니다. '서식설정' 매크로가 단독으로는 실행되지 않고 '표편집' 매크로에서 호출해서만 실행되도록 합니다. Private Sub로 지정된 매크로는 [매크로] 대화상자에 표시되지 않습니다.

21 수정된 매크로 실행하기 ❶ 편집되지 않은 [연구재료비 (3)] 시트 탭을 클릭한 후 ❷ Ctrl + W 를 누릅니다. 서식이 설정되고 작업완료 메시지가 표시됩니다. ❸ [확인]을 클릭합니다.

매크로
기본

매크로
만들기

VBA
기본

조건문
/반복문

화면
디자인

실무
프로
그램

문법
노트

예제 매크로 코드 문법 알아보기

VBA 키워드 : Call 문, Copy 메서드, Paste 메서드, PasteSpecial 메서드,
CutCopyMode 속성, ScreenUpdating 속성,
Displayalerts 속성, StatusBar 속성

1. Call 문

Call 문을 이용하면 매크로 실행 도중 다른 매크로를 불러와 실행할 수 있습니다. 매크로 실행 중에 Call 문을 만나면 해당 매크로로 이동하여 실행한 후 종료되면 다시 원래의 매크로로 복귀하여 Call 문 다음 문장부터 계속 실행합니다.

• **형식** : Call 매크로 이름

• Call은 생략할 수도 있습니다. Call을 생략하고 매크로 이름만 입력해도 됩니다.

2. Copy 메서드, Paste 메서드, PasteSpecial 메서드, CutCopyMode 속성

Copy 메서드는 선택한 개체를 클립보드에 복사하고, Paste 메서드와 PasteSpecial 메서드는 클립보드의 내용을 지정한 위치에 붙여 넣습니다. Copy 메서드와 Paste 메서드는 셀과 범위는 물론 일반적인 개체를 복사할 때도 사용하지만, PasteSpecial 메서드는 범위에만 사용합니다. PasteSpecial 메서드는 [선택하여 붙여넣기] 대화상자의 기능과 같아 붙여 넣을 대상을 다양하게 선택할 수 있습니다.

CutCopyMode 속성은 자르기나 복사 모드를 설정하는 것입니다. 범위를 복사하면 CutCopyMode 속성은 xlCopy 값을, 자르면 xlCut 값을 가집니다. 둘 다 아니라면 False 값을 가집니다. 워크시트에서 복사나 잘라내기를 실행하면 지정한 범위에 깜빡이는 점선 테두리가 표시되는데, 이 상황을 '복사 모드'라고 합니다.

• **예시**

```
Range("A1:A10").Copy  → [A1:A10] 범위를 복사합니다.
Range("B20").PasteSpecial  → [B20] 셀에 붙여 넣습니다.
Application.CutCopyMode = False  → 복사 모드를 해제합니다.
```

3. ScreenUpdating 속성

ScreenUpdating 속성은 매크로가 실행되면서 워크시트 화면이 변경되는 과정을 표시할 것인지 아닌지를 결정하는 속성으로, 속성값으로는 True 또는 False를 사용합니다. 매크로의 동작 중 데이터 이동, 복사, 편집 작업이 많을 경우 중간 작업 과정은 화면에 표시하지 않는 것이 좋습니다. 이러한 경우에 ScreenUpdating 속성을 False로 설정하면 프로그램 실행 속도를 빠르게 할 수 있습니다.

• **예시**

```
Application.ScreenUpdating = False  → 화면 업데이트 과정을 표시하지 않습니다.
```

4. Displayalerts 속성

Displayalerts 속성은 엑셀 작업 도중 표시되는 기본 경고 메시지나 확인 메시지의 표시 유무를 결정하는 속성으로, 속성값으로는 True 또는 False를 사용합니다.

시트를 삭제하는 경우를 예로 들면 '삭제하려는 시트에 데이터 있습니다. 데이터를 영구히 삭제하려면 [삭제]를 누르십시오'라는 메시지가 나타나고 사용자가 [삭제]를 클릭해야 시트가 삭제됩니다. Displayalerts 속성을 사용하면 매크로가 실행되는 동안 이러한 경고 메시지 표시 유무를 선택할 수 있습니다. 메시지가 나타나지 않도록 하려면 Displayalerts 속성값으로 False를 지정합니다. 주로 특정 작업을 완전히 자동화할 때 매우 유용합니다.

Displayalerts 속성값이 True면 매크로를 실행하는 동안 메시지가 표시되고, False면 기본 메시지가 표시되지 않습니다. False로 설정된 상태에서 응답을 필요로 하는 메시지가 실행되면 기본 응답이 선택된 것으로 간주합니다. 각 대화상자마다 기본으로 선택된 버튼 항목이 있는데 그 기본 버튼이 자동으로 선택되도록 하는 것입니다.

• 예시

```
Application.DisplayAlerts = False → 경고 메시지나 확인 메시지를 표시하지 않습니다.
```

5. StatusBar 속성

StatusBar 속성은 상태 표시줄에 원하는 메시지를 표시하는 속성입니다. 엑셀에서 아무런 작업도 하지 않을 경우 엑셀 화면 왼쪽 하단에 '준비'라고 표시됩니다. 상태 표시줄은 엑셀에서 어떠한 작업을 할 때 작업하는 상황을 보여줍니다. 데이터를 입력하는 중에는 '입력'으로, 계산 작업 중에는 '계산중'으로 나타납니다.

📶 **실력향상** 엑셀 화면 왼쪽 하단에 '준비'가 표시되지 않는다면 상태 표시줄을 마우스 오른쪽 버튼으로 클릭한 후 [셀 모드]에 체크합니다.

실행 중인 매크로의 상황을 상태 표시줄에 표시하려면 StatusBar 속성을 사용합니다. 매크로 작업 시간이 길어진다면 실행 상황을 표시하는 것이 좋습니다.

• 예시

```
Application.StatusBar = "작업중입니다. 잠시 기다리십시오"
 → 상태 표시줄에 "작업중입니다. 잠시 기다리십시오" 메시지를 표시합니다.
```

RawData 편집과 서식 설정을 자동화하는 매크로 만들기

실습 파일 | Part01/Chapter02/02_03.일일거래처정보.xlsx
완성 파일 | Part01/Chapter02/02_03.일일거래처정보(완성).xlsm

01 프로젝트 시작하기

일일거래처정보를 매일 시스템에서 다운로드하여 편집한 후 셀 서식을 설정하는 작업을 반복하고 있는 상황입니다. 매번 행과 열을 추가하여 제목과 번호를 입력하고 개인정보는 함수를 이용하여 편집한 후 보기 좋게 서식을 꾸미는 작업을 반복하고 있다면 이 작업들을 모두 일괄로 처리할 수 있는 자동화 매크로를 만들어 사용하면 좋습니다.

제목을 작성하는 매크로, 번호를 입력하는 매크로, 전화번호를 편집하는 매크로, 서식을 설정하는 매크로를 각각 작성한 후 이 매크로들이 순차적으로 실행되도록 메인 매크로를 만들어 호출해보겠습니다.

회사에서 바로 통하는 키워드

ROW 함수, LEFT 함수, LEN 함수, End 속성, CurrentRegion 속성, If 조건문, Call 문, Screen Updating 속성, HorizontalAlignment 속성, Font 속성, AutoFill 메서드, PasteSpecial 메서드

| A1 | : | × | ✓ | fx | 거래처명 |

	A	B	C	D	E	F	G	H	I	J
1	거래처명	사업자등록번호	담당부서	담당자	담당자직급	거래기간	휴대폰 번호	사무실 전화		
2	(사)청소년바른연맹	109-81-31605	전산정보팀	김태근	과장	4년	010-9607-4292	031-2689-4168		
3	(사)한국재활용협회	312-18-20414	지식경영팀	김한수	과장	4년	010-6401-4844	031-2192-7630		
4	(재)대한중앙연구원	130-81-33868	재무회계팀	여형구	과장	4년	010-5581-6966	031-4627-2686		
5	(재)행복추진흥회	102-81-42945	인사팀	도주철	대리	3년	010-0813-3713	0314874-6525		
6	㈜세일백화점	214-86-18758	CS경영팀	김민호	차장	2년	010-4485-7423	031-7423-7999		
7	(주)APGI	215-86-48880	자격인증팀	정연섭	과장	4년	010-0073-1757	02-9940-1840		
8	(주)APII여주공장	219-81-29594	지식경영팀	탁연미	과장	3년	010-8296-3343	031-5329-4013		
9	(주)NEOPLUS	107-88-09523	전산기술팀	김태훈	과장	4년	010-7613-7652	031-8424-2568		
10	(주)PKG아이넷	312-13-96563	인사팀	김회숙	과장	4년	010-9315-7429	031-9176-6099		
11	(주)PKG앤컴퍼니	403-05-83637	인사팀	윤용상	과장	3년	010-5253-4356	031-2118-5479		
12	(주)PKG앤홀딩스	215-86-73133	경영기획팀	박재득	과장	3년	010-4175-9955	031-6461-4530		
13	(주)PKG양행	215-15-98283	경영감사팀	이길선	과장	3년	010-7758-6855	031-7764-3595		

| | : | × | ✓ | fx | (사)한국재활용협회 |

일일 거래처 방문자 목록

번호	거래처명	사업자등록번호	담당부서	담당자	담당자직급	거래기간	휴대폰 번호	사무실 전화
1	(사)청소년바른연맹	109-81-31605	전산정보팀	김태근	과장	4년	010-9607-****	031-2689-****
2	(사)한국재활용협회	312-18-20414	지식경영팀				4년	010-6401-****	031-2192-****
3	(재)대한중앙연구원	130-81-33868	재무회계팀				4년	010-5581-****	031-4627-****
4	(재)행복추진흥회	102-81-42945	인사팀				3년	010-0813-****	0314874-****
5	㈜세일백화점	214-86-18758	CS경영팀				2년	010-4485-****	031-7423-****
6	(주)APGI	215-86-48880	자격인증팀				4년	010-0073-****	02-9940-****
7	(주)APII여주공장	219-81-29594	지식경영팀	탁연미	과장	3년	010-8296-****	031-5329-****
8	(주)NEOPLUS	107-88-09523	전산기술팀	김태훈	과장	4년	010-7613-****	031-8424-****
9	(주)PKG아이넷	312-13-96563	인사팀	김회숙	과장	4년	010-9315-****	031-9176-****
10	(주)PKG앤컴퍼니	403-05-83637	인사팀	윤용상	과장	3년	010-5253-****	031-2118-****
11	(주)PKG앤홀딩스	215-86-73133	경영기획팀	박재득	과장	3년	010-4175-****	031-6461-****
12	(주)PKG양행	215-15-98283	경영감사팀	이길선	과장	3년	010-7758-****	031-7764-****
13	(주)PKG에스앤에프	117-81-13423	국제인증팀	박정아	대리	3년	010-6425-****	031-7690-****
14	(주)PS리테일	305-06-48236	홍보팀	안재성	대리	3년	010-3807-****	031-5525-****
15	(주)PS스포츠	508-08-30697	인사팀	구서울	대리	3년	010-2830-****	02-2836-****

Microsoft Excel ×

편집과 서식설정 완료

확인

RawData(1) RawData(2) RawData(3) RawData(4) RawData(5) ⊕

준비

한눈에 보는 작업순서

행과 열을 추가하고 제목을 만드는 매크로 기록하기 ▶ ROW 함수로 번호를 입력하는 매크로 만들기 ▶ 전화번호 뒷자리를 별표로 변경하는 매크로 만들기 ▶

전체 서식을 설정하는 매크로 만들기 ▶ 기록된 네 개의 매크로를 호출하여 실행하는 메인 매크로 만들기

STEP 01 제목을 만드는 매크로와 번호를 입력하는 매크로 만들기

❶ 행과 열을 삽입한 후 제목을 만드는 매크로를 기록합니다.

❷ ROW 함수로 번호를 입력한 후 수식을 복사하는 매크로를 기록합니다.

❸ 기록된 두 개의 매크로 코드를 수정합니다.

```
Sub 제목작성()
    Rows("1:3").Insert
    Columns("A:A").Insert
    Range("A2").FormulaR1C1 = "일일 거래처 방문자 목록"

    Range("A2:I2").Select
    Selection.HorizontalAlignment = xlCenterAcrossSelection
    With Selection.Font
        .Name = "맑은 고딕"
        .FontStyle = "굵게"
        .Size = 18
    End With

    Rows("1:1").RowHeight = 10
    Rows("2:2").RowHeight = 30
    Rows("3:3").RowHeight = 10

    Range("A2").Select
End Sub

Sub 번호입력()
    Range("A4").FormulaR1C1 = "번호"
    Range("A5").FormulaR1C1 = "=ROW()-4"
    Range("A5").AutoFill Destination:=Range("A5:A" & Range("B4").End(xlDown).Row)
    Range("A5").Select
End Sub
```

STEP 02 전화번호를 편집하는 매크로와 전체 서식을 설정하는 매크로 만들기

❶ 함수를 이용하여 전화번호 뒷자리를 별표(*)로 변경하는 매크로를 기록합니다.

❷ 전체 데이터에 셀 서식을 설정하는 매크로를 기록합니다.

❸ 기록된 두 개의 매크로를 수정합니다.

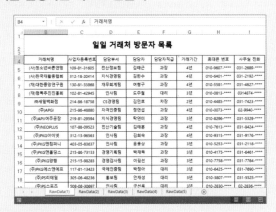

STEP 03 네 개의 매크로를 호출하여 실행하는 메인 매크로 만들기

❶ [Visual Basic 편집기]에 Sub 문을 입력하여 '편집과서식자동화' 매크로를 만듭니다.

❷ Call 문으로 네 개의 매크로를 호출합니다.

❸ 이미 편집된 시트에서 매크로 실행이 되지 않도록 조건문을 추가합니다.

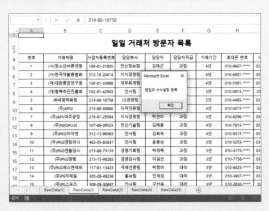

제목을 만드는 매크로와 번호를 입력하는 매크로 만들기

'제목작성' 매크로와 '번호입력' 매크로를 기록하고 수정해보겠습니다. '제목작성' 매크로에는 1행 앞에
빈 행을 세 개 삽입하고 A열 앞에 빈 열을 한 개 삽입한 후 2행에 제목을 입력하는 작업을 기록합니다.
'번호입력' 매크로에는 A열에 ROW 함수를 사용하여 번호를 입력한 후 복사하는 작업을 기록합니다.

01 매크로 기록 시작하기 실습 파일을 열고 ❶ [RawData(1)] 시트 탭을 클릭합니다. ❷ [개발 도
구] 탭-[코드] 그룹-[매크로 기록]을 클릭합니다. [매크로 기록] 대화상자에서 ❸ [매크로 이름]에
제목작성을 입력한 후 ❹ [확인]을 클릭합니다.

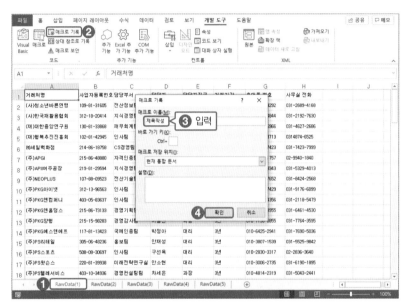

실력향상

'제목작성' 매크로는 단독으로
실행하지 않고 다른 매크로와
함께 메인 매크로에서 호출하
여 실행할 예정이므로 바로 가
기 키를 설정하지 않습니다.

02 행 삽입하기 ❶ [1:3] 행을 범위로 지정한 후 ❷ 마우스 오른쪽 버튼을 클릭하고 ❸ [삽입]을 클
릭합니다.

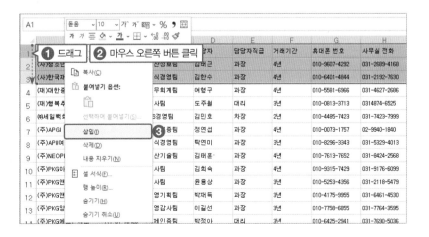

매크로
기본

매크로
만들기

VBA
기본

자동
매크로

화면
디자인

실무
프로
그램

문법
노트

03 열 삽입하기 ❶ A열을 범위로 지정한 후 ❷ 마우스 오른쪽 버튼을 클릭하고 ❸ [삽입]을 클릭합니다. ❹ [A2] 셀에 **일일 거래처 방문자 목록**을 입력합니다.

04 제목 서식 설정하기 ❶ [A2:I2] 범위를 지정한 후 ❷ 마우스 오른쪽 버튼을 클릭하고 ❸ [셀 서식]을 클릭합니다. [셀 서식] 대화상자에서 ❹ [맞춤] 탭을 클릭하고 ❺ [텍스트 맞춤]의 [가로]에서 [선택 영역의 가운데로]를 클릭합니다.

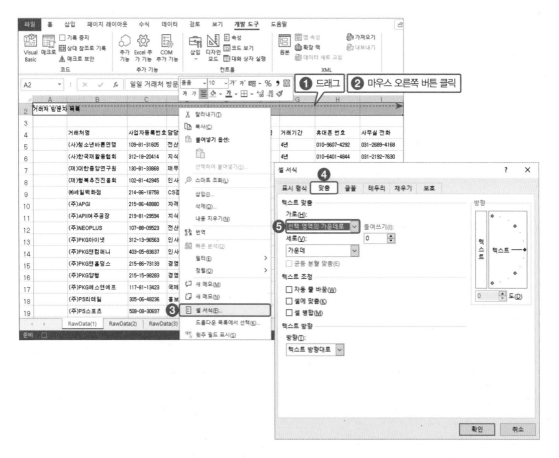

05 ❶ [글꼴] 탭을 클릭하고 ❷ [글꼴]은 [맑은 고딕(제목)], [글꼴 스타일]은 [굵게], [크기]는 18로 설정합니다. ❸ [확인]을 클릭합니다.

실력향상 셀 서식 작업을 매크로로 기록할 때는 [셀 서식] 대화상자를 이용하는 것이 좋습니다. [홈] 탭 – [글꼴] 그룹, [맞춤] 그룹의 리본 메뉴 버튼을 이용하면 버튼을 한 번 클릭할 때마다 [셀 서식] 대화상자와 관련된 모든 항목이 매크로로 기록되기 때문입니다.

06 1행과 3행의 행 높이는 좁게, 2행의 행 높이는 넓게 각각 변경합니다.

07 매크로 기록 중지하기 ❶ [A2] 셀을 클릭한 후 ❷ [개발 도구] 탭-[코드] 그룹-[기록 중지]를 클릭합니다.

08 매크로 기록 시작하여 번호 입력하기 ❶ [A2] 셀을 클릭한 후 ❷ [개발 도구] 탭-[코드] 그룹-[매크로 기록]을 클릭합니다. [매크로 기록] 대화상자에서 ❸ [매크로 이름]에 **번호입력**을 입력한 후 ❹ [확인]을 클릭합니다. ❺ [A4] 셀에 **번호**를, ❻ [A5] 셀에 **=ROW( )-4**를 입력합니다.

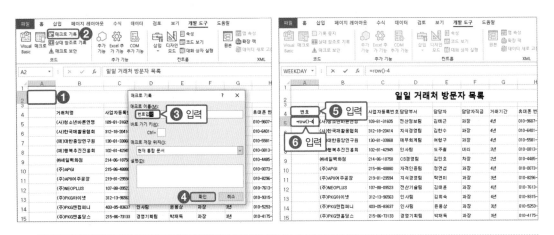

📶 **실력향상** [A4] 셀이 지정된 상태에서는 [A4] 셀을 클릭하는 동작을 매크로로 기록할 수 없으므로 기록 전에 다른 셀을 지정했다가 매크로를 기록하는 시점에서 [A4] 셀을 클릭합니다.

📶 **실력향상** ROW 함수는 행 번호를 입력하는 함수입니다. **=ROW( )**로 입력하면 수식이 입력된 셀의 행 번호가 표시되고, **=ROW(A2)**로 입력하면 '2'가 표시됩니다. 현재 수식이 입력되는 셀이 5행이므로 **=ROW( )-4**를 입력하면 '5-4'로 계산되어 '1'이 표시됩니다.

09 번호 수식 복사한 후 매크로 기록 중지하기 ❶ [A5] 셀의 채우기 핸들을 더블클릭하여 수식을 복사합니다. ❷ [A5] 셀을 클릭한 후 ❸ [개발 도구] 탭-[코드] 그룹-[기록 중지]를 클릭합니다.

10 Visual Basic 편집기에서 기록된 코드 확인하기 ❶ [개발 도구] 탭-[코드] 그룹-[매크로]를 클릭합니다. [매크로] 대화상자의 ❷ [매크로 이름]에서 [제목작성]을 클릭한 후 ❸ [편집]을 클릭합니다. [Visual Basic 편집기]가 열리고 두 개의 매크로 코드가 표시됩니다.

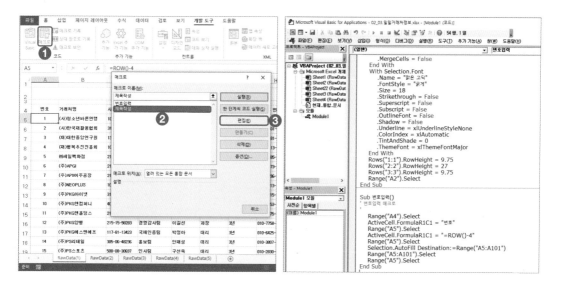

11 제목작성 매크로 코드 짧게 줄이기 '제목작성' 매크로에서 불필요한 코드를 다음과 같이 삭제하여 줄입니다.

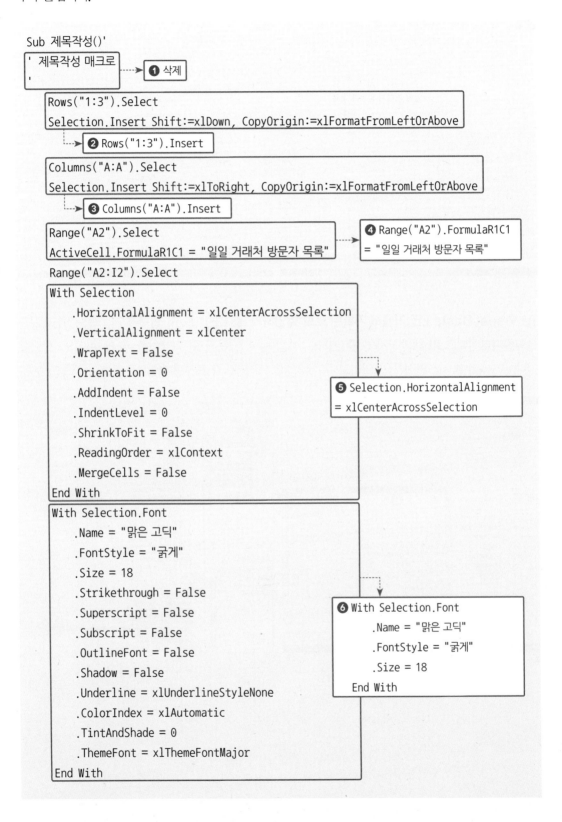

```
Sub 제목작성()'
' 제목작성 매크로
'
```
❶ 삭제

```
Rows("1:3").Select
Selection.Insert Shift:=xlDown, CopyOrigin:=xlFormatFromLeftOrAbove
```
❷ Rows("1:3").Insert

```
Columns("A:A").Select
Selection.Insert Shift:=xlToRight, CopyOrigin:=xlFormatFromLeftOrAbove
```
❸ Columns("A:A").Insert

```
Range("A2").Select
ActiveCell.FormulaR1C1 = "일일 거래처 방문자 목록"
```
❹ Range("A2").FormulaR1C1 = "일일 거래처 방문자 목록"

```
Range("A2:I2").Select
With Selection
    .HorizontalAlignment = xlCenterAcrossSelection
    .VerticalAlignment = xlCenter
    .WrapText = False
    .Orientation = 0
    .AddIndent = False
    .IndentLevel = 0
    .ShrinkToFit = False
    .ReadingOrder = xlContext
    .MergeCells = False
End With
```
❺ Selection.HorizontalAlignment = xlCenterAcrossSelection

```
With Selection.Font
    .Name = "맑은 고딕"
    .FontStyle = "굵게"
    .Size = 18
    .Strikethrough = False
    .Superscript = False
    .Subscript = False
    .OutlineFont = False
    .Shadow = False
    .Underline = xlUnderlineStyleNone
    .ColorIndex = xlAutomatic
    .TintAndShade = 0
    .ThemeFont = xlThemeFontMajor
End With
```
❻ With Selection.Font
```
    .Name = "맑은 고딕"
    .FontStyle = "굵게"
    .Size = 18
End With
```

매크로
기본

매크로
만들기

VBA
기본

조건문
/반복문

화면
디자인

실무
프로
그램

문법
노트

```
Rows("1:1").RowHeight = 9.75        ❼ Rows("1:1").RowHeight = 10
Rows("2:2").RowHeight = 27             Rows("2:2").RowHeight = 30
Rows("3:3").RowHeight = 9.75          Rows("3:3").RowHeight = 10
    Range("A2").Select
End Sub
```

❶ 주석문은 모두 삭제합니다.

❷ ~ ❸ Select와 Selection을 삭제하여 한 문장으로 만듭니다. Insert 메서드의 인수는 모두 삭제합니다.

❹ Select와 ActiveCell을 삭제하여 한 문장으로 만듭니다.

❺ With를 삭제한 후 가로 맞춤만 한 문장으로 만들고 나머지 속성 코드는 모두 삭제합니다.

❻ 글꼴, 스타일, 크기 문장만 남기고 나머지 문장은 모두 삭제합니다. With와 End With는 필요합니다.

❼ 행 높이의 값을 각각 10, 30, 10으로 변경합니다.

12 수정한 실행문 코드 이해하기 수정된 '제목작성' 매크로의 실행문을 살펴보겠습니다.

```
Sub 제목작성()
❶      Rows("1:3").Insert
❷      Columns("A:A").Insert
❸      Range("A2").FormulaR1C1 = "일일 거래처 방문자 목록"
❹      Range("A2:I2").Select
❺      Selection.HorizontalAlignment = xlCenterAcrossSelection
❻      With Selection.Font
❼          .Name = "맑은 고딕"
❽          .FontStyle = "굵게"
❾          .Size = 18
❿      End With
⓫      Rows("1:1").RowHeight = 10
⓬      Rows("2:2").RowHeight = 30
⓭      Rows("3:3").RowHeight = 10
⓮      Range("A2").Select
End Sub
```

❶ 1행 앞에 세 개의 빈 행을 삽입합니다.

❷ A열 앞에 한 개의 빈 열을 삽입합니다.

❸ [A2] 셀에 **일일 거래처 방문자 목록**을 입력합니다.

❹ [A2:I2] 범위를 지정합니다.

❺ 지정된 범위(A2:I2)의 가로 맞춤을 선택 영역 가운데로 설정합니다.

❻ 지정된 범위의 글꼴 서식을 설정합니다. With 문은 반복적으로 입력되는 개체와 속성을 묶어주는 역할을 합니다. 즉 **❼** ~ **❾** 앞에 Selection.Font가 생략되었음을 의미합니다.

❼ 지정된 범위의 글꼴을 [맑은 고딕]으로 설정합니다.

❽ 지정된 범위의 글꼴 스타일을 [굵게]로 설정합니다.

❾ 지정된 범위의 글꼴 크기를 18로 설정합니다.

❿ With 문을 종료합니다.

⓫ ~ **⓭** 1~3행의 높이를 각각 10, 30, 10으로 지정합니다.

⓮ [A2] 셀을 클릭합니다.

13 **번호입력 매크로 코드 짧게 줄이고 수정하기** '번호입력' 매크로에서 불필요한 코드를 다음과 같이 삭제하고 수정합니다.

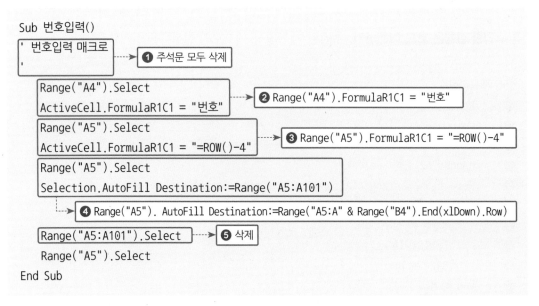

❶ 주석문은 모두 삭제합니다.

❷ ~ **❸** Select와 ActiveCell을 삭제하여 한 문장으로 만듭니다.

❹ Select와 Selection을 삭제하여 한 문장으로 만들고 Range("A5:A101")를 **Range("A5:A" & Range("B4").End(xlDown).Row)**로 수정합니다. 채우기할 범위의 마지막 행 번호인 101 대신 B열의 마지막 데이터가 입력된 행 번호로 변경한 것입니다. Range("B4").End(xlDown).Row는 [B4] 셀에서 Ctrl + ⬇를 눌렀을 때 이동하는 셀의 행 번호를 뜻합니다.

❺ 삭제합니다.

14 수정한 실행문 코드 이해하기 수정된 '번호입력' 매크로의 실행문을 살펴보겠습니다.

```
Sub 번호입력()
❶      Range("A4").FormulaR1C1 = "번호"
❷      Range("A5").FormulaR1C1 = "=ROW()-4"
❸      Range("A5").AutoFill Destination:=Range("A5:A" & Range("B4").End(xlDown).Row)
❹      Range("A5").Select
End Sub
```

❶ [A4] 셀에 **번호**를 입력합니다.

❷ [A5] 셀에 **=ROW( )-4** 수식을 입력합니다.

❸ [A5] 셀의 수식을 [B4] 셀이 있는 열(B열)에서 마지막 데이터가 입력된 셀과 행 번호가 같은 셀까지 자동으로 채웁니다.

❹ [A5] 셀을 범위로 지정합니다.

15 수정된 매크로 실행하기 ❶ 두 번째 시트인 [RawData(2)] 시트 탭을 클릭합니다. ❷ [개발 도구] 탭–[코드] 그룹–[매크로]를 클릭합니다. [매크로] 대화상자의 ❸ [매크로 이름]에서 [제목작성]을 클릭한 후 ❹ [실행]을 클릭합니다. '제목작성' 매크로가 실행되어 행과 열이 삽입되고 제목이 입력됩니다.

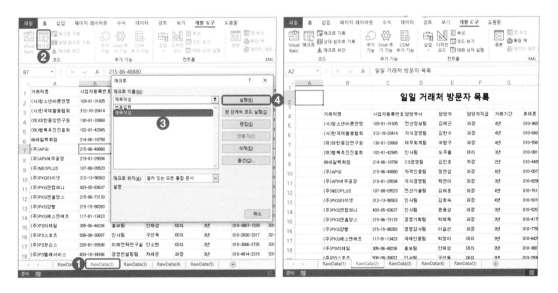

16 ❶ [개발 도구] 탭-[코드] 그룹-[매크로]를 클릭합니다. [매크로] 대화상자의 ❷ [매크로 이름]에서 [번호입력]을 클릭한 후 ❸ [실행]을 클릭합니다. '번호입력' 매크로가 실행되어 A열에 번호가 입력됩니다.

실력향상 '번호입력' 매크로는 '제목작성' 매크로에 의해 행과 열이 삽입된 후에 실행해야 올바른 위치의 셀에 번호가 입력됩니다. 만약 '제목작성' 매크로가 실행되지 않은 상태에서 '번호입력' 매크로를 실행하면 A열의 거래처명 데이터가 삭제됩니다.

전화번호를 편집하는 매크로와 전체 서식을 설정하는 매크로 만들기

'전화번호' 매크로와 '전체서식' 매크로를 기록하고 수정해보겠습니다. '전화번호' 매크로에는 LEFT 함수와 LEN 함수를 이용하여 뒷자리 네 글자를 별표(*)로 변경하여 복사하는 작업을 기록하고, '전체서식' 매크로에는 전체 데이터를 지정하여 셀 서식을 설정하는 작업을 기록해보겠습니다.

17 매크로 기록 시작하기 ❶ 첫 번째 시트인 [RawData(1)] 시트 탭을 클릭합니다. ❷ [J5] 셀이 아닌 임의의 셀을 클릭합니다. ❸ [개발 도구] 탭-[코드] 그룹-[매크로 기록]을 클릭합니다. [매크로 기록] 대화상자에서 ❹ [매크로 이름]에 **전화번호**를 입력한 후 ❺ [확인]을 클릭합니다.

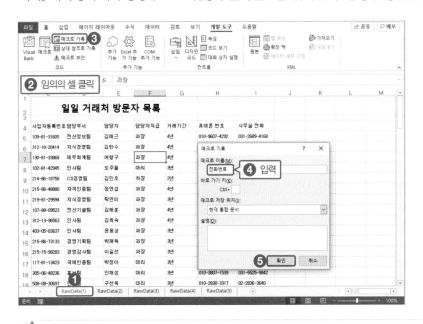

📊 **실력향상** 이 매크로는 행과 열의 위치를 맞추기 위해 '제목작성' 매크로가 실행된 상태에서 기록해야 하고, [J5] 셀을 클릭하는 동작이 기록되어야 하므로 [J5] 셀이 아닌 다른 셀이 지정된 상태에서 매크로 기록을 시작해야 합니다.

18 휴대폰 번호 편집하는 함수 입력하기 [J5] 셀에 **=LEFT(H5,9)&"****"**를 입력합니다.

	C	D	E	F	G	H	I	J	K
1									
2		일일 거래처 방문자 목록						입력	
3									
4	사업자등록번호	담당부서	담당자	담당자직급	거래기간	휴대폰 번호	사무실 전화		
5	109-81-31605	전산정보팀	김태근	과장	4년	010-9607-4292	031-2689-4168	=LEFT(H5,9)&"****"	
6	312-18-20414	지식경영팀	김한수	과장	4년	010-6401-4844	031-2192-7630		
7	130-81-33868	재무회계팀	여형구	과장	4년	010-5581-6966	031-4627-2686		
8	102-81-42945	인사팀	도주철	대리	3년	010-0813-3713	0314874-6525		

📊 **실력향상**

LEFT 함수를 사용하여 [I5] 셀에 입력된 전화번호 왼쪽부터 아홉 자리를 추출하고, & 연산자를 이용하여 별표(*) 네 개를 추가합니다.

19 사무실 전화번호 편집하는 함수 입력하기 ❶ [K5] 셀에 **=LEFT(I5,LEN(I5)-4)&"****"**를 입력합니다. ❷ [J5:K5] 범위를 지정한 후 ❸ 채우기 핸들을 더블클릭해 복사합니다.

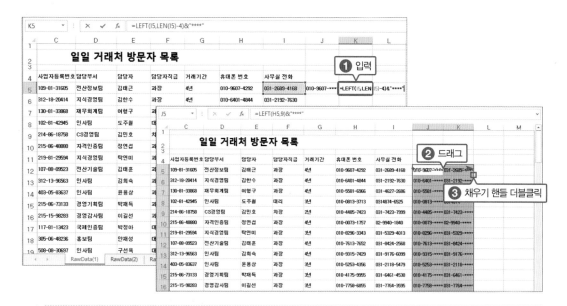

실력향상 사무실 전화는 국번과 앞자리 자릿수가 일정하지 않으므로 LEN 함수를 이용하여 전체 글자수를 계산하고 그 값에 '-4'를 연산하여 뒷자리 네 자리를 제외한 나머지 숫자를 추출합니다.

20 수식을 값으로 복사한 후 열 삭제하기 [J5:K101] 범위가 지정된 상태에서 ❶ Ctrl + C 를 눌러 복사합니다. ❷ [H5] 셀을 마우스 오른쪽 버튼으로 클릭하고 ❸ [붙여넣기 옵션]-[값 🔢]을 클릭합니다. ❹ [J:K] 열을 범위로 지정한 후 ❺ 마우스 오른쪽 버튼을 클릭하고 ❻ [삭제]를 클릭합니다.

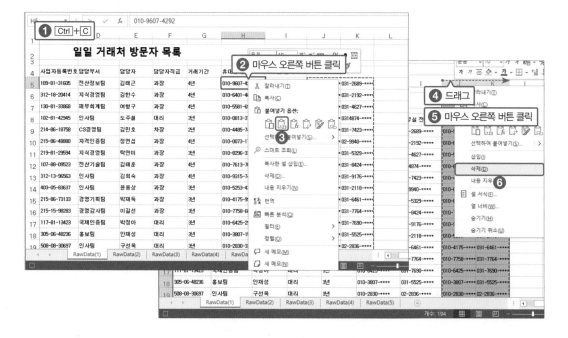

21 매크로 기록 중지하기 [개발 도구] 탭-[코드] 그룹-[기록 중지]를 클릭합니다.

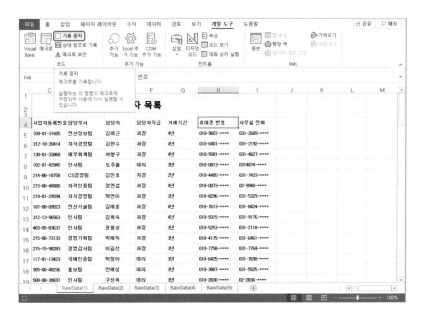

22 매크로 기록 시작하고 범위 선택하기 ❶ [A4] 셀을 클릭한 후 ❷ [개발 도구] 탭-[코드] 그룹-[매크로 기록]을 클릭합니다. [매크로 기록] 대화상자에서 ❸ [매크로 이름]에 **전체서식**을 입력한 후 ❹ [확인]을 클릭합니다. ❺ Ctrl + A 를 눌러 제목을 제외한 데이터 전체를 지정합니다. ❻ 마우스 오른쪽 버튼을 클릭한 후 ❼ [셀 서식]을 클릭합니다.

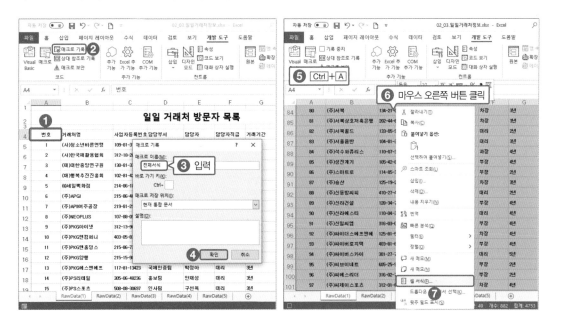

23 맞춤과 글꼴 서식 설정하기 [셀 서식] 대화상자에서 ❶[맞춤] 탭을 클릭한 후 ❷[텍스트 맞춤]의 [가로]에서 [가운데]를 클릭합니다. ❸[글꼴] 탭을 클릭한 후 ❹[글꼴]은 [맑은 고딕], [크기]는 11로 설정합니다.

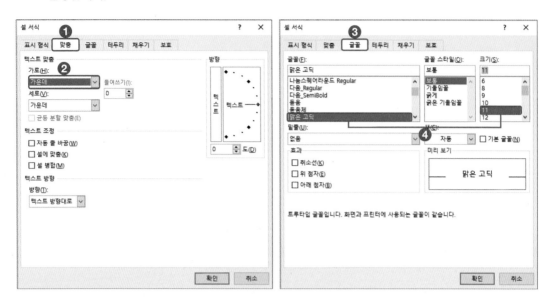

24 셀 테두리 설정하기 ❶[테두리] 탭을 클릭합니다. ❷[선]의 [스타일]에서 [실선]을 클릭한 후 ❸[미리 설정]의 [윤곽선]과 [안쪽]을 각각 클릭합니다. ❹[확인]을 클릭합니다.

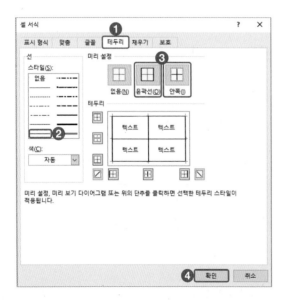

25 열 너비 자동 맞춤하기 ❶ [A:I] 열을 범위로 지정한 후 ❷ 열 경계선 중 하나를 더블클릭하여 열 너비를 자동으로 맞춥니다.

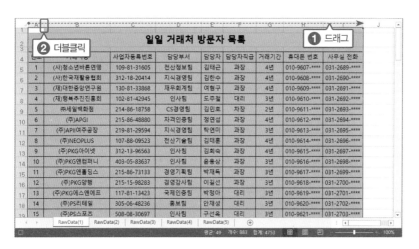

26 눈금선 해제하고 매크로 기록 중지하기 ❶ [보기] 탭–[표시] 그룹–[눈금선]의 체크를 해제합니다. ❷ [개발 도구] 탭–[코드] 그룹–[기록 중지]를 클릭합니다.

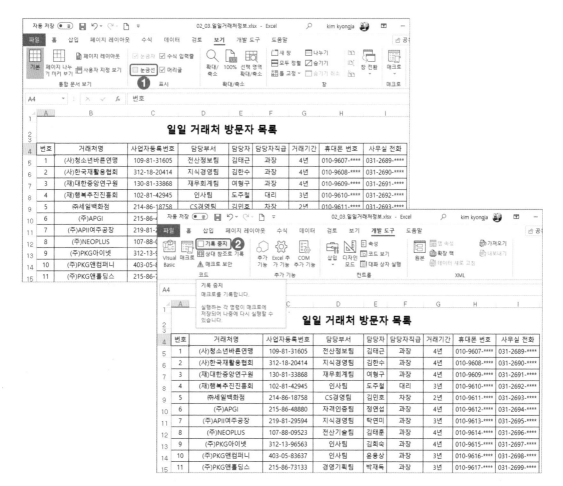

27 Visual Basic 편집기에서 기록된 코드 확인하기 ❶ [개발 도구] 탭-[코드] 그룹-[매크로]를 클릭합니다. [매크로] 대화상자의 ❷ [매크로 이름]에서 [전화번호]를 클릭한 후 ❸ [편집]을 클릭합니다. [Visual Basic 편집기]가 열리고 '전화번호'와 '전체서식' 매크로 코드가 표시됩니다.

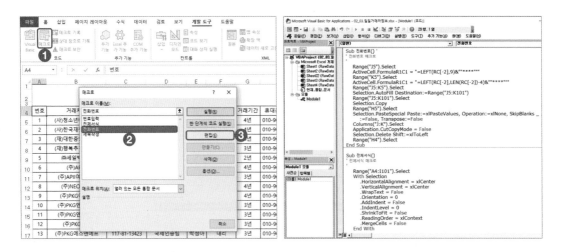

28 전화번호 매크로 코드 짧게 줄이고 수정하기 '전화번호' 매크로에서 불필요한 코드를 다음과 같이 삭제하고 수정합니다.

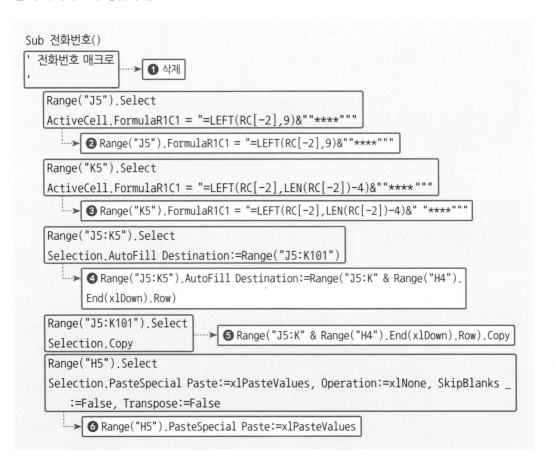

```
Columns("J:K").Select ┄┄┄▶ ❼ columns("J:K").Delete
Application.CutCopyMode = False
Selection.Delete Shift:=xlToLeft ┄┄┄▶ ❽ 삭제
Range("H4").Select
End Sub
```

❶ 주석문은 모두 삭제합니다.

❷ ~ ❸ Select와 ActiveCell을 삭제하여 한 문장으로 만듭니다.

❹ ~ ❺ Select와 Selection을 삭제하여 한 문장으로 만듭니다. Range("J5:K101")를 **Range("J5:K" & Range("H4").End(xlDown).Row)**로 수정합니다. 채우기할 범위의 마지막 행 번호인 101 대신 H열의 마지막 데이터가 입력된 행 번호를 의미하는 코드로 변경한 것입니다. Range("H4").End(xlDown).Row는 [H4] 셀에서 Ctrl + ↓를 눌렀을 때 이동하는 셀의 행 번호를 의미합니다.

❻ Select와 Selection을 삭제하여 한 문장으로 만듭니다. PasteSpecial 메서드의 Paste 인수만 남기고 모두 삭제합니다.

❼ Select를 Delete로 변경합니다.

❽ 위의 ❼에 Delete가 있으므로 이 문장은 삭제합니다.

29 수정한 전화번호 매크로 실행문 코드 이해하기 수정된 전화번호 매크로의 실행문을 살펴보겠습니다.

```
Sub 전화번호()
❶    Range("J5").FormulaR1C1 = "=LEFT(RC[-2],9)&""****"""
❷    Range("K5").FormulaR1C1 = "=LEFT(RC[-2],LEN(RC[-2])-4)&""****"""
❸    Range("J5:K5").AutoFill Destination:=Range("J5:K" & Range("H4").End (xlDown).Row)
❹    Range("J5:K" & Range("H4").End(xlDown).Row).Copy
❺    Range("H5").PasteSpecial Paste:=xlPasteValues
❻    Columns("J:K").Delete
❼    Application.CutCopyMode = False
❽    Range("H4").Select
End Sub
```

❶ [J5] 셀에 휴대폰 번호를 변경하는 함수를 입력합니다. 셀에 **=LEFT(G5,9)&"****"** 수식을 입력하면 매크로 코드는 R1C1 방식으로 기록됩니다. R1C1 방식은 상대 참조 수식을 입력하는 방법으로, 수식을 입력하는 셀을 기준으로 참조하는 셀 위치의 행 번호와 열 번호를 증감시켜서 지정합니다. RC[-2]는 현재 수식이 입력된 셀을 기준으로 같은 행의 왼쪽으로 두 열 이동한 셀을 참조한다는 의미입니다.

❷ [K5] 셀에 사무실 전화번호를 변경하는 함수를 입력합니다.

매크로
기본

매크로
만들기

VBA
기본

조건로
반복문

화면
디자인

실무
프로
그램

문법
노트

❸ [J5:K5] 범위의 수식을 H열의 마지막 데이터가 입력된 셀과 행 번호가 같은 셀까지 채웁니다.

❹ [J5] 셀부터 [K] 열의 마지막 데이터가 입력된 셀까지의 범위를 복사합니다.

❺ [H5] 셀에 값 붙여넣기를 실행합니다.

❻ [J:K] 열을 삭제합니다.

❼ 복사 모드를 해제합니다.

❽ [H4] 셀을 클릭합니다.

30 전체서식 매크로 코드 짧게 줄이고 수정하기 '전체서식' 매크로에서 불필요한 코드를 다음과 같이 삭제하고 수정합니다.

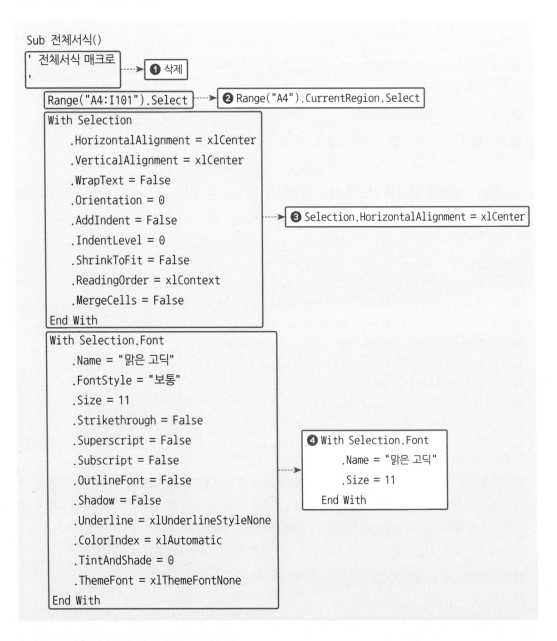

```
Selection.Borders(xlDiagonalDown).LineStyle = xlNone
Selection.Borders(xlDiagonalUp).LineStyle = xlNone
With Selection.Borders(xlEdgeLeft)
    .LineStyle = xlContinuous
    .ColorIndex = xlAutomatic
    .TintAndShade = 0
    .Weight = xlThin
End With
With Selection.Borders(xlEdgeTop)
    .LineStyle = xlContinuous
    .ColorIndex = xlAutomatic
    .TintAndShade = 0
    .Weight = xlThin
End With
With Selection.Borders(xlEdgeBottom)
    .LineStyle = xlContinuous
    .ColorIndex = xlAutomatic
    .TintAndShade = 0
    .Weight = xlThin
End With
With Selection.Borders(xlEdgeRight)
    .LineStyle = xlContinuous
    .ColorIndex = xlAutomatic
    .TintAndShade = 0
    .Weight = xlThin
End With
With Selection.Borders(xlInsideVertical)
    .LineStyle = xlContinuous
    .ColorIndex = xlAutomatic
    .TintAndShade = 0
    .Weight = xlThin
End With
With Selection.Borders(xlInsideHorizontal)
    .LineStyle = xlContinuous
    .ColorIndex = xlAutomatic
    .TintAndShade = 0
    .Weight = xlThin
End With
Columns("A:I").Select
Columns("A:I").EntireColumn.AutoFit
Range("A4").Select
```

❺ Selection.Borders.LineStyle = xlContinuous

❻ Columns("A:I").AutoFit

```
        ActiveWindow.DisplayGridlines = False
    End Sub
```

❶ 주석문은 모두 삭제합니다.

❷ Select 앞에 **CurrentRegion**을 추가합니다.

❸ With를 삭제하고 가로 가운데 맞춤 문장을 한 문장으로 만든 후 나머지는 모두 삭제합니다.

❹ 글꼴, 크기 문장만 남기고 나머지는 모두 삭제합니다. With와 End With는 필요합니다.

❺ Borders 괄호 안의 테두리 유형을 삭제하고, 속성값을 **xlContinuous**로 변경하여 한 문장으로 만듭
  니다. 테두리와 관련된 나머지 문장은 모두 삭제합니다.

❻ Select를 삭제하여 한 문장으로 만들고 EntireColumn을 삭제합니다.

31 수정한 실행문 코드 이해하기 수정된 '전체서식' 매크로의 실행문을 살펴보겠습니다.

```
Sub  전체서식()
❶      Range("A4").CurrentRegion.Select
❷      Selection.HorizontalAlignment = xlCenter
❸      With Selection.Font
❹          .Name = "맑은 고딕"
❺          .Size = 11
❻      End With
❼      Selection.Borders.LineStyle = xlContinuous
❽      Columns("A:I").AutoFit
❾      Range("A4").Select
❿      ActiveWindow.DisplayGridlines = False
    End Sub
```

❶ [A4] 셀을 기준으로 데이터 영역을 모두 지정합니다. [A4] 셀에서 Ctrl + A 를 누른 것과 같은 범위가 지
  정됩니다.

❷ 지정된 범위의 가로 맞춤을 가운데로 설정합니다.

❸ 지정된 범위의 글꼴 서식을 설정합니다. With 문은 반복적으로 입력되는 개체와 속성을 묶어주는 역할
  을 합니다. ❹ ~ ❺ 앞에 Selection.Font가 생략되었음을 의미합니다.

❹ 지정된 범위의 글꼴을 [맑은 고딕]으로 설정합니다.

❺ 지정된 범위의 글꼴 크기를 11로 설정합니다.

❻ With 문을 종료합니다.

❼ 지정된 범위의 셀 테두리를 실선으로 설정합니다.

❽ [A:I] 열 너비를 자동으로 맞춥니다.

❾ [A4] 셀을 클릭합니다.

❿ 워크시트의 눈금선을 표시하지 않습니다.

32 수정한 전화번호 매크로 실행하기 ❶ 두 번째 시트인 [RawData(2)] 시트 탭을 클릭합니다. ❷ [개발 도구] 탭-[코드] 그룹-[매크로]를 클릭합니다. [매크로] 대화상자의 ❸ [매크로 이름]에서 [전화번호]를 클릭한 후 ❹ [실행]을 클릭합니다. '전화번호' 매크로가 실행되어 전화번호 뒷자리 네 글자가 별표(*)로 변경됩니다.

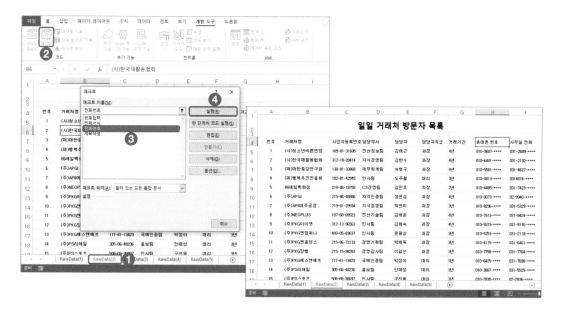

33 수정한 전체서식 매크로 실행하기 ❶ [개발 도구] 탭-[코드] 그룹-[매크로]를 클릭합니다. [매크로] 대화상자의 ❷ [매크로 이름]에서 [전체서식]을 클릭한 후 ❸ [실행]을 클릭합니다. '전체서식' 매크로가 실행되어 제목을 제외한 모든 데이터에 셀 서식이 설정됩니다.

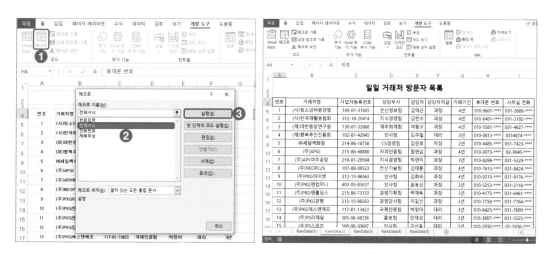

STEP 03 네 개의 매크로를 호출하여 실행하는 메인 매크로 만들기

앞에서 기록한 네 개의 매크로는 '제목작성' 매크로가 실행된 후 나머지 매크로가 차례대로 실행되어야 오류가 발생하지 않습니다. 네 개의 매크로가 순차적으로 실행될 수 있도록 메인 매크로를 작성하여 Call 문으로 호출하겠습니다.

34 Sub 문 만들기 ❶ Alt + F11 을 눌러 [Visual Basic 편집기]를 엽니다. ❷ 매크로가 기록된 [Module1]을 더블클릭해 열고 ❸ [코드] 창 맨 위에서 Enter 를 눌러 빈 줄을 추가합니다. ❹ **Sub 서식자동화**를 입력하고 Enter 를 누릅니다. 'End Sub' 문장이 자동으로 입력됩니다.

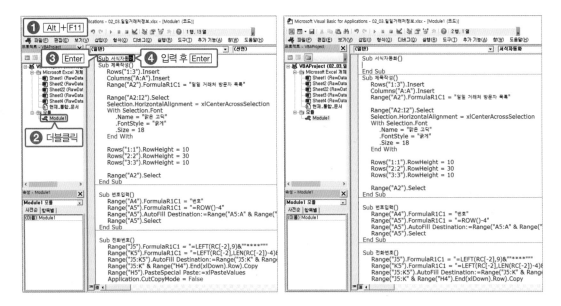

35 서식자동화 매크로 만들기 편집이 완료된 시트에서는 매크로가 실행되지 않도록 조건문을 먼저 추가하고, 네 개의 매크로를 순차적으로 호출할 수 있도록 실행문을 입력합니다.

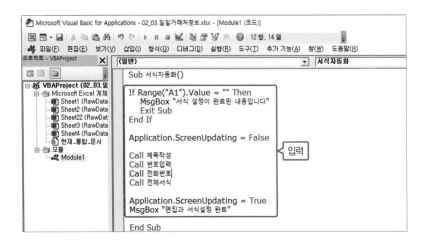

36 서식자동화 매크로 코드 이해하기 '서식자동화' 매크로의 코드를 살펴보겠습니다.

```
Sub 서식자동화()
❶ If Range("A1").Value = "" Then
❷     MsgBox "서식 설정이 완료된 내용입니다"
❸     Exit Sub
❹ End If
❺ Application.ScreenUpdating = False
❻ Call 제목작성
❼ Call 번호입력
❽ Call 전화번호
❾ Call 전체서식
❿ Application.ScreenUpdating = True
⓫ MsgBox "편집과 서식설정 완료"
End Sub
```

❶ 편집이 완료된 시트에서는 매크로가 실행되지 않도록 조건문을 추가합니다. 편집이 완료된 시트는 [A1] 셀이 빈 셀이므로 **Range("A1").Value = ""** 조건에 의해 [A1] 셀이 빈 셀이면 ❷ ~ ❸을 실행합니다.

❷ If 조건이 참일 때 실행할 문장으로, 따옴표 안에 입력된 문자를 메시지로 표시합니다.

❸ '서식자동화' 매크로를 종료합니다.

❹ If 문을 종료합니다.

❺ 매크로가 실행되며 화면이 변경되는 과정을 표시하지 않습니다. ScreenUpdating 속성값을 False로 지정하면 업데이트 과정이 표시되지 않아 작업 처리 속도가 빨라집니다.

❻ '제목작성' 매크로를 호출합니다.

❼ '번호입력' 매크로를 호출합니다.

❽ '전화번호' 매크로를 호출합니다.

❾ '전체서식' 매크로를 호출합니다.

❿ ScreenUpdating 속성값을 다시 원래 상태인 True로 변경합니다.

⓫ 완료 메시지를 표시합니다.

37 Private 추가하기 '서식자동화' 매크로를 제외한 다른 매크로는 독립적으로 실행되지 않아 야 하므로 '제목작성', '번호입력', '전화번호', '전체서식' 매크로의 Sub 문 앞에 각각 **Private**를 추 가합니다.

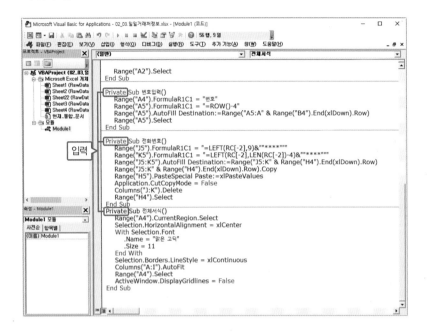

38 서식자동화 매크로 실행하기 ❶ 데이터가 편집되지 않은 임의의 시트에서 작업합니다. ❷ [개 발 도구] 탭-[코드] 그룹-[매크로]를 클릭합니다. [매크로] 대화상자에서 ❸ [실행]을 클릭합니다. 편집과 서식 설정이 자동으로 실행된 후 작업완료 메시지가 표시되면 ❹ [확인]을 클릭합니다.

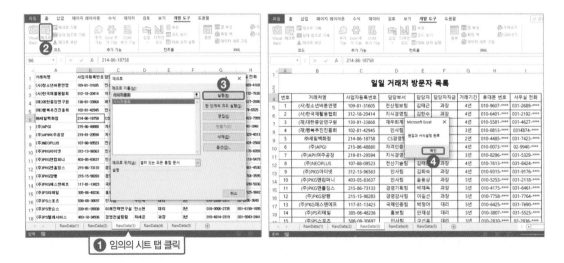

❶ 임의의 시트 탭 클릭

39 편집이 완료된 시트에서 다시 매크로 실행하기 ❶ 데이터 편집이 완료된 시트에서 작업합니다. ❷ [개발 도구] 탭-[코드] 그룹-[매크로]를 클릭합니다. [매크로] 대화상자에서 ❸ [실행]을 클릭합니다. 매크로가 실행되지 않고 작업이 완료된 시트임을 알려주는 메시지가 표시됩니다. ❹ [확인]을 클릭합니다.

예제 매크로 코드 문법 알아보기

VBA 키워드 : Range 속성, Cells 속성, End 속성, CurrentRegion 속성, UsedRange 속성

1. Range 속성

• Range 속성은 고정적인 셀이나 범위를 참조할 때 주로 사용하는데 Range 속성에서 셀을 참조하는 방법은 다양합니다. 하나의 셀을 참조하는 경우가 있고, 여러 개의 범위를 참조할 수도 있습니다. 또한 셀이나 범위에 이름을 정의하여 참조할 수도 있습니다.

• 셀 주소나 이름을 사용할 때 Range 대신 대괄호([ ])를 사용하여 지정할 수 있습니다. '[부서명].Select' 형식으로 사용합니다. Range 속성을 사용할 때는 셀 주소를 큰따옴표로 묶어서 함께 입력하지만, 대괄호를 사용하면 큰따옴표로 묶지 않습니다. 대괄호를 이용하면 입력할 내용이 줄어들지만, 속성이나 메서드의 자동 완성 목록이 나타나지 않습니다.

예시	실행 결과
Range("A1").Select	[A1] 셀을 범위로 지정합니다.
Range("A1:A10").Select	[A1:A10] 범위를 지정하는 것으로, 두 문장은 같은 의미입니다.
Range("A1", "A10").Select	
Range("A1,A10").Select	[A1] 셀과 [A10] 셀을 범위로 지정합니다.
Range("부서명").Select	'부서명'으로 이름 정의된 셀 또는 범위를 지정합니다.
[B1].Select	[B1] 셀을 범위로 지정합니다.
[부서명].Select	'부서명'으로 이름 정의된 범위를 지정합니다.

2. Cells 속성

• Cells 속성은 유동적인 한 개의 셀을 참조할 때 주로 사용합니다. Range 속성이 'Range("A1")', 'Range("A2")' 등과 같이 고정된 절대 참조 형식이라면 Cells 속성은 참조할 셀 위치가 유동적으로 변경되는 상대 참조 형식입니다.

• Cells 속성은 'Cells(행 번호, 열 번호)' 형식으로 사용하는데, 행 번호와 열 번호에 변수를 사용하여 문장이 실행될 때마다 다른 셀을 참조하도록 할 수 있습니다. 단 Cells 속성은 항상 단일 셀을 참조하기 때문에 두 개 이상의 범위를 참조할 때는 Range 속성과 함께 사용합니다.

예시	실행 결과
Cells(1,2).Select	1번 행, 2번 열에 위치한 셀, 즉 [B1] 셀을 범위로 지정합니다.
Cells(5).Value="Excel VBA"	워크시트의 다섯 번째 셀에 해당하는 [E1] 셀에 'Excel VBA'를 입력합니다.
Dim 행번호 As Integer 행번호=5 Cells(행번호,1).Copy	'행번호' 변수를 선언하여 5를 대입합니다. '행번호' 변숫값을 Cells의 행 번호로 사용하여 Cells(5,1)를 복사합니다. [A5] 셀을 뜻합니다.
Range(Cells(2,1), Cells(10,3)).Select	Range("A2", "C10").Select와 같은 의미로 [A2:C10] 범위를 지정합니다.

3. End 속성

지정한 셀 또는 범위에서 데이터가 있는
마지막 셀을 참조할 때 End 속성을 사용
합니다. 데이터가 있는 특정한 셀에서 키
보드의 Ctrl+→, Ctrl+←, Ctrl+↓,

상수	기능	바로 가기 키
xlToLeft	왼쪽 방향의 마지막	Ctrl+←
xlToRight	오른쪽 방향의 마지막	Ctrl+→
xlUp	위쪽 방향의 마지막	Ctrl+↑
xlDown	아래쪽 방향의 마지막	Ctrl+↓

Ctrl+↑를 눌렀을 때 해당 방향의 마지막 셀 데이터로 이동하는 것과 같은 의미입니다.

사용 형식은 '범위 개체.End(이동할 방향)'으로 사용하며 이동할 방향은 오른쪽 표에 있는 네 개의 상수 중에 하나를 사용합니다. 각 상수는 셀에 직접 코드를 입력하면 자동 완성 목록으로 표시됩니다.

• 예시

```
Range("A1").End(xlToRight).Interior.Color = vbYellow
→ [A1] 셀에서 오른쪽 방향으로 데이터가 입력된 마지막 셀의 채우기 색을 노란색으로 설정합니다.
Range("B2", Range("B2").End(xlDown)).Font.Bold = True
→ [B2] 셀부터 아래쪽 방향으로 데이터가 입력된 마지막 셀까지 범위로 지정하고 글꼴을 굵게 설정합니다.
```

Range 속성과 End 속성을 함께 사용하면 셀을 범위로 참조할 수 있습니다. Range 속성은 Range(시작 셀, 종료 셀) 형식으로 입력하며 시작 셀부터 종료 셀까지 범위를 참조하게 됩니다. 두 번째 예시의 경우 시작 셀은 [B2] 셀이 되고, 종료 셀은 Range("B2").End(xlDown) 셀이 됩니다. [B2] 셀에서 Ctrl+Shift+↓를 누른 것과 같은 범위를 참조합니다.

4. CurrentRegion 속성

특정한 셀을 지정하고 CurrentRegion 속성을 사용하면 해당 셀이 포함된 표 범위 전체를 지정할 수 있습니다. 키보드 Ctrl+A를 누른 것과 동일합니다. CurrentRegion 속성은 데이터베이스 기능의 데이터 목록이 유동적일 경우 많이 사용됩니다. 사용 형식은 '범위 개체.CurrentRegion'입니다.

• 예시

```
Range("C4").CurrentRegion.Select
→ [C4] 셀에서 인접되어 있는 범위를 지정합니다. 즉 빈 행과 빈 열 전까지의 범위를 참조합니다.
```

5. UsedRange 속성

지정한 워크시트에서 사용한 셀 영역을 참조할 때 UsedRange 속성을 사용합니다. 이 속성은 셀에 데이터가 없어도 셀 서식이 설정된 셀까지 사용 영역으로 인식하지만 차트나 도형 등이 차지하는 영역은 인식하지 못합니다. 사용 형식은 '워크시트 개체.UsedRange'입니다.

• 예시

```
ActiveSheet.UsedRange.Select → 현재 시트에서 사용한 셀 영역을 지정합니다.
```

매크로
기본

매크로
만들기

VBA
기본

조건문
/반복문

화면
디자인

실무
프로
그램

문법
노트

머리글을 편집하고 조건에 맞는 열만 남기는 매크로 만들기

실습 파일 | Part01/Chapter02/02_04.물동관리.xlsx
완성 파일 | Part01/Chapter02/02_04.물동관리(완성).xlsm

01 프로젝트 시작하기

다른 부서에서 전달받은 일일 물동관리 데이터 목록을 이용하여 피벗 테이블을 작성하려고 하는데 피벗 테이블에서 사용할 수 없는 데이터 목록으로 되어 있어 먼저 편집해야 합니다. 병합되어 있는 머리글은 병합을 해제하여 각 셀에 날짜를 입력하고, 날짜별 생산 데이터만 남기고 나머지 열은 모두 삭제하는 작업을 매일 반복하고 있습니다. 이 업무를 자동화할 수 있는 매크로를 작성해보겠습니다.

회사에서 바로 통하는 키워드	이동 옵션, Ctrl + Enter, 값 복사, Rows 개체, MergeCells 속성, End 속성, Delete 메서드, If 조건문, Do While 반복문, ScreenUpdating 속성

첫 번째 화면 (D9 / BK)

				42,755	162,950	177,074	133,841	56,879	80,355	48,889	27,118
지역	국가	모델명	색상	01-06				01-13			
				재고	선적	생산	자재	재고	선적	생산	자재
중국	홍콩	WQ8LM0EAW	BM	0	2,000	20,832	568	18,832	28,000	9,600	0
중국	홍콩	WV4LM5EBW	MR	0	17,120	17,120	17,120	0	0	0	0
중국	홍콩	WQ8LM0EMW	WU	0	15,010	15,010	15,010	0	0	0	0
중국	홍콩	WG8LM0EAW	MR	0	13,000	13,000	13,000	0	0	0	0
중국	홍콩	AG8LM0EA	PM	2,403	9,264	11,181	0	4,320	3,000	0	0
독립 국가 연합	러시아	MX2LM0EM	BK	0	10,000	10,000	10,000	0	0	0	0
유럽연합	독일	WX2LM0EMW	MW	0	8,640	8,640	8,640	0	15,200	15,200	15,200
유럽연합	독일	OX4LM0EO	MB	3,404	2,990	7,086	0	7,500	7,500	0	0
유럽연합	스페인	MQ6LM0EM	MB	6,996	9,901	6,160	0	3,255	0	0	0
유럽연합	스페인	NV5LM5N	MB	0	6,120	6,120	6,120	0	0	0	0
유럽연합	스페인	MV5LM0EM	MB	0	5,480	5,480	0	0	0	0	0
유럽연합	이탈리아	0H9LG0	MB	0	5,000	5,000	5,000	0	0	0	0
유럽연합	이탈리아	XG8LM0EMWX	MT	0	5,000	5,000	5,000	0	0	0	0
유럽연합	이탈리아	WG8LM0EMW	MB	2,044	2,430	4,370	0	3,984	2,000	0	0
유럽연합	이탈리아	WX4LM0EMW	MT	0	4,000	4,000	4,000	0	0	0	0
유럽연합	이탈리아	MX4LM0EM	MB	0	4,000	4,000	4,000	0	0	0	0
유럽연합	이탈리아	WX5LM0EMW	MB	0	3,260	3,260	0	0	0	0	0
유럽연합	헝가리	WX5LM5EAW	MB	0	3,000	3,000	3,000	0	0	0	0
유럽연합	헝가리	WX5LM0EMW	MT	0	2,500	2,500	0	0	0	0	0

Sheet1 (1) Sheet1 (2) Sheet1 (3) Sheet1 (4) Sheet1 (5) Sheet1 (6) Sheet1 (7) Sheet1 (8) Sh … 100%

두 번째 화면 (WG8LM0EAW)

지역	국가	모델명	색상	01-06	01-13	01-20	01-27	02-03	02-10	02-17	02-24
중국	홍콩	WQ8LM0EAW	BM	20,832	9,600	9,000	568	0	12,000	0	12,000
중국	홍콩	WV4LM5EBW	MR	17,120	0	0	0	0	0	0	0
중국	홍콩	WQ8LM0EMW	WU	15,010	0	0	0	4,750	0	0	5,000
중국	홍콩	WG8LM0EAW	MR	13,000	0	0	0	2,000	0	0	5,000
중국	홍콩	AG8LM0EA	PM	11,181	0	0	14,492	9,300	10,000	0	0
독립 국가 연합	러시아	MX2LM0EM	BK		0	0	0	0	0	0	5,000
유럽연합	독일	WX2LM0EMW	MW		0	0	0	0	0	0	0
유럽연합	독일	OX4LM0EO	MB		0	15,000	0	0	0	0	0
유럽연합	스페인	MQ6LM0EM	MB		0	12,847	9,300	1,200	0	0	
유럽연합	스페인	NV5LM5N	MB		0	2,000	2,000	0	0	5,000	
유럽연합	스페인	MV5LM0EM	MB		0	0	0	3,000	0	0	
유럽연합	이탈리아	0H9LG0	MB	5,000							
유럽연합	이탈리아	XG8LM0EMWX	MT	5,000	0	0	0	0	0	0	
유럽연합	이탈리아	WG8LM0EMW	MB	4,370	0	0	13,119	8,400	1,200	0	0
유럽연합	이탈리아	WX4LM0EMW	MT	4,000	0	0	0	0	0	0	0
유럽연합	이탈리아	MX4LM0EM	MB	4,000	0	0	4,000	0	0	0	
유럽연합	이탈리아	WX5LM0EMW	MB	3,260	0	1,270	0	0	4,720	0	
유럽연합	헝가리	WX5LM5EAW	MB	3,000	0	1,000	1,530	0	0	5,000	
유럽연합	헝가리	WX5LM0EMW	MT	2,500	0	0	0	0	0	0	
유럽연합	헝가리	WX3LM0EMW	MB	2,010	0	0	0	0	2,000	0	
유럽연합	폴란드	WX4LM0EMW	MB	2,000	0	0	0	2,000	0	0	

Microsoft Excel ✕
작업완료
확인

준비

Sheet1 (1) Sheet1 (2) Sheet1 (3) Sheet1 (4) Sheet1 (5) Sheet1 (6) Sheet1 (7) Sheet1 (8) Sh …

한눈에 보는 작업순서

머리글을 한 행으로 편집하는 매크로 기록하기 ▶ 매크로 코드 간략하게 줄이기 ▶ 생산 데이터 열만 남기는 상대 참조 매크로 기록하기 ▶

상대 참조 매크로에 반복문 추가하기 ▶ 머리글 편집 매크로 호출하고 조건문 추가하기

매크로 기본 / 매크로 만들기 / VBA 기본 / 화면 디자인

STEP 01 머리글을 한 행으로 만드는 매크로 만들기

❶ 매크로 기록을 시작하고 머리글의 셀 병합을 취소합니다.

❷ 2행에서 빈 셀만 선택하여 날짜를 입력한 후 값으로 복사합니다.

❸ 매크로 기록을 중지하고 기록된 매크로 코드를 간략하게 줄입니다.

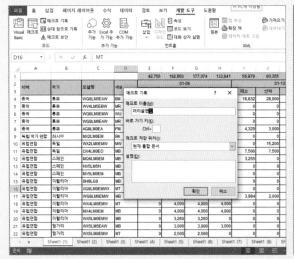

```
Sub 머리글편집()
    Rows("1:3").MergeCells = False
    Range(Range("E1:E2"), Range("E1:E2").End(xlToRight)).Select
    Selection.SpecialCells(xlCellTypeBlanks).FormulaR1C1 = "=RC[-1]"
    Range(Range("E2"), Range("E2").End(xlToRight)).Copy
    Range("E2").PasteSpecial Paste:=xlPasteValues
    Rows("1:1").Delete
    Range("E2").Select
End Sub
```

STEP 02 생산 데이터 열만 남기는 매크로 기록 후 머리글 매크로 호출하기

❶ 상대 참조 매크로 기록을 시작하여 생산 열만 남기고 다른 열은 모두 삭제합니다.

❷ 2행을 삭제한 후 매크로 기록을 중지합니다.

❸ 반복문을 추가하고 머리글을 편집하는 매크로를 호출합니다.

❹ 편집이 완료된 시트에는 매크로가 실행되지 않도록 조건문을 추가합니다.

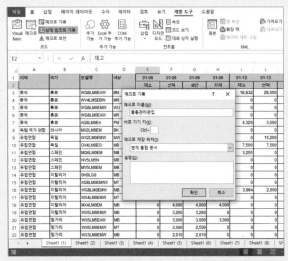

```
Sub 머리글편집()
    Rows("1:3").MergeCells = False
    Range(Range("E1:E2"), Range("E1:E2").End(xlToRight)).Select
    Selection.SpecialCells(xlCellTypeBlanks).FormulaR1C1 = "=RC[-1]"
    Range(Range("E2"), Range("E2").End(xlToRight)).Copy
    Range("E2").PasteSpecial Paste:=xlPasteValues
    Rows("1:1").Delete
    Range("E2").Select
End Sub

Sub 물동관리편집()

If Range("A1").Value <> "" Then
    MsgBox "편집이 완료된 시트입니다"
    Exit Sub
End If

Application.ScreenUpdating = False
Call 머리글편집

Do While ActiveCell.Value <> ""
    ActiveCell.Columns("A:B").EntireColumn.Select
    Selection.Delete Shift:=xlToLeft
    ActiveCell.Offset(0, 1).Columns("A:A").EntireColumn.Select
    Selection.Delete Shift:=xlToLeft
    ActiveCell.Offset(1, 0).Range("A1").Select
Loop

Rows(2).Delete
Application.ScreenUpdating = True
MsgBox "작업완료"

End Sub
```

매크로
기본

매크로
만들기

VBA
기본

조건문
/반복문

화면
디자인

실무
프로
그램

문법
노트

STEP 01

머리글을 한 행으로 만드는 매크로 만들기

머리글을 한 행으로 편집하는 매크로를 기록하고 편집해보겠습니다. 1~3행의 병합된 셀을 병합 해제한 후 2행의 빈 셀에 왼쪽 날짜가 일괄 입력되도록 하는 동작을 매크로로 기록합니다. 입력된 날짜 데이터는 다시 값으로 복사한 후 1행을 삭제합니다.

01 매크로 기록 시작하고 셀 병합 해제하기 실습 파일을 열고 ① [Sheet1 (1)] 시트 탭을 클릭합니다. ② [개발 도구] 탭-[코드] 그룹-[매크로 기록]을 클릭합니다. [매크로 기록] 대화상자에서 ③ [매크로 이름]에 **머리글편집**을 입력한 후 ④ [확인]을 클릭합니다. ⑤ [1:3] 행을 범위로 지정하고 ⑥ 마우스 오른쪽 버튼을 클릭한 후 ⑦ [셀 서식]을 클릭합니다.

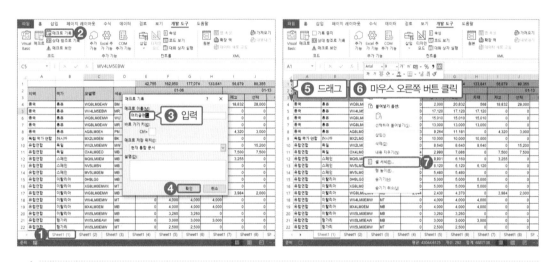

실력향상 셀 병합 해제 작업을 매크로로 기록할 때 [홈] 탭-[맞춤] 그룹-[병합하고 가운데 맞춤]을 클릭하여 해제하면 병합되었던 셀 개수만큼 셀 병합 해제 문장이 반복적으로 기록됩니다. [셀 서식]-[맞춤] 탭에서 셀 병합을 해제해야 코드가 한 번만 기록됩니다.

02 [셀 서식] 대화상자의 ① [맞춤] 탭을 클릭합니다. ② [셀 병합]을 체크 해제하고 ③ [확인]을 클릭합니다.

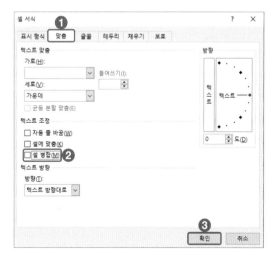

03 **2행의 빈 셀에 왼쪽 날짜 일괄 입력하기** ❶ [E1:E2] 범위를 지정한 후 ❷ Ctrl + Shift + →를 누릅니다. 마지막 열 데이터까지 지정되면 ❸ [홈] 탭-[편집] 그룹-[찾기 및 선택🔍]-[이동 옵션]을 클릭합니다. [이동 옵션] 대화상자에서 ❹ [빈 셀]을 클릭하고 ❺ [확인]을 클릭합니다.

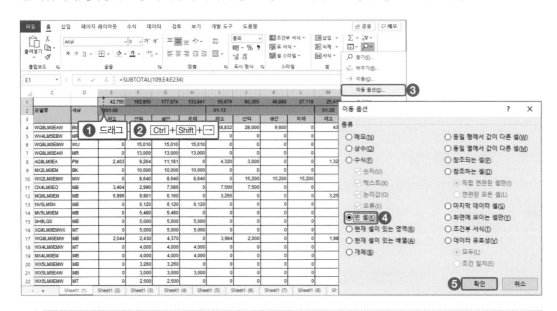

실력향상 날짜가 입력된 2행만 지정해야 하지만 [E1:E2] 범위를 지정하는 이유는 2행에 빈 셀이 많아 Ctrl + Shift + →로 범위를 지정할 수 없기 때문입니다.

04 빈 셀만 지정된 상태에서 **=E2**를 입력한 후 Ctrl + Enter 를 누릅니다. 빈 셀에 왼쪽 날짜가 모두 입력됩니다.

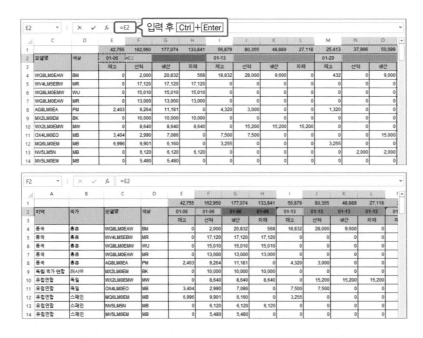

05 날짜 데이터 값으로 복사하기 ❶ [E2] 셀을 클릭하고 ❷ Ctrl + Shift + ⏎를 눌러 마지막 열까지 범위로 지정한 후 ❸ Ctrl + C 를 눌러 복사합니다. ❹ 지정된 범위를 마우스 오른쪽 버튼으로 클릭하고 ❺ [붙여넣기 옵션]-[값]을 클릭합니다.

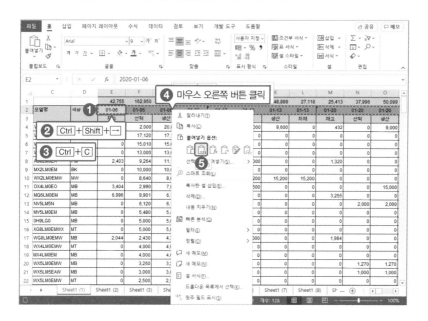

06 1행 삭제 후 매크로 기록 중지하기 ❶ 1행을 범위로 지정하고 ❷ 마우스 오른쪽 버튼을 클릭하여 ❸ [삭제]를 클릭합니다. ❹ [E2] 셀을 클릭한 후 ❺ [개발 도구] 탭-[코드] 그룹-[기록 중지]를 클릭합니다.

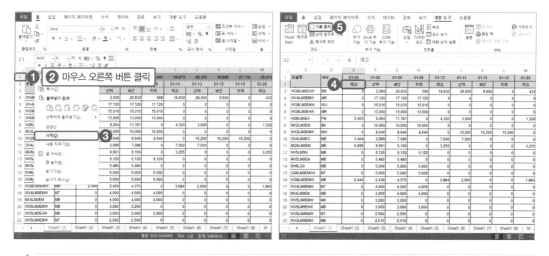

실력향상 기록을 중지하기 전에 [E2] 셀을 클릭해야 열 삭제 작업을 기록할 다음 매크로와 연결할 수 있습니다.

07 Visual Basic 편집기에서 기록된 코드 확인하기 ① [개발 도구] 탭–[코드] 그룹–[매크로]를 클릭합니다. [매크로] 대화상자에서 **②** [편집]을 클릭합니다. [Visual Basic 편집기]가 열리고 '머리 글편집' 매크로 코드가 표시됩니다.

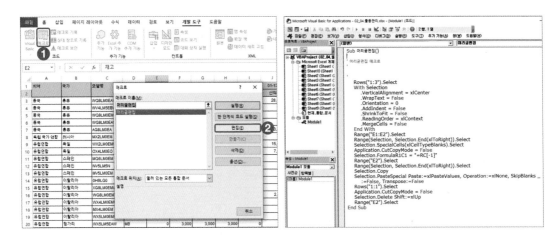

08 머리글편집 매크로 코드 짧게 줄이기 '머리글편집' 매크로에서 불필요한 코드를 다음과 같이 삭제하여 줄입니다.

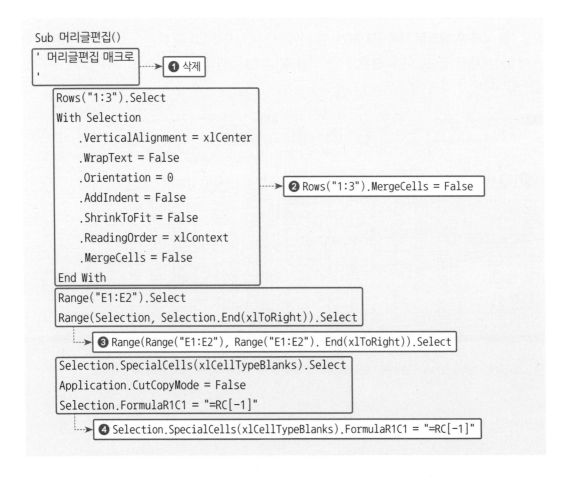

매크로
기본

매크로
만들기

VBA
기본

조건문
/반복문

화면
디자인

실무
프로
그램

문법
노트

```
Range("E2").Select
Range(Selection, Selection.End(xlToRight)).Select
Selection.Copy
```
   ⤷ ❺ Range(Range("E2"), Range("E2").End(xlToRight)).Copy

```
Selection.PasteSpecial Paste:=xlPasteValues, Operation:=xlNone, SkipBlanks _
    :=False, Transpose:=False
```
   ⤷ ❻ Range("E2").PasteSpecial Paste:=xlPasteValues

```
Rows("1:1").Select
Application.CutCopyMode = False  ⤏ ❼ Rows("1:1").Delete
Selection.Delete Shift:=xlUp
  Range("E2").Select
End Sub
```

❶ 주석문은 모두 삭제합니다.

❷ 셀 병합 해제 문장만 남기고 나머지는 모두 삭제합니다. With와 End With도 삭제합니다.

❸ Selection을 **Range("E1:E2")**로 변경하고, Select와 Selection을 삭제하여 한 문장으로 만듭니다.

❹ Select와 Selection을 삭제하여 한 문장으로 만듭니다. Application.CutCopyMode = False도 삭제합니다.

❺ Selection을 **Range("E2")**로 변경하고, Select와 Selection을 삭제하여 한 문장으로 만듭니다.

❻ Paste 인수만 남기고 나머지 인수는 모두 삭제합니다.

❼ Select와 Selection을 삭제하여 한 문장으로 만들고, Application.CutCopyMode = False와 Shift 인수도 삭제합니다.

09 수정한 실행문 코드 이해하기 수정된 '머리글편집' 매크로의 실행문을 살펴보겠습니다.

```
Sub 머리글편집()
❶    Rows("1:3").MergeCells = False
❷    Range(Range("E1:E2"), Range("E1:E2").End(xlToRight)).Select
❸    Selection.SpecialCells(xlCellTypeBlanks).FormulaR1C1 = "=RC[-1]"
❹    Range(Range("E2"), Range("E2").End(xlToRight)).Copy
❺    Range("E2").PasteSpecial Paste:=xlPasteValues
❻    Rows("1:1").Delete
❼    Range("E2").Select
End Sub
```

❶ [1:3] 행의 셀 병합을 취소합니다.

❷ [E1:E2] 범위에서 오른쪽으로 데이터가 있는 영역을 지정합니다. Range(시작 셀, 종료 셀)로 범위를 지정하는데, 시작 셀은 [E1:E2]이고, 종료 셀은 [E1:E2]에서 Ctrl+→ 를 눌렀을 때 이동한 셀입니다.

❸ 지정된 범위에서 빈 셀에만 =RC[-1] 수식을 입력합니다. R1C1 방식은 상대 참조 수식을 입력하는 방법으로, 수식을 입력하는 셀을 기준으로 참조하는 셀 위치의 행 번호와 열 번호를 증감시켜서 지정합니다. RC[-1]은 현재 수식이 입력된 셀을 기준으로 같은 행 왼쪽으로 한 칸 이동한 열의 셀을 참조한다는 의미입니다.

❹ [E2] 셀부터 오른쪽으로 데이터가 있는 영역을 복사합니다.

❺ [E2] 셀에 값만 붙여 넣습니다.

❻ 1행을 삭제합니다.

❼ [E2] 셀을 클릭합니다. 다음에 기록할 매크로가 [E2] 셀을 시작으로 하는 상대 참조 매크로이므로 꼭 필요한 문장입니다.

10 수정된 매크로 실행하기 ❶ [Sheet1 (2)] 시트 탭을 클릭합니다. ❷ [개발 도구] 탭-[코드] 그룹-[매크로]를 클릭합니다. [매크로] 대화상자에서 ❸ [실행]을 클릭합니다. '머리글편집' 매크로가 실행되어 셀 병합이 해제되고 각 셀에 날짜가 입력됩니다.

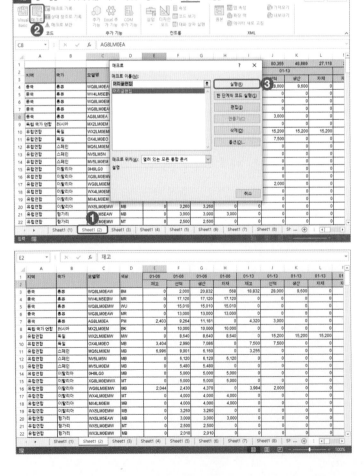

생산 데이터 열만 남기는 매크로 기록 후 머리글 매크로 호출하기

생산 데이터 열만 남기고 다른 열의 데이터는 삭제하는 매크로를 기록해보겠습니다. 이번 매크로는 셀 위치를 변경해가면서 반복 실행해야 하므로 상대 참조로 기록합니다. 기록된 매크로에 앞에서 작성한 '머리글편집' 매크로가 먼저 실행되도록 Call 문을 추가하고 반복문과 조건문도 추가해보겠습니다.

11 상대 참조 매크로 기록 시작하기 ❶ [Sheet (1)] 시트 탭을 클릭한 후 ❷ [E2] 셀을 클릭합니다. ❸ [개발 도구] 탭–[코드] 그룹–[상대 참조로 기록]을 클릭합니다. ❹ [개발 도구] 탭–[코드] 그룹–[매크로 기록]을 클릭합니다. [매크로 기록] 대화상자에서 ❺ [매크로 이름]에 **물동관리편집**을 입력한 후 ❻ [확인]을 클릭합니다.

12 열 삭제하기 ❶ [E:F] 열을 범위로 지정한 후 ❷ 마우스 오른쪽 버튼을 클릭하고 ❸ [삭제]를 클릭합니다. ❹ F열을 범위로 지정한 후 ❺ 마우스 오른쪽 버튼을 클릭하고 ❻ [삭제]를 클릭합니다.

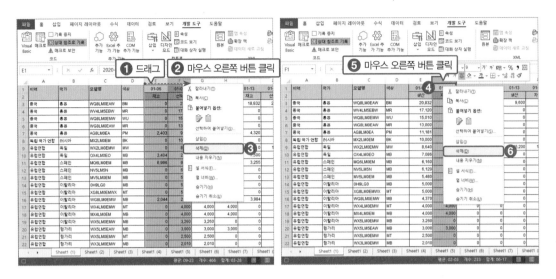

13 매크로 기록 중지하기 ❶ [F2] 셀을 클릭한 후 ❷ [개발 도구] 탭-[코드] 그룹-[기록 중지]를 클릭합니다.

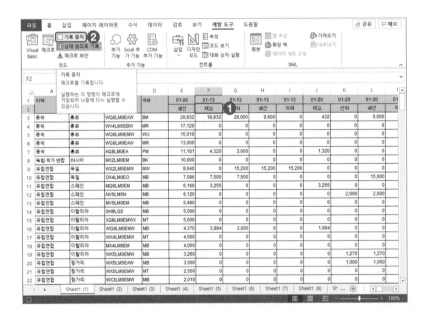

14 Visual Basic 편집기에서 기록된 코드 확인하기 ❶ [개발 도구] 탭-[코드] 그룹-[매크로]를 클릭합니다. [매크로] 대화상자의 ❷ [매크로 이름]에서 [물동관리편집]을 클릭한 후 ❸ [편집]을 클릭합니다. [Visual Basic 편집기]가 열리고 '물동관리편집' 매크로 코드가 표시됩니다.

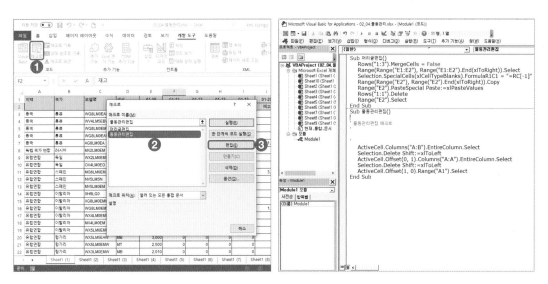

15 물동관리편집 매크로 코드 이해하기 기록된 '물동관리편집' 매크로 실행문을 살펴보겠습니다.

```
Sub 물동관리편집()
❶  ' 물동관리편집 매크로
   '
❷      ActiveCell.Columns("A:B").EntireColumn.Select
❸      Selection.Delete Shift:=xlToLeft
❹      ActiveCell.Offset(0, 1).Columns("A:A").EntireColumn.Select
❺      Selection.Delete Shift:=xlToLeft
❻      ActiveCell.Offset(1, 0).Range("A1").Select
End Sub
```

❶ 주석문입니다. 필요하지 않으므로 삭제합니다.

❷ 현재 지정된 셀부터 두 개의 열을 범위로 지정합니다. Columns("A:B")만 있으면 [A:B] 열을 뜻하지만, ActiveCell.Columns("A:B")는 현재 셀부터 두 개의 열을 뜻합니다.

❸ 지정된 범위를 삭제합니다.

❹ 현재 셀을 기준으로 오른쪽으로 한 칸 이동한 셀의 열 전체를 범위로 지정합니다.

❺ 지정된 범위를 삭제합니다.

❻ 현재 셀을 기준으로 아래쪽으로 한 칸 이동한 셀을 범위로 지정합니다.

16 머리글편집 매크로 호출하고 반복문과 조건문 추가하기 '물동관리편집' 매크로는 머리글 편집이 완료된 후 실행되어야 하므로 열을 삭제하기 전에 Call 문으로 '머리글편집' 매크로를 호출합니다. 편집이 완료된 시트에서는 매크로가 실행되지 않도록 조건문을 추가하고, 열 삭제 작업은 반복 실행할 수 있도록 반복문을 추가합니다.

```
Sub 물동관리편집()
❶ If Range("A1").Value <> "" Then
❷         MsgBox "편집이 완료된 시트입니다'"
❸         Exit Sub
❹ End If
❺ Application.ScreenUpdating = False
❻ Call 머리글편집
❼ Do While ActiveCell.Value <> ""
          ActiveCell.Columns("A:B").EntireColumn.Select
          Selection.Delete Shift:=xlToLeft
          ActiveCell.Offset(0, 1).Columns("A:A").EntireColumn.Select
          Selection.Delete Shift:=xlToLeft
          ActiveCell.Offset(1, 0).Range("A1").Select
❽ Loop
❾ Rows(2).Delete
❿ Application.ScreenUpdating = True
⓫ MsgBox "작업완료"
End Sub
```

❶ 편집이 완료된 시트에서는 매크로가 실행되지 않도록 조건문을 추가합니다. 편집이 완료된 시트는 [A1] 셀에 값이 있으므로 **Range("A1").Value <> ""** 조건에 의해 [A1] 셀이 빈 셀이 아니면 ❷ ~ ❸을 실행합니다.

❷ If 조건이 참일 때 실행할 문장으로, 따옴표 안에 입력된 내용을 메시지로 표시합니다.

❸ '물동관리편집' 매크로를 종료합니다.

❹ If 문을 종료합니다.

❺ 매크로가 실행되며 화면이 변경되는 과정을 표시하지 않습니다.

❻ '머리글편집' 매크로를 호출합니다.

❼ 반복문을 시작합니다. 현재 셀이 빈 셀이 아닌 동안 열 삭제 실행문을 반복합니다.

❽ 반복문을 종료합니다.

❾ 2행을 삭제합니다.

❿ ❺에서 False로 설정한 ScreenUpdating 속성값을 원래 상태인 True로 변경합니다.

⓫ 작업완료 메시지를 표시합니다.

17 물동관리편집 매크로 실행하기 ❶ 데이터 편집이 되지 않은 임의의 시트에서 작업합니다. ❷ [개발 도구] 탭-[코드] 그룹-[매크로]를 클릭합니다. [매크로] 대화상자의 ❸ [매크로 이름]에서 [물동관리편집]을 클릭한 후 ❹ [실행]을 클릭합니다. 머리글 편집과 열 삭제가 자동으로 실행된 후 작업완료 메시지가 표시됩니다. ❺ [확인]을 클릭합니다.

비법노트

불규칙한 데이터에서 생산 데이터만 남기는 코드

'물동관리편집' 매크로에서는 삭제할 열이 생산 열을 기준으로 왼쪽의 두 개 열, 오른쪽의 한 개 열로 일정합니다. 이렇게 일정한 간격으로 열이 삭제되어야 하는 경우 상대 참조 매크로를 기록하여 반복 실행하면 되지만, 불규칙하게 입력된 열 데이터 중 생산 열만 남기고 삭제해야 한다면 직접 코딩해 매크로를 만들어야 합니다. 다음의 매크로는 2행의 셀 데이터가 '생산'이 아닐 경우 해당 열을 삭제하는 매크로입니다.

완성 파일 | Part01/Chapter02/02_04.물동관리(비법노트).xlsm

```
Sub 불규칙한열삭제()
❶ Dim 범위 As Range
❷ Range("E2").Select
❸     If ActiveCell.Value <> "생산" Then Set 범위 = ActiveCell
❹     ActiveCell.Offset(0, 1).Select
❺ Do While ActiveCell.Value <> ""
❻     If ActiveCell.Value <> "생산" Then
❼         Set 범위 = Application.Union(범위, ActiveCell)
❽     End If
❾     ActiveCell.Offset(0, 1).Select
❿ Loop
⓫ On Error Resume Next
⓬     범위.EntireColumn.Delete
⓭     Range("A1").Select
End Sub
```

❶ 범위를 저장하는 '범위' 변수를 선언합니다. 이 변수에는 삭제할 셀의 정보가 누적돼 저장됩니다.

❷ [E2] 셀을 범위로 지정합니다. 첫 번째 삭제할 열의 셀 위치입니다.

❸ 현재 셀의 데이터가 '생산'인지 비교하는 조건문입니다. 만약 '생산' 문자가 아니라면 '범위' 변수에 현재 셀의 정보를 저장합니다. 조건이 거짓이면 다음 문장을 실행합니다.

❹ 현재 셀에서 오른쪽으로 한 칸 이동한 셀을 범위로 지정합니다.

❺ 반복문을 시작합니다. 현재 셀이 빈 셀이 아닌 동안 ❻ ~ ❾를 반복 실행합니다.

❻ 현재 셀의 데이터가 '생산'인지 비교하는 조건문입니다. 이 조건이 참이면 ❼을 실행합니다.

❼ 조건이 참일 때 실행하는 문장으로, 현재 셀의 정보를 '범위' 변수에 누적해 저장합니다. Union은 여러 범위의 합집합을 반환하는 메서드입니다.

❽ 조건문을 종료합니다.

❾ 현재 셀에서 오른쪽으로 한 칸 이동한 셀을 범위로 지정합니다.

❿ 반복문을 종료합니다.

❶❶ 오류가 발생해도 매크로를 중단하지 않고 그 다음 문장을 실행합니다. '범위' 변수에 저장된 셀 정보가 없을 경우 ❶❷에서 오류가 발생하는데, 그 오류를 해결하기 위한 문장입니다.

❶❷ '범위' 변수에 누적되어 있는 셀의 열 전체를 삭제합니다.

❶❸ [A1] 셀을 범위로 지정합니다.

매크로
기본

매크로
만들기

VBA
기본

조건문
/반복문

화면
디자인

실무
프로
그램

문법
노트

양식 컨트롤을 활용한 검색 매크로 만들기

실습 파일 | Part01/Chapter02/02_05.인사데이터베이스.xlsx
완성 파일 | Part01/Chapter02/02_05.인사데이터베이스(완성).xlsm

01 프로젝트 시작하기

고급 필터를 이용해 여러 열에 AND와 OR 조건을 반영하여 원하는 데이터만 검색하려고 합니다. 그런데 검색할 조건이 변경될 때마다 조건을 직접 입력한 후 고급 필터를 매번 실행해야 하는 번거로움이 있습니다. 이 업무를 자동화하기 위해 양식 컨트롤을 이용하여 고급 필터 조건을 선택하도록 하고, 고급 필터 실행은 자동 매크로를 이용해보겠습니다.

회사에서 바로 통하는 키워드 | 고급 필터, 중복된 항목 제거, 그룹 상자, 콤보 상자, 옵션 단추, IF 함수, INDEX 함수, CurrentRegion 속성, WorksheetFunction 속성, AdvancedFilter 메서드, AutoFit 메서드

02 프로젝트 예제 미리 보기

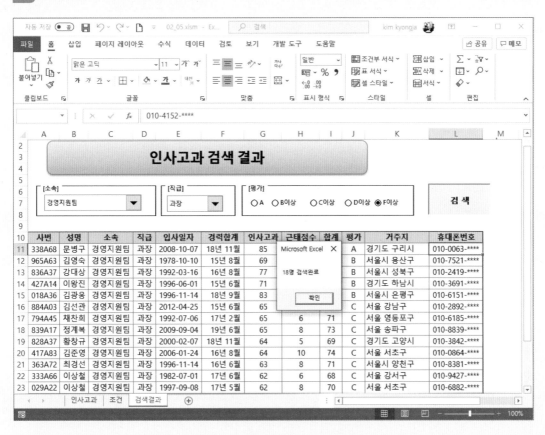

시트의
목록 작성과
이름 정의하기
▶
[검색결과] 시트에
양식 컨트롤
삽입하기
▶
양식 컨트롤과
조건 시트
연결하기
▶
고급 필터
매크로
기록하기
▶
매크로 오류
점검과 코드
추가하기

03 핵심기능 미리 보기

STEP 01 조건 시트에 데이터 목록 작성하고 검색결과 시트에 양식 컨트롤 추가하기

❶ 중복된 항목 제거 기능을 이용하여 [조건] 시트에 [데이터 목록]을 작성합니다.

❷ [검색결과] 시트에 그룹 상자, 콤보 상자, 옵션 단추 컨트롤을 추가합니다.

❸ IF와 INDEX 함수를 이용하여 양식 컨트롤과 [조건] 시트의 셀을 연결합니다.

 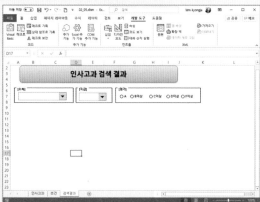

STEP 02 고급 필터 매크로 기록하고 오류 수정하기

❶ 양식 컨트롤에서 선택한 조건에 맞는 데이터만 추출하여 [검색결과] 시트에 복사하는 고급 필터 작업을 매크로로 기록합니다.

❷ 기록된 고급 필터 매크로의 오류를 점검하고 해결합니다.

❸ WorkSheetFunction 함수를 사용하여 검색된 인원수를 표시하는 문장을 추가합니다.

STEP 01

조건 시트에 데이터 목록 작성하고 검색결과 시트에 양식 컨트롤 추가하기

[조건] 시트에 고급 필터 조건으로 사용할 셀 데이터를 만들고, [검색결과] 시트에 양식 컨트롤을 추가하여 함수로 [조건] 시트의 셀과 연결해보겠습니다.

01 조건 시트에 데이터 목록 만들기 [조건] 시트의 소속, 직급, 평가의 목록을 작성해야 하는데, 이 데이터 목록은 양식 컨트롤에서 사용할 데이터로 [인사고과] 시트에서 각 열의 데이터를 한 개씩 추출해야 합니다. 실습 파일을 열고 ❶ [인사고과] 시트 탭을 클릭합니다. ❷ [C2:D2] 범위를 지정한 후 ❸ Ctrl + Shift + ↓ 를 누릅니다. ❹ Ctrl + C 를 눌러 복사합니다.

02 ❶ [조건] 시트 탭을 클릭합니다. ❷ [E3] 셀을 클릭한 후 ❸ Ctrl + V 를 눌러 붙여 넣습니다.

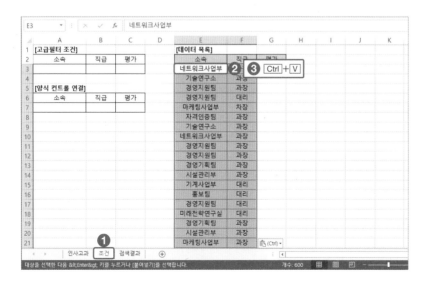

03 ❶ [E2] 셀을 클릭한 후 ❷ Ctrl + Shift + ↓ 를 눌러 범위를 지정합니다. ❸ [데이터] 탭–[데이터 도구] 그룹–[중복된 항목 제거🗷]를 클릭합니다. [중복된 항목 제거 경고] 대화상자에서 ❹ [현재 선택 영역으로 정렬]을 클릭한 후 ❺ [중복된 항목 제거]를 클릭합니다.

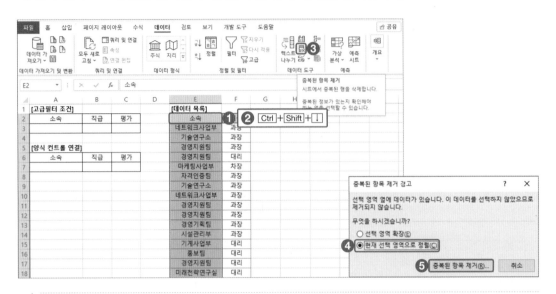

📶 실력향상 한 개 열만 기준으로 중복된 항목을 제거해야 하므로 중복된 항목 제거를 적용할 지정 범위가 확장되면 안됩니다.

04 ❶ [중복 값 제거] 대화상자에서 [확인]을 클릭합니다. 제거한 개수와 유지한 개수의 결과 메시지가 표시되면 ❷ [확인]을 클릭합니다.

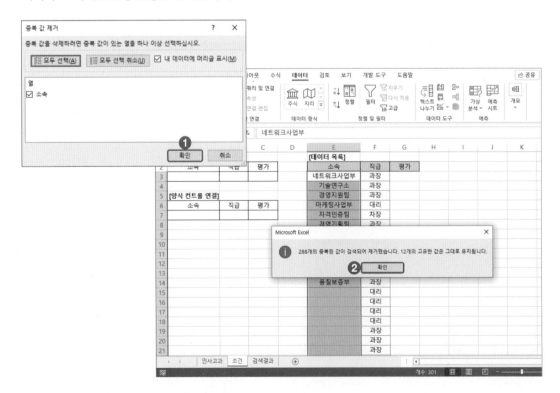

05 ❶ [F2] 셀을 클릭한 후 ❷ Ctrl + Shift + ↓를 눌러 범위를 지정합니다. ❸ [데이터] 탭–[데이터 도구] 그룹–[중복된 항목 제거🗙]를 클릭합니다. [중복된 항목 제거 경고] 대화상자에서 ❹ [현재 선택 영역으로 정렬]을 클릭한 후 ❺ [중복된 항목 제거]를 클릭합니다.

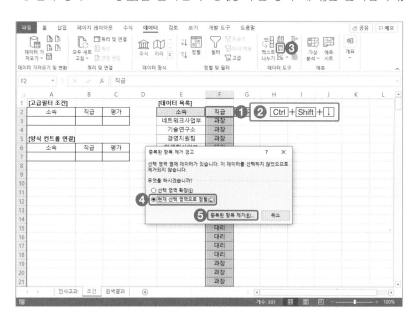

06 [중복 값 제거] 대화상자에서 [확인]을 클릭합니다.

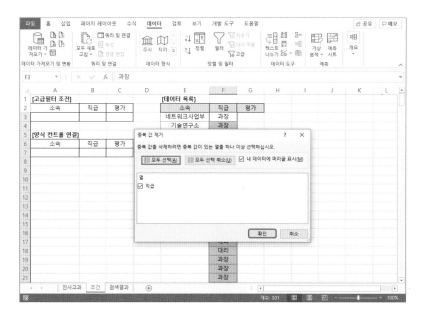

07 제거한 개수와 유지한 개수의 결과 메시지가 표시되면 ❶ [확인]을 클릭합니다. ❷ 직급을 **부장, 차장, 과장, 대리, 사원** 순서로 변경합니다. ❸ [E3:F14] 범위를 지정하고 ❹ 선택된 범위의 테두리를 드래그해 아래쪽으로 한 칸 이동합니다.

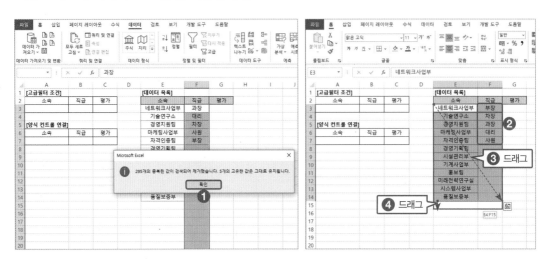

08 ❶ [E3:F3] 범위에 각각 **전체**를 입력합니다. ❷ [G3:G7] 범위에 평가 항목으로 **A, B, C, D, F**를 각각 입력합니다. ❸ 입력한 항목에 아래 그림과 같이 테두리와 맞춤 서식을 설정합니다.

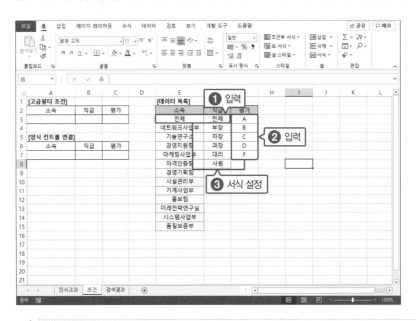

📊 **실력향상** 테두리 맞춤 서식은 [G3:G7] 범위를 지정한 후 [홈] 탭 – [글꼴] 그룹 – [테두리⊞] – [모든 테두리]를 클릭해 설정합니다.

09 이름 정의하기 [조건] 시트의 데이터 목록을 양식 컨트롤과 함수에 사용하기 위해 이름으로 정의하겠습니다. ❶ [E2:E15] 범위를 지정한 후 ❷ Ctrl 을 누른 상태에서 [F2:F8] 범위를 지정합니다. ❸ 계속해서 Ctrl 을 누른 상태에서 [G2:G7] 범위를 지정합니다. ❹ [수식] 탭-[정의된 이름] 그룹-[선택 영역에서 만들기]를 클릭합니다. [선택 영역에서 이름 만들기] 대화상자에서 ❺ [첫 행]에만 체크한 후 ❻ [확인]을 클릭합니다. ❼ [이름 상자]의 목록 단추 ▾ 를 클릭하면 정의된 이름을 확인할 수 있습니다.

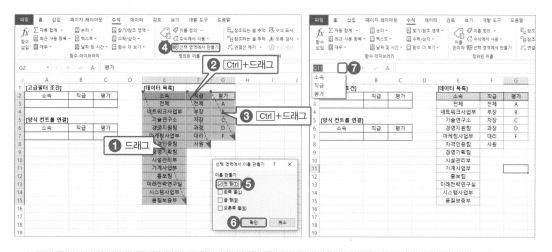

실력향상 정의된 이름을 수정하거나 삭제하려면 [수식] 탭-[정의된 이름] 그룹-[이름 관리자]를 클릭하여 [이름 관리자] 대화상자를 이용합니다.

10 검색결과 시트에 그룹 상자 추가하기 ❶ [검색결과] 시트 탭을 클릭합니다. ❷ [개발 도구] 탭-[컨트롤] 그룹-[삽입]-[그룹 상자(양식 컨트롤)▦]을 클릭합니다. ❸ 제목 도형 아래에 드래그하여 삽입합니다.

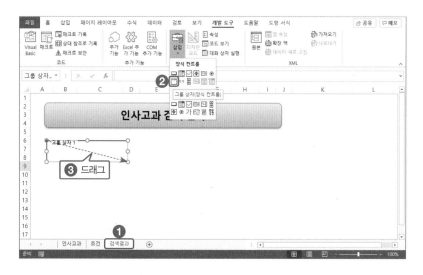

11 ❶삽입된 그룹 상자를 선택한 후 ❷ Ctrl + Shift 를 누른 상태에서 오른쪽으로 드래그하여 두 개를 복사합니다. ❸ 복사한 그룹 상자의 너비를 각각 아래 그림과 같이 변경한 후 ❹ 레이블을 **소속**, **직급**, **평가**로 각각 변경합니다.

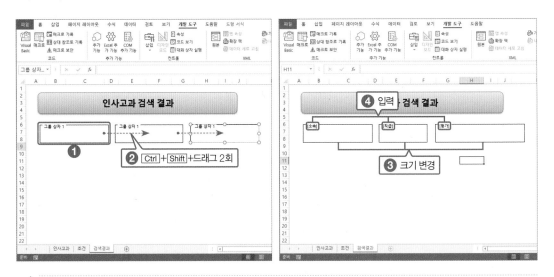

📊 **실력향상** 삽입된 그룹 상자를 선택하려면 제목 부분을 클릭합니다. 그룹 상자의 레이블 텍스트를 변경하려면 직접 텍스트를 클릭하거나 마우스 오른쪽 버튼을 클릭하여 [텍스트 편집]을 클릭해 편집합니다.

12 **콤보 상자 추가하기** ❶[개발 도구] 탭–[컨트롤] 그룹–[삽입]–[콤보 상자(양식 컨트롤)🔲]을 클릭합니다. ❷[소속] 그룹 상자 안에 드래그하여 삽입합니다. ❸ 같은 방법으로 [콤보 상자(양식 컨트롤)🔲]을 [직급] 그룹 상자 안에 삽입합니다.

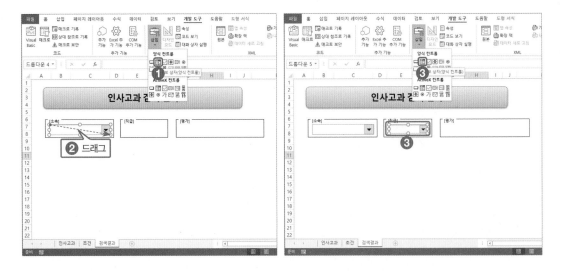

13 옵션 단추 추가하기 ❶ [개발 도구] 탭–[컨트롤] 그룹–[삽입]–[옵션 단추(양식 컨트롤)◉]을 클릭합니다. ❷ [평가] 그룹 상자 안 왼쪽에 드래그하여 삽입합니다.

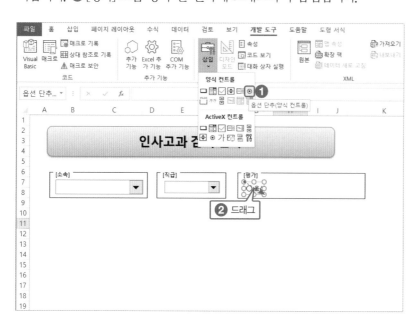

14 삽입된 옵션 단추가 선택된 상태에서 [Ctrl]+[Shift]를 누른 채로 오른쪽으로 드래그하여 네 번 복사해 총 다섯 개가 되도록 배치합니다.

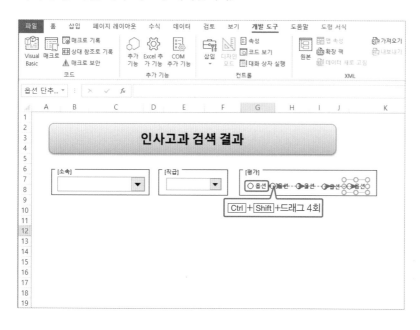

15 복사한 옵션 단추의 레이블을 각각 **A**, **B이상**, **C이상**, **D이상**, **F이상**으로 변경합니다.

실력향상 옵션 단추를 삽입한 후에는 한 개씩 각각 선택되는지 확인합니다. 만약 두 개 이상 선택된다면 그룹 상자 밖으로 벗어난 옵션 단추는 없는지 확인합니다. 옵션 단추는 만들어진 순서대로 1, 2, 3, 4, 5 값을 가지므로 반드시 A부터 F까지 순서대로 복사합니다.

16 단추 추가하기 ❶ [개발 도구] 탭–[컨트롤] 그룹–[삽입]–[단추(양식 컨트롤)🔲]을 클릭합니다. ❷ [평가] 그룹 오른쪽에 드래그하여 삽입합니다. ❸ [매크로 지정] 대화상자가 나타나면 [취소]를 클릭합니다.

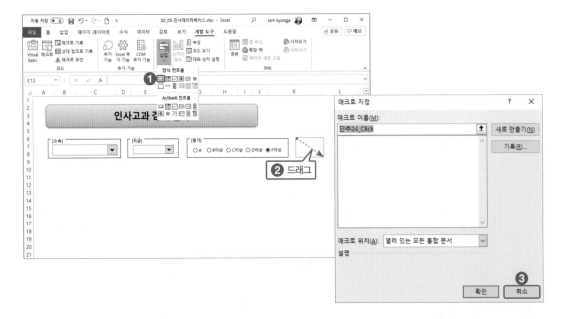

17 추가된 단추의 레이블을 **검색**으로 변경합니다.

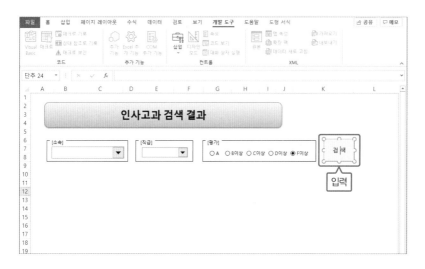

18 도형과 컨트롤 속성 변경하기 ❶ 임의의 빈 셀을 클릭한 후 ❷ [홈] 탭-[편집] 그룹-[찾기 및 선택🔍]-[개체 선택]을 클릭합니다.

19 ❶ 제목 도형과 컨트롤을 모두 드래그하여 선택합니다. ❷ 마우스 오른쪽 버튼을 클릭하고 ❸ [크기 및 속성]을 클릭합니다.

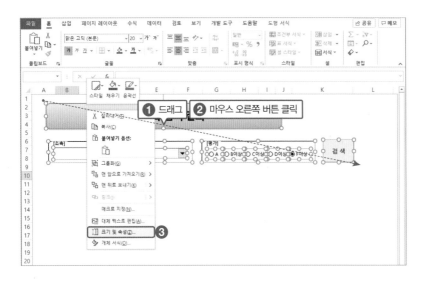

20 [도형 서식] 작업 창의 [속성]에서 ❶ [변하지 않음]을 클릭하고 ❷ [닫기🗙]를 클릭해 작업 창을 닫습니다. ❸ 임의의 빈 셀을 더블클릭합니다.

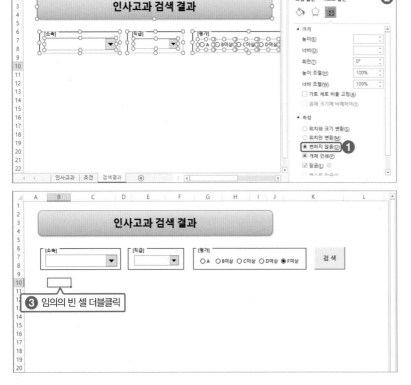

📊 실력향상
[속성]을 [변하지 않음]으로 설정하면 열 너비가 변경되더라도 컨트롤의 크기와 위치가 변하지 않습니다. [개체 선택]에 의해서 마우스 포인터 모양이 화살표가 된 상태에서 다시 셀 선택 모양으로 변경하려면 임의의 빈 셀을 더블클릭합니다.

21 **소속의 콤보 상자 컨트롤 서식 설정하기** ① [소속] 그룹 상자 안의 콤보 상자를 마우스 오른쪽 버튼으로 클릭하고 ② [컨트롤 서식]을 클릭합니다. [컨트롤 서식] 대화상자에서 ③ [입력 범위]에 이름으로 정의한 **소속**을 입력합니다. ④ [셀 연결] 입력란을 클릭한 후 [조건] 시트 탭을 클릭하고 [A7] 셀을 클릭합니다. ⑤ [목록 표시 줄 수]에 **13**을 입력한 후 ⑥ [확인]을 클릭합니다.

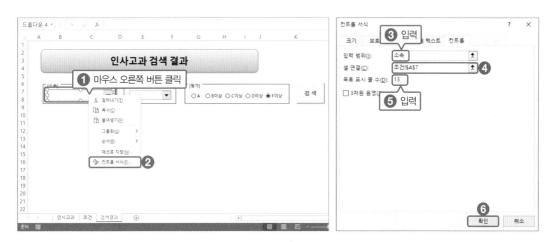

실력향상 [입력 범위]는 콤보 상자의 드롭다운 단추를 클릭하면 나타나는 목록입니다. [셀 연결]은 콤보 상자에서 선택한 항목이 표시될 셀 위치로, 선택한 항목의 순번이 표시됩니다. [목록 표시 줄 수]는 콤보 상자의 드롭다운 단추를 클릭할 때 기본으로 보여줄 목록 개수로, 소속의 데이터 개수가 13개이므로 **13**을 입력합니다.

22 **직급의 콤보 상자 컨트롤 서식 설정하기** ① [직급] 그룹 상자 안에 있는 콤보 상자를 마우스 오른쪽 버튼으로 클릭하고 ② [컨트롤 서식]을 클릭합니다. [컨트롤 서식] 대화상자에서 ③ [입력 범위]에 이름으로 정의한 **직급**을 입력합니다. ④ [셀 연결] 입력란을 클릭한 후 [조건] 시트 탭을 클릭하고 [B7] 셀을 클릭합니다. ⑤ [확인]을 클릭합니다.

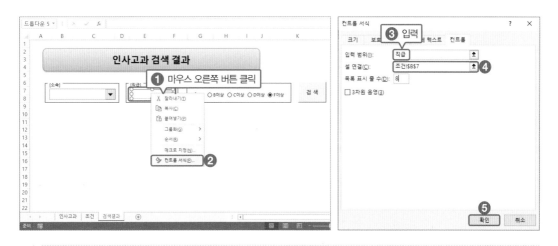

실력향상 콤보 상자의 [목록 표시 줄 수]는 기본값이 8로 설정되어 있는데, 표시할 목록이 8보다 많으면 입력 범위 내의 목록만 표시됩니다. 따라서 8보다 항목이 적은 [직급]의 콤보 상자는 [목록 표시 줄 수]를 변경하지 않아도 됩니다.

23 평가의 옵션 단추 컨트롤 서식 설정하기 ❶[평가] 그룹 상자 안에 있는 [A] 옵션 단추를 마우스 오른쪽 버튼으로 클릭하고 ❷[컨트롤 서식]을 클릭합니다. [컨트롤 서식] 대화상자의 ❸[셀 연결] 입력란을 클릭한 후 [조건] 시트 탭을 클릭하고 [C7] 셀을 클릭합니다. ❹[확인]을 클릭합니다.

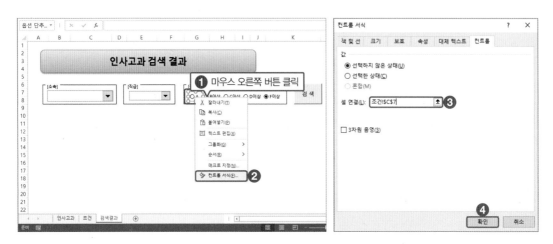

🔺 **실력향상** 같은 그룹 안에 있는 옵션 단추는 한 개만 컨트롤 서식을 설정하면 다른 옵션 단추의 컨트롤 서식도 똑같이 설정됩니다. 이때 그룹 상자 밖으로 옵션 단추가 조금이라도 벗어나면 다른 그룹으로 인식되므로 주의합니다.

24 컨트롤 연결 확인하기 ❶각 컨트롤의 소속, 직급, 평가를 임의로 클릭하거나 선택합니다. ❷[조건] 시트 탭을 클릭하고 [A7:C7] 범위에 지정한 값이 셀에 각각 동일하게 표시되는지 확인합니다.

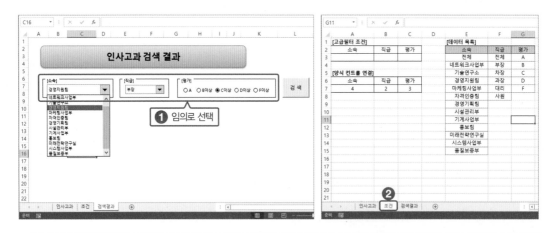

🔺 **실력향상** 양식 컨트롤을 셀에 연결하면 선택한 목록의 텍스트가 셀에 입력되는 것이 아니라 목록의 순번이 '1, 2, 3, 4, …' 형식으로 입력됩니다. 함수를 이용해 이 값이 선택한 목록의 텍스트로 표시되도록 합니다.

25 고급 필터 조건을 만드는 함수 입력하기 양식 컨트롤과 연결된 [A7:C7] 범위의 값을 이용하여 [A3:C3] 범위에 고급 필터에 사용할 조건 데이터를 만들어보겠습니다. 먼저 [A3] 셀을 클릭한 후 **=IF(A7=1,"",INDEX(소속,A7))**를 입력합니다.

실력향상 [A7] 셀의 값이 1이면 전체를 선택한 것이므로 빈 셀로 표시하고, 아니라면 INDEX 함수의 결과를 표시합니다. 고급 필터에서 조건으로 모든 데이터를 검색하려면 셀을 공백으로 두거나 별표(*)를 입력합니다. INDEX 함수는 데이터 목록에서 지정한 행 번호의 값을 텍스트 목록의 순서대로 표시하는 함수로 '소속'으로 정의된 범위(E3:E15)에서 7에 해당하는 [A7] 셀에 입력된 순번값을 찾아옵니다.

26 [B3] 셀에 **=IF(B7=1,"",INDEX(직급,B7))**를 입력합니다.

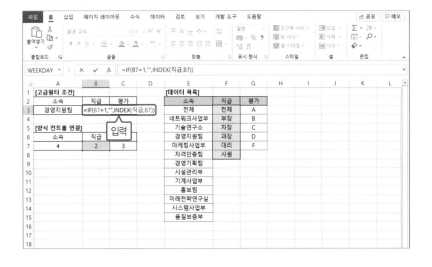

27 [C3] 셀에 **="<="&INDEX(평가,C7)**를 입력합니다.

![Excel 화면 - 고급필터 조건 및 데이터 목록 화면]

> **실력향상** 평가는 A를 선택하면 'A'로, B를 선택하면 'B이상'으로, C를 선택하면 'C이상'으로 조건이 적용되어야 하므로 INDEX 함수 결과 앞에 작거나 같다(<=)는 조건을 추가합니다. A가 B보다 크다고 생각할 수 있지만 엑셀은 각 문자에 할당된 아스키코드값으로 비교합니다. 코드값은 A가 65, B가 66이므로 엑셀에서는 A가 B보다 작다고 계산됩니다.

고급 필터 매크로로 기록하고 오류 수정하기

[인사고과] 시트의 데이터 목록에서 [조건] 시트의 [고급필터 조건] 범위에 입력된 조건과 일치하는 데이터만 추출하여 [검색결과] 시트에 붙여 넣는 동작을 매크로로 기록해보겠습니다.

28 매크로 기록 시작하고 고급 필터 실행하기 ❶ [검색결과] 시트 탭을 클릭합니다. ❷ [개발 도구] 탭-[코드] 그룹-[매크로 기록]을 클릭합니다. [매크로 기록] 대화상자에서 ❸ [매크로 이름]에 **고 급필터**를 입력한 후 ❹ [확인]을 클릭합니다. ❺ [데이터] 탭-[정렬 및 필터] 그룹-[고급]을 클릭합니다.

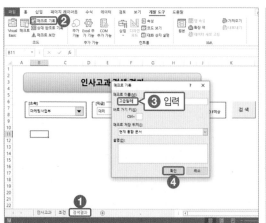

29 고급 필터 각 항목 입력하기 [고급 필터] 대화상자에서 ❶ [목록 범위]의 입력란을 클릭한 후 ❷ [인사고과] 시트 탭을 클릭합니다. ❸ [A1] 셀에서 Ctrl + A 를 누릅니다. ❹ [조건 범위] 입력란을 클릭한 후 ❺ [조건] 시트 탭을 클릭합니다. ❻ [A2:C3] 범위를 드래그합니다.

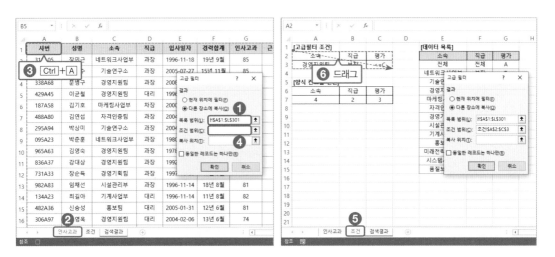

30 ❶ [복사 위치]의 입력란을 클릭한 후 ❷ [검색결과] 시트 탭을 클릭합니다. ❸ [A10] 셀을 클릭한 후 ❹ [고급 필터] 대화상자의 [확인]을 클릭합니다.

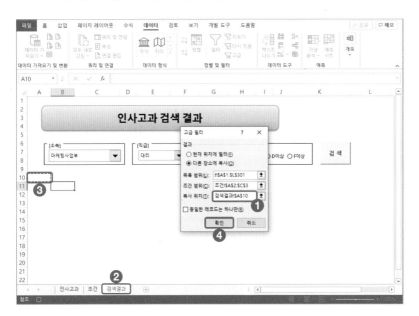

31 열 너비 자동 맞추고 매크로 기록 중지하기 ❶[A:L] 열을 범위로 지정한 후 ❷ 열 경계선 중 하나를 더블클릭합니다. 지정한 범위의 열 너비가 자동으로 맞춰집니다. ❸[개발 도구] 탭-[코드] 그룹-[기록 중지]를 클릭합니다.

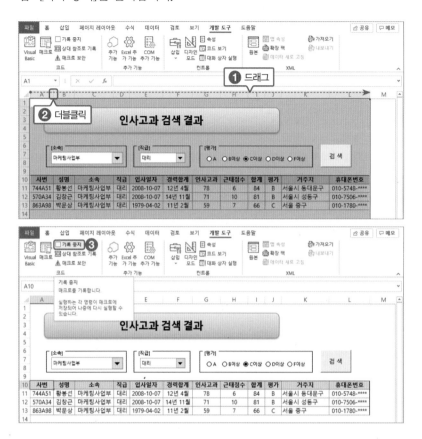

32 Visual Basic 편집기에서 기록된 코드 확인하기 ❶[개발 도구] 탭-[코드] 그룹-[매크로]를 클릭합니다. [매크로] 대화상자에서 ❷[편집]을 클릭합니다. [Visual Basic 편집기]가 열리고 '고급 필터' 매크로 코드가 표시됩니다.

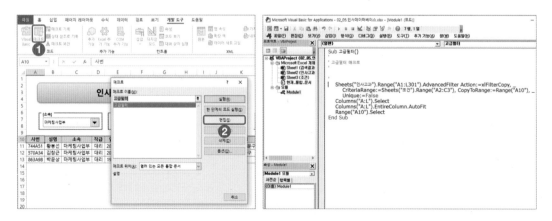

33 고급필터 매크로 수정하기 '고급필터' 매크로에서 불필요한 코드를 다음과 같이 수정합니다.

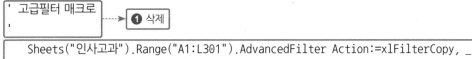

```
Sub 고급필터()
' 고급필터 매크로           ▶ ① 삭제
'
      Sheets("인사고과").Range("A1:L301").AdvancedFilter Action:=xlFilterCopy, _
          CriteriaRange:=Sheets("조건").Range("A2:C3"), CopyToRange:=Range("A10"), _
          Unique:=False
      ② Sheets("인사고과").Range("A1").CurrentRegion.AdvancedFilter Action:=xlFilterCopy, _
      CriteriaRange:=Sheets("조건").Range("A2:C3"),CopyToRange:=Range("A10")
      Columns("A:L").Select          ┄▶ ③ 삭제
      Columns("A:L").EntireColumn.AutoFit ┄▶ ④ Columns("A:L").AutoFit
      Range("A10").Select
End Sub
```

❶ 주석문은 모두 삭제합니다.

❷ **CurrentRegion**을 추가하고 Unique 인수를 삭제합니다.

❸ 삭제합니다.

❹ EntireColumn을 삭제합니다. Columns 개체이므로 EntireColumn이 필요하지 않습니다.

34 수정한 실행문 코드 이해하기 수정된 실행문을 살펴보겠습니다.

```
Sub 고급필터()
❶  Sheets("인사고과").Range("A1").CurrentRegion.AdvancedFilter Action:= xlFilterCopy, _
        CriteriaRange:=Sheets("조건").Range("A2:C3"), CopyToRange:=Range("A10")
❷  Columns("A:L").AutoFit
❸  Range("A10").Select
End Sub
```

❶ [인사고과] 시트의 [A1] 셀을 기준으로 주변 데이터를 범위로 하여 고급 필터를 실행합니다. 조건 범위는 [조건] 시트의 [A2:C3] 범위고, 복사 위치는 현재 시트의 [A10] 셀입니다. 한 문장인데 길어서 언더바(_)를 이용하여 두 줄로 입력했습니다.

❷ [A:L] 열의 너비를 자동으로 맞춥니다.

❸ [A10] 셀을 범위로 지정합니다.

35 단추에 매크로 연결하기 ❶ [검색] 단추를 마우스 오른쪽 버튼으로 클릭한 후 ❷ [매크로 지정]을 클릭합니다. [매크로 지정] 대화상자의 [매크로 이름]에서 [고급필터]가 선택된 것을 확인하고 ❸ [확인]을 클릭합니다.

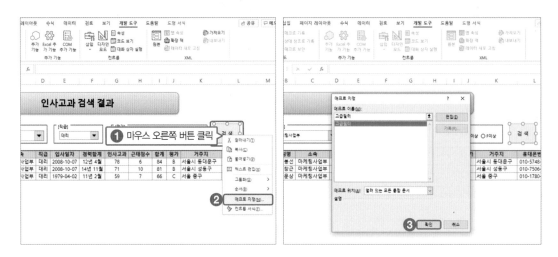

36 수정된 매크로 오류 점검하기 ❶ 소속, 직급, 평가의 항목을 임의로 변경한 후 ❷ [검색]을 클릭합니다. 매크로가 실행되고 A열만 변합니다. 고급 필터의 복사 위치인 [A10] 셀이 빈 셀이어야 하는데 데이터가 있어 발생하는 오류입니다.

37 오류 해결과 검색 개수 표시하는 코드 추가하기 고급 필터의 오류를 해결하고 검색된 결과의 개수를 메시지로 표시하는 코드를 '고급필터' 매크로에 추가하겠습니다. Alt + F11 을 눌러 [Visual Basic 편집기]를 열고 작업합니다.

```
Sub 고급필터()
❶ Rows("10:400").Clear
   Sheets("인사고과").Range("A1").CurrentRegion.AdvancedFilter Action:=xlFilterCopy, _
      CriteriaRange:=Sheets("조건").Range("A2:C3"), CopyToRange:=Range("A10")
   Columns("A:L").AutoFit
   Range("A10").Select
❷ MsgBox WorksheetFunction.CountA(Columns("A")) - 1 & "명 검색완료"
End Sub
```

❶ 10~400행을 지웁니다. 복사 위치로 지정한 행 번호가 다를 경우 시작 번호를 맞춰서 입력합니다.

❷ 검색된 결과의 개수를 메시지로 표시합니다. 검색된 개수를 계산하기 위해 CountA 함수를 사용하는데, CountA 함수는 워크시트 함수이므로 WorkSheetFunction 속성과 함께 사용해야 합니다. CountA 함수에 의해 A열 데이터 개수를 계산한 후 머리글 개수를 빼야 하므로 1을 뺀 다음 **명 검색완료** 문자를 함께 표시합니다.

38 완성된 매크로 실행하기 ❶ 소속, 직위, 평가 항목의 조건을 임의로 변경한 후 ❷ [검색]을 클릭합니다. 매크로가 실행되고 검색된 결과와 함께 메시지가 표시됩니다.

예제 매크로 코드 문법 알아보기

VBA **키워드** : AdvancedFilter 메서드, Clear 메서드, WorksheetFunction 속성

1. AdvancedFilter 메서드

지정한 범위에서 조건에 맞는 레코드를 찾아 필터링하거나 지정한 위치에 복사하는 메서드입니다.

- **형식** : 범위 개체.AdvancedFilter(Action, CriteriaRange, CopyToRange, Unique)

  - **Action** : 필터의 결과를 현재 위치에 필터링할 것인지 다른 위치에 복사할 것인지 설정하는 필터 인수입니다. xlFilterCopy(다른 장소에 복사)와 xlFilterInPlace(현재 위치에 필터) 상수 중 하나를 설정합니다.

  - **CriteriaRange** : 조건 범위를 설정하는 인수입니다. 생략 가능하며, 생략하면 찾을 조건이 사용되지 않습니다.

  - **CopyToRange** : 생략 가능한 인수로, 복사할 위치를 설정합니다. Action 인수가 xlFilterCopy로 지정되어 있는 경우 행을 복사해 붙여 넣을 대상 범위입니다. 아니라면 이 인수는 무시됩니다.

  - **Unique** : True면 고유한 레코드만 필터링하고 False면 찾을 조건을 만족하는 레코드를 모두 필터링합니다. 생략 가능한 인수로, 생략하면 기본값은 False입니다.

2. Clear 메서드

개체를 지우는 메서드로 Range와 함께 사용하면 해당 범위의 모든 것을 지웁니다.

- **형식** : 범위 개체.Clear

  Delete는 셀이나 범위를 삭제하여 아래쪽이나 오른쪽에서 밀어서 채우지만 Clear는 지우는 동작만 실행합니다. 서식만 지울 때는 ClearFormats 메서드를 사용하고, 내용만 지울 때는 ClearContents 메서드를 사용합니다. 메모만 지울 때는 ClearNotes 메서드를 사용합니다.

- **예시**

```
Rows("1:3").Clear → [1:3]행의 모든 것을 지웁니다.
Range("A1:A10").ClearContents → [A1:A10] 범위의 내용만 지웁니다.
```

3. WorksheetFunction 속성

워크시트 함수를 사용할 때 WorksheetFunction 속성을 사용합니다.

- **형식** : Application.WorksheetFunction.함수 이름(함수 인수)

  - **Application** : 엑셀 자체를 뜻하는 개체로, 생략 가능합니다.

  - **함수 인수** : 인수의 순서와 특징은 셀에 사용할 때와 같지만 범위는 Range, Rows, Columns 등 범위 개체를 사용하여 지정합니다.

워크시트 함수 중 VBA에서 사용할 수 있는 함수를 조회하려면 [코드] 창에 **WorkSheetFuction**을 입력한 후 마침표(.)를 입력하면 사용 가능한 워크시트 함수의 목록이 나타납니다. 목록에 표시되는 함수만 사용 가능합니다.

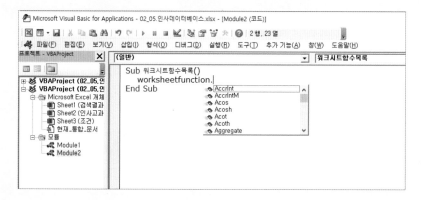

• **예시**

Range("A1").Value = WorksheetFunction.CountA(Rows(2))

→ 2행 데이터의 개수를 계산하여 [A1] 셀에 입력합니다.

MsgBox = WorksheetFunction.Sum(Range("B1").CurrrentRegion)

→ [B1] 셀을 기준으로 주변 데이터 영역의 합을 계산하여 메시지로 표시합니다.

지역별로 시트와 파일을 자동 분리하는 매크로 만들기

실습 파일 | Part01/Chapter02/02_06.지역별인구통계.xlsx
완성 파일 | Part01/Chapter02/02_06.지역별인구통계(완성).xlsm

01 프로젝트 시작하기

한 시트에 같이 입력되어 있는 인구 통계 데이터를 지역별로 분리하려고 합니다. 먼저 필터 기능을 이용하여 한 지역만 시트로 분리하는 작업을 매크로로 기록한 후 분리할 지역의 개수만큼 반복하도록 반복문을 추가합니다. 시트로 분리하는 매크로 작성이 완료되면 이 매크로를 복사하여 파일로 분리한 후 특정 폴더 안에 자동 저장할 수 있는 매크로로 수정해보겠습니다.

회사에서 바로 통하는 키워드
필터, 변수 사용, Sheets 개체, Workbooks 개체, AutoFilter 메서드, Add 메서드, SaveAs 메서드, AutoFit 메서드, CurrentRegion 속성, Name 속성, Copy 속성, Paste 속성

	A	B	C	D	E	F	G	H
1	지역명	성별	연령별	1년 전 거주지-계	현재 살고 있는 집	같은 시군구 내 다른 집	다른 시군구-계	다른 시군구-같은 시도
2	제주특별자치도	계	전체	613,589	504,273	65,292	38,708	6,85
3	제주특별자치도	계	1~4세	24,430	18,587	3,875	1,803	33
4	제주특별자치도	계	5~9세	33,820	27,051	4,465	2,176	34
5	제주특별자치도	계	10~14세	33,822	28,698	3,668	1,315	25
6	제주특별자치도	계	15~19세	36,559	30,344	3,977	1,882	58
7	제주특별자치도	계	20~24세	32,980		3,613	3,229	56
8	제주특별자치도	계	25~29세	33,773		4,469	4,033	66
9	제주특별자치도	계	30~34세	36,578		5,911	4,237	74
10	제주특별자치도	계	35~39세	48,171		7,011	4,613	74
11	제주특별자치도	계	40~44세	50,894		5,988	3,727	61
12	제주특별자치도	계	45~49세	57,433		5,952	3,311	56
13	제주특별자치도	계	50~54세	50,754	43,229	4,629	2,638	41
14	제주특별자치도	계	55~59세	47,883	41,361	3,967	2,291	33

Microsoft Excel 작업완료 확인

인구통계 폴더 파일 목록:

강원도.xlsx, 경기도.xlsx, 경상남도.xlsx, 경상북도.xlsx, 광주광역시.xlsx, 대구광역시.xlsx, 대전광역시.xlsx

부산광역시.xlsx, 서울특별시.xlsx, 세종특별자치시.xlsx, 울산광역시.xlsx, 인천광역시.xlsx, 전라남도.xlsx, 전라북도.xlsx

제주특별자치도.xlsx, 충청남도.xlsx, 충청북도.xlsx

17개 항목

한눈에 보는 작업순서

한 지역만 필터하여 복사하는 매크로 기록하기 ▶ 자동 매크로 코드 수정하기 ▶ 변수 사용하여 반복문 추가하기 ▶ 시트 분리 매크로 복사하기 ▶ 파일로 분리하는 매크로로 수정하기

STEP 01 한 지역 데이터만 추출하는 자동 매크로 기록하여 반복문 추가하기

❶ 자동 매크로 기록을 시작하여 필터를 설정합니다.

❷ 강원도 지역 데이터만 추출하여 새 시트로 복사한 후 매크로 기록을 중지합니다.

❸ 기록된 매크로를 지역명 개수만큼 반복 실행하도록 수정합니다.

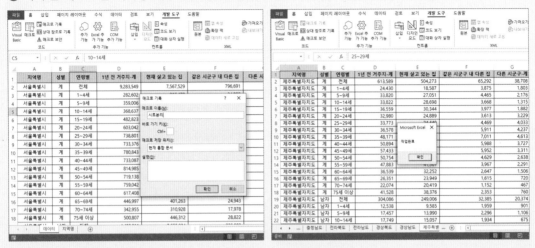

STEP 02 파일로 분리하여 특정 폴더에 자동 저장하는 매크로로 만들기

❶ 파일을 저장할 [인구통계] 폴더를 만듭니다.

❷ 시트로 분리하는 매크로를 복사한 후 파일로 분리하여 [인구통계] 폴더로 자동 저장하는 매크로로 수정합니다.

한 지역 데이터만 추출하는 자동 매크로 기록하여 반복문 추가하기

[데이터] 시트에 필터를 설정하여 강원도 지역 데이터만 새 시트로 복사하는 작업을 매크로로 기록하고 모든 지역에 반복 실행되도록 코드를 수정해보겠습니다.

01 매크로 기록 시작하여 필터 설정하기 실습 파일을 열고 ❶ [데이터] 시트의 [A1] 셀을 클릭한 후 ❷ [개발 도구] 탭-[코드] 그룹-[매크로 기록]을 클릭합니다. [매크로 기록] 대화상자에서 ❸ [매크로 이름]에 **시트분리**를 입력한 후 ❹ [확인]을 클릭합니다. ❺ [데이터] 탭-[정렬 및 필터] 그룹-[필터]를 클릭합니다.

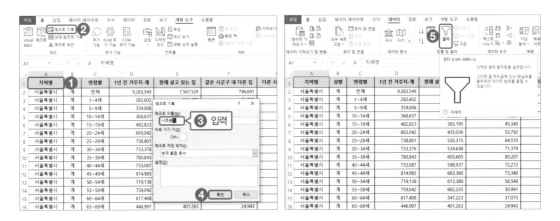

02 강원도 지역을 필터링하여 새 시트로 복사하기 ❶ [지역명]의 목록 단추⏷를 클릭하여 ❷ [모두 선택]의 체크를 해제하고 ❸ [강원도]만 체크한 후 ❹ [확인]을 클릭합니다. ❺ Ctrl + A를 눌러 필터링된 강원도 데이터를 모두 지정하고 ❻ Ctrl + C를 눌러 복사합니다.

03 ❶ [새 시트➕]를 클릭합니다. ❷ 추가된 시트의 [A1] 셀을 클릭한 후 Ctrl + V 를 눌러 붙여 넣습니다. ❸ [A:J] 열을 범위로 지정한 후 ❹ 지정된 범위에서 임의의 열 경계선을 더블클릭하여 자동으로 너비를 맞춥니다.

04 **매크로 기록 중지하기** ❶ [A1] 셀을 클릭한 후 ❷ [개발 도구] 탭–[코드] 그룹–[기록 중지]를 클릭합니다.

05 **Visual Basic 편집기에서 기록된 코드 확인하기** ❶ [개발 도구] 탭–[코드] 그룹–[매크로]를 클릭합니다. [매크로] 대화상자에서 ❷ [편집]을 클릭합니다. [Visual Basic 편집기]가 열리고 '시트 분리' 매크로 코드가 표시됩니다.

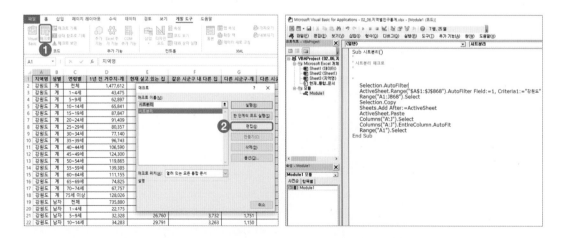

06 시트분리 매크로 코드 수정하기 '시트분리' 매크로에서 불필요한 코드는 삭제하고 필터 작업이 [데이터] 시트에서만 실행될 수 있도록 수정해보겠습니다.

```
Sub 시트분리()
'  시트분리 매크로           ──→  ❶ 삭제
'

    Selection.AutoFilter    ──→  ❷ 삭제
    ActiveSheet.Range("$A$1:$J$868").AutoFilter Field:=1, Criteria1:="강원도"
       ┄┄→ ❸ Sheets("데이터").Range("$A$1").CurrentRegion.AutoFilter Field:=1, Criteria1:="강원도"
    Range("A1:J868").Select
    Selection.Copy
       ┄┄→ ❹ Sheets("데이터").Range("$A$1").CurrentRegion.Copy
    Sheets.Add After:=ActiveSheet
    ActiveSheet.Paste
    Columns("A:J").Select    ──→  ❺ 삭제
    Columns("A:J").EntireColumn.AutoFit  ┄┄→ ❻ Columns("A:J").AutoFit
    Range("A1").Select
End Sub
```

❶ 주석문은 모두 삭제합니다.

❷ 다음 문장에 AutoFilter 메서드가 있으므로 삭제합니다.

❸ ActiveSheet를 **Sheets("데이터")**로 변경하고, [A1] 셀을 기준으로 주변 데이터 영역이 설정되도록 **CurrentRegion**을 추가합니다.

❹ Select와 Selection을 삭제하여 한 문장으로 만들고, [A1] 셀 기준으로 표 범위 데이터 영역을 복사하도록 수정합니다.

❺ 다음 문장에서 지정된 범위의 열 너비 맞춤이 실행되므로 이 문장은 삭제합니다.

❻ Columns 개체이므로 EntireColumn을 삭제합니다.

07 수정한 실행문 코드 이해하기 수정된 실행문을 살펴보겠습니다.

```
Sub 시트분리()
❶   Sheets("데이터").Range("$A$1").CurrentRegion.AutoFilter Field:=1, Criteria1:="강원도"
❷   Sheets("데이터").Range("$A$1").CurrentRegion.Copy
❸   Sheets.Add After:=ActiveSheet
❹   ActiveSheet.Paste
❺   Columns("A:J").AutoFit
❻   Range("A1").Select
End Sub
```

❶ [데이터] 시트의 [A1] 셀을 기준으로 표 범위 데이터 영역에 필터를 적용하고, 첫 번째 필드에 '강원도' 조건을 설정합니다.

❷ 필터링된 데이터를 복사합니다.

❸ 현재 시트 뒤에 새로운 시트를 추가합니다.

❹ 추가한 시트에 복사한 데이터를 붙여 넣습니다.

❺ [A:J] 열의 너비를 자동으로 맞춥니다.

❻ [A1] 셀을 범위로 지정합니다.

08 변수 사용하여 반복문 추가하기 [지역명] 시트에 입력된 17개의 각 지역 데이터가 자동으로 필터 조건에 적용되어 매크로가 반복 실행될 수 있도록 변수와 반복문을 추가하고 일부 코드를 수정합니다.

```
Sub 시트분리()
❶   Dim 지역명 As String
❷   Dim i As Integer
❸   Application.ScreenUpdating = False
❹   For i = 2 To 18
❺   지역명 = Sheets("지역명").Range("A" & i)
❻       Sheets("데이터").Range("$A$1").CurrentRegion.AutoFilter Field:=1, Criteria1:=지역명
         Sheets("데이터").Range("$A$1").CurrentRegion.Copy
❼       Sheets.Add After:= Sheets(Sheets.Count)
         ActiveSheet.Paste
❽       ActiveSheet.Name = 지역명
         Columns("A:J").AutoFit
         Range("A1").Select
❾   Next
❿   Sheets("데이터").Range("$A$1").CurrentRegion.AutoFilter
⓫   Application.ScreenUpdating = True
⓬   MsgBox "작업완료"
End Sub
```

❶ [지역명] 시트에 입력된 각 지역명을 저장할 변수를 선언합니다. 변수 선언은 프로그램 준비 작업에 해당되므로 Sub 문 바로 다음에 입력합니다. 선언 형식은 '선언문 변수 이름 As 자료 형식'으로 입력해야 합니다. Dim은 선언문, '지역명'은 변수 이름, String은 자료 형식으로 문자를 저장하는 변수입니다.

❷ 반복 횟수를 세는 'i' 변수를 선언합니다. Integer로 선언하면 정수형 변수가 되며 −32,768~32,767까지의 데이터를 저장할 수 있습니다.

❸ 작업 과정을 화면에 표시하지 않습니다.

❹ 반복문을 시작합니다. 'i' 변수의 초깃값은 2이고, Next까지 한 번 실행될 때마다 'i' 변수의 값이 1씩 증가합니다. 'i' 변수를 2~18 사이로 지정하는 이유는 [지역명] 시트의 지역명 데이터가 [A2:A18] 범위에 입력되어 있어서 행 번호를 맞추기 위해서입니다.

❺ '지역명' 변수에 [지역명] 시트의 A열 데이터를 대입합니다. 처음 실행할 때는 [A2] 셀을 대입하고, 그 다음 실행할 때는 [A3] 셀, 그 다음 실행할 때는 [A4] 셀 순서로 위치가 변경됩니다.

❻ Criteria1의 인숫값을 **지역명**으로 변경합니다. '지역명' 변수에 저장된 값이 조건으로 사용되어야 하기 때문입니다.

❼ After의 인숫값을 **Sheets(Sheets.Count)**로 변경합니다. 마지막 시트 뒤에 새로운 시트를 추가합니다. Sheets.Count는 전체 시트 수를 계산하는데 만약 전체 시트 수가 3이라면 새 시트는 세 번째 시트 뒤에 추가되므로 새 시트는 항상 마지막 시트 뒤에 추가됩니다.

❽ 추가한 시트의 이름을 **지역명** 변숫값으로 변경합니다.

❾ 반복문을 종료합니다.

❿ [데이터] 시트에 설정된 필터를 해제합니다.

⓫ 작업 과정을 다시 화면에 표시합니다.

⓬ 작업완료 메시지를 표시합니다.

09 수정된 매크로 실행하기 ❶ [데이터] 시트 탭을 클릭한 후 ❷ [데이터] 탭–[정렬 및 필터] 그룹–[필터]를 클릭하여 필터를 해제합니다. ❸ [개발 도구] 탭–[코드] 그룹–[매크로]를 클릭합니다. [매크로] 대화상자에서 ❹ [실행]을 클릭합니다.

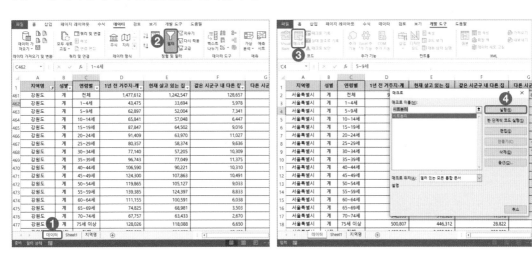

10 '시트분리' 매크로가 실행되어 17개의 시트가 추가되고 각 시트에 데이터가 자동 복사됩니다. 작업완료 메시지가 나타나면 [확인]을 클릭합니다.

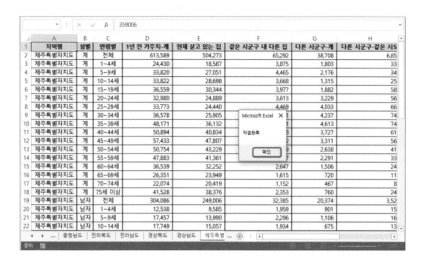

STEP 02

파일로 분리하여 특정 폴더에 자동 저장하는 매크로로 만들기

'시트분리' 매크로를 복사하여 지역별 데이터를 파일로 분리하고 [인구통계] 폴더에 자동으로 저장하는 매크로로 수정해보겠습니다.

11 인구통계 폴더 만들기 현재 통합 문서가 저장된 폴더를 열고 **①**탐색기의 빈 공간을 마우스 오른쪽 버튼으로 클릭합니다. **②** [새로 만들기]-[폴더]를 클릭합니다. **③** 폴더 이름을 **인구통계**로 변경합니다.

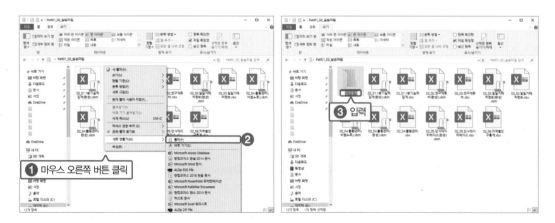

실력향상 파일로 분리한 후 자동 저장할 때 저장 위치를 현재 통합 문서가 저장된 경로를 기준으로 지정하기 때문에 반드시 현재 통합 문서가 저장된 폴더 안에 [인구통계] 폴더를 만듭니다.

12 시트분리 매크로로 복사하기 ❶ Alt + F11 을 눌러 [Visual Basic 편집기]를 엽니다. ❷ Sub부터 End Sub까지 선택한 후 ❸ Ctrl + C 로 복사합니다. ❹ End Sub 다음에 빈 줄을 추가하고 ❺ Ctrl + V 로 붙여 넣습니다.

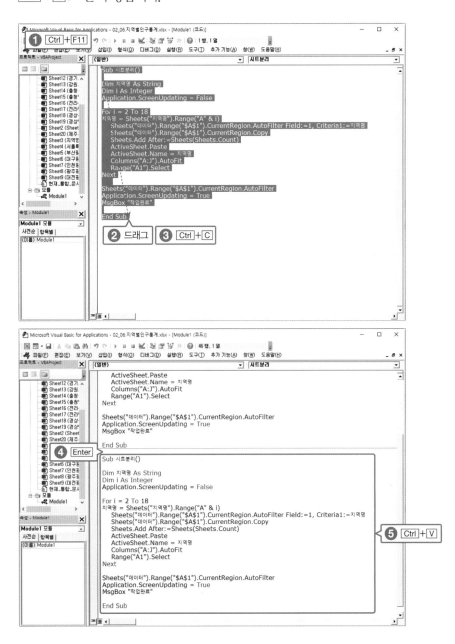

13 매크로 이름 변경하고 불필요한 문장 삭제하기 복사된 매크로의 이름을 변경하고 불필요한 문장을 삭제합니다.

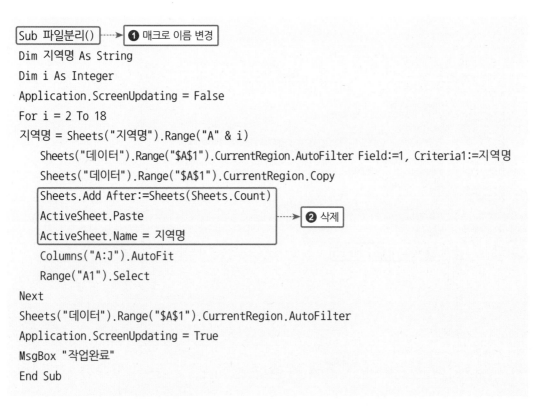

❶ 매크로 이름을 **파일분리**로 변경합니다.

❷ 시트 추가, 붙여넣기, 시트 이름 변경 코드를 삭제합니다.

14 파일분리 매크로로 수정하기 새 문서를 열어 데이터를 복사한 후 자동 저장할 수 있도록 통합 문서 추가와 저장 작업의 문장을 추가합니다.

```
Sub 파일분리()
Dim 지역명 As String
Dim i As Integer
Application.ScreenUpdating = False
For i = 2 To 18
지역명 = Sheets("지역명").Range("A" & i)
    Sheets("데이터").Range("$A$1").CurrentRegion.AutoFilter Field:=1, Criteria1:=지역명
    Sheets("데이터").Range("$A$1").CurrentRegion.Copy
❶   Workbooks.Add
❷   ActiveWorkbook.Sheets(1).Paste
```

```
        Columns("A:J").AutoFit
        Range("A1").Select
❸    ActiveWorkbook.SaveAs ThisWorkbook.Path & "₩인구통계₩" & 지역명
❹    ActiveWorkbook.Close
Next
Sheets("데이터").Range("$A$1").CurrentRegion.AutoFilter
Application.ScreenUpdating = True
MsgBox "작업완료"
End Sub
```

❶ 새로운 통합 문서를 생성합니다.

❷ 추가한 통합 문서의 첫 번째 시트에 복사된 지역별 필터링 데이터를 붙여 넣습니다.

❸ 현재 선택된 통합 문서(붙여넣기를 실행한 통합 문서)를 저장합니다. 저장 위치는 매크로가 작성된 통합 문서와 같은 경로에 있는 [인구통계] 폴더이고, 파일 이름은 지역명 변수에 입력된 문자로 합니다. ThisWorkbook은 작업 중이어서 현재 매크로가 동작하고 있는 파일을 뜻하고, ActiveWorkbook은 선택된 파일, 즉 새로 추가한 통합 문서를 뜻합니다.

❹ 현재 선택된 통합 문서를 닫습니다.

15 파일분리 매크로 실행하기 ❶[데이터] 시트 탭을 클릭한 후 ❷[개발 도구] 탭-[코드] 그룹-[매크로]를 클릭합니다. [매크로] 대화상자의 ❸[매크로 이름]에서 [파일분리]를 클릭한 후 ❹[실행]을 클릭합니다.

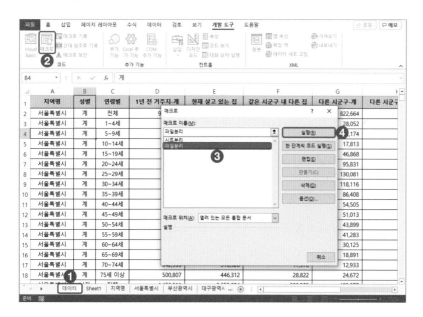

16 '파일분리' 매크로가 실행되고 작업완료 메시지가 표시되면 [확인]을 클릭합니다. [인구통계] 폴더에 각 지역별로 분리된 17개의 파일이 만들어집니다.

예제 매크로 코드 문법 알아보기

VBA 키워드 : AutoFilter 메서드, Workbooks 개체, Worksheets 개체, For Next 반복문

1. AutoFilter 메서드

자동 필터를 설정하는 메서드입니다. 필터가 설정되어 있지 않은 데이터에는 필터 단추가 표시되지만 이미 필터가 설정된 데이터일 경우 필터를 해제합니다.

- **형식** : 범위 개체.AutoFilter Field, Criteria1, Operator, Criteria2, VisibleDropDown
  - **범위 개체** : Range 개체를 이용한 범위를 지정합니다.
  - **Field** : 조건을 부여할 열 번호를 입력합니다. 범위에서 1, 2, 3, … 순서대로 부여됩니다.
  - **Criteria1, Criteria2** : 필터 조건값으로 문자열로 입력합니다.
  - **Operator** : 필터의 종류를 지정하는 인수로 셀 색, 글꼴 색, 필터 아이콘 등으로 지정된 상수 중 하나를 사용할 수 있습니다.
  - **VisibleDropDown** : 필터 조건이 부여된 열에 필터 단추 표시 유무를 결정합니다. 기본은 True 이고, False로 설정하면 필터 단추가 표시되지 않습니다.

- **예시**

```
Range("A1").CurrentRegion.AutoFilter Field:=1, Criteria1:="*서울*", VisibleDrop
Down:=False
```
→ [A1] 셀을 포함하는 표 데이터 영역에 필터를 적용합니다. 첫 번째 열에 '서울' 포함 문자의 조건을 부여하고, 첫 열에 필터 단추를 표시하지 않습니다. 예시의 내용 전체가 한 줄입니다.

2. Workbooks 개체와 Worksheets 개체

엑셀에서는 여러 개의 워크시트와 차트 시트 등을 모아서 하나의 '통합 문서'라는 단위로 관리하는데, 이 통합 문서를 나타내는 개체가 Workbooks 개체입니다. Workbooks 개체는 Application 개체의 하위 개체 중 하나이므로 'Application.Workbooks' 형식으로 지정하는 것이 원칙이지만 Application 개체는 엑셀 프로그램 자체를 뜻하므로 생략하는 경우가 더 많습니다.

Workbooks 개체의 하위 개체로 Worksheets 개체가 있습니다. Sheets 개체와 Worksheets 개체는 다른 개념입니다. Sheets 개체는 Worksheets 개체보다 넓은 개념으로 Worksheets, ChartSheets(차트 시트), MacroSheets를 모두 포함하는 개체입니다.

- **예시**

```
MsgBox "현재 총 파일의 수는" & Workbooks.Count & "개입니다"
```
→ 현재 열려 있는 통합 문서의 개수를 메시지로 표시합니다. Workbooks로 개체 컬렉션만 지정하면 열려 있는 모든 통합 문서를 뜻합니다.

```
Workbooks.Open ThisWorkbook.Path & "₩파일열기.xlsx"
→ 현재 작업 중인 통합 문서가 저장된 폴더에 있는 '파일열기.xlsx' 파일을 엽니다.
Worksheets("주문현황").Visible = False → [주문현황] 시트를 숨깁니다.
Sheets(Sheets.Count).Delete → 마지막 시트를 삭제합니다.
```

3. For Next 반복문

작업에 필요한 반복 횟수를 알고 있을 때 반복 횟수를 특정하기 위해 주로 사용하는 반복문입니다. For 문은 카운터 변수를 사용하여 한 번 반복할 때마다 카운터 변숫값을 증감시켜서 반복 횟수를 체크합니다. 카운터 변수에 초깃값과 최종값을 부여한 후 이 변수가 최종값이 될 때까지 For와 Next 사이에 있는 문장을 반복 실행합니다.

• 형식

```
For 카운터변수 = 초깃값 To 종룻값 증감치(생략가능)
        반복할 실행문
Next 카운터변수
```

시트를 12개 추가하고 각 시트의 이름을 1월~12월로 변경하는 반복문입니다. 사용 예시는 다음과 같습니다.

• 예시

```
Sub 반복문()
❶ Dim 카운터변수 As Integer
❷ For 카운터변수 = 1 To 12
❸     Sheets.Add After:=Sheets(Sheets.Count)
      ActiveSheet.Name = 카운터변수 & "월"
❹ Next
End Sub
```

❶ 반복 횟수를 체크할 카운터 변를 정수형(Integer)으로 선언합니다. 변수 이름은 '카운터변수'입니다.

❷ 반복문을 시작합니다. '카운터변수'의 초깃값으로 1을 지정한 후 한 번 실행할 때마다 1씩 증가해 12까지 실행합니다.

❸ 반복할 실행문입니다. 마지막 시트 뒤에 새 시트를 추가하고 '카운터변수'에 저장된 숫자에 '월' 문자를 결합해 '카운터변수+월'의 이름으로 바꿉니다. 새로 추가된 시트는 1월, 2월, 3월, …로 이름이 변경됩니다.

❹ 종룻값이 아니라면 다시 반복문을 진행합니다.

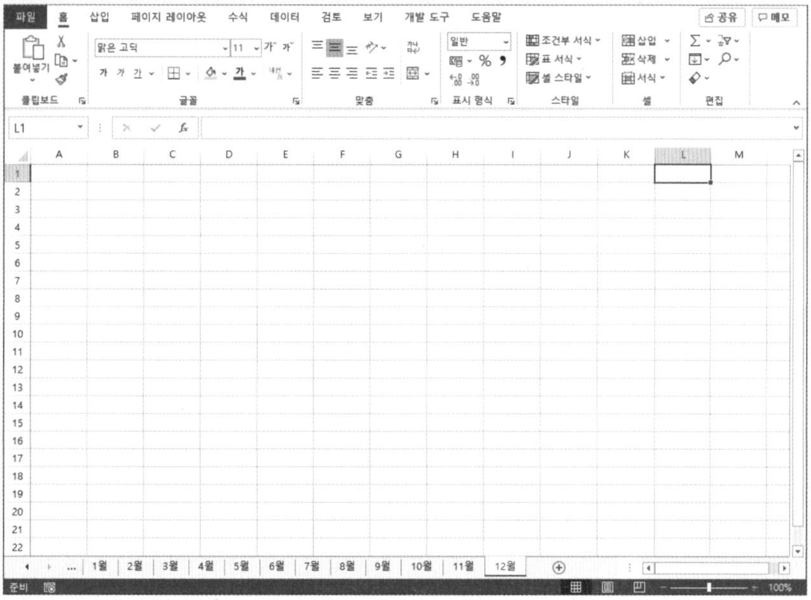

매크로
기본

매크로
만들기

VBA
기본

조건문
/반복문

화면
디자인

실무
프로
그램

문법
노트

PART

02

VBA 코딩으로
실무 활용
프로그램 제작하기

자동 매크로를 이용하면 쉽고 빠르게 프로그램을 만들 수 있지만 코드가 길고 불필
요한 내용이 많아 대부분 수정이 필요합니다. 또한 매크로만으로는 엑셀에 없는 새
로운 기능을 만들 수 없습니다. 엑셀에서 제공하지 않는 기능이 필요할 때는 VBA
코드를 사용해 프로그램을 직접 작성합니다. 업무에 필요한 다양한 프로그램을 만
들려면 VBA 언어로 코딩할 줄 알아야 합니다. 이번 PART에서는 VBA 코드를 이
용하여 다양한 실무 프로그램을 작성하는 방법에 대해 알아보겠습니다.

CHAPTER

01

VBA
프로그래밍
기본 익히기

자동 매크로로 기록된 코드에서 불필요한 부분을 삭제하고 반복문과 조건문을 추가하면서 조금씩 VBA 코드에 익숙해졌을 것입니다. 하지만 VBA 프로그램의 전체적인 구성과 각 문장이 어떠한 규칙에 의해 구성되는지 알아야 확실하게 VBA를 다룰 수 있습니다. 무엇이든 기본이 탄탄해야 하는 것처럼 VBA도 기본을 잘 익혀야 실무에 필요한 VBA 프로그램을 작성할 때 더욱 쉽게 응용할 수 있습니다. 이번 CHAPTER에서는 직접 코딩해 VBA 프로그램을 만들기 위한 첫 단계로 Sub 프로시저 작성부터 변수 선언, 입출력 함수, 오류 점검 방법에 대해 살펴보겠습니다.

모듈 추가해 Sub 프로시저 작성하기

실습 파일 | 새 통합 문서
완성 파일 | Part02/Chapter01/01_01.Sub프로시저(완성).xlsm

자동 매크로를 기록하면 [Visual Basic 편집기]에 모듈과 Sub 프로시저가 자동으로 추가됩니다. 직접 VBA 코드를 코딩하여 Sub 프로시저를 만들 때는 모듈을 먼저 추가해야 합니다. VBA 코드를 작성하기 위해 모듈을 추가하는 방법과 VBA에서 사용되는 문장, 모듈의 종류에 대해 알아보겠습니다.

미리 보기

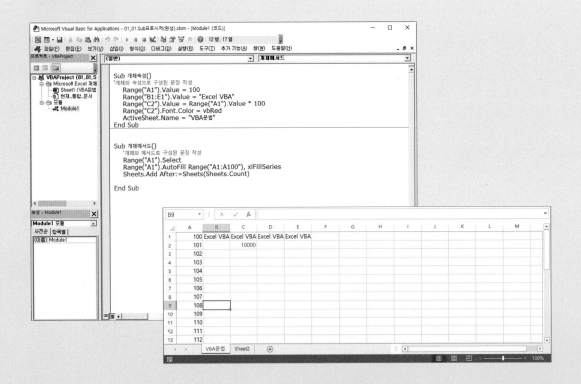

회사에서 바로 통하는 **키워드** : 모듈 삽입, Sub 프로시저 삽입, 개체, 속성, 메서드

한눈에 보는 작업순서	모듈 삽입	▶	Sub 프로시저 삽입	▶	주석문 입력	▶	개체와 속성을 이용한 문장 입력	▶	개체와 메서드를 이용한 문장 입력	▶	프로시저 실행

01 모듈 삽입하기 새 통합 문서에서 ❶ [개발 도구] 탭-[코드] 그룹-[Visual Basic]을 클릭합니다. [Visual Basic 편집기]가 열립니다. ❷ [삽입]-[모듈]을 클릭합니다.

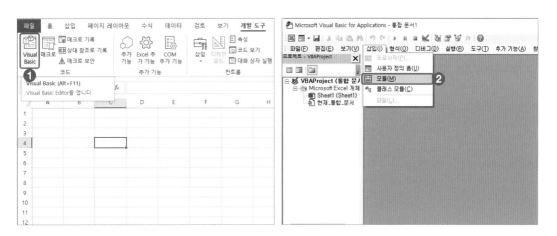

02 Sub 프로시저 만들기 새 모듈이 추가되고 [코드] 창이 나타납니다. [코드] 창에 **Sub 개체속성**을 입력한 후 Enter를 누릅니다. **End Sub**가 자동으로 표시되고 Sub 프로시저의 구성 틀이 완성됩니다.

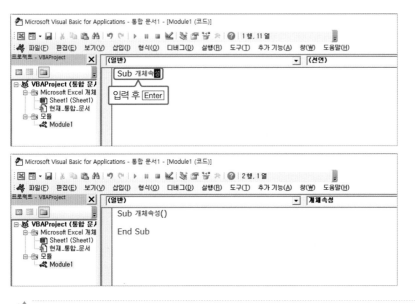

📊 **실력향상** 자동 매크로로 기록한 한 개의 매크로는 VBA에서 한 개의 프로시저와 같습니다. 프로시저는 문장의 집합으로 Sub 프로시저, Function 프로시저, Property 프로시저로 구분합니다. 주로 사용하는 프로시저는 Sub 프로시저입니다. 함수를 만들 때는 Function 프로시저를 사용하고, 새로운 개체를 선언할 때는 Property 프로시저를 사용합니다.

📊 **실력향상** 'Sub 개체속성()'에서 괄호 안에는 매개변수를 입력할 수 있습니다. 매개변수는 매크로를 호출하거나 인수가 필요할 때 주로 사용됩니다. Function 프로시저에는 함수에서 사용되는 인수를 괄호 안에 입력합니다.

03 주석문과 개체 입력하기 2행에 ❶ 작은따옴표(')를 입력하고 **개체와 속성으로 구성된 문장 작성**을 입력한 후 Enter를 누릅니다. 주석문은 초록색 코드로 표시됩니다. 4행에서 ❷ Tab을 누른 후 ❸ **Range("A1")**를 입력하고 마침표(.)를 입력하면 Range 개체에 사용할 수 있는 속성과 메서드 목록이 표시됩니다.

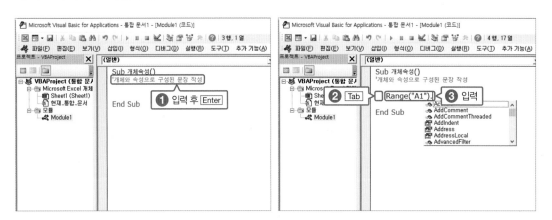

실력향상 [코드] 창에는 Enter를 눌러 빈 줄을 추가해도 괜찮습니다. 각 문장을 들여쓰기할 때는 Tab을 누르고, 내어쓰기할 때는 Shift + Tab을 누릅니다.

실력향상 속성과 메서드 목록에서 아이콘 모양으로 속성과 메서드를 구분할 수 있습니다. 손가락 모양의 아이콘 🖰은 속성이고, 초록색 사각형 모양의 아이콘 ◈은 메서드입니다.

04 속성 선택하기 ❶ v를 입력하면 V로 시작하는 속성과 메서드가 나타납니다. ❷ [Value]를 더블클릭하면 Value가 자동으로 입력됩니다. ❸ 이어서 한 칸을 띄우고 속성값으로 **= 100**을 입력합니다.

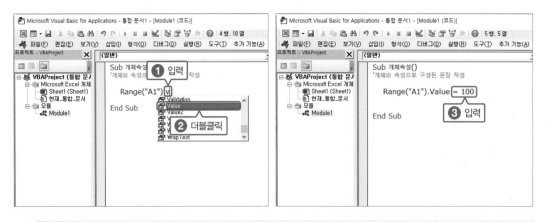

실력향상 방향키로 이동하여 [Value]를 선택한 후 키보드의 Tab을 누르면 자동으로 Value가 입력됩니다.

05 문장 입력한 후 프로시저 실행하기 ❶ 다음과 같이 네 문장을 추가로 입력합니다. '개체속성' 프로시저를 실행하기 위해 ❷ Sub와 End Sub 사이의 임의의 위치를 클릭하고 ❸ [표준] 도구 모음에서 [Sub/사용자 정의 폼 실행▶]을 클릭합니다. 프로시저가 실행되고 워크시트에 실행 결과가 표시됩니다.

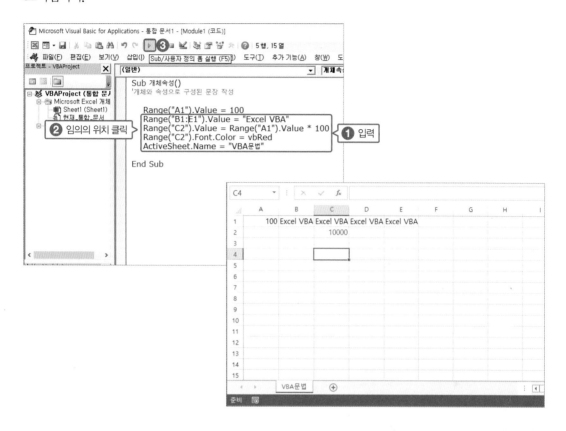

```
Sub 개체속성()
' 개체와 속성으로 구성된 문장 작성
❶      Range("A1").Value = 100
❷      Range("B1:E1").Value = "Excel VBA"
❸      Range("C2").Value = Range("A1").Value * 100
❹      Range("C2").Font.Color = vbRed
❺      ActiveSheet.Name = "VBA문법"
End Sub
```

❶ [A1] 셀에 **100**을 입력합니다.

❷ [B1:E1] 범위에 **Excel VBA**를 입력합니다.

❸ [C2] 셀에 [A1] 셀의 값에 100을 곱한 결과를 입력합니다.

❹ [C2] 셀의 글꼴 색을 빨간색으로 설정합니다.

❺ 현재 시트의 이름을 **VBA문법**으로 변경합니다.

06 개체와 메서드 프로시저 만들기 [코드] 창의 가장 아래 행에 **Sub 개체메서드**를 입력한 후 Enter를 누릅니다. End Sub가 자동으로 표시되고 다른 Sub 프로시저의 틀이 만들어집니다.

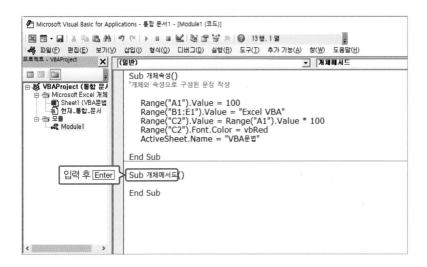

07 ❶ '개체와 메서드로 구성된 문장 작성과 **Range("A1").Select** 문장을 각 행에 입력합니다. 다음 행에 ❷ **Range("A1").AutoFill**을 입력한 후 Spacebar를 눌러 한 칸 띄우면 AutoFill 메서드에 필요한 인수가 표시됩니다. Destination 인수는 데이터를 채울 셀 위치를 뜻하며 필수 인수이므로 반드시 입력합니다. Type 인수는 채울 유형을 설정하는 인수로 생략할 수 있습니다.

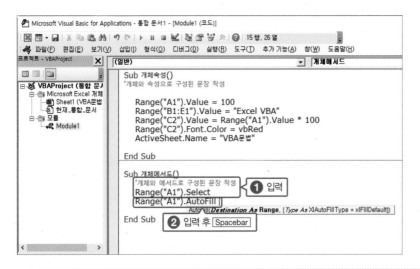

실력향상 Select 메서드는 인수가 필요 없기 때문에 입력 후 한 칸을 띄워도 인수가 표시되지 않습니다. 메서드를 입력할 때 필요한 인수 설명이 나타나지 않으면 [Visual Basic 편집기]에서 [도구]-[옵션]을 클릭하고 [옵션] 대화상자의 [편집기] 탭에서 [자동 데이터 설명]에 체크되어 있는지 확인합니다.

08 AutoFill 메서드 인수 입력하기 ❶ Destination의 인숫값으로 **Range("A1:A100")**를 입력한 후 콤마(,)를 입력하면 Type 인수에 입력해야 할 상수 목록이 나타납니다. ❷ [xlFillSeries]를 더블클릭합니다.

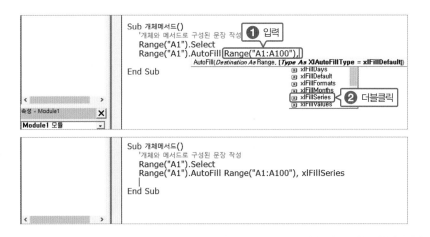

💪 **실력향상** 메서드의 인수를 입력할 때 '인수명:=인숫값'의 형식으로 **Range("A1").AutoFill Destination:=Range("A1: A10"), Type:=xlFillDefault**와 같이 입력할 수 있습니다. 이때 Destination과 Type의 순서는 변경되어도 괜찮습니다. 만약 인수명을 생략하고 인숫값만 쓰는 경우는 순서를 꼭 지켜야 합니다.

09 Add 메서드 입력하기 ❶ 다음 행에 **Sheets.Add**를 입력한 후 한 칸을 띄우면 Add 메서드의 인수가 표시됩니다. 두 번째 인수인 After 인수만 사용하면 됩니다. 이때는 인수를 순서대로 입력하지 않는 것이므로 반드시 '인수명:=인숫값'의 형식으로 입력합니다. ❷ **After:= Sheets(Sheets.Count)**를 추가로 입력합니다.

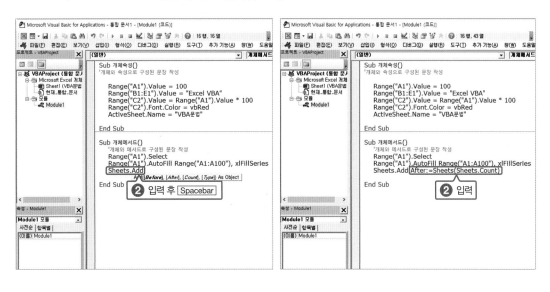

10 개체메서드 프로시저 실행하기 ❶ '개체메서드' 프로시저의 임의의 위치를 클릭하고 ❷ [표준] 도구 모음에서 [Sub/사용자 정의 폼 실행▷]을 클릭합니다. 프로시저가 실행되고 워크시트에 결과가 표시됩니다.

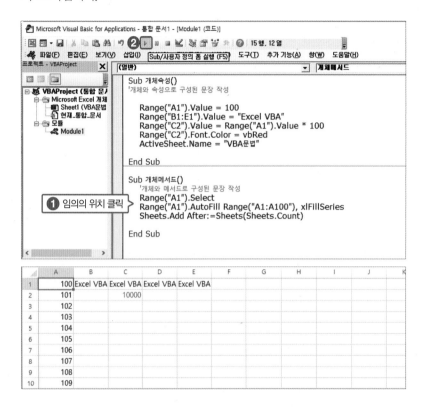

```
Sub 개체메서드()
       '개체와 메서드로 구성된 문장 작성
❶      Range("A1").Select
❷      Range("A1").AutoFill Range("A1:A100"), xlFillSeries
❸      Sheets.Add After:=Sheets(Sheets.Count)
End Sub
```

❶ [A1] 셀을 범위로 지정합니다.

❷ [A1] 셀부터 [A100]까지 연속된 데이터를 자동으로 채웁니다.

❸ 마지막 시트 뒤에 새 시트를 추가합니다.

모듈의 종류와 모듈 코드 창 살펴보기

모듈 종류에는 공용 모듈, 시트 모듈, 통합 문서 모듈, 폼 모듈이 있습니다. 공용 모듈은 지금까지 만들었던 매크로가 기록된 모듈로, 매크로 기록이나 VBA 코드를 직접 작성해 추가할 수 있습니다. 나머지 모듈은 해당 개체와 관련된 모듈로, 개체의 개수만큼 미리 준비되어 있습니다.

1. 공용 모듈

열려 있는 모든 파일과 모든 시트에서 실행 가능한 프로시저를 작성하는 범용적인 모듈입니다. 자동 매크로를 기록하거나 VBA 코드로 직접 작성하는 모듈이 공용 모듈입니다.

01 모듈 추가하기 [Visual Basic 편집기]에서 [삽입]-[모듈]을 클릭하면 공용 모듈이 삽입됩니다.

02 모듈 삭제하기 [프로젝트] 탐색기 창에서 ❶ 삭제하려는 모듈 이름을 마우스 오른쪽 버튼으로 클릭한 후 ❷ [Module1 제거]를 클릭합니다. 모듈을 내보낼 것인지 확인하는 메시지가 표시되면 ❸ [아니오]를 클릭합니다. [예]를 클릭하면 VBA 코드를 기록하는 bas 파일 형식으로 저장할 수 있습니다.

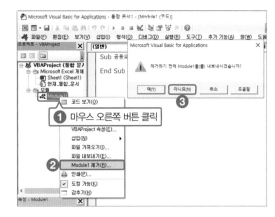

2. 시트 모듈

시트 모듈은 워크시트 [이벤트 코드] 창이라고도 부릅니다. [프로젝트] 탐색기 창의 [Microsoft Excel 개체] 항목에는 현재 이 프로젝트(통합 문서)에 삽입된 시트의 목록이 나타나는데, 이 시트마다 별도의 모듈이 있습니다.

01 시트 모듈 표시하기 [Visual Basic 편집기]의 [프로젝트] 탐색기 창에서 ❶ [Sheet1(Sheet1)]을 더블클릭합니다. 워크시트의 모듈이 [코드] 창이 나타납니다. 공용 모듈과 똑같이 보이지만 [Visual Basic 편집기]의 제목 표시줄에 [Sheet1 (코드)]라고 표시됩니다. 이 모듈에서는 [Sheet1]에서만 동작하는 이벤트 프로시저를 작성하고, ❷ [일반]으로 선택되어 있는 [개체]를 [Worksheet]로 선택하면 자동으로 **Private Sub Worksheet_SelectionChange(ByVal Target As Range)** 형식의 프로시저가 삽입됩니다.

3. 통합 문서 모듈

통합 문서에 해당하는 모듈로 이 모듈에는 파일 전체와 관련된 이벤트 프로시저가 주로 작성됩니다.

01 통합 문서 모듈 표시하기 [Visual Basic 편집기]의 [프로젝트] 탐색기 창에서 ❶ [현재_통합_문서]를 더블클릭합니다. 이 모듈도 제목 표시줄에 [현재_통합_문서 (코드)]라고 표시됩니다. ❷ [일반]으로 선택된 [개체]에서 [Workbook]을 클릭하면 자동으로 **Private Sub Workbook_Open( )** 형식의 프로시저가 삽입됩니다.

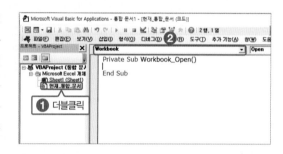

4. 폼 모듈

사용자 정의 폼을 삽입하면 폼 모듈이 함께 삽입됩니다. 폼에 작성하는 컨트롤들과 폼을 동작시킬 수 있는 이벤트 프로시저가 작성되는 모듈입니다.

01 ❶ [삽입]-[사용자 정의 폼]을 클릭하면 [UserForm1]이 삽입됩니다. ❷ 폼을 더블클릭하면 폼 모듈이 표시되고 폼의 기본 이벤트 프로시저가 삽입됩니다. 폼 작성 방법은 CHAPTER 03에서 자세히 알아보겠습니다.

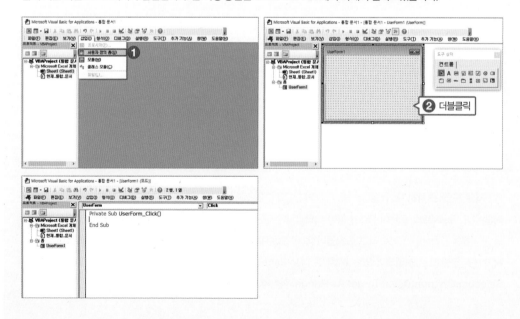

문장의 종류와 작성 방법

VBA 키워드 : 선언문, 주석문, 대입문, 실행문, 문장 입력 방법

VBA는 코드와 코드가 모여서 실행할 수 있는 프로그램이 됩니다. 만약 문장이 한 개만 있어도 작동이 가능하다면 하나의 프로그램 역할을 할 수 있습니다. 문장의 종류에는 프로그램 준비 단계에 프로시저를 선언하거나 변수의 상수를 정하는 선언문, 코드의 설명을 적는 주석문, 값을 변수에 대입하거나 개체에 설정하는 대입문, 프로그램을 실행하는 실행문이 있습니다.

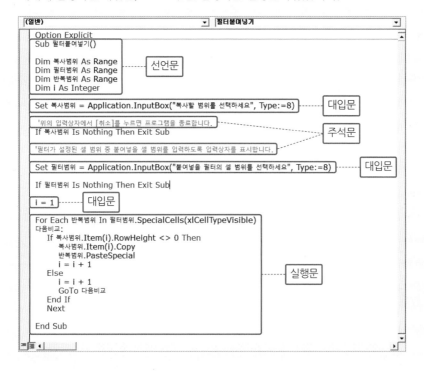

1. 선언문

- 프로시저가 시작되는 것을 알리고 프로시저에서 필요한 변수나 상수를 선언하는 부분입니다.

- 변수나 상수를 선언하는 선언문은 프로시저가 시작되기 전의 선언부에 기술하는 경우도 있고, 프로시저가 시작된 후 프로시저 안에 기술하는 경우도 있습니다. 이는 변수의 사용 범위에 따라 차이가 있습니다.

2. 주석문

- 프로그램 실행과는 상관없이 기록해야 할 내용이 있으면 주석문으로 입력합니다.

- 주석문을 나타내는 기호는 작은따옴표(')입니다. 코드를 작성하는 도중 작은따옴표(')를 입력하면 그 다음 입력되는 코드나 문자는 줄 바꿈하기 전까지 모두 주석문으로 처리됩니다. 주석문을 작성한 후 줄 바꿈을 하면 해당 문장은 글꼴 색이 초록색으로 변경됩니다.

- 주석문은 어느 위치에 기술해도 됩니다. 보통 프로그램에 대한 설명을 기술하지만 프로그램에서 오류가 발생했을 때 오류를 점검할 목적으로 특정 실행문을 실행에서 배제하기 위해 주석문으로 처리하기도 합니다.

3. 대입문

- 대입문은 값 또는 식을 변수나 상수에 대입하거나 개체의 속성값을 지정합니다.
- 항상 등호를 포함하고 등호를 중심으로 오른쪽의 내용을 왼쪽에 대입합니다.
- 대입문은 반드시 프로시저 내부에 작성해야 합니다.

4. 실행문

- 실행문은 동작을 진행할 때 사용합니다. 실행문 안에는 조건문, 반복문 등이 개체, 속성, 메서드와 함께 기술됩니다. 선언문, 주석문, 대입문 등이 실행문을 위한 준비 사항이라면 실행문은 프로시저를 실행했을 때 작업의 변화나 결과를 보여줄 수 있는 실제적인 프로그램 부분입니다.

5. 한 문장을 두 줄로 입력해야 할 때

- 한 문장은 가급적 한 줄로 작성합니다. 하지만 문장이 길어 줄을 바꿔야 할 경우 워드 문서처럼 Enter 를 눌러 줄 바꿈하면 문법 오류가 발생합니다. 줄 바꿈을 하려면 Spacebar 를 눌러 한 칸 공백을 띄우고 언더바(_)를 입력한 후 Enter 를 누릅니다.
- 언더바(_)는 줄 연속 문자로, 아직 문장이 끝나지 않았지만 줄을 바꾸어서 작성한다는 의미입니다.

6. 두 문장을 한 줄로 입력할 때

- 두 줄로 된 짧은 내용을 한 줄로 입력할 때는 문장과 문장 사이에 콜론(:)을 입력합니다.

7. 문장 들여쓰기와 내어쓰기

- 문장과 문장 사이에는 빈 줄이 있어도 아무런 상관이 없습니다. 따라서 프로시저의 전체적인 흐름과 각 문장들 간에 연관성을 이해할 수 있는 용도로 줄 바꿈을 하는 것이 좋습니다.
- 문장을 시작하는 위치도 아무 상관이 없지만 전체 구조를 파악하기 쉽도록 왼쪽 여백을 적절히 두어 구분하는 것이 좋습니다. 문장 왼쪽에 여백을 주기 위해 들여쓰기할 때는 Tab 을 누르고, 내어쓰기할 때는 Shift + Tab 을 누릅니다.

변수를 사용하는 프로시저 만들기

실습 파일 | Part02/Chapter01/01_02.변수사용.xlsx
완성 파일 | Part02/Chapter01/01_02.변수사용(완성).xlsm

프로그램이 실행되는 동안 임시로 값을 저장하는 공간으로 변수를 사용합니다. 변수는 메모리에서
이름을 붙인 저장 장소라고 생각하면 됩니다. 변수에 한 번 값을 저장하면 프로그램 실행 중에 언제
든지 불러와서 사용할 수 있고 변수의 값을 변경할 수도 있습니다. 변수를 사용하기 전에 먼저 변수
선언 방법과 변수에 값을 대입하는 방법을 알아보겠습니다.

미리 보기

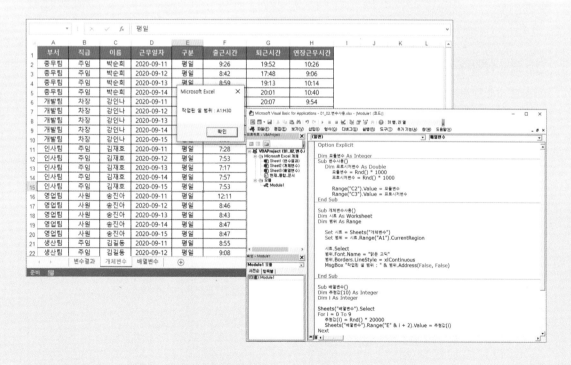

회사에서 바로 통하는 **키워드** : 변수 선언 요구, Option Explicit, 모듈 변수, 프로시저 변수, 개체 변수, 배열 변수, Set 문,
Rnd 함수

한눈에 보는 작업순서	변수 선언 옵션 변경하기	▶	모듈과 프로시저 수준 변수 사용하기	▶	개체 변수 사용하기	▶	배열 변수 사용하기

01 변수 선언 옵션 변경하기 실습 파일을 열고 [Visual Basic 편집기]를 엽니다. ❶ [도구]-[옵션]을 클릭합니다. ❷ [옵션] 대화상자의 [편집기] 탭에서 ❸ [변수 선언 요구]에 체크한 후 ❹ [확인]을 클릭합니다.

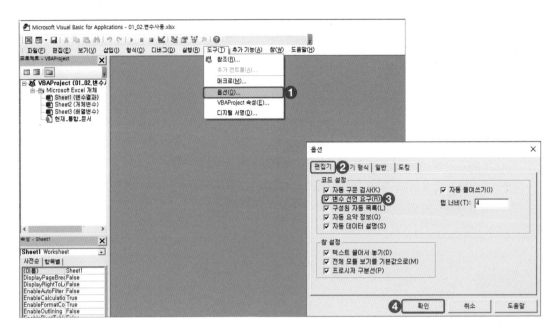

02 모듈 삽입하기 [삽입]-[모듈]을 클릭합니다. 모듈 선언부에 **Option Explicit** 문이 자동으로 입력됩니다. Option Explicit 문이 있는 모듈에서는 변수를 사용하기 전에 반드시 선언을 먼저 해야 합니다.

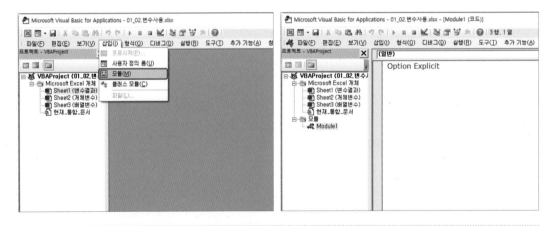

🔼 **실력향상** Option Explicit 문이 있는 모듈에서 변수를 선언하지 않고 사용하면 프로시저를 실행했을 때 실행 오류가 발생하고 '변수가 정의되지 않았습니다'라는 메시지가 표시됩니다.

03 모듈 변수와 프로시저 변수 사용하기 삽입된 모듈에 다음과 같이 '변수사용' 프로시저를 입력합니다.

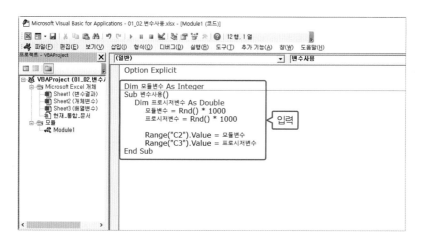

❶ Dim 모듈변수 As Integer
Sub 변수사용()
❷   Dim 프로시저변수 As Double
❸   모듈변수 = Rnd() * 1000
❹   프로시저변수 = Rnd() * 1000
❺   Range("C2").Value = 모듈변수
❻   Range("C3").Value = 프로시저변수
End Sub

❶ '모듈변수'를 모듈 안의 모든 프로시저에서 사용할 수 있도록 선언합니다. Sub 문 외부에 변수를 선언하면 현재 모듈의 모든 프로시저에서 사용할 수 있습니다. Integer는 자료 형식으로 정수형입니다.

❷ '프로시저변수'를 실수형으로 선언합니다. 프로시저 안에 선언한 변수는 해당 프로시저에서만 사용할 수 있습니다.

❸ '모듈변수'에 값을 대입합니다. Rnd는 0보다 크고 1보다 작은 임의의 실숫값을 대입하는 함수입니다. '모듈변수'가 정수형이기 때문에 함수의 결과를 반올림하여 정수 부분만 저장합니다.

❹ '프로시저변수'에 값을 대입합니다. '프로시저변수'는 실수형 변수이므로 Rnd 함수의 결과를 그대로 저장합니다.

❺ '모듈변수'에 저장된 값을 [C2] 셀에 입력합니다.

❻ '프로시저변수'에 저장된 값을 [C3] 셀에 입력합니다.

04 변수사용 프로시저 실행하기 ❶ Sub와 End Sub 사이 임의의 위치를 클릭하고 ❷ [표준] 도구 모음에서 [Sub/사용자 정의 폼 실행▶]을 클릭합니다. 프로시저가 실행되고 워크시트에 결과가 표시됩니다.

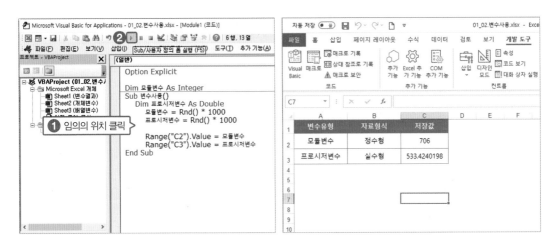

05 개체 변수 사용하기 ❶ '변수사용' 프로시저 다음에 빈 줄을 추가하고 ❷ 다음과 같이 '개체변수사용' 프로시저를 작성합니다.

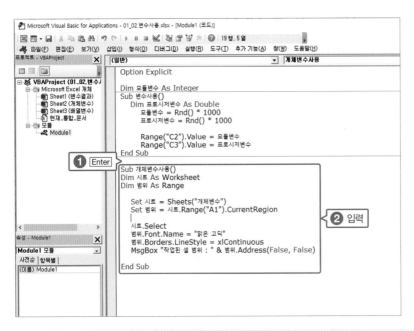

실력향상 변수에 Range("A1"), Worksheets(2) 등의 개체를 저장하여 사용하려면 개체 변수로 선언한 후 사용합니다. 선언하는 방법은 일반 변수와 동일합니다. 자료 형식만 개체에 따라 Range, Worksheet, Workbook, Chart, Object 등을 사용합니다. 일반적인 변수에 값을 저장할 때는 '변수 이름 = 값' 형식으로 대입문을 사용하지만 개체 변수에 값을 저장할 때는 'Set 변수 이름 = 값' 형식으로 사용해야 합니다.

```
Sub 개체변수사용()
❶  Dim 시트 As Worksheet
❷  Dim 범위 As Range
❸      Set 시트 = Sheets("개체변수")
❹      Set 범위 = 시트.Range("A1").CurrentRegion
❺      시트.Select
❻      범위.Font.Name = "맑은 고딕"
❼      범위.Borders.LineStyle = xlContinuous
❽      MsgBox "작업된 범위 : " & 범위.Address(False, False)
End Sub
```

❶ '시트' 변수를 워크시트 형식으로 선언합니다.

❷ '범위' 변수를 범위 형식으로 선언합니다.

❸ '시트' 변수에 [개체변수] 시트를 대입합니다. 개체 변수에 값을 대입할 때는 문장 맨 앞에 Set을 입력합니다.

❹ '범위' 변수에 [개체변수] 시트의 [A1] 셀이 포함된 표 범위 데이터 영역을 대입합니다.

❺ [개체변수] 시트를 선택합니다. [개체변수] 시트를 '시트' 변수에 대입하였으므로 **시트.Select**를 입력해도 동일합니다.

❻ '범위' 변수에 저장된 범위의 글꼴을 [맑은 고딕]으로 설정합니다.

❼ '범위' 변수에 저장된 범위의 셀 테두리를 실선으로 설정합니다.

❽ '범위' 변수에 저장된 범위의 주소를 메시지로 표시합니다.

06 개체변수사용 프로시저 실행하기 ❶ '개체변수사용' 프로시저 사이 임의의 위치를 클릭하고 ❷ [표준] 도구 모음에서 [Sub/사용자 정의 폼 실행▷]을 클릭합니다. 프로시저가 실행되고 [개체변수] 시트에 작업 결과가 표시됩니다.

07 배열 변수 사용하기 ❶ '개체변수사용' 프로시저 다음에 빈 줄을 추가하고 ❷ 다음과 같이 '배열변수' 프로시저를 작성합니다.

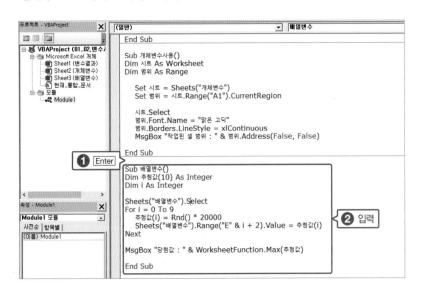

```
Sub 배열변수()
❶ Dim 추첨값(10) As Integer
❷ Dim i As Integer
❸ Sheets("배열변수").Select
❹ For i = 0 To 9
❺     추첨값(i) = Rnd() * 20000
❻     Sheets("배열변수").Range("E" & i + 2).Value = 추첨값(i)
❼ Next
❽ MsgBox "당첨값 : " & WorksheetFunction.Max(추첨값)
End Sub
```

❶ '추첨값' 변수를 정수형으로 선언하는데 10개의 크기로 사용합니다.

❷ 'i' 변수를 정수형으로 선언합니다. 이 변수는 For Next 반복문에서 사용할 카운터 변수입니다.

❸ [배열변수] 시트를 선택합니다.

❹ 반복문을 시작합니다. 'i' 변수의 초깃값을 0에서 시작하여 9가 될 때까지 ❺ ~ ❻을 반복 실행합니다. 배열 변수의 인덱스는 0부터 시작하기 때문에 0~9로 반복해야 합니다.

❺ '추첨값' 변수에 Rnd 함수 결과와 20000을 곱한 값을 대입합니다. 반복될 때마다 'i' 변숫값이 0, 1, 2, …로 변경되므로 추첨값(0), 추첨값(1), 추첨값(2), …의 변수에 값이 대입됩니다.

❻ '추첨값' 변수에 저장된 값을 [배열변수] 시트의 [E2:E11] 범위에 입력합니다. **Range("E" & i + 2)**는 처음 실행할 때는 [E2] 셀, 그 다음 실행할 때는 [E3] 셀, 그 다음은 [E4] 셀로 변경되는 코드입니다.

❼ 반복문을 종료합니다.

❽ '추첨값' 변수에 저장된 값 중 가장 큰 값을 메시지로 표시합니다. Max 함수는 워크시트에 사용하는 함수이므로 WorksheetFunction 속성을 함께 입력합니다.

📊 **실력향상** 배열 변수는 데이터형이 같은 여러 개의 변수를 하나의 이름으로 구성하여 관리하는 것으로, 배열의 각 요소는 인덱스를 이용해서 관리합니다. 배열 변수는 '변수 이름(인덱스)' 형식으로 사용하는데, 여러 개의 변수를 사용하기 때문에 반복문을 함께 사용합니다.

08 배열변수 프로시저 실행하기 ❶ '배열변수' 프로시저 사이 임의의 위치를 클릭하고 ❷ [표준] 도구 모음에서 [Sub/사용자 정의 폼 실행▷]을 클릭합니다. 프로시저가 실행되고 [배열변수] 시트에 작업 결과가 표시됩니다.

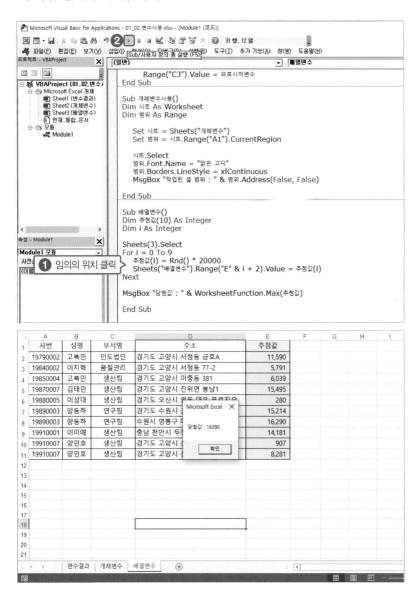

변수와 변수를 선언하는 방법 알아보기

VBA 키워드 : 변수, 변수 선언, 변수 선언 위치, 변수 데이터 형식

1. 변수 선언

• 변수 선언은 프로그램 준비 작업으로 Sub 문 위쪽이나 바로 아래쪽에 입력합니다.

• 변수 선언에는 변수 이름과 자료 형식을 포함합니다. 불필요한 메모리 공간의 낭비를 줄이면서 프로그램 실행 속도를 빠르게 하기 위해서입니다.

• **형식** : 선언문 변수 이름 As 데이터 형식

  – 선언문 : 키워드라고 부르기도 하며 변수의 종류와 사용 범위를 지정합니다.

  – 변수 이름 : 이름으로 사용 가능한 규칙은 매크로 이름 사용 규칙과 같으며 한글과 영어 모두 사용할 수 있습니다.

  – As : 변수 이름과 데이터 형식 사이에 입력하는 키워드입니다.

  – 데이터 형식 : 변수에 저장되는 데이터 형식을 지정하여 변수가 사용할 수 있는 크기를 결정합니다.

2. 선언문 및 선언 위치

• 변수를 사용할 프로시저의 범위에 따라 선언문을 다르게 사용합니다.

• 프로시저 안에서만 사용할 변수는 프로시저 수준 변수로 선언합니다. 이 변수는 그 프로시저가 종료되면 메모리에서 사라집니다. 메모리에서 사라진 변수는 다시 사용할 수 없습니다.

• 모듈 안에 있는 모든 프로시저에서 사용할 변수는 모듈 수준 변수로 선언합니다. 이 변수는 프로시저가 종료되더라도 메모리에서 사라지지 않습니다.

종류	선언문	선언 위치	사용자가 선택한 단추
프로젝트 수준 변수	Public	모듈 내부 프로시저 외부	프로젝트(통합 문서) 내에 있는 모든 모듈에 사용합니다.
모듈 수준 변수	Private	모듈 내부	모듈 내에 있는 모든 프로시저에 사용합니다.
	Dim	프로시저 외부	
프로시저 수준 변수	Dim	프로시저 내부	선언한 프로시저 내부에서만 사용합니다. 프로시저를 실행할 때마다 다시 생성되어 프로시저가 종료되면 초깃값이 0 또는 Null이 됩니다.
	Static	프로시저 내부	Dim과 함께 프로시저 수준으로 사용하는 변수지만 이 변수에 저장된 값은 프로그램이 종료될 때까지 유지됩니다. 프로시저에서 Static 문을 사용할 때는 프로시저의 앞부분에 위치시켜 다른 선언문(Dim)보다 먼저 사용해야 합니다.

3. 변수 이름 지정 규칙

• 첫 글자는 영문 또는 한글이어야 하며 그 뒤에는 숫자가 올 수 있습니다.

• 공백 또는 특수문자는 사용할 수 없으며 언더바(_)는 사용할 수 있습니다.

- VBA에서 제한된 키워드에는 Sub, Range, Cells, Sum, Next 등이 있습니다. 제한된 키워드는 접두사나 접미사를 붙여서 My_Sum, Range_Val 등으로 사용하기도 합니다.

- 길이는 255자까지 가능하지만 짧고 간결하게 사용하는 것이 좋습니다.

- 같은 범위 수준 내에서 중복하여 사용할 수 없습니다.

- VBA는 대소문자를 구별하지 않지만, 변수를 선언할 때 대소문자를 적절히 혼합하여 사용하면 오타 점검에 좋습니다. 대소문자를 혼합하여 변수를 선언한 후 변수를 사용할 때 소문자로 입력하면 선언한 형태로 대소문자가 자동 변경됩니다.

- 알아보기 쉽게 한글로 지정해도 됩니다. 하지만 코드는 모두 영문으로 작성하기 때문에 한/영 입력 전환에 불편함이 있습니다. 대부분 변수 이름으로 영문을 사용하는 이유입니다.

4. 변수 데이터 형식

- 저장할 내용에 따라 데이터 형식을 지정합니다. 데이터 형식에 따라 변수의 크기가 결정되고 메모리에서 차지하는 용량에 차이가 있습니다.

- 변수의 데이터 형식을 지정할 때 저장할 내용보다 변수의 크기가 작으면 실행 오류가 발생하고, 저장할 내용보다 변수의 크기가 크면 메모리 공간을 낭비하게 됩니다. 따라서 적절한 형태로 지정하는 것이 좋습니다.

- 변수를 선언할 때 As를 입력한 후 한 칸 띄우면 데이터 형식이 자동 완성 목록으로 나타나 목록에서 선택하여 입력할 수도 있습니다.

종류	형식	크기	범위	변수 이름 권장 접두어
정수형	Byte	1Byte	0~256	byt / b
	Integer	2Byte	−32,768 ~ 32,767	int / i
	Long	4Byte	−2,147,483,648 ~ 2,147,483,647	lng / l
실수형	Single	4Byte	음수 : −3.402823E38 ~ −1.401298E−45 양수 : 1.401298E−45 ~ 3.402823E38	sng / si
	Double	8Byte	음수 : −1.79769313486232E308 ~ 4.94065645841247E−324 양수 : 4.94065645841247E−324~ 1.79769313486232E308	dbl / do
통화형	Currency	8Byte	−922,337,203,685,477.5808 ~ 922,337,203,685,477.5807	cur / c
문자형	String	고정, 가변	0~약 20억 (가변길이) 1~약 65,400 (고정길이)	str / st
개체형	Object	4Byte	개체의 종류에 따라 Range, Worksheet, Workbook 등과 같이 적절한 개체를 지정하거나 Object라는 일반적인 개체 형태로 지정할 수 있습니다. 개체 변수에 값을 지정할 때는 반드시 Set 문을 사용합니다.	obj / o
날짜형	Date	8Byte	100년 1월 1일 ~ 9999년 12월 31일	dt
논리형	Boolean	2Byte	True, False	bin / b
가변형	Variant		데이터 형식을 지정하지 않았을 때 설정되는 형식으로, 문자, 숫자, 개체, Null을 포함한 어떤 종류의 데이터도 저장할 수 있습니다. 숫자가 입력되면 Double 형식으로 선언되고, 문자가 입력되면 String 형식으로 선언됩니다.	var / v

MsgBox 함수로
메시지 대화상자 표시하기

실습 파일 | Part02/Chapter01/01_03.융자신청서.xlsx
완성 파일 | Part02/Chapter01/01_03.융자신청서(완성).xlsm

프로그램 실행 중 간단한 메시지와 두 개 이상의 버튼을 표시하여 사용자가 프로그램의 작동 방법을
선택해야 할 때 MsgBox 함수를 사용합니다. 두 개 이상의 버튼을 표시할 때는 선택된 버튼에 따라
실행문이 달라져야 하므로 변수와 조건문을 함께 사용합니다.

미리 보기

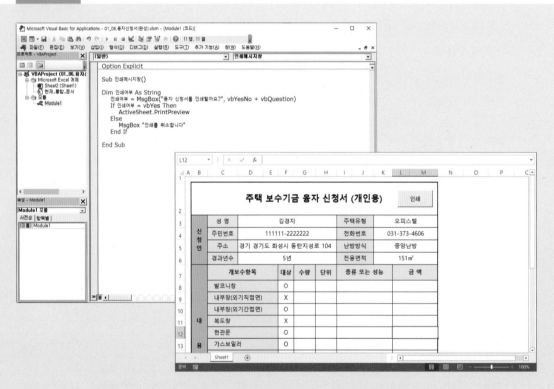

회사에서 바로 통하는 **키워드** : MsgBox 함수, 변수 사용, If 조건문, PrintPreview 메서드

한눈에 보는 작업순서	모듈 삽입하고 프로시저 추가하기	▶	변수 선언하기	▶	MsgBox 함수 입력하기	▶	조건문으로 실행문 다르게 만들기	▶	단추에 프로시저 연결하여 실행하기

01 모듈 삽입하고 프로시저 추가하기 실습 파일을 열고 [Visual Basic 편집기]에서 ❶ [삽입]–[모듈]을 클릭합니다. 삽입된 모듈에 ❷ **Sub 인쇄메시지창**을 입력한 후 Enter를 누릅니다.

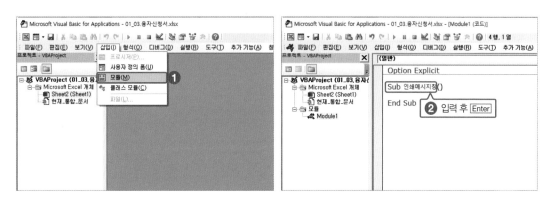

02 MsgBox 함수 사용 문장 입력하기 '인쇄메시지창' 프로시저에 다음과 같이 입력합니다.

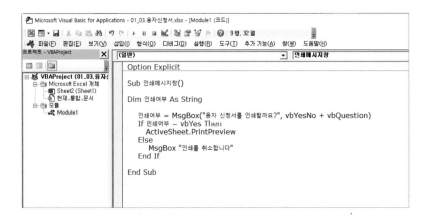

Sub 인쇄메시지창()
❶ `Dim 인쇄여부 As String`
❷   `인쇄여부 = MsgBox("융자 신청서를 인쇄할까요?", vbYesNo + vbQuestion)`
❸   `If 인쇄여부 = vbYes Then`
❹   `ActiveSheet.PrintPreview`
❺   `Else`
❻   `MsgBox "인쇄를 취소합니다"`
❼   `End If`
`End Sub`

❶ 메시지 대화상자에서 사용자가 클릭하는 버튼의 값을 저장하는 '인쇄여부' 변수를 선언합니다.

❷ 메시지를 표시하고 선택하는 버튼의 값을 '인쇄여부' 변수에 저장합니다. [예], [아니오] 두 개의 버튼과 질의 경고 아이콘을 표시합니다.

❸ If 조건문의 시작입니다. **인쇄여부 = vbYes** 조건이 참이면 ❹를 실행합니다. 메시지 대화상자에 표시되는 버튼에서 [예]를 클릭하면 '인쇄여부' 변수에 '6'이 입력됩니다. '6'에 해당하는 상수가 vbYes와 같습니다. If 조건문의 조건식을 **인쇄여부 = 6**으로 입력해도 됩니다.

❹ If 조건문의 조건이 참일 때 실행하는 문장으로, 현재 시트의 인쇄 미리보기를 실행합니다.

❺ 조건이 거짓일 때 다음 문장을 실행하도록 하는 키워드입니다.

❻ 조건이 거짓일 때 실행하는 문장으로, 해당 메시지를 표시합니다.

❼ If 조건문을 종료합니다.

03 단추에 프로시저 연결하기 ❶ [Sheet1] 시트 탭을 클릭합니다. ❷ [개발 도구] 탭-[컨트롤] 그룹-[삽입]-[단추(양식 컨트롤)▢]을 클릭합니다. ❸ 제목 옆 빈 공간에 드래그해 삽입합니다. [매크로 지정] 대화상자의 ❹ [매크로 이름]에서 [인쇄메시지창]을 클릭한 후 ❺ [확인]을 클릭합니다.

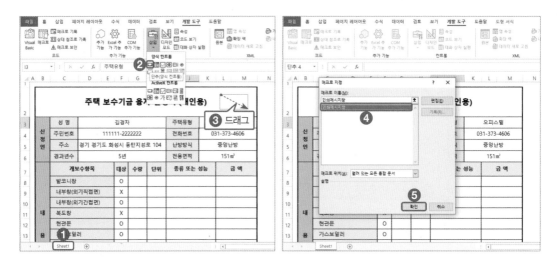

04 단추 레이블을 **인쇄**로 변경합니다.

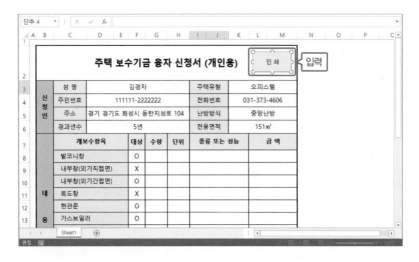

05 메시지 대화상자에서 예 클릭하기 ❶ [인쇄] 단추를 클릭한 후 메시지 대화상자에서 ❷ [예]를 클릭합니다. 인쇄 미리보기가 표시됩니다. ❸ [인쇄 미리 보기 닫기]를 클릭합니다.

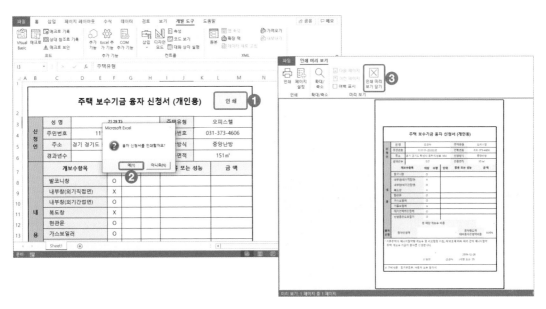

실력향상 인쇄할 때는 Print 메서드를 사용하고, [인쇄] 대화상자를 화면에 표시할 때는 **Application.SendKeys "^p"** 코드를 사용합니다. SendKeys 메서드는 키보드로 바로 가기 키를 누르는 역할을 합니다. **SendKeys "^p"**는 Ctrl + P 를 누르는 것과 같습니다.

06 메시지 대화상자에서 아니오 클릭하기 ❶ [인쇄] 단추를 클릭한 후 메시지 대화상자에서 ❷ [아니오]를 클릭합니다. 인쇄 취소 메시지가 표시됩니다. ❸ [확인]을 클릭합니다.

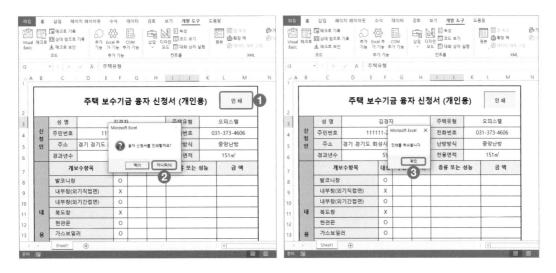

MsgBox 함수 알아보기

VBA 키워드 : MsgBox 함수, Buttons 인수

1. MsgBox 함수 형식

MsgBox 함수는 'MsgBox 표시할 메시지, 버튼 종류 + 아이콘 모양, 제목' 형식으로 사용합니다. 메시지만 보여줄 경우에는 괄호 없이 표시할 메시지만 사용하고, 사용자가 선택한 버튼의 값을 변수나 조건문으로 반환할 때는 표시할 메시지부터 괄호로 묶어야 합니다.

- **형식** : MsgBox(Prompt, Buttons, Title, Helpfile, Context)

  - **Prompt** : 필수 인수이며, 메시지로 보여줄 내용으로 문자나 함수, 수식도 포함할 수 있습니다. 메시지가 두 줄 이상일 경우 메시지 사이에 Chr(13) 또는 Chr(10)를 입력해 줄을 바꿉니다.

  - **Buttons** : 메시지 대화상자에 표시할 버튼의 수와 종류, 아이콘 모양, 기본 선택 버튼 위치를 설정합니다. 세 가지 항목을 한 인수에 모두 지정할 수 있는데, 두 개 이상의 항목을 지정할 때는 더하기(+)를 사용해 연결합니다.

  - **Title** : 메시지 대화상자의 제목 표시줄에 나타나는 문자입니다. 생략할 경우 'Microsoft Excel'이 제목 표시줄에 나타납니다.

  - **Helpfile** : 메시지 대화상자의 온라인 도움말 파일 이름입니다. 생략이 가능하고 Helpfile을 입력하면 Context 인수도 반드시 입력해야 합니다. 자주 사용하지 않습니다.

  - **Context** : 도움말 항목에서 지정한 도움말 컨텍스트 번호를 나타내는 수식으로, 생략이 가능합니다.

- **예시**

```
MsgBox("데이터 편집작업을 시작하시겠습니까?" + Chr(13) + Chr(13) _
+ "편집이 완료된 후에는 취소할 수 없습니다", vbQuestion + vbYesNoCancel, "실행 확인")
```

예시 코드 형태로 VBA 코드를 작성해 실행하면 아래와 같은 형태의 메시지 대화상자가 나타납니다. **Chr(13)**는 메시지 대화상자의 줄 나눔을 의미하고, 첫 번째 줄의 언더바(_)는 MsgBox에 들어가는 인수가 길어 두 줄로 나누어 입력한 줄 바꿈 문자입니다.

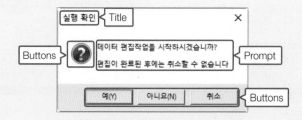

2. MsgBox 함수의 Buttons 인수

Buttons 인수는 메시지 대화상자에서 보여줄 버튼의 종류와 개수, 아이콘 모양, 표시한 버튼 중에 기본적으로 선택할 버튼의 위치를 설정하는 인수입니다. 입력하는 방법은 '버튼 종류 + 아이콘 모양 + 기본 설정 버튼 위치' 형태로 한 개의 인수에 세 항목을 동시에 설정하며 각각의 인수는 생략할 수 있습니다. 두 가지 이상 지정할 때는 상숫값을 더하여 표시할 수도 있습니다. 예를 들어 [확인], [취소] 버튼을 표시하고 중대 메시지 아이콘을 표시할 경우 'vbOKCancel + vbCritical' 형식 대신 1과 16을 더한 17을 입력해도 됩니다.

종류	상수	값	기능
버튼 종류	vbOKOnly	0	[확인] 버튼만 표시합니다.
	vbOKCancel	1	[확인], [취소] 버튼을 표시합니다.
	vbAbortRetryIgnore	2	[중단], [다시 시도], [무시] 버튼을 표시합니다.
	vbYesNoCancel	3	[예], [아니오], [취소] 버튼을 표시합니다.
	vbYesNo	4	[예], [아니오] 버튼을 표시합니다.
	vbRetryCancel	5	[다시 시도], [취소] 버튼을 표시합니다.
아이콘 모양	vbCritical	16	중대 메시지 아이콘❌을 표시합니다.
	vbQuestion	32	질의 경고 아이콘❓을 표시합니다.
	vbExclamation	48	메시지 경고 아이콘⚠을 표시합니다.
	vbInformation	64	메시지 정보 아이콘ℹ을 표시합니다.
기본 버튼 설정 위치	vbDefaultButton1	0	첫 번째 버튼을 기본으로 선택합니다.
	vbDefaultButton2	256	두 번째 버튼을 기본으로 선택합니다.
	vbDefaultButton3	512	세 번째 버튼을 기본으로 선택합니다.
	vbDefaultButton4	768	네 번째 버튼을 기본으로 선택합니다.

3. 선택한 버튼에 따라 반환되는 상수와 값

MsgBox 메시지 대화상자에서 두 개 이상의 버튼을 표시하면 사용자가 선택한 버튼에 따라 조건을 다르게 실행할 수 있습니다. 이때 선택한 버튼별로 반환되는 고유 상수가 정해져 있습니다. 고유 상수는 변수에 저장될 때 값(1~7)으로 저장되어 변수 선언 시 Integer 형식을 사용합니다.

사용자가 선택한 버튼	반환되는 상수	반환되는 값
확인	vbOK	1
취소	vbCancel	2
중단	vbAbort	3
다시 시도	vbRetry	4
무시	vbIgnore	5
예	vbYes	6
아니오	vbNo	7

InputBox 대화상자로
값 입력받고 출력하기

실습 파일 | Part02/Chapter01/01_04.제품출하일지.xlsx
완성 파일 | Part02/Chapter01/01_04.제품출하일지(완성).xlsm

VBA 프로그램 작동 중 간단한 데이터를 입력해 사용하려면 InputBox 함수를 활용합니다. InputBox 함수를 사용하면 나타나는 입력 대화상자에 문자열 형태로 입력할 수 있습니다. 입력된 데이터는 변수의 데이터 형태에 따라 숫자, 날짜 데이터 등으로 변경하여 활용할 수 있습니다.

미리 보기

회사에서 바로 통하는 키워드 : InputBox 함수, 변수 사용, Range 개체

한눈에 보는 작업순서	모듈 삽입하고 프로시저 추가하기	▶	변수 선언하기	▶	InputBox 함수로 담당부서 입력받기	▶	InputBox 함수로 담당자 입력받기	▶	결과를 셀에 표시하기

01 모듈 삽입하고 프로시저 추가하기 실습 파일을 열고 [Visual Basic 편집기]에서 ❶[삽입]–[모듈]을 클릭합니다. 삽입된 모듈에 ❷**Sub 정보입력**을 입력한 후 Enter를 누릅니다.

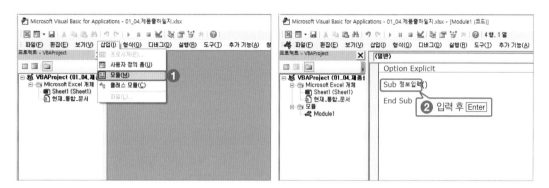

02 InputBox 함수 사용 문장 입력하기 '정보입력' 프로시저에 다음 코드를 입력합니다.

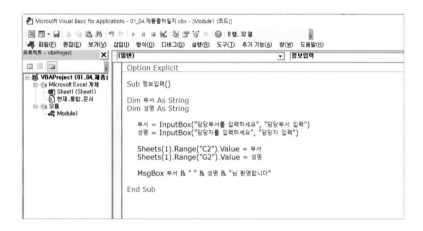

```
Sub 정보입력()
❶    Dim 부서 As String
❷    Dim 성명 As String
❸        부서 = InputBox("담당부서를 입력하세요", "담당부서 입력")
❹        성명 = InputBox("담당자를 입력하세요", "담당자 입력")
❺        Sheets(1).Range("C2").Value = 부서
❻        Sheets(1).Range("G2").Value = 성명
❼        MsgBox 부서 & " " & 성명 & "님 환영합니다"
End Sub
```

❶ 담당부서를 저장할 '부서' 변수를 문자형으로 선언합니다.

❷ 담당자를 저장할 '성명' 변수를 문자형으로 선언합니다.

❸ 담당부서를 입력할 대화상자를 표시하고, 입력되는 문자를 '부서' 변수에 저장합니다.

❹ 담당자를 입력할 대화상자를 표시하고, 입력되는 문자를 '성명' 변수에 저장합니다.

❺ '부서' 변수에 저장된 문자를 [C2] 셀에 표시합니다.

❻ '성명' 변수에 저장된 문자를 [G2] 셀에 표시합니다.

❼ 부서와 성명 변수에 저장된 결과를 메시지로 표시합니다.

03 정보입력 프로시저 실행하기 ❶ Sub와 End Sub 사이 임의의 위치를 클릭하고 ❷ [표준] 도구 모음에서 [Sub/사용자 정의 폼 실행▶]을 클릭합니다. 프로시저가 실행되고 [담당부서 입력] 대화 상자가 표시됩니다. ❸ **생산2팀**을 입력한 후 ❹ [확인]을 클릭합니다.

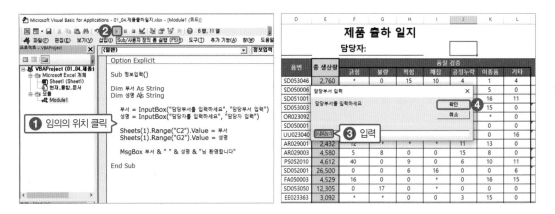

04 [담당자 입력] 대화상자가 표시됩니다. ❶ 담당자의 이름을 입력한 후 ❷ [확인]을 클릭합니다. 부서와 이름이 표시된 메시지가 나타납니다. ❸ [확인]을 클릭합니다. [C2] 셀과 [G2] 셀에도 입력 한 결과가 표시됩니다.

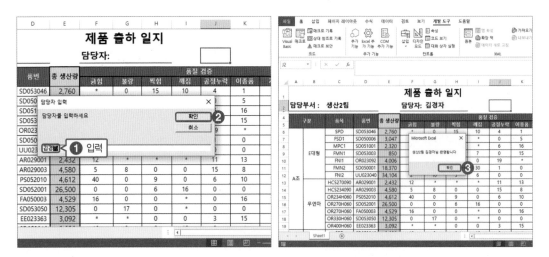

InputBox 함수 알아보기

VBA **키워드** : InputBox 함수

InputBox 함수는 'InputBox 메시지, 제목 문자, 기본 문자' 형식으로 사용합니다. InputBox 함수에서 입력하는 문자는 변수나 값으로 저장해야 하므로 메시지부터 괄호로 묶어서 사용합니다. 입력 대화상자에서 [확인]을 클릭하면 입력한 값이 저장되지만, [취소]나 [닫기]를 클릭하면 공백이 저장됩니다.

• **형식** : InputBox(Prompt, Title, Default, Xpos, Ypos, Helpfile, Context)

- **Prompt** : 필수 인수이며, 입력 대화상자에 메시지로 보여줄 문자로 함수나 수식도 포함할 수 있습니다. 메시지가 두 줄 이상일 경우 Chr(13) 또는 Chr(10)로 줄 바꿈을 합니다.

- **Title** : 입력 대화상자의 제목 표시줄에 나타나는 문자입니다. 생략할 경우 Microsoft Excel이 제목 표시줄에 나타납니다.

- **Default** : 입력란에 기본으로 표시할 문자로, 생략하면 빈 입력란이 표시됩니다.

- **Xpos** : 입력 대화상자를 표시할 화면 위치를 지정하는 인수로, 왼쪽 가장자리에서 어느 정도 떨어진 곳에 위치할 것인지를 트윕 단위로 지정합니다. 생략 가능한 인수이며, 생략하면 입력 대화상자가 수평 중앙에 표시됩니다.

- **Ypos** : 입력 대화상자를 표시할 위쪽 위치를 지정하는 인수로, 생략하면 입력 대화상자가 화면 상단에서 1/3 정도 아래 위치에 표시됩니다.

- **Helpfile** : 입력란의 온라인 도움말 파일 이름입니다. 생략 가능한 인수이며, Helpfile을 입력하면 Context 인수도 반드시 입력해야 합니다.

- **Context** : 도움말의 항목에서 지정한 도움말 컨텍스트 번호를 나타내는 수식으로, 생략 가능합니다.

InputBox 메서드로
범위 입력받기

실습 파일 | Part02/Chapter01/01_05.코드찾기.xlsx
완성 파일 | Part02/Chapter01/01_05.코드찾기(완성).xlsm

InputBox 함수는 문자 데이터를 입력할 때 주로 사용하지만 InputBox의 인수를 변경하면 셀 혹은
범위를 입력해 변수로 활용할 수 있습니다. 주소 형태로 입력할 수도 있고, 워크시트의 셀 혹은 범위
를 직접 지정하여 사용할 수도 있습니다. InputBox를 사용해 셀 혹은 범위를 지정해 사용하는 방법
에 대해 알아보겠습니다.

미리 보기

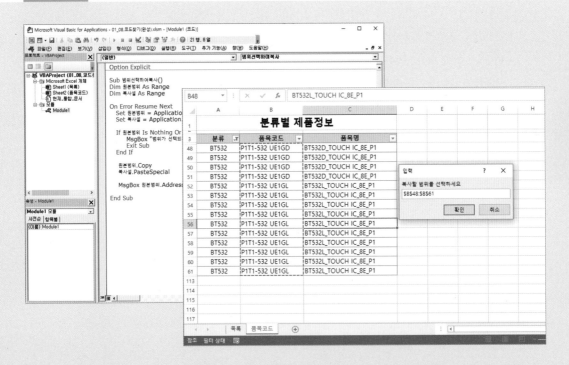

회사에서 바로 통하는 키워드 : InputBox 메서드, 오류 처리문, Set 문, Is 연산자, Address 속성, Copy 메서드,
PasteSpecial 메서드

한눈에 보는 작업순서	모듈 삽입하고 프로시저 추가하기	▶	변수 선언 하기	▶	InputBox 메서드로 범위 입력받기	▶	조건문으로 오류 확인하기	▶	복사하여 붙여넣기	▶	선택된 범위 메시지로 표시하기

01 모듈 삽입하고 프로시저 추가하기 실습 파일을 열고 [Visual Basic 편집기]에서 ❶ [삽입]-[모듈]을 클릭합니다. 삽입된 모듈에 ❷ **Sub 범위선택하여복사**를 입력한 후 Enter 를 누릅니다.

02 InputBox 메서드 사용 문장 입력하기 '범위선택하여복사' 프로시저에 다음 코드를 입력합니다.

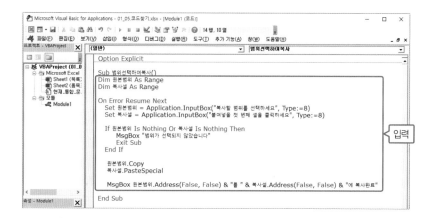

```
Sub 범위선택하여복사()
❶    Dim 원본범위 As Range
❷    Dim 복사셀 As Range
❸    On Error Resume Next
❹        Set 원본범위 = Application.InputBox("복사할 범위를 지정하세요", Type:=8)
❺        Set 복사셀 = Application.InputBox("붙여넣을 첫 번째 셀을 클릭하세요", Type:=8)
❻    If 원본범위 Is Nothing Or 복사셀 Is Nothing Then
❼            MsgBox "범위가 선택되지 않았습니다"
❽            Exit Sub
❾    End If
❿    원본범위.Copy
⓫    복사셀.PasteSpecial
⓬    MsgBox 원본범위.Address(False, False) & "를 " & 복사셀.Address(False, False) &
            "에 복사완료"
End Sub
```

❶ 복사할 범위를 저장할 '원본범위' 변수를 범위 형식으로 선언합니다.

❷ 붙여 넣을 셀 위치를 저장할 '복사셀' 변수를 범위 형식으로 선언합니다.

❸ 오류가 발생해도 프로시저를 중단하지 않고 다음 문장을 실행하도록 합니다. 이 문장은 오류가 발생할 가능성이 있는 문장 위에 입력해야 합니다.

❹ 입력 대화상자가 표시되고 복사할 범위를 지정하면 그 범위가 '원본범위' 변수에 저장됩니다. Type 인 숫값을 8로 지정하면 범위만 입력할 수 있습니다. 변수에 개체를 저장하므로 Set 문이 필요합니다.

❺ 입력 대화상자가 표시되고 붙여 넣을 셀을 클릭하면 그 셀이 '복사셀' 변수에 저장됩니다.

❻ '원본범위' 변수와 '복사셀' 변수의 값이 비어 있지 않은지 비교하는 조건문입니다. 입력 대화상자에서 [취소]를 클릭하면 변수에 저장되는 값이 없으므로 복사, 붙여넣기 과정을 실행하지 않도록 합니다. Is 는 개체를 비교하는 연산자로 **Is Nothing**은 비어 있는 셀인지 확인하는 식입니다.

❼ ~ ❽ 조건식이 참일 때만 실행되는 문장으로, 메시지를 표시하고 프로시저를 종료합니다.

❾ 조건문을 종료합니다.

❿ '원본범위' 변수에 저장된 범위를 복사합니다.

⓫ '복사셀' 변수에 저장된 셀에 붙여 넣습니다. Sheets 개체에 붙여 넣을 때는 Paste 메서드를 사용하고, Range 개체에 붙여 넣을 때는 PasteSpecial 메서드를 사용합니다.

⓬ 두 변수에 저장된 셀 주소를 메시지로 표시합니다. Address로만 속성을 입력하면 절대 참조 주소로 표시되고 이처럼 **Address(False, False)**로 입력하면 상대 참조 주소로 표시됩니다. 한 줄로 입력합니다.

03 범위선택하여복사 프로시저 실행하기 ❶ [목록] 시트 탭을 클릭합니다. ❷ [개발 도구] 탭–[코드] 그룹–[매크로]를 클릭합니다. [매크로] 대화상자에서 ❸ [실행]을 클릭합니다. [입력] 대화상자가 표시되면 ❹ [품목코드] 시트 탭을 클릭하고 ❺ [B48:B61] 범위를 지정한 후 ❻ [확인]을 클릭합니다.

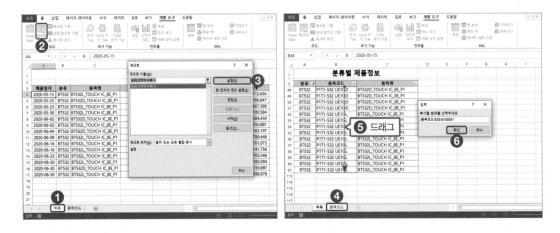

04 다시 [입력] 대화상자가 나타나면 ❶ [목록] 시트 탭을 클릭하고 ❷ [D4] 셀을 클릭합니다. ❸ [확인]을 클릭하면 품목코드가 복사되고 선택한 범위의 주소가 메시지로 표시됩니다. 복사를 완료 했다는 메시지가 나타나면 ❹ [확인]을 클릭합니다.

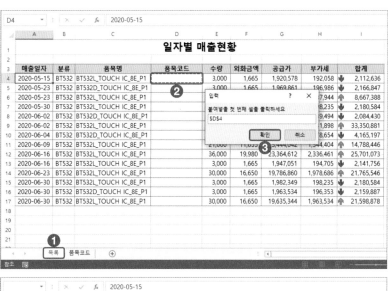

InputBox 메서드 알아보기

VBA **키워드** : InputBox 메서드

InputBox 메서드는 InputBox 함수와 달리 엑셀 개체에서 제공하는 메서드로 Application 개체에 사용할 수 있습니다. 이 메서드에서는 Type 인수를 사용하여 입력할 데이터 형식을 지정할 수 있는 데, Type 형식은 숫자, 논리, 범위 등 일곱 종류 중에서 지정할 수 있습니다.

InputBox 메서드 형식은 InputBox 함수와 동일하게 사용하는데 Application 개체가 반드시 입력되어야 하고, 마지막 인수로 Type 값을 지정할 수 있습니다.

- **형식** : `Application.InputBox(Prompt, Title, Default, Left, Top, Helpfile, Helpcontextid, Type)`
  - **Prompt** : 필수 인수이며, 입력 대화상자에 메시지로 보여줄 문자로 함수나 수식도 포함할 수 있습니다. 메시지가 두 줄 이상일 경우 Chr(13) 또는 Chr(10)로 줄을 바꿉니다.
  - **Title** : 입력 대화상자의 제목 표시줄에 나타나는 문자입니다. 생략할 경우 'Microsoft Excel'이 제목 표시줄에 나타납니다.
  - **Default** : 입력란에 기본으로 표시할 문자로, 생략하면 빈 입력란이 표시됩니다.
  - **Left** : 입력 대화상자를 표시할 화면 위치를 지정하는 인수로, 왼쪽 가장자리에서 어느 정도 떨어진 곳에 위치할 것인지를 포인트 단위(1/72인치)로 지정합니다. 생략 가능한 인수이며, 생략하면 입력 대화상자가 수평 중앙에 표시됩니다.
  - **Top** : 입력 대화상자를 표시할 위쪽 위치를 지정하는 인수입니다. 생략하면 화면 상단에서 1/3 정도 아래 위치에 입력 대화상자가 표시됩니다.
  - **HelpFile** : 입력란의 온라인 도움말 파일 이름입니다. 생략 가능한 인수입니다.
  - **HelpContextId** : HelpFile의 도움말 항목에 지정한 컨텍스트 ID입니다. 생략 가능합니다.
  - **Type** : 입력할 데이터 형식을 지정하며, 이 인수를 지정하지 않으면 텍스트로 자동 지정됩니다. 사용할 수 있는 값은 다음과 같습니다. 두 형식 이상을 지정할 경우 합을 사용할 수도 있습니다. 예를 들어 숫자와 텍스트 두 개의 유형을 적용할 경우 Type 값을 1+2로 지정합니다.

Type 값	데이터 종류
0	수식
1	숫자
2	텍스트(문자열)
4	논릿값(True 또는 False)
8	Range 개체와 같은 셀 참조
16	#N/A와 같은 오류값
64	값의 배열

오류 점검과 오류 처리문 사용하기

실습 파일 | Part02/Chapter01/01_06.원가계산.xlsm
완성 파일 | Part02/Chapter01/01_06.원가계산(완성).xlsm

잘못된 코드를 입력하면 오류가 발생하며, 코드 자체에 이상이 없어도 실행하는 상황에 따라 오류가
발생할 수 있습니다. 우선 오류를 해결하려면 먼저 오류의 종류와 원인을 분석하는 방법을 알아야 하
고 그 다음에 오류를 해결하는 방법을 익혀야 합니다. VBA에서 발생하는 오류의 종류와 해결 방법에
대해 알아보겠습니다.

미리 보기

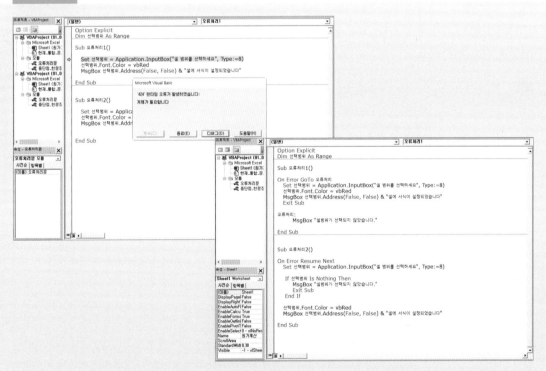

회사에서 바로 통하는 키워드 : On Error GoTo 레이블, On Error Resume Next, 중단점, 지역 창, 한 문장씩 실행하기

한눈에 보는 작업순서

실행 오류 확인하기 ▶ On Error GoTo 레이블 문장으로 오류 해결하기 ▶ On Error Resume Next 문장으로 오류 해결하기 ▶ 중단점 표시하여 오류 점검하기 ▶ 한 문장씩 실행하여 오류 점검하기

01 실행 오류 확인하기 실습 파일을 열고 ❶ [개발 도구] 탭-[코드] 그룹-[매크로]를 클릭합니다. [매크로] 대화상자의 ❷ [매크로 이름]에서 [오류처리1]을 클릭한 후 ❸ [실행]을 클릭합니다. [입력] 대화상자에서 ❹ [취소]를 클릭합니다.

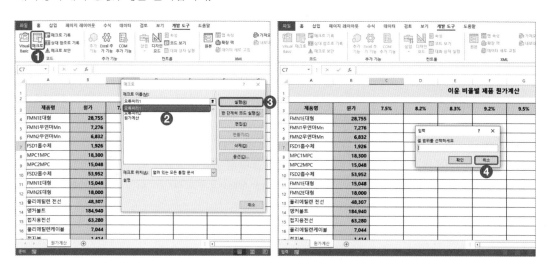

02 실행 오류가 발생합니다. ❶ [디버그]를 클릭합니다. [Visual Basic 편집기]에서 오류가 발생한 문장에 노란색 음영이 표시됩니다. 중단된 프로시저를 종료하기 위해 ❷ [표준] 도구 모음에서 [재설정■]을 클릭합니다.

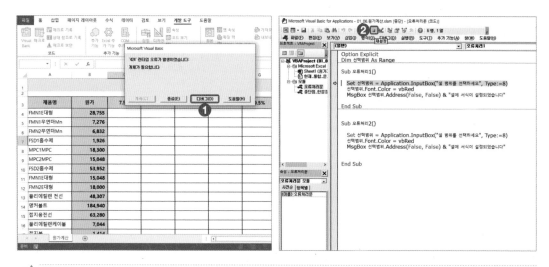

📊 **실력향상** 런타임 오류가 발생했을 때 [종료]를 클릭하면 프로시저가 종료되고, [디버그]를 클릭하면 프로시저가 중단된 상태가 됩니다. 오류가 발생한 원인은 [입력] 대화상자에서 [취소]를 클릭해 개체 변수에 저장할 수 있는 범위가 없을 때의 예외 처리가 없어서 입니다.

03 On Error GoTo 레이블 문으로 오류 해결하기 오류를 해결하기 위해 다음과 같이 오류 처리문을 입력합니다.

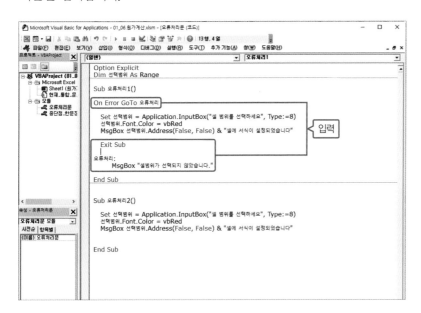

```
Sub 오류처리1()
❶ On Error GoTo 오류처리
      Set 선택범위 = Application.InputBox("범위를 지정하세요", Type:=8)
      선택범위.Font.Color = vbRed
      MsgBox 선택범위.Address(False, False) & "셀에 서식이 설정되었습니다"
❷    Exit Sub
❸ 오류처리:
❹        MsgBox "셀범위가 선택되지 않았습니다."
End Sub
```

❶ 이 문장 이후에 있는 문장에서 오류가 발생하면 '오류처리' 레이블이 있는 곳으로 이동합니다.

❷ 오류가 발생하지 않고 정상적으로 프로시저가 실행되면 ❸ ~ ❹가 실행되지 않아야 하므로 프로시저를 종료합니다.

❸ 오류가 발생했을 때 이동될 위치입니다.

❹ 메시지를 표시합니다.

04 On Error Resume Next 문으로 오류 해결하기 '오류처리2' 프로시저에도 같은 실행문이 입력되어 있습니다. 이 프로시저는 On Error Resume Next 문으로 오류를 해결해보겠습니다. '오류처리2' 프로시저에 다음과 같이 오류 처리문을 입력합니다.

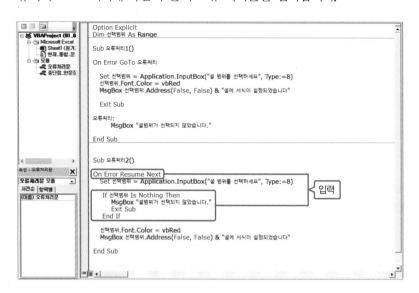

```
Sub 오류처리2()
❶ On Error Resume Next
      Set 선택범위 = Application.InputBox("범위를 지정하세요", Type:=8)
❷    If 선택범위 Is Nothing Then
❸         MsgBox "셀범위가 선택되지 않았습니다."
❹         Exit Sub
❺    End If
      선택범위.Font.Color = vbRed
      MsgBox 선택범위.Address(False, False) & "셀에 서식이 설정되었습니다"
End Sub
```

❶ 오류가 발생하더라도 프로시저를 중단하지 않고 다음 문장을 실행합니다.

❷ '선택범위' 변수가 비어 있는지 확인하는 조건문입니다. 이 조건식이 참이면 ❸ ~ ❹를 실행합니다.

❸ ~ ❹ 조건식이 참일 때 실행할 문장으로, 메시지를 표시하고 프로시저를 종료합니다.

❺ If 조건문을 종료합니다.

📊 **실력향상** On Error Resume Next 문을 사용하면 이 문장 이후에 오류가 발생할 경우 오류가 발생한 문장은 무시하고 다음 문장을 실행합니다. 주로 오류의 원인을 알고 있고 무시해도 되는 오류라고 판단될 때 사용하는 것이 좋습니다.

05 중단점 설정하기 [Visual Basic 편집기]의 [프로젝트] 탐색기 창에서 ❶ [중단점_한문장실행] 모듈을 더블클릭합니다. ❷ '원가계산' 프로시저의 두 번째 Next 문장의 왼쪽 여백 부분을 클릭합니다. 왼쪽 여백 부분에 중단점이 표시되고 문장에 갈색 음영이 표시됩니다.

🔼 **실력향상** 반복문을 사용할 때 오류가 발생하면 어느 부분에서 오류가 발생했는지 점검하기 위해 중단점을 사용합니다. 중단점이 설정된 상태에서 프로시저를 실행하면 중단점이 있는 문장까지만 실행되고 프로시저가 중단되어 실행 오류가 발생한 것처럼 표시됩니다.

06 프로시저 실행하기 ❶ '원가계산' 프로시저의 임의의 위치를 클릭하고 ❷ [표준] 도구 모음에서 [Sub/사용자 정의 폼 실행▶]을 클릭합니다. 프로시저가 중단점 앞 문장까지 실행되고 멈춥니다. ❸ 변수에 마우스를 위치하면 변수에 저장된 현재 값이 표시됩니다. ❹ [표준] 도구 모음에서 [재설정■]을 클릭합니다. ❺ [원가계산] 시트 탭을 클릭해보면 실행된 매크로 부분까지만 값이 표시된 것을 확인할 수 있습니다.

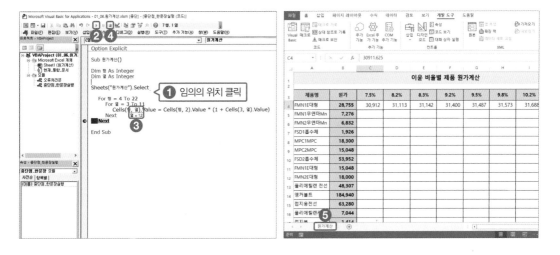

07 중단점 해제하기 Next 문장에 표시된 중단점을 클릭해 해제합니다.

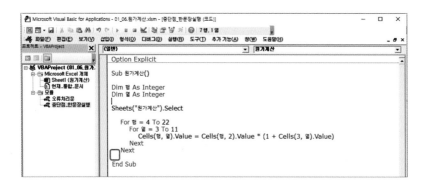

08 지역 창 표시하고 한 문장씩 실행하기 ❶ [보기]-[지역 창]을 클릭합니다. 화면 하단에 [지역] 창이 표시됩니다. ❷ F8 을 누릅니다. 한 번 누를 때마다 한 문장씩 실행되면서 [지역] 창에서 행과 열 변수에 저장된 값이 표시됩니다.

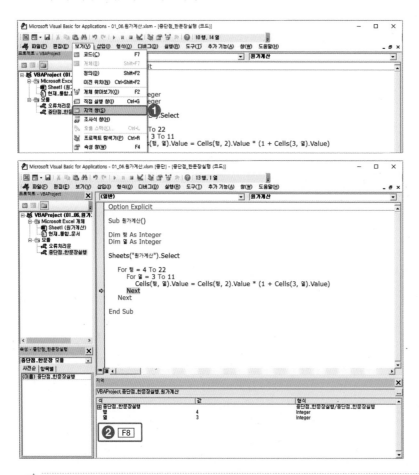

실력향상 [지역] 창은 중단 모드일 때 현재 실행 중인 프로시저와 선언된 변수에 저장된 값을 표시해줍니다. F8 은 [한 단계씩 실행]하는 바로 가기 키로 처음 누르면 프로시저가 중단 모드로 전환되면서 한 번 누를 때마다 한 문장씩 실행됩니다. 반복문에서 오류 점검을 할 때 많이 사용합니다.

09 중단 모드 해제하기 [표준] 도구 모음에서 [재설정■]을 클릭합니다.

비법
노트

주석 블록 설정과 해제 도구 사용하기

프로그램 실행 도중에 오류가 발생하거나 일부 문장을 실행하지 않도록 할 때 문장을 주석문으로 변경하면 편리하게 제외할 수 있습니다. 주석문으로 변경하려면 문장 시작 부분에 작은따옴표(')를 입력해야 하는데, 주석 블록 설정과 해제 도구를 이용해 범위를 지정하면 편리하게 주석문으로 변경할 수 있습니다.

01 [Visual Basic 편집기]에서 [보기]-[도구 모음]-[편집]을 클릭합니다.

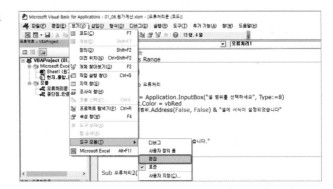

02 주석문으로 변경할 문장에 커서를 위치시키거나 블록으로 지정한 후 [편집] 도구 모음에서 [주석 블록 설정█]을 클릭합니다.

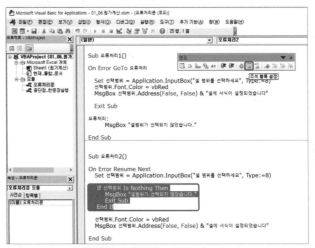

03 선택된 문장 앞에 작은따옴표(')가 자동으로 입력되어 주석문으로 변경됩니다. 주석을 해제하려면 [편집] 도구 모음에서 [주석 블록 해제█]를 클릭합니다.

CHAPTER

02

프로그램 실행을 제어하는 조건문과 반복문 사용하기

프로시저의 문장들은 위에서 아래로 한 번씩만 순차적으로 실행되는데 실제 업무에 사용될 때는 여러 가지 상황이 발생하기 때문에 조건에 따라 실행 방법을 다르게 지정해야 하는 경우도 있고, 한 번이 아닌 여러 번 반복 실행해야 하는 경우도 있습니다. 이번 CHAPTER에서는 프로그램의 처리 흐름을 적절하게 변경하기 위한 제어문으로 주로 사용되는 조건문과 반복문에 대해서 살펴보겠습니다.

If 조건문으로 값이 같은 셀 자동 병합하기

실습 파일 | Part02/Chapter02/02_01.부서별근무자.xlsx
완성 파일 | Part02/Chapter02/02_01.부서별근무자(완성).xlsm

프로그램은 위에서 아래로 순차 실행되는 것이 기본인데, 이 흐름을 변경하여 조건에 따라 다르게 실행되도록 하려면 If 조건문을 사용합니다. 셀에 입력된 값이 같으면 자동으로 셀을 병합하는 조건문 사용 프로시저를 작성해보겠습니다.

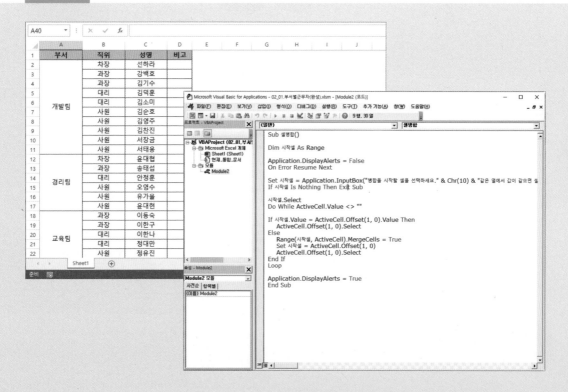

회사에서 바로 통하는 **키워드** : If 조건문, DisplayAlerts 속성, MergeCells 속성, ActiveCell 속성, Offset 속성, InputBox 메서드, On Error Resume Next 문

한눈에
보는
작업순서

셀 정보 저장 변수 선언하기	▶	오류 처리문 입력하기	▶	InputBox 메서드로 시작 셀 지정하기	▶	If 조건문으로 셀 값 비교하기	▶	값이 같으면 병합하기

01 모듈 삽입하고 프로시저 추가하기 실습 파일을 열고 [Visual Basic 편집기]를 엽니다. ❶ [삽입]-[모듈]을 클릭합니다. 모듈이 삽입되면 [코드] 창에 ❷**Sub 셀병합**을 입력한 후 [Enter]를 누릅니다. End Sub 문이 자동으로 입력됩니다.

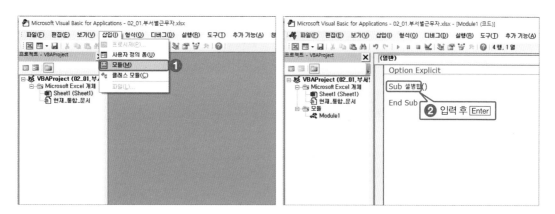

02 셀 값이 같으면 병합하는 문장 입력하기 '셀병합' 프로시저에 다음 코드를 입력합니다.

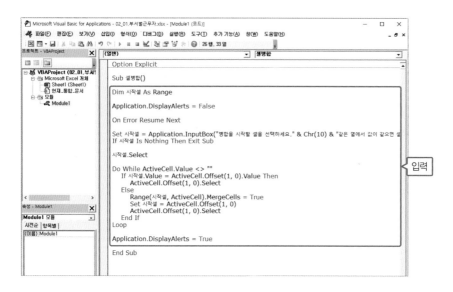

Sub 셀병합()
❶ Dim 시작셀 As Range
❷ Application.DisplayAlerts = False
❸ On Error Resume Next
❹ Set 시작셀 = Application.InputBox("병합을 시작할 셀을 지정하세요." & Chr(10) & "같은
     열에서 값이 같으면 셀을 병합합니다.", Type:=8)
❺ If 시작셀 Is Nothing Then Exit Sub
❻ 시작셀.Select
❼ Do While ActiveCell.Value <> ""

```
⑧      If 시작셀.Value = ActiveCell.Offset(1, 0).Value Then
⑨              ActiveCell.Offset(1, 0).Select
⑩      Else
⑪              Range(시작셀, ActiveCell).MergeCells = True
⑫              Set 시작셀 = ActiveCell.Offset(1, 0)
⑬              ActiveCell.Offset(1, 0).Select
⑭      End If
⑮   Loop
⑯   Application.DisplayAlerts = True
End Sub
```

❶ 병합을 시작할 셀 정보를 저장하는 '시작셀' 변수를 선언합니다.

❷ 엑셀의 기본 경고 메시지나 확인 메시지 대화상자를 표시하지 않습니다. 셀을 병합할 때 각 셀에 데이터가 입력되어 있으면 '셀을 병합하면 왼쪽 위의 값만 남고 나머지 값은 잃게 됩니다'라는 메시지가 나타나고 코드가 일시 정지됩니다. 이 메시지를 보여주지 않고 프로그램이 실행되도록 하는 문장입니다.

❸ 이 문장 이후에 오류가 발생하더라도 중단하지 않고 다음 문장을 실행하도록 합니다. ❹의 입력 대화상자에서 [취소]를 클릭하면 오류가 발생하는데, 이 오류를 해결하기 위한 문장입니다.

❹ 입력 대화상자를 표시하고 병합을 시작할 셀을 입력 받아 '시작셀' 변수에 저장합니다. InputBox 메서드의 Type 인수가 8이므로 범위만 입력할 수 있습니다. 한 줄로 입력합니다.

❺ If 조건문입니다. '시작셀' 변수의 값이 비어 있으면 프로그램을 종료합니다. If 조건문에서 한 개의 조건과 한 개의 실행문이 있을 경우 한 줄로 입력할 수 있습니다. End If 문이 필요하지 않은 형식입니다.

❻ '시작셀' 변수에 저장된 셀을 지정합니다.

❼ 반복문을 시작합니다. 현재 셀에 값이 있는 동안 ❽ ~ ⑭를 반복 실행합니다.

❽ If 조건문을 시작합니다. 현재 셀과 아래쪽 셀 값이 같은지 비교합니다.

❾ 바로 위 ❽의 조건식이 참일 때 실행할 문장으로 아래쪽 셀을 지정합니다. 값이 같은 마지막 셀을 찾기 위해 아래쪽 셀을 지정합니다.

❿ 조건식이 거짓일 때의 실행문을 입력하기 위한 키워드입니다.

⑪ ~ ⑬ 조건식이 거짓일 때 실행합니다. '시작셀' 변수에 저장된 셀부터 선택된 셀까지 병합합니다. 값이 같은 첫 번째 셀과 마지막 셀을 찾아 병합하는 명령문입니다. 현재 셀을 기준으로 한 칸 아래의 셀 정보를 '시작셀' 변수에 저장합니다. 아래쪽 셀을 지정합니다.

⑭ If 조건문을 종료합니다.

⑮ 반복문을 종료합니다.

⑯ 엑셀의 기본 경고 메시지나 확인 메시지 대화상자가 다시 표시되도록 설정합니다.

03 셀병합 프로시저 실행하기 ❶ [Sheet1] 시트 탭을 클릭합니다. ❷ [개발 도구] 탭-[코드] 그룹-[매크로]를 클릭합니다. [매크로] 대화상자에서 ❸ [실행]을 클릭합니다. [입력] 대화상자가 나타나면 ❹ [A2] 셀을 클릭하고 ❺ [확인]을 클릭합니다.

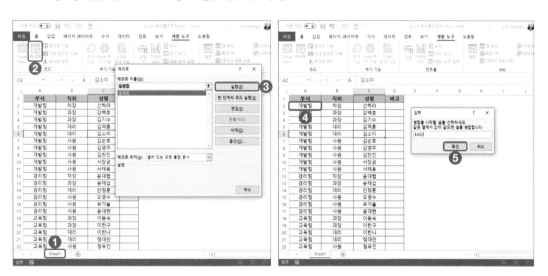

04 매크로가 실행되어 A열의 데이터가 동일한 내용끼리 병합되었습니다.

If 조건문 알아보기

VBA **키워드** : If 조건문, 조건문 보기

If 조건문은 조건에 따라 실행할 명령문의 개수와 조건의 개수에 따라 사용하는 형식이 조금씩 다릅니다. 각 유형별 If 조건문 형식을 살펴보겠습니다.

1. 조건이 참일 때만 실행문이 있는 경우

조건이 참일 때만 실행문이 있는 경우입니다. 이 경우도 실행문이 한 개일 경우와 실행문이 두 개 이상일 경우로 다시 구분됩니다. 실행문이 한개일 경우는 End If 문을 입력하지 않고 한 줄로 입력하지만 실행문이 두 개 이상일 경우는 실행문을 줄 바꾸어서 입력하고, End If 문을 마지막으로 입력해야 합니다.

❶ 실행문이 한 개일 경우

조건과 실행문이 모두 간단할 때 주로 사용하는 형식으로, 조건이 참이면 Then 다음의 코드를 실행하고 조건이 거짓이면 If 조건문에는 별도 실행문이 없습니다. End If 문이 필요하지 않은 형식입니다.

- **형식** : If 조건 Then 실행문

- **예시**

```
Sub 새문서추가선택()
❶    If MsgBox("새 문서를 추가하시겠습니까?", vbYesNo) = vbYes Then Workbooks.Add
End Sub
```

❶ 새 문서 추가를 확인하는 대화상자가 표시되고, 대화상자에서 [예]를 클릭하면 새 통합 문서를 추가합니다.

❷ 실행문이 두 개 이상일 경우

조건이 참일 때 Then 다음 문장을 실행하고, 조건이 거짓일 때는 그대로 End If 문을 만나 If 문을 종료합니다. 실행문이 두 개 이상이거나 길게 작성될 경우에 이 형식을 사용합니다. End If 문이 필요한 형식입니다.

- **형식**

```
If 조건 Then
    참일 때 실행문1
    참일 때 실행문2
End If
```

· 예시

```
Sub 새문서추가선택2()
❶    If MsgBox("새 문서를 추가하시겠습니까?", vbYesNo) = vbYes Then
❷        Workbooks.Add
❸        MsgBox ActiveWorkbook.Name & "이 추가되었습니다"
❹    End If
End Sub
```

❶ 새 문서 추가를 확인하는 메시지가 표시되고, 메시지 대화상자에서 [예]를 클릭하면 ❷ ~ ❸이 실행됩니다. [아니오]
를 클릭하면 ❹ 다음 문장을 실행하여 프로시저가 종료됩니다.

❷ 새 통합 문서를 추가합니다.

❸ 메시지를 표시합니다.

❹ 조건문을 종료합니다.

2. 조건이 참일 때와 거짓일 때 각각 실행문이 있는 경우

가장 일반적인 형태의 If 문으로 조건이 참인 경우와 거짓인 경우를 나누어 처리하며 거짓일 때의 실
행문은 Else 다음 줄에 입력합니다.

· 형식

```
If 조건 Then
    참일 때 실행문
Else
    거짓일 때 실행문
End If
```

· 예시

```
Sub 합격여부표시()
❶ Dim 점수 As Integer
❷    점수 = Val(InputBox(" 당신의 점수를 입력하세요"))
❸    If 점수 >= 85 Then
❹        MsgBox "축하합니다. 합격입니다"
❺    Else
❻        MsgBox "아쉽네요. 불합격입니다"
❼    End If
End Sub
```

❶ '점수' 변수를 정수형으로 선언합니다.

❷ 입력 대화상자에서 점수를 입력 받아 숫자로 변환한 후 '점수' 변수에 저장합니다. Val은 숫자로 변환하는 함수입니다.

❸ ~ ❹ '점수' 변수의 값이 85 이상이면 ❹를 실행하여 메시지를 표시합니다.

❺ ~ ❻ '점수' 변수의 값이 85 이상이 아니면 ❻을 실행하여 메시지를 표시합니다.

❼ 조건문을 종료합니다.

3. 조건이 두 가지 이상인 경우

비교해야 할 조건이 두 개 이상인 경우는 다중 If 문을 사용합니다. 첫 번째 조건은 If 다음에 입력하고 그 다음 조건부터는 ElseIf 다음에 입력합니다.

• 형식

```
If 조건1 Then
    조건1이 참일 때 실행문
ElseIf 조건2 Then
    조건2가 참일 때 실행문
Else
    모든 조건이 거짓일 때 실행문
EndIf
```

• 예시

```
Sub 등급표시( )
❶ Dim 점수 As Integer
❷     점수 = Val(InputBox(" 당신의 점수를 입력하세요"))
❸     If 점수 >= 90 Then
❹         MsgBox "아주 우수한 점수입니다."
❺     ElseIf 점수 >= 80 Then
❻         MsgBox "발전 가능성이 있는 점수입니다."
❼     ElseIf 점수 >= 70 Then
❽         MsgBox "좀더 분발해야 하는 점수입니다."
❾     Else
❿         MsgBox "많은 노력이 필요한 점수입니다."
⓫     End If
End Sub
```

❶ '점수' 변수를 정수형으로 선언합니다.

❷ 입력 대화상자에서 점수를 입력 받아 숫자로 변환한 후 '점수' 변수에 저장합니다. Val은 숫자로 변환하는 함수입니다.

❸ ~ ❹ '점수' 변수의 값이 90 이상이면 ❹를 실행하여 메시지를 표시합니다.

❺ ~ ❻ 80 이상이면 ❻을 실행하여 메시지를 표시합니다.

❼ ~ ❽ 70 이상이면 ❽을 실행하여 메시지를 표시합니다.

❾ ~ ❿ 위의 조건이 모두 거짓이면 ❿을 실행하여 메시지를 표시합니다.

⓫ 조건문을 종료합니다.

Select Case 조건문으로 평가 결과 표시하기

실습 파일 | Part02/Chapter02/02_02.교육평가자료.xlsx
완성 파일 | Part02/Chapter02/02_02.교육평가자료(완성).xlsm

특정한 식이나 변수의 값이 여러 가지일 때 이 값에 따라 실행문을 다르게 하려면 Select Case 조건문을 사용합니다. Select Case 조건문을 사용하여 총점에 맞는 등급을 찾아 표시해보겠습니다.

미리 보기

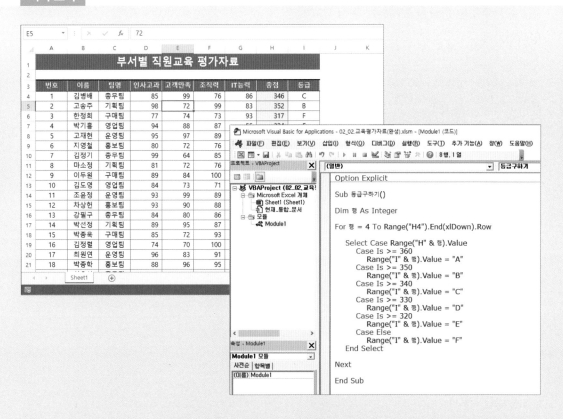

회사에서 바로 통하는 **키워드 :** Select Case 조건문, For Next 반복문, End 속성, Row 속성, Range에 변수 사용

| 한눈에
보는
작업순서 | 반복 횟수를
카운트할
변수 선언하기 | ▶ | For Next 문으로
반복 시작하기 | ▶ | H열의 값에 따라 분기하는
Select Case 문 작성하기 | ▶ | 조건에 따른 등급을
I열에 입력하기 |

01 모듈 삽입하고 프로시저 추가하기 실습 파일을 열고 [Visual Basic 편집기]를 엽니다. ❶ [삽입]-[모듈]을 클릭합니다. 모듈이 삽입되면 [코드] 창에 ❷ **Sub 등급구하기**를 입력한 후 Enter 를 누릅니다. End Sub 문이 자동으로 입력됩니다.

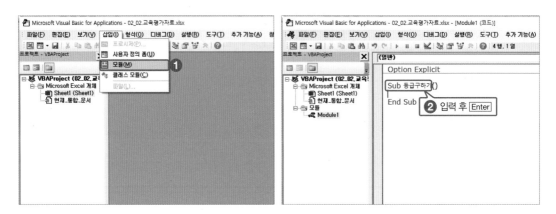

02 총점에 맞는 등급을 표시하는 문장 입력하기 '등급구하기' 프로시저에 아래와 같이 코드를 입력합니다.

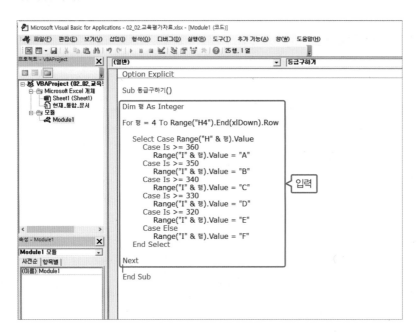

```
Sub 등급구하기()
❶ Dim 행 As Integer
❷ For 행 = 4 To Range("H4").End(xlDown).Row
❸     Select Case Range("H" & 행).Value
❹         Case Is >= 360
❺             Range("I" & 행).Value = "A"
```

매크로
기본

매크로
만들기

VBA
기본

조건문
/반복문

화면
디자인

실무
프로
그램

문법
노트

```
❻        Case Is >= 350
❼            Range("I" & 행).Value = "B"
❽        Case Is >= 340
❾            Range("I" & 행).Value = "C"
❿        Case Is >= 330
⓫            Range("I" & 행).Value = "D"
⓬        Case Is >= 320
⓭            Range("I" & 행).Value = "E"
⓮        Case Else
⓯            Range("I" & 행).Value = "F"
⓰    End Select
⓱ Next
End Sub
```

❶ 반복할 카운터 변수를 선언합니다. 변수 이름은 '행'이고 자료 형식은 정수형입니다.

❷ 반복을 시작합니다. '행' 변수의 초깃값을 **4**로 지정하고, [H4] 셀에서 아래쪽 방향으로 데이터가 있는 마지막 셀의 행 번호까지 반복합니다. **Range("H4").End(xlDown).Row**는 [H4] 셀에서 Ctrl + ↓를 눌렀을 때 이동하는 셀의 행 번호를 뜻합니다.

❸ Select Case 조건문을 시작하여 H열 값에 해당하는 문장으로 분기합니다. **Range("H" & 행).Value**에 의해 첫 번째 실행할 때는 [H4] 셀 값, 두 번째 실행할 때는 [H5] 셀 값, 세 번째 실행할 때는 [H6] 셀 값으로 변경되면서 실행합니다.

❹ ~ ❺ 위 문장인 ❸의 Range("H" & 행).Value 값이 360 이상일 경우 이 문장으로 분기하여 I열에 **A**를 입력합니다.

❻ ~ ❼ 350 이상 360 미만일 경우 이 문장으로 분기하여 I열에 **B**를 입력합니다. 이 문장은 ❹ 연산식에 일치하지 않을 경우 실행되므로 350 이상과 360 미만 조건으로 적용됩니다.

❽ ~ ❾ 340 이상 350 미만일 경우 이 문장으로 분기하여 I열에 **C**를 입력합니다.

❿ ~ ⓫ 330 이상 340 미만일 경우 이 문장으로 분기하여 I열에 **D**를 입력합니다.

⓬ ~ ⓭ 320 이상 330 미만일 경우 이 문장으로 분기하여 I열에 **E**를 입력합니다.

⓮ ~ ⓯ 위의 조건에 모두 맞지 않을 경우 이 문장으로 분기하여 I열에 **F**를 입력합니다.

⓰ Select Case 조건문을 종료합니다.

⓱ 반복문을 종료합니다.

03 등급구하기 프로시저 실행하기 ❶[Sheet1] 시트 탭을 클릭합니다. ❷[개발 도구] 탭-[코드] 그룹-[매크로]를 클릭합니다. [매크로] 대화상자에서 ❸[실행]을 클릭합니다. I열에 등급이 표시됩니다.

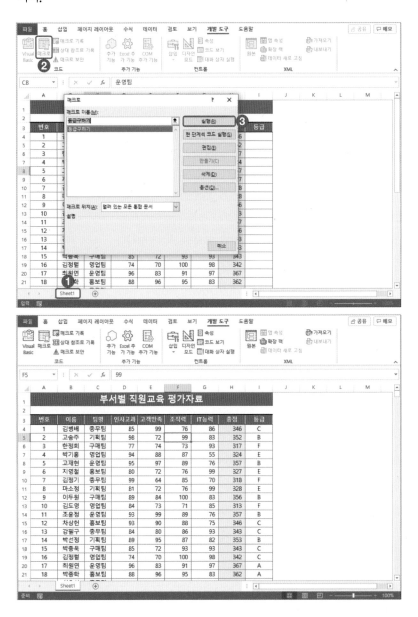

Select Case 조건문

VBA 키워드 : Select Case 조건문

Select Case는 여러 항목 중에서 조건에 맞는 곳으로 분기하여 명령을 실행하는 조건문으로, 조건의 연산식이 길 경우 한 번만 입력하면 되므로 If 조건문보다 편리합니다.

연산식에는 값, 숫자, 식, 변수, 상수 등을 사용할 수 있으며, 이 연산식의 결괏값에 따라 해당하는 조건에 맞는 Case 문으로 분기합니다.

• 형식

```
Select Case 연산식
    Case A
        연산식의 결과가 A일 경우 실행문
    Case B
        연산식의 결과가 B일 경우 실행문
    Case C
        연산식의 결과가 C일 경우 실행문
    Case Else
        연산식의 결과가 A,B,C 모두에 해당하지 않을 경우 실행문
End Select
```

• 연산식 입력 방법

형식	사용 예	설명
Case 값	Case "VBA"	'VBA'일 때 실행
Case 값1, 값2, …	Case "서울", "경기"	'서울' 또는 '경기'일 때 실행
Case 시작값 To 종룟값	Case 70 To 100	70에서 100 사이일 때 실행
Case Is 비교 연산자값	Case Is >=90	90 이상일 때 실행

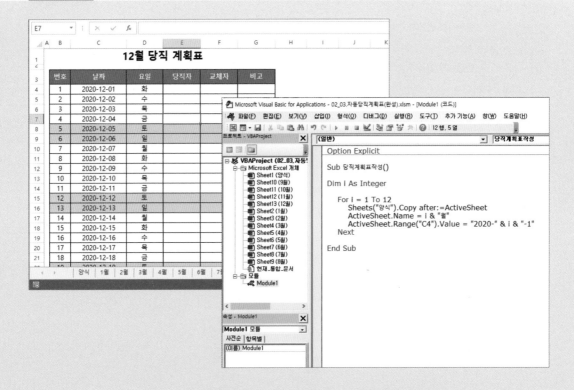

For Next 반복문으로 시트 복사하고 내용 바꾸기

실습 파일 | Part02/Chapter02/02_03.자동당직계획표.xlsx
완성 파일 | Part02/Chapter02/02_03.자동당직계획표(완성).xlsm

특정한 실행문을 지정한 횟수만큼 반복하여 실행할 경우 For Next 문을 사용합니다. For Next 문은 반복 횟수를 알 수 있을 때 주로 사용하는 반복문입니다. For Next 반복문을 사용하여 시트를 12개 복사하고 날짜를 자동 변경하는 프로시저를 작성해보겠습니다.

회사에서 바로 통하는 **키워드** : For Next 반복문, Sheets 개체, ActiveSheet 개체, Copy 메서드, Name 속성

한눈에 보는 작업순서	반복 횟수를 카운트할 변수 선언하기	▶	For Next 반복문 입력하기	▶	[양식] 시트를 현재 시트 뒤에 복사하기	▶	복사한 시트의 이름 변경하기	▶	복사한 시트 [C4] 셀에 매월 1일 날짜 입력하기

01 모듈 삽입하고 프로시저 추가하기 실습 파일을 열고 [Visual Basic 편집기]를 엽니다. ❶ [삽입]-[모듈]을 클릭합니다. 모듈이 삽입되면 [코드] 창에 ❷**Sub 당직계획표작성**을 입력한 후 Enter를 누릅니다. End Sub 문이 자동으로 입력됩니다.

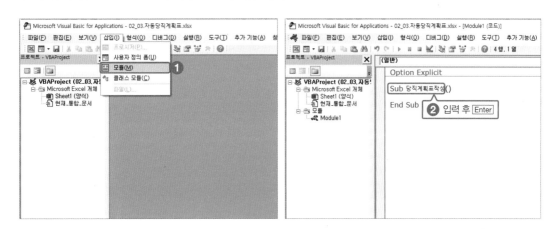

02 시트 복사하고 날짜 변경하는 반복문 입력하기 '당직계획표작성' 프로시저에 다음 코드를 입력합니다.

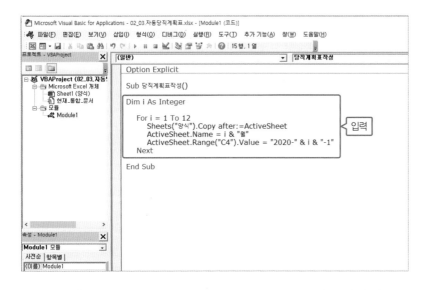

```
Sub 당직계획표작성()
❶    Dim i As Integer
❷        For i = 1 To 12
❸            Sheets("양식").Copy after:=ActiveSheet
❹            ActiveSheet.Name = i & "월"
❺            ActiveSheet.Range("C4").Value = "2020-" & i & "-1"
❻        Next
    End Sub
```

❶ 반복 횟수를 카운트할 변수를 선언합니다. 변수 이름은 'i'이고, 자료 형식은 정수형입니다.

❷ For Next 반복문을 시작합니다. 반복 카운터 변수의 초깃값은 **1**이고 **12**가 될 때까지 ❸ ~ ❺를 12회 반복 실행합니다.

❸ [양식] 시트를 현재 시트 뒤에 복사합니다.

❹ 복사한 시트의 이름을 변경합니다. 반복문이 실행될 때마다 'i' 변수의 값이 1, 2, 3, …으로 바뀌므로 첫 번째 시트의 이름은 '1월', 두 번째 시트의 이름은 '2월', 세 번째 시트의 이름은 '3월'로 변경됩니다.

❺ [C4] 셀에 각 월의 1일 날짜를 입력합니다. 'i' 변수의 값이 1이라면 **"2020-" & i & "-1"**에 의해 2020-1-1이 되므로 1월 1일로 입력되고, 'i' 변수의 값이 5라면 2020-5-1이 되므로 5월 1일로 입력됩니다.

❻ 반복문을 종료합니다.

03 당직계획표작성 프로시저 실행하기 ❶ [양식] 시트 탭을 클릭합니다. ❷ [개발 도구] 탭-[코드] 그룹-[매크로]를 클릭합니다. [매크로] 대화상자에서 ❸ [실행]을 클릭합니다. [1월]~[12월] 시트가 작성됩니다.

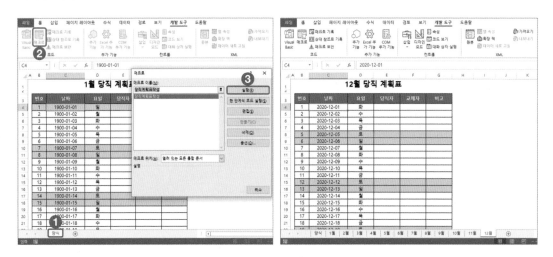

📊 **실력향상** [1월]~[12월] 시트가 생성된 상태에서 이 프로시저를 실행하면 이름이 동일한 시트를 만들 수 없으므로 오류가 발생합니다. 만약 다시 실행하려면 먼저 [1월]~[12월] 시트를 모두 삭제해야 합니다.

For Next 반복문

VBA 키워드 : For Next 반복문

For Next 문은 카운터 변수를 사용하여 한 번씩 반복할 때마다 카운터 변숫값을 증감시켜 반복 횟수를 체크합니다. 초깃값과 최종값을 설정하고 카운터 변수가 최종값이 될 때까지 반복 실행합니다. 초깃값과 최종값을 알고 있거나 알 수 있는 값일 때 사용합니다.

• 형식

```
For  ❶ 카운터 변수 = ❷ 초깃값 to ❸ 최종값 ❹ Step  증감치
     ❺ 실행문
     ❻ Exit for
Next ❼ 카운터 변수
```

❶ **카운터 변수** : 반복 횟수를 카운트하는 숫자 변수입니다. 선언부에 Option Explicit 문이 있을 경우 변수를 선언한 후 사용해야 하는데 대부분 Integer 형식을 사용합니다. 이 변수는 실행문을 실행한 후 Next를 만나 For 문으로 다시 올라오면 증감치만큼 증가 또는 감소합니다.

❷ **초깃값** : 카운터 변수의 시작값입니다.

❸ **최종값** : 카운터 변수의 종룃값입니다.

❹ **Step 증감치** : 한 번 반복할 때마다(실행문을 실행할 때마다) 증가 또는 감소하는 숫자입니다. 생략하면 기본값인 1로 설정됩니다.

❺ **실행문** : 반복하여 처리하고자 하는 실행문입니다.

❻ **Exit For** : 필요한 경우에만 사용하는 문으로, 반복 횟수가 남아 있더라도 조건에 따라 반복문을 종료할 때 사용합니다.

❼ **Next** : Next 문을 만나면 For 문으로 다시 분기하여 카운터 변수를 증가 또는 감소시키면서 For 문을 반복 처리합니다. 반복 횟수만큼 처리가 끝나면 Next 다음 문을 실행하면서 For 문이 종료됩니다. For 문을 중첩으로 사용할 경우라면 Next 다음에 카운터 변수를 입력하는 것이 좋습니다.

For Each 반복문으로
목차 시트 만들기

실습 파일 | Part02/Chapter02/02_04.목차시트만들기.xlsx
완성 파일 | Part02/Chapter02/02_04.목차시트만들기(완성).xlsm

한 개 이상의 개체 모임인 컬렉션을 대상으로 컬렉션 안에 있는 각각의 개체를 반복 처리할 때 For Each 반복문을 사용합니다. For Each 반복문을 사용하여 통합 문서에 있는 모든 시트를 반복하면서 목차 시트를 만들고 각 시트로 이동할 수 있는 하이퍼링크를 설정해보겠습니다.

미리 보기

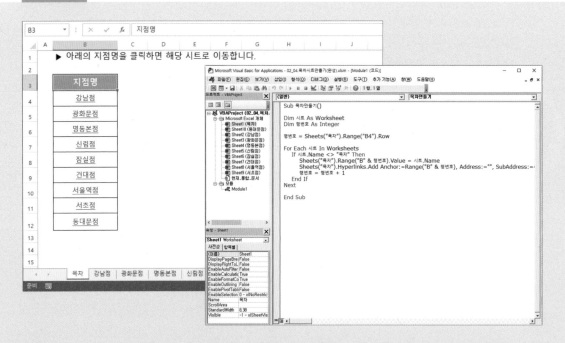

회사에서 바로 통하는 키워드 : For Each 반복문, If 조건문, Worksheets 컬렉션, Hyperlinks 개체, Add 메서드,
Name 속성, Row 속성

한눈에 보는 작업순서	개체 변수와 행 번호 저장 변수 선언하기	▶	행 번호에 초깃값 대입하기	▶	For Each 문으로 모든 시트를 개체 변수에 저장하기	▶	조건문으로 [목차] 시트 제외하기	▶
	시트명을 목차 내용으로 입력하기	▶	목차 내용에 하이퍼링크 설정하기	▶	행 번호 변수 1 증가시키기			

01 모듈 삽입하고 프로시저 추가하기 실습 파일을 열고 [Visual Basic 편집기]를 엽니다. ❶ [삽입]-[모듈]을 클릭합니다. 모듈이 삽입되면 [코드] 창에 ❷ **Sub 목차만들기**를 입력한 후 Enter 를 누릅니다. End sub 문이 자동으로 입력됩니다.

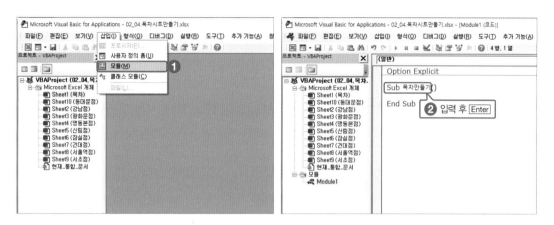

02 목차 시트 만들고 하이퍼링크 설정하는 코드 입력하기 '목차만들기' 프로시저에 다음 코드를 입력합니다.

```
Sub 목차만들기()
❶ Dim 시트 As Worksheet
❷ Dim 행번호 As Integer
❸ 행번호 = Sheets("목차").Range("B4").Row
❹ For Each 시트 In Worksheets
❺     If 시트.Name <> "목차" Then
❻         Sheets("목차").Range("B" & 행번호).Value = 시트.Name
❼         Sheets("목차").Hyperlinks.Add Anchor:=Range("B" & 행번호), Address:="",
                SubAddress:=시트.Name & "!A1"
❽         행번호 = 행번호 + 1
❾     End If
❿ Next
End Sub
```

❶ For Each 문에 사용할 '시트' 변수를 선언합니다. 현재 문서의 모든 시트를 저장할 컬렉션 개체 변수입니다.

❷ 행 번호를 저장할 정수형 변수 '행번호'를 선언합니다. 이 변수는 [목차] 시트에 목차 내용을 작성할 행 위치를 저장할 변수입니다.

❸ '행번호' 변수에 [목차] 시트 [B4] 셀의 행 번호를 저장합니다. 4가 저장됩니다.

❹ For Each 반복문을 시작합니다. 현재 문서의 모든 시트를 시트 변수에 저장합니다. Sheets("목차")로 개체를 지정하면 [목차] 시트 한 개를 뜻하지만 Worksheets로 컬렉션을 지정하면 모든 시트를 뜻합니다.

❺ '시트' 변수에 저장된 이름이 '목차'가 아니면 ❻ ~ ❽을 실행합니다. [목차] 시트를 제외한 나머지 시트를 대상으로 목차를 만들어야 하므로 필요한 조건문입니다.

❻ [목차] 시트의 B열에 '시트' 변수에 저장된 시트의 이름을 입력합니다. '행번호' 변수가 1씩 증가하도록 되어 있기 때문에 처음 반복할 때는 [B4] 셀에 입력되고, 두 번째 반복할 때는 [B5] 셀, 세 번째 반복할 때는 [B6] 셀, …에 입력됩니다.

❼ [목차] 시트에 입력된 글자에 하이퍼링크를 지정합니다. **Hyperlinks.Add**는 하이퍼링크를 추가하는 메서드로, Anchor 인수는 연결 대상, Address 인수는 주소, SubAddress 인수는 표시할 텍스트입니다. 한 줄로 입력합니다. 만약 시트 이름에 공백이 있다면 SubAddress 인수의 시트 이름을 작은따옴표로 묶어야 오류가 발생하지 않으므로 **SubAddress:="'" & 시트.Name & "'" & "!A1"** 로 입력합니다.

❽ 행 번호를 1 증가시킵니다. 다음 목차는 아래쪽 셀에 작성되어야 하므로 행 번호가 1 증가해야 합니다.

❾ 조건문을 종료합니다.

❿ 반복문을 종료합니다.

03 목차만들기 프로시저 실행하기 ❶ [목차] 시트 탭을 클릭합니다. ❷ [개발 도구] 탭-[코드] 그룹-[매크로]를 클릭합니다. [매크로] 대화상자에서 ❸ [실행]을 클릭합니다. B열에 목차가 만들어지고 목차에 하이퍼링크가 설정됩니다.

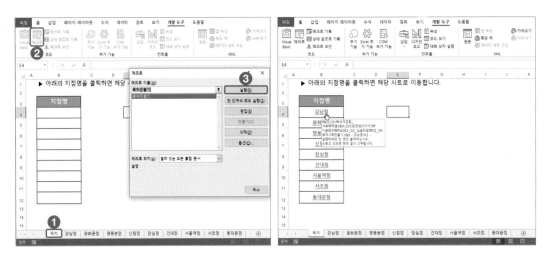

For Each 반복문

VBA 키워드 : For Each 반복문

For Each 반복문은 For Next 반복문과 형식이 유사하지만 카운터 변수가 없고 컬렉션 개체를 개체 변수에 대입하여 개체 변수 각각에 대해 반복 처리합니다. 이때 개체 변수의 데이터 형식은 Range, Worksheet, Workbook, Chart 등으로 지정합니다.

• 형식

```
For Each    ❶ 개체 변수 in ❷ 컬렉션 개체
            ❸ 실행문
            ❹ Exit For
❺ Next 개체 변수
```

❶ **개체 변수** : 컬렉션 개체를 저장할 개체 변수입니다. 컬렉션에는 범위, 워크시트, 통합 문서 등이 설정될 수 있으므로 이 개체에 맞는 변수의 데이터 형식이 지정되어야 합니다. 선언부에 선언한 후 사용합니다.

❷ **컬렉션 개체** : 한 개 이상의 개체 집합입니다. Range, Worksheets, Workbooks, Charts 등을 사용합니다.

❸ **실행문** : 개체 변수에 저장된 개체의 개수만큼 반복으로 실행할 실행문입니다.

❹ **Exit For** : 필요한 경우에만 사용하는 부분으로, 반복할 개체가 남아 있더라도 조건에 따라 반복문을 종료해야 할 경우가 있을 때 사용합니다.

❺ **Next 개체 변수** : Next를 만나 For 문으로 분기합니다. 더 이상 반복할 개체가 없을 경우 Next 다음 문장을 실행합니다. Next 뒤에 입력하는 개체 변수는 생략할 수 있습니다.

핵심기능 05

Do Loop 반복문으로
색상이 같은 셀만 합계 계산하기

실습 파일 | Part02/Chapter02/02_05.색상합계.xlsx
완성 파일 | Part02/Chapter02/02_05.색상합계(완성).xlsm

반복 횟수를 알 수 없고 특정 조건을 만족하거나 만족하지 않을 때까지 반복되도록 하려면 Do Loop 문을 사용합니다. Do Loop 반복문을 이용하여 채우기 색이 설정된 셀의 합계를 계산해보겠습니다.

미리 보기

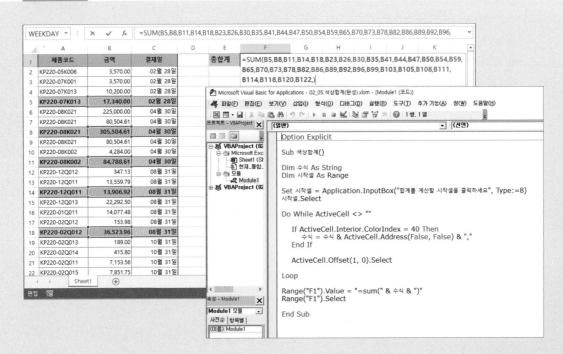

회사에서 바로 통하는 키워드 : Do While 반복문, InputBox 메서드, If 조건문, Interior 속성, ColorIndex 속성,
Address 속성

한눈에 보는 작업순서	시트에 적용된 채우기 색의 ColorIndex 값 알아내기	▶	수식을 저장할 변수와 시작 셀을 저장할 변수 선언하기	▶	InputBox 메서드로 시작 셀 입력 받기	▶
	Do Loop 반복문으로 데이터가 있을 때까지 반복하기	▶	If 문으로 채우기 색이 일치하는지 확인하기	채우기 색이 일치하면 수식에 셀 주소 추가하기	반복이 완료된 후 [F1] 셀에 Sum 함수 입력하기	

01 채우기 색의 ColorIndex 값 알아내기 실습 파일을 열고 [Visual Basic 편집기]를 엽니다. ➊ [보기]–[직접 실행 창]을 클릭합니다. ➋ [직접 실행] 창에 **? range("B5").Interior. ColorIndex**를 입력한 후 Enter 를 누릅니다.

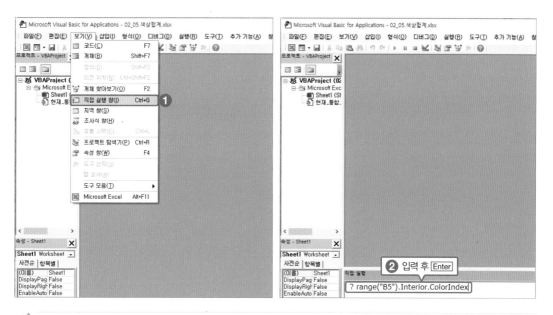

📊 **실력향상** [직접 실행] 창은 한 줄 단위로 명령을 실행할 때 사용하는데, [직접 실행] 창에 결과를 표시할 때는 **?**나 **Print**를 입력하고 실행할 내용을 입력한 후 Enter 를 누릅니다.

02 '40'이 표시됩니다. [B5] 셀의 채우기 색 ColorIndex 값이 40이므로 B열에서 ColorIndex 값이 40인 셀만 합계를 계산하면 됩니다. [직접 실행] 창을 닫습니다.

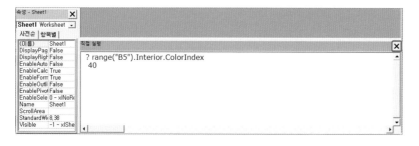

📊 **실력향상** 색상을 지정하는 속성으로는 Color 속성과 ColorIndex 속성을 주로 사용하는데, Color 속성은 색상 이름이나 RGB 값으로 사용하고, ColorIndex는 1~56까지의 색 번호를 사용합니다. [직접 실행] 창에서 **? range("B5").Interior.Color**를 입력하면 16진수 RGB 값인 '6740479'가 표시됩니다. 이 값으로 사용하기는 불편하므로 ColorIndex 속성을 사용하는 것이 좋습니다.

03 모듈 삽입하고 프로시저 추가하기 [Visual Basic 편집기]에서 ❶[삽입]–[모듈]을 클릭합니다. 삽입된 모듈에 ❷**Sub 색상합계**를 입력한 후 Enter 를 누릅니다. End Sub 문이 자동으로 입력됩니다.

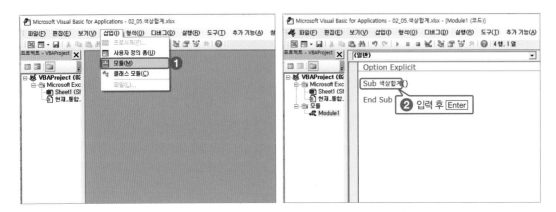

04 ColorIndex 값이 40인 셀의 합계를 계산하는 문장 입력하기 '색상합계' 프로시저에 다음 코드를 입력합니다.

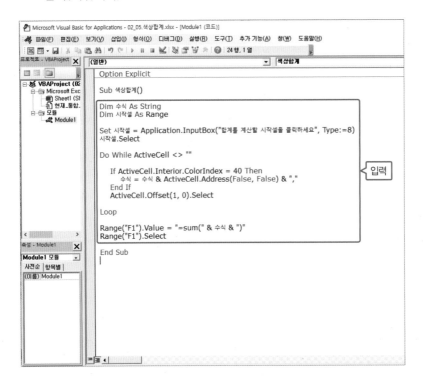

Sub 색상합계()
❶ Dim 수식 As String
❷ Dim 시작셀 As Range

매크로 기본

매크로 만들기

VBA 기본

조건문 /반복문

화면 디자인

실무 프로 그램

문법 노트

```
❸ Set 시작셀 = Application.InputBox("합계를 계산할 시작 셀을 클릭하세요", Type:=8)
❹ 시작셀.Select
❺ Do While ActiveCell <> ""
❻     If ActiveCell.Interior.ColorIndex = 40 Then
❼         수식 = 수식 & ActiveCell.Address(False, False) & ","
❽     End If
❾     ActiveCell.Offset(1, 0).Select
❿ Loop
⓫ Range("F1").Value = "=sum(" & 수식 &")"
⓬ Range("F1").Select
End Sub
```

❶ 수식을 저장할 '수식' 변수를 문자형으로 선언합니다.

❷ 시작 셀을 저장할 '시작셀' 변수를 범위 형식으로 선언합니다.

❸ 입력 대화상자로 비교할 첫 번째 셀을 받아들여 '시작셀' 변수에 저장합니다. InputBox 메서드의 자료 형식(Type)을 '8'로 지정하면 범위만 입력 받을 수 있습니다. 개체 변수에 대입할 때는 반드시 Set 문이 필요합니다.

❹ '시작셀' 변수에 저장된 셀을 범위로 지정합니다.

❺ Do While 반복문을 시작합니다. 현재 셀에 값이 있는 동안 ❻ ~ ❾를 반복 실행합니다.

❻ 현재 셀의 채우기 색 번호가 '40'인지 비교하는 조건문입니다.

❼ 조건식이 참일 때 실행하는 문장으로, 수식 변수에 현재 셀의 주소와 콤마(,)를 저장합니다. 이 주소는 Sum 함수에 사용할 인수로 누적되어 저장되어야 합니다. **Address(False, False)**는 상대 참조 주소를 뜻하고, 콤마는 Sum 함수의 인수 구분 기호로 사용됩니다.

❽ 조건문을 종료합니다.

❾ 현재 셀의 아래쪽 셀을 범위로 지정합니다. 다음 셀을 비교하기 위해 대상 셀을 이동합니다.

❿ 반복문을 종료합니다.

⓫ '수식' 변수에 입력된 최종값을 Sum 함수의 인수로 사용하여 Sum 함수식을 [F1] 셀에 대입합니다.

⓬ [F1] 셀을 범위로 지정합니다.

05 색상합계 프로시저 실행하기 ❶ [Sheet1] 시트 탭을 클릭합니다. ❷ [개발 도구] 탭-[코드] 그룹-[매크로]를 클릭합니다. [매크로] 대화상자에서 ❸ [실행]을 클릭합니다. ❹ [입력] 대화상자가 나타나면 [B2] 셀을 클릭하고 ❺ [확인]을 클릭합니다.

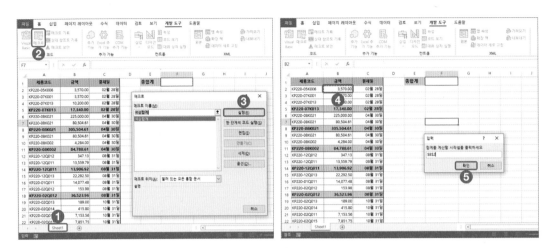

06 채우기 색이 설정된 셀의 합계를 계산하는 Sum 함수가 [F1] 셀에 입력됩니다.

Do Loop 반복문

VBA **키워드** : Do Loop 반복문

Do Loop 문은 While과 Until이라는 키워드를 사용하여 조건을 판단합니다. While은 조건이 참인 동안 반복 실행하고, Until은 조건이 참이 될 때까지 반복 실행합니다. 두 반복문의 기능은 같지만 반대의 방법으로 조건을 체크합니다. Do Loop 문의 두 가지 형식을 살펴보겠습니다.

1. Do While Loop 문 형식

• **형식**

```
❶ Do While 조건
   ❷ 실행문
   ❸ Exit Do
❹ Loop
```

❶ **조건** : 참이나 거짓으로 판정을 내릴 수 있는 식이나 명령문으로, 조건이 참일 동안 반복합니다. While 조건을 Loop 문과 함께 아래쪽에 입력할 수 있는데, 만약 Loop While 조건으로 사용하면 조건을 나중에 비교하므로 처음에는 조건에 맞지 않더라도 실행문이 한 번은 실행됩니다.

❷ **실행문** : 반복적으로 실행할 문장입니다.

❸ **Exit Do** : 필요한 경우에만 사용하는 문장으로, 반복을 실행하는 도중 경우에 따라 Do 문을 종료할 때 사용합니다.

❹ **Loop** : Do 문을 종료합니다. 조건이 참이라면 프로시저 실행 중에 Loop를 만나 Do While 문으로 분기합니다.

2. Do Until Loop 문 형식

• **형식**

```
❶ Do Until 조건
   ❷ 실행문
   ❸ Exit Do
❹ Loop
```

❶ **조건** : 참이나 거짓으로 판정을 내릴 수 있는 식이나 명령문으로, 조건이 거짓인 동안만 반복되다가 참이 되면 Do 문을 종료합니다.

❷ **실행문** : 반복적으로 실행할 문장입니다.

❸ **Exit Do** : 필요한 경우에만 사용하는 문장으로, 반복을 실행하는 도중 경우에 따라 Do 문을 종료할 때 사용합니다.

❹ **Loop** : Do 문을 종료합니다. 조건이 거짓이라면 프로시저 실행 중에 Loop를 만나 Do Until 문으로 분기합니다.

VBA에서 색을 사용하는 세 가지 방법

VBA 키워드 : Color 속성, ColorIndex 속성, ThemeColor 속성

엑셀에는 글꼴 색, 채우기 색, 테두리 색 등 다양한 색을 지정할 수 있습니다. 색을 지정하려면 Color 속성, ColorIndex 속성, ThemeColor 속성을 사용합니다.

1. Color 속성

Color 속성은 색을 지정할 때 가장 많이 사용하는 속성으로, 색상 상수나 RGB 함수를 사용합니다.

- 색상 상수는 vbBlack, vbRed , vbGreen, vbYellow, vbBlue, vbMagenta, vbCyan, vbWhite 를 사용할 수 있습니다.

- RGB 함수를 이용하여 속성값을 지정할 때는 빨간색, 초록색, 파란색의 밝기(강도)를 숫자로 지정하여 색을 지정합니다. 인수로는 RGB(Red, Green, Blue)를 지정하는데 각 인수(Red, Green, Blue)에는 0~255까지의 숫자를 사용합니다. 0의 강도가 가장 낮고(색이 포함되지 않은 것과 같음) 255의 강도가 가장 높습니다. 예를 들어 검은색(0, 0, 0), 파란색(0, 0, 255), 녹색(0, 255, 0), 청록색(0, 255, 255), 빨간색(255, 0, 0), 자홍색(255, 0, 255), 노란색(255, 255, 0), 흰색(255, 255, 255) 등으로 RGB를 설정할 수 있습니다.

- 형식 : 개체.Color = 색상 상수 또는 RGB 함수

- 예시

```
Range("A1").Font.Color = vbBlue
```
→ [A1] 셀의 글꼴 색을 파란색으로 설정합니다.
```
Range("A1").Font.Color = RGB(0,255,0)
```
→ [A1] 셀의 글꼴 색을 녹색으로 설정합니다.

2. ColorIndex 속성

ColorIndex 속성은 1~56까지의 색을 미리 지정해 놓고 그 색에 해당하는 숫자로 색을 지정합니다. Color 속성으로는 설정할 수 없는 xlNone(없음)과 xlAutomatic(자동)을 ColorIndex에서 설정할 수 있습니다.

- 형식 : 개체.ColorIndex = 숫자

- 예시

```
Range("A1").Font.ColorIndex = 10
```
→ [A1] 셀의 글꼴 색을 녹색으로 설정합니다.
```
Range("A1").Font.ColorIndex = xlAutomatic
```
→ [A1] 셀의 글꼴 색을 자동으로 설정합니다.

3. ThemeColor 속성

통합 문서의 테마에 따라 색상을 설정할 때 ThemeColor 속성을 사용하는데, 테마에 따라 색의 종류가 달라집니다. 테마 색을 이용할 때는 ThemeColor 속성으로 테마 색의 종류를 선택하고, ThinAndShade 속성을 이용해 색의 명도를 지정할 수 있습니다. ThinAndShade 속성은 −1이 가장 어두운 색이고 1이 가장 밝은 색이며 0은 중간 밝기를 의미합니다.

- **형식** : 개체.ThemeColor = 상수 또는 값

- **예시**

```
Range("A1").ThemeColor = 6
→ [A1] 셀의 글꼴 색을 테마 색 강조색 2로 설정합니다.
Range("B2:D2").Interior.TintAndShade = 0.5
→ [B2:D2] 범위의 채우기 색 밝기를 50%로 설정합니다.
```

다음은 테마 색의 상수와 값 목록입니다.

상수	값	설명
xlThemeColorAccent1	5	강조색 1
xlThemeColorAccent2	6	강조색 2
xlThemeColorAccent3	7	강조색 3
xlThemeColorAccent4	8	강조색 4
xlThemeColorAccent5	9	강조색 5
xlThemeColorAccent6	10	강조색 6
xlThemeColorDark1	1	어둡게 1
xlThemeColorDark2	3	어둡게 2
xlThemeColorFollowedHyperlink	12	열어본 하이퍼링크
xlThemeColorHyperlink	11	하이퍼링크
xlThemeColorLight1	2	밝게 1
xlThemeColorLight2	4	밝게 2

핵심기능 06

With 문으로 반복되는 코드 줄여서 입력하기

실습 파일 | Part02/Chapter02/02_06.거래처목록서식.xlsx
완성 파일 | Part02/Chapter02/02_06.거래처목록서식(완성).xlsm

With 문은 같은 개체나 속성들을 반복적으로 입력해야 할 경우 이를 묶어서 한 번만 입력하여 간단하게 문장을 작성할 때 사용합니다. With 문은 프로그램 처리 속도를 빠르게 할 뿐만 아니라 개체나 속성의 반복 입력을 방지하여 오류를 줄여줍니다. With 문을 이용하여 서식을 변경하는 문장을 작성해보겠습니다.

미리 보기

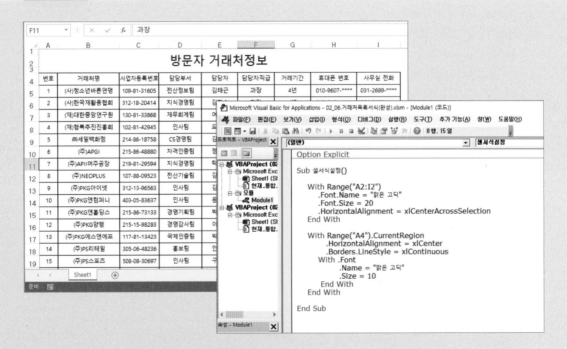

회사에서 바로 통하는 **키워드 :** With 문, Range 개체, Font 속성, HorizontalAlignment 속성, CurrentRegion 속성, Name 속성, Size 속성

| 한눈에 보는 작업순서 | 제목 범위를 With 문으로 묶기 | ▶ | 제목 셀 서식 설정하기 | ▶ | [A4] 셀에서 주변 영역 범위를 With 문으로 묶기 | ▶ | 맞춤과 테두리 서식 설정하기 | ▶ | Font 추가하여 하위 With 문으로 묶기 | ▶ | 글꼴 서식 설정하기 |

01 모듈 삽입하고 프로시저 추가하기 실습 파일을 열고 [Visual Basic 편집기]를 엽니다. ❶ [삽입]-[모듈]을 클릭합니다. 모듈이 삽입되면 [코드] 창에 ❷ **Sub 셀서식설정**을 입력한 후 Enter를 누릅니다.

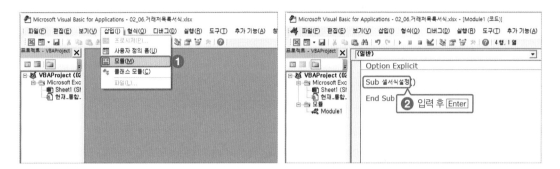

02 제목과 본문에 셀 서식을 설정하는 문장 입력하기 '셀서식설정' 프로시저에 다음 코드를 입력합니다.

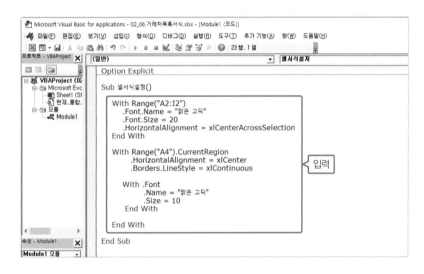

```
Sub 셀서식설정()
❶   With Range("A2:I2")
❷       .Font.Name = "맑은 고딕"
❸       .Font.Size = 20
❹       .HorizontalAlignment = xlCenterAcrossSelection
❺   End With
❻   With Range("A4").CurrentRegion
❼       .HorizontalAlignment = xlCenter
❽       .Borders.LineStyle = xlContinuous
❾       With .Font
❿           .Name = "맑은 고딕"
```

⑪   .Size = 10

⑫   End With

⑬   End With

End Sub

❶ [A2:I2] 범위를 With 문으로 묶어서 ❷ ~ ❹ 문장의 마침표(.) 앞에 생략되었음을 표시합니다.

❷ ~ ❹ [A2:I2] 범위의 글꼴 종류를 [맑은 고딕]으로, 글꼴 크기를 20으로, 가로 맞춤을 선택 영역의 가운데로 설정합니다.

❺ With 문을 종료합니다.

❻ [A4] 셀을 기준으로 주변 데이터 영역을 With 문으로 묶어서 ❼ ~ ❽의 마침표(.) 앞에 생략되었음을 표시합니다.

❼ ~ ❽ [A4] 셀을 기준으로 주변 데이터 영역의 범위에 가운데 맞춤을 설정하고, 테두리를 실선으로 설정합니다.

❾ 하위 With 문을 사용합니다. **Range("A4").CurrentRegion.Font**를 With 문으로 묶어서 ❿ ~ ⑪의 마침표(.) 앞에 생략되었음을 표시합니다.

❿ ~ ⑪ [A4] 셀을 기준으로 주변 데이터 영역의 글꼴을 [맑은 고딕]으로, 글꼴 크기를 10으로 설정합니다.

⑫ ❾의 With 문을 종료합니다.

⑬ ❻의 With 문을 종료합니다.

03 셀서식설정 프로시저 실행하기 ❶ [Sheet1] 시트 탭을 클릭합니다. ❷ [개발 도구] 탭-[코드] 그룹-[매크로]를 클릭합니다. [매크로] 대화상자에서 ❸ [실행]을 클릭합니다. '셀서식설정' 프로시저가 실행되어 제목과 본문 내용에 셀 서식이 설정됩니다.

CHAPTER

03

화면 디자인을 위한 컨트롤과 사용자 정의 폼 만들기

VBA로 작성된 프로그램을 편리하게 사용할 수 있는 인터페이스를 만들기 위해 ActiveX 컨트롤과 사용자 정의 폼을 사용합니다. ActiveX 컨트롤은 엑셀 시트에 삽입하여 화면을 디자인할 수 있고, 사용자 정의 폼은 [Visual Basic 편집기]에서 대화상자를 만들 수 있습니다. 이번 CHAPTER에서는 ActiveX 컨트롤과 사용자 정의 폼을 삽입한 후 이 컨트롤들이 동작할 수 있도록 이벤트 프로시저를 작성해보겠습니다.

01 콤보 상자를 사용하여 검색 자동화하기

실습 파일 | Part02/Chapter03/03_01.급여지급명세서.xlsx
완성 파일 | Part02/Chapter03/03_01.급여지급명세서(완성).xlsm

실습 파일의 [지급명세서] 시트에는 사번을 기준으로 [급여DB] 시트에서 데이터를 찾아 셀에 표시하도록 함수가 입력되어 있는데, 사번과 함께 성명도 선택 기준으로 사용하려고 합니다. 이러한 경우 함수로는 불가능하지만 ActiveX 컨트롤을 사용하여 이벤트 프로시저를 작성하면 가능합니다. 사번과 성명을 선택할 수 있는 콤보 상자(ActiceX 컨트롤)를 추가하여 두 항목을 모두 검색 기준으로 사용할 수 있도록 이벤트 프로시저를 작성해보겠습니다.

미리 보기

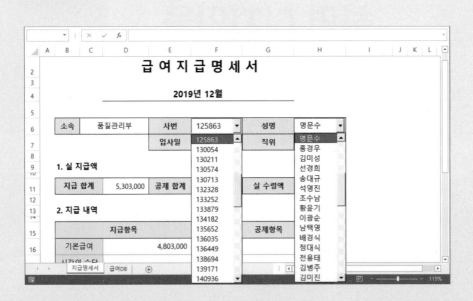

회사에서 바로 통하는 키워드 : 콤보 상자(ActiveX 컨트롤), 이벤트 프로시저, Value 속성, ListIndex 속성

한눈에 보는 작업순서	사번과 성명 범위 이름 정의하기	▶	콤보 상자 (ActiveX 컨트롤) 추가하기	▶	콤보 상자 속성 변경하기	▶	Change 이벤트 프로시저 작성하기

01 사번과 성명 범위 이름 정의하기 실습 파일을 열고 ❶ [급여DB] 시트 탭을 클릭합니다. ❷ [A1:B60] 범위를 지정한 후 ❸ [수식] 탭-[정의된 이름] 그룹-[선택 영역에서 만들기]를 클릭합니다. [선택 영역에서 이름 만들기] 대화상자에서 ❹ [첫 행]은 체크하고, [오른쪽 열]은 체크를 해제합니다. ❺ [확인]을 클릭합니다. ❻ [이름 상자]의 목록 단추□를 클릭하면 [사번]과 [성명]이 표시됩니다.

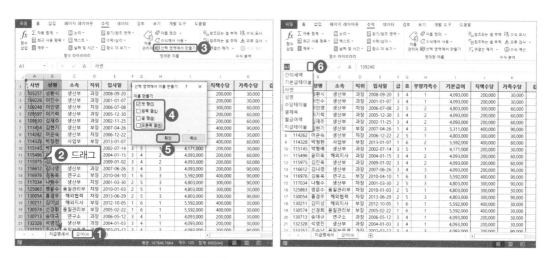

실력향상 [선택 영역에서 이름 만들기]를 실행하면 [A1:B60] 범위의 첫 행인 [사번], [성명]은 이름으로 사용되고 나머지 각 열의 범위는 해당 이름의 범위로 사용됩니다. 정의된 이름을 수정하거나 삭제할 때는 [수식] 탭-[정의된 이름] 그룹-[이름 관리자]를 클릭한 후 표시되는 [이름 관리자] 대화상자를 이용합니다.

02 콤보 상자(ActiveX 컨트롤) 삽입하기 ❶ [개발 도구] 탭-[컨트롤] 그룹-[삽입]-[콤보 상자(ActiveX 컨트롤)▦]을 클릭합니다. ❷ [F5] 셀 위치에 드래그하여 삽입합니다. ❸ 삽입된 콤보 상자를 Ctrl + Shift 를 누른 채 드래그하여 [H5] 셀 위치에 복사합니다.

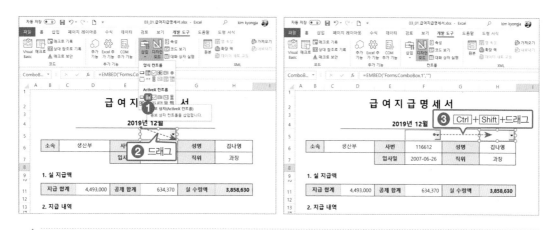

실력향상 콤보 상자를 사번이 입력된 [F6] 셀 위치에 삽입해야 하지만 콤보 상자의 값이 [F6] 셀에 입력되는 중간 과정을 확인하기 위해 위쪽 셀에 삽입합니다. 프로시저 작성이 끝나면 [F6] 셀로 이동합니다.

매크로 기본

매크로 만들기

VBA 기본

조건문 /반복문

화면 디자인

실무 프로 그램

문법 노트

03 콤보 상자 속성 설정하기 ❶ [F5] 셀 위치에 삽입한 콤보 상자를 클릭한 후 ❷ [개발 도구] 탭-[컨트롤] 그룹-[속성]을 클릭합니다. [속성] 창에서 ❸ [이름]에 **cbo사번**을, ❹ [ListFillRange] 에 **사번**, [ListRows]에 **15**를 입력합니다.

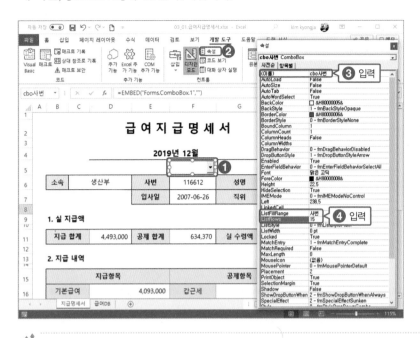

실력향상 삽입한 콤보 상자가 선택되지 않으면 [개발 도구] 탭-[컨트롤] 그룹-[디자인 모드]를 클릭합니다. [속성] 창에 한글을 입력하면 깨진 글자처럼 보이지만 자음과 모음이 모두 입력되면 글자가 정상적으로 보입니다. [속성] 창의 [이름]에 입력한 내용은 프로시저를 작성할 때 개체의 이름으로 사용되는데, 콤보 상자라는 의미를 부여하기 위해 접두어로 **cbo**를 붙입니다. [ListFillRange]는 목록으로 표시할 셀 데이터 범위이고, [ListRows]는 목록에 표시할 행수입니다.

04 ❶ [H5] 셀 위치에 삽입한 콤보 상자를 클릭합니다. [속성] 창에서 ❷ [이름]에 **cbo성명**을, ❸ [ListFillRange]에 **성명**, [ListRows]에 **15**를 입력합니다. ❹ [속성] 창을 닫습니다.

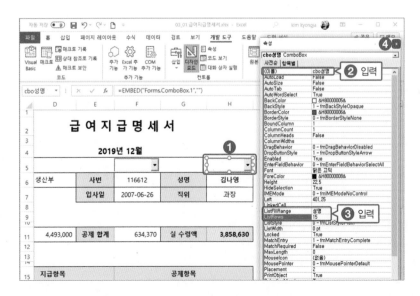

05 실행 모드로 전환하기 ❶ [개발 도구] 탭–[컨트롤] 그룹–[디자인 모드]를 클릭합니다. [디자인 모드]가 해제됩니다. ❷ 두 콤보 상자의 목록 단추를 각각 클릭해 목록이 정상적으로 표시되는지 확인합니다.

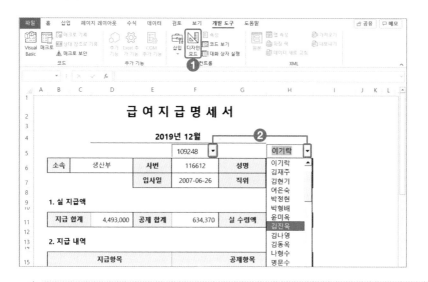

📊 **실력향상** [개발 도구] 탭–[컨트롤] 그룹–[디자인 모드]가 활성화되면 컨트롤을 편집할 수 있고, 해제되면 실행 모드로 전환되어 컨트롤을 작동할 수 있습니다.

06 cbo사번 콤보 상자의 이벤트 프로시저 작성하기 ❶ [개발 도구] 탭–[컨트롤] 그룹–[디자인 모드]를 클릭합니다. ❷ [F5] 셀 위치에 삽입한 콤보 상자를 더블클릭합니다. [Visual Basic 편집기]가 열리고 [Sheet1 (코드)] 창이 표시됩니다.

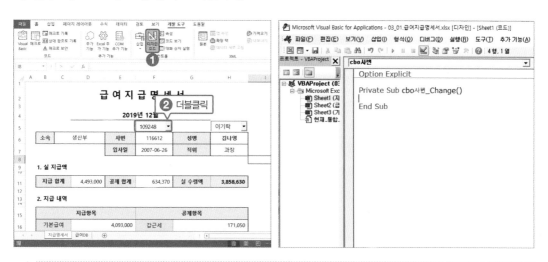

📊 **실력향상** 지금 작성하는 프로시저는 바로 가기 키나 [매크로] 대화상자로 실행하지 않고 콤보 상자의 값이 변경되었을 때 자동으로 실행되어야 합니다. 이렇게 특정한 개체의 변화가 있을 때 자동으로 실행되는 프로시저를 이벤트 프로시저라고 합니다. 이벤트 프로시저 틀은 개체와 이벤트를 선택하면 만들어집니다. 디자인 모드 상태에서 컨트롤을 더블클릭해도 기본 이벤트 프로시저 틀이 만들어집니다.

07 'cbo사번' 콤보 상자에서 사번을 선택하면 변경된 값이 [F6] 셀에 입력되고 'cbo성명' 콤보 상자의 값도 변경되도록 하는 코드를 작성합니다.

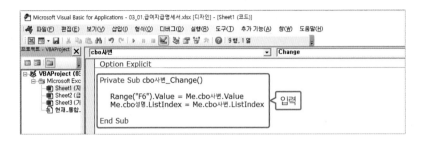

❶ Private Sub cbo사번_Change( )
❷   Range("F6").Value = Me.cbo사번.Value
❸   Me.cbo성명.ListIndex = Me.cbo사번.ListIndex
End Sub

❶ 'cbo사번' 콤보 상자의 값이 변경되었을 때 실행할 이벤트 프로시저입니다. 이벤트 프로시저 이름은 '개체명_이벤트명'으로 구성됩니다.

❷ [F6] 셀에 'cbo사번' 콤보 상자의 값을 입력합니다. **cbo사번**을 입력할 때 **me.c**까지만 입력해도 c로 시작하는 개체가 목록에 표시되어 빠르게 입력할 수 있습니다. **Me.cbo사번.Value**에서 Value를 생략하면 셀에 텍스트 형식으로 입력되어 함수에서 오류가 발생합니다.

❸ 'cbo사번' 콤보 상자에서 선택한 목록 번호를 'cbo성명' 콤보 상자의 목록 번호로 대입합니다. ListIndex 속성은 콤보 상자의 목록 번호를 뜻합니다.

08 cbo성명 콤보 상자의 이벤트 프로시저 작성하기 ❶ [코드] 창 상단의 [개체]에서 [cbo성명]을 클릭합니다. 'cbo성명' 콤보 상자의 이벤트 프로시저 틀이 만들어집니다. ❷ 'cbo성명' 콤보 상자 이벤트 프로시저에는 'cbo성명' 콤보 상자에서 선택한 목록 번호를 'cbo사번' 콤보 상자의 목록 번호에 대입하는 코드를 입력합니다.

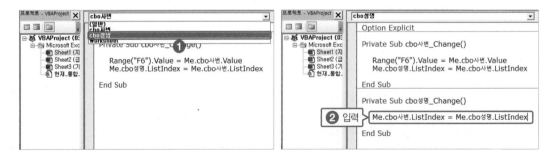

❶ Private Sub cbo성명_Change( )
❷   Me.cbo사번.ListIndex = Me.cbo성명.ListIndex

End Sub

❶ 'cbo성명' 콤보 상자의 값이 변경되었을 때 실행할 이벤트 프로시저입니다.

❷ 'cbo성명' 콤보 상자에서 선택한 목록 번호를 'cbo사번' 콤보 상자의 목록 번호로 대입합니다.

09 콤보 상자 위치 이동하고 결과 확인하기 ❶ [지급명세서] 시트 탭을 클릭합니다. ❷ 두 개의 콤보 상자를 각각 [F6] 셀과 [H6] 셀로 이동합니다. ❸ [개발 도구] 탭-[컨트롤] 그룹-[디자인 모드]를 클릭해 디자인 모드를 해제합니다. ❹ 콤보 상자를 클릭하여 결과를 확인합니다.

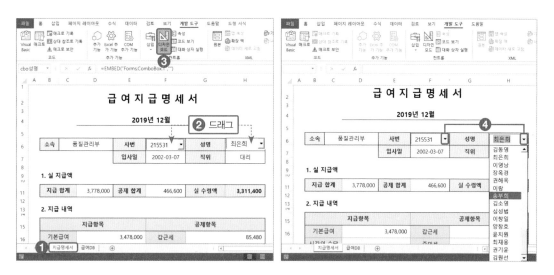

컨트롤의 종류와 용도, 이벤트 프로시저 알아보기

1. 양식 컨트롤과 ActiveX 컨트롤

[양식 컨트롤]은 일반적인 도형처럼 그리고 편집하지만 [ActiveX 컨트롤]은 디자인 모드와 실행 모드가 구분됩니다. 또한 [양식 컨트롤]은 [컨트롤 서식]을 통해 셀과 연결하지만 [ActiveX 컨트롤]은 VBA 코드를 이용하여 동작합니다. 두 컨트롤의 모양은 비슷하지만 사용하는 방법이 다르므로 컨트롤의 특징을 이해하고 필요에 따라 적절하게 선택할 수 있어야 합니다.

구분	양식 컨트롤	ActiveX 컨트롤
편집 방법	• 마우스 오른쪽 버튼 클릭 • Ctrl + 클릭	• [개발 도구] 탭-[컨트롤] 그룹-[디자인 모드]가 활성화된 상태에서 클릭 • [디자인 모드]가 해제되면 실행 모드로 전환됨
속성 설정	• 마우스 오른쪽 버튼 클릭 후 [컨트롤 서식] 클릭 • [컨트롤 서식] 대화상자에서 입력 범위, 셀 연결 설정	• [개발 도구] 탭-[컨트롤] 그룹-[속성] 클릭 • [속성] 창에서 양식 컨트롤보다 다양한 속성 지정 가능

구분	양식 컨트롤	ActiveX 컨트롤
셀 연결	• 선택한 항목의 인덱스 번호(순번)가 셀로 연결 • 컨트롤 서식에서 연결할 셀 지정	• 선택한 항목의 인덱스 번호, 값 등을 선택하여 연결 • 이벤트 프로시저를 작성하여 프로그램으로 연결
활용 분야	• 함수와 연결하여 자동화 문서 제작 • 사용 기능이 제한적임	• VBA 코드를 이용하여 다양한 프로그램 제작

2. ActiveX 컨트롤의 종류와 용도

❶ **명령 단추** : 단추를 클릭하여 명령을 실행하도록 할 때 사용합니다. [확인], [취소], [검색] 등의 다양한 단추를 만들 수 있습니다.

❷ **콤보 상자** : 목록 단추를 클릭하면 선택할 수 있는 목록이 나타납니다. 시트에 입력된 데이터 목록은 이름으로 정의한 후 [속성] 창의 [ListFillRange] 항목에 입력합니다.

❸ **확인란** : 선택/비선택 설정을 체크 표시로 나타내며 여러 항목을 동시에 선택할 수 있습니다.

❹ **목록 상자** : 목록을 표시하고 그 목록 중에서 하나 또는 여러 항목을 선택할 경우에 사용합니다. 속성과 사용 방법은 콤보 상자와 비슷합니다.

❺ **텍스트 상자** : 문자를 입력하거나 수정할 수 있는 입력란으로 사용합니다.

❻ **스크롤 막대** : 수평 이동줄과 수직 이동줄을 드래그하여 만들 수 있으며 특정 범위에서 현재 위치를 표시할 때 주로 사용합니다.

❼ **스핀 단추** : 스크롤 막대와 비슷한 속성이 있으며 삼각형과 역삼각형을 클릭할 때마다 값을 증감할 수 있습니다.

❽ **옵션 단추** : 여러 개의 선택 옵션 중에서 반드시 하나만 선택할 경우에 사용합니다.

❾ **레이블** : 글자를 입력하여 보여줄 때 사용하는데 문자를 입력 받을 수는 없습니다.

❿ **이미지** : 이미지를 삽입하여 보여주는 컨트롤입니다.

⓫ **토글 단추** : ON/OFF 상태를 표시할 때 사용합니다.

⓬ **기타 컨트롤** : ActiveX 컨트롤에 없는 다른 컨트롤을 추가하여 삽입할 수 있습니다. 이 도구를 클릭하면 [기타 컨트롤] 대화상자에 추가 컨트롤 목록이 표시됩니다.

3. 이벤트 프로시저 이해하기

● 이벤트란 키보드를 누르거나 마우스를 클릭할 때와 같이 사용자의 동작이나 개체에 변화가 생기는 것을 말합니다. 이러한 이벤트가 발생할 때 실행되도록 만든 프로시저가 이벤트 프로시저입니다.

● 이벤트 프로시저는 일반 프로시저처럼 프로그램을 실행하는 것이 아니라 이벤트 발생시 자동으로 실행됩니다.

● 이벤트 프로시저는 개체가 있는 코드 창에 작성되는데 개체와 이벤트를 선택하면 자동으로 해당 이벤트 프로시저 틀이 생성되므로 실행문만 작성하면 됩니다.

● 이벤트 프로시저의 이름은 항상 '개체명_이벤트명'으로 구성되므로 이름을 보면 어떤 개체의 어떤 이벤트인지 쉽게 알 수 있습니다.

● 이벤트 프로시저 안에 작성할 수 있는 실행문, 조건문, 반복문 등의 문법은 일반 공용 모듈과 같습니다.

확인란을 이용하여 선택한 그룹만 표시하기

실습 파일 | Part02/Chapter03/03_02.기대요소분석.xlsx
완성 파일 | Part02/Chapter03/03_02.기대요소분석(완성).xlsm

기대요소를 분석하기 위한 일곱 가지 항목이 표시되어 있지만, 모든 항목을 나열하여 분석하면 표가 너무 복잡합니다. 표시하고자 하는 항목을 선택하면 해당 항목들만 화면에 표시될 수 있도록 ActiveX 컨트롤의 확인란을 삽입하여 이벤트 프로시저를 작성해보겠습니다.

미리 보기

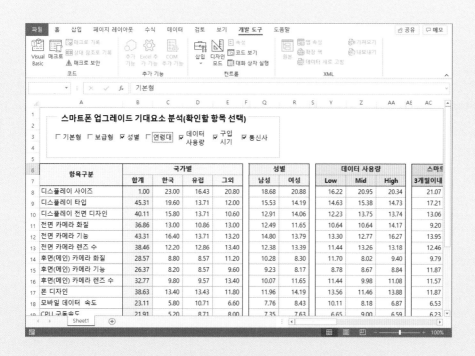

회사에서 바로 통하는 키워드 : 확인란(ActiveX 컨트롤), 모듈 변수 선언, Find 메서드, If 조건문, Offset 속성, EntireColumn 속성, Hidden 속성

한눈에 보는 작업순서

확인란 컨트롤 삽입하기 ▶ 컨트롤 속성 설정하기 ▶ 이벤트 프로시저 작성하기

01 확인란 삽입하기 실습 파일을 열고 ❶ [개발 도구] 탭-[컨트롤] 그룹-[삽입]-[확인란(ActiveX 컨트롤)☑]을 클릭한 후 ❷ 워크시트에 있는 도형 안의 왼쪽에 드래그하여 삽입합니다. ❸ 삽입한 확인란을 Ctrl + Shift 를 누른 채 드래그하여 여섯 개를 복사합니다.

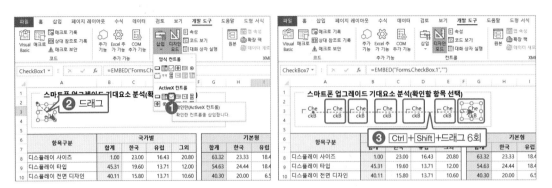

02 확인란 속성 설정하기 ❶ 첫 번째 확인란을 클릭한 후 ❷ [개발 도구] 탭-[컨트롤] 그룹-[속성]을 클릭합니다. [속성] 창에서 ❸ [이름]에 **chk기본형**, [AutoSize]에 **True**, [Caption]에 **기본형**을 입력합니다. ❹ 같은 방법으로 나머지 여섯 개의 확인란도 각각 속성을 다음과 같이 설정합니다.

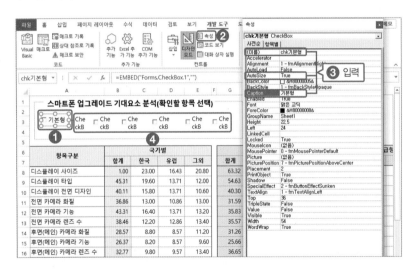

구분	☐ 기본형	☐ 보급형	☐ 성별	☐ 연령대	☐ 데이터 사용량	☐ 구입 시기	☐ 통신사
이름	chk기본형	chk보급형	chk성별	chk연령대	chk사용량	chk구입시기	chk통신사
AutoSize	True	True	True	True	False	False	True
Caption	기본형	보급형	성별	연령대	데이터사용량	구입시기	통신사

￼ 실력향상 [Caption]은 확인란 컨트롤에서 보여줄 레이블이고, [AutoSize]는 True로 설정하면 크기가 자동으로 맞춰져 Caption에 입력한 문자가 한 줄로 표시되는 속성입니다. [데이터사용량]과 [구입시기]는 두 줄로 입력되어야 하므로 [AutoSize]를 False로 설정합니다.

03 가로 간격 맞추기 ❶ Ctrl 을 누른 상태에서 확인란을 클릭하여 각각 선택합니다. ❷ [도형 서식] 탭-[정렬] 그룹-[개체 맞춤 🖼]-[가로 간격을 동일하게]를 클릭합니다.

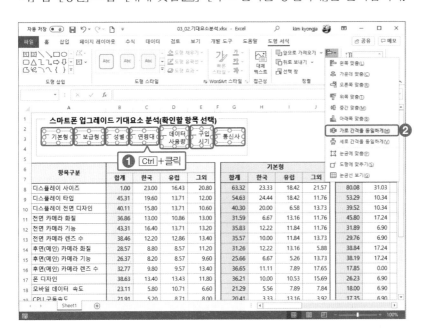

04 기본형 확인란의 이벤트 프로시저 작성하기 [기본형] 확인란을 더블클릭합니다. 'chk기본형_Click' 이벤트 프로시저가 추가됩니다.

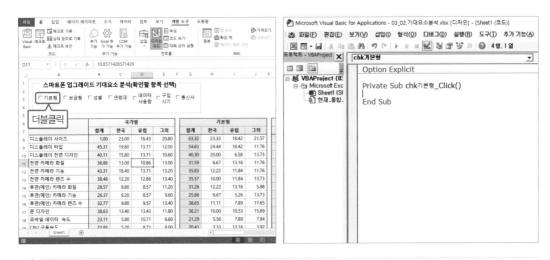

📊 **실력향상** [개발 도구] 탭-[컨트롤] 그룹-[코드 보기]를 클릭해도 [Sheet1 (코드)] 창이 표시됩니다. 이때는 [코드] 창 상단의 [개체]에서 [chk기본형]을 선택하면 이벤트 프로시저가 추가됩니다.

05 모든 프로시저에서 공용으로 사용할 변수를 선언하고 6행에서 '기본형' 문자를 찾아 해당하는 열을 숨기기 또는 숨기기 취소하는 문장을 다음과 같이 작성합니다.

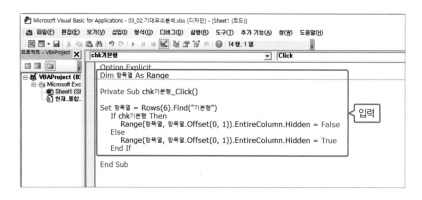

❶ Dim 항목열 As Range
❷ Private Sub chk기본형_Click()
❸ Set 항목열 = Rows(6).Find("기본형")
❹   If chk기본형 Then
❺   Range(항목열, 항목열.Offset(0, 1)).EntireColumn.Hidden = False
❻   Else
❼   Range(항목열, 항목열.Offset(0, 1)).EntireColumn.Hidden = True
❽   End If
End Sub

❶ '항목열' 변수를 모듈 수준 변수로 선언합니다. 이 변수는 [Sheet1 (코드)] 창에 있는 모든 프로시저에서 공용으로 사용할 변수이므로 프로시저 밖에 입력합니다. '항목열' 변수에는 특정 문자를 찾아 그 문자의 셀 정보를 저장합니다.

❷ 'chk기본형' 확인란을 클릭했을 때 실행할 이벤트 프로시저를 시작합니다.

❸ 6행에서 '기본형' 문자를 찾아 셀 정보를 '항목열' 변수에 저장합니다. Find는 워크시트의 [찾기] 기능과 같은 메서드로, 큰따옴표 안에 있는 문자를 찾아 그 결과를 반환하기 때문에 메서드 다음에 나오는 인수는 괄호로 묶어서 입력해야 합니다.

❹ 'chk기본형' 확인란이 선택된 상태인지 비교하는 조건문입니다. **chk기본형=True**로 조건식을 입력해야 하는데 확인란 컨트롤이 반환하는 값은 True와 False 둘 중 하나이므로 =True는 생략합니다.

❺ If 조건식이 참일 때 실행할 문장으로, '기본형'이 입력된 열을 숨기기 취소합니다. **Range(항목열, 항목열.Offset(0, 1))**는 '기본형' 문자가 있는 [G6] 셀부터 오른쪽으로 한 칸 이동한 셀까지의 영역을 뜻하는데, '기본형'이 입력된 셀이 병합되어 있어 [G6:K6] 셀의 열을 숨기기 취소하게 됩니다. EntireColumn은 열 전체를 뜻하는 속성이고, Hidden은 숨기기 속성입니다.

❻ ~ ❼ If 조건식이 거짓일 때 실행할 문장으로, '기본형'이 입력된 열을 숨깁니다.

❽ If 조건문을 종료합니다.

06 보급형 확인란의 이벤트 프로시저 작성하기 [개체]에서 [chk보급형]을 클릭합니다. 'chk보급형_Click' 컨트롤의 이벤트 프로시저가 추가됩니다.

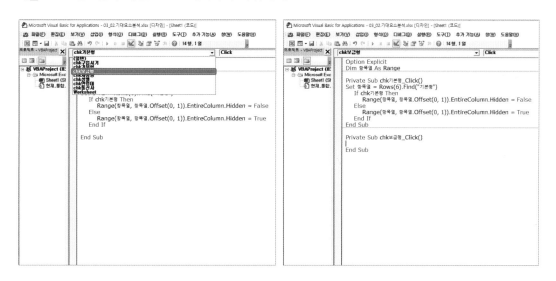

07 ❶ 'chk기본형_Click' 이벤트 프로시저의 실행문을 복사하여 붙여 넣습니다. ❷ Find 메서드의 찾을 문자를 **보급형**으로 변경합니다.

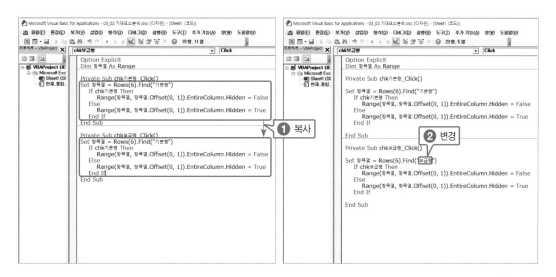

08 전체 이벤트 프로시저 작성하기 같은 방법으로 'chk구입시기', 'chk사용량', 'chk성별', 'chk연령대', 'chk통신사' 확인란도 이벤트 프로시저를 추가하여 다음과 같이 작성합니다.

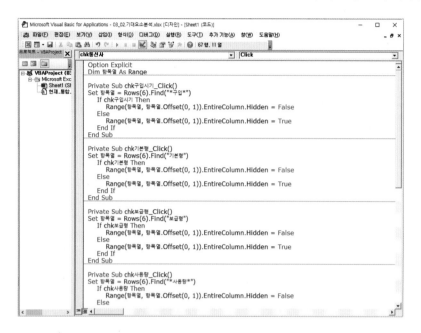

❶ 'chk구입시기' 확인란 컨트롤의 코드

```
Private Sub chk구입시기_Click()
Set 항목열 = Rows(6).Find("*구입*")
    If chk구입시기 Then
        Range(항목열, 항목열.Offset(0, 1)).EntireColumn.Hidden = False
    Else
        Range(항목열, 항목열.Offset(0, 1)).EntireColumn.Hidden = True
    End If
End Sub
```

❷ 'chk사용량' 확인란 컨트롤의 코드

```
Private Sub chk사용량_Click()
Set 항목열 = Rows(6).Find("*사용량*")
    If chk사용량 Then
        Range(항목열, 항목열.Offset(0, 1)).EntireColumn.Hidden = False
    Else
        Range(항목열, 항목열.Offset(0, 1)).EntireColumn.Hidden = True
    End If
End Sub
```

❸ 'chk성별' 확인란 컨트롤의 코드

```
Private Sub chk성별_Click()
Set 항목열 = Rows(6).Find("성별")
    If chk성별 Then
        Range(항목열, 항목열.Offset(0, 1)).EntireColumn.Hidden = False
    Else
        Range(항목열, 항목열.Offset(0, 1)).EntireColumn.Hidden = True
    End If
End Sub
```

❹ 'chk연령대' 확인란 컨트롤의 코드

```
Private Sub chk연령대_Click()
Set 항목열 = Rows(6).Find("연령대")
    If chk연령대 Then
        Range(항목열, 항목열.Offset(0, 1)).EntireColumn.Hidden = False
    Else
        Range(항목열, 항목열.Offset(0, 1)).EntireColumn.Hidden = True
    End If
End Sub
```

❺ 'chk통신사' 확인란 컨트롤의 코드

```
Private Sub chk통신사_Click()
Set 항목열 = Rows(6).Find("*통신사*")
    If chk통신사 = True Then
        Range(항목열, 항목열.Offset(0, 1)).EntireColumn.Hidden = False
    Else
        Range(항목열, 항목열.Offset(0, 1)).EntireColumn.Hidden = True
    End If
End Sub
```

실력향상 항목의 문자수가 많은 [구입시기], [사용량], [통신사]는 Find 메서드의 찾을 문자에 대표문자(*)를 사용하면 포함된 문자를 찾을 수 있습니다. **Find("*구입*")**는 '구입' 문자가 포함된 셀을 찾습니다.

매크로
기본

매크로
만들기

VBA
기본

조건문
/선택문

화면
디자인

실무
프로
그램

문법
노트

09 결과 확인하기 ❶ [Sheet1] 시트 탭을 클릭합니다. ❷ 확인란에 모두 체크합니다. ❸ 일부 확인란의 체크를 해제하면 해당 항목의 열이 숨겨집니다.

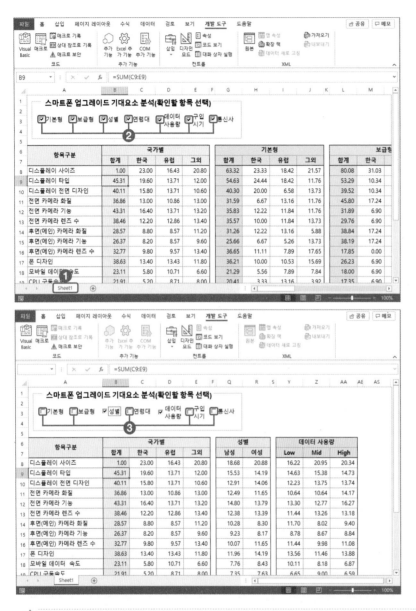

실력향상 이벤트 프로시저를 모두 작성한 후 확인란을 처음 체크할 때는 모든 열이 숨기기 취소 상태이므로 화면에 변화가 없습니다. 선택된 확인란이 해제되거나 열이 숨겨져 있을 때 화면에 변화가 생깁니다.

목록 상자와 명령 단추를 사용하여 증명서 작성하기

실습 파일 | Part02/Chapter03/03_03.증명서발급.xlsx
완성 파일 | Part02/Chapter03/03_03.증명서발급(완성).xlsm

소속과 근무자를 선택하면 선택한 직원의 정보를 재직증명서 양식에 자동으로 입력하고 인쇄해주는 자동화 문서를 작성하려고 합니다. 콤보 상자 컨트롤에서 소속을 선택하면 해당 부서의 근무자가 모두 목록 상자에 표시되고, 목록 상자에서 선택한 근무자 정보가 준비된 양식에 각각 입력되도록 ActiveX 컨트롤과 이벤트 프로시저를 작성해보겠습니다.

미리 보기

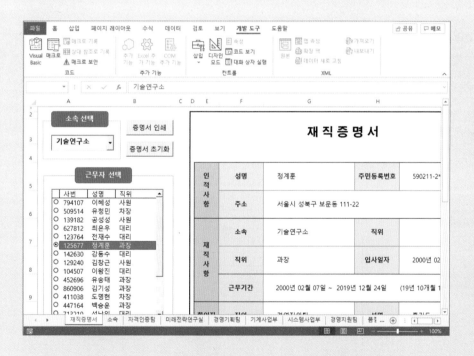

회사에서 바로 통하는 **키워드** : 목록 상자, 명령 단추, 콤보 상자, End 속성, ListFillRange 속성, Address 속성, Column 속성, PrintPreview 메서드

한눈에 보는 작업순서

소속 셀 범위 이름 정의하기 ▶ ActiveX컨트롤 (콤보 상자, 목록 상자, 명령 단추) 추가하기 ▶ 각 컨트롤의 이벤트 프로시저 작성하기

01 소속 범위 이름 정의하기 실습 파일을 열고 ❶ [소속] 시트 탭을 클릭합니다. ❷ [A2:A11] 범위를 지정하고 ❸ [이름 상자]에 **소속**을 입력한 후 Enter 를 누릅니다.

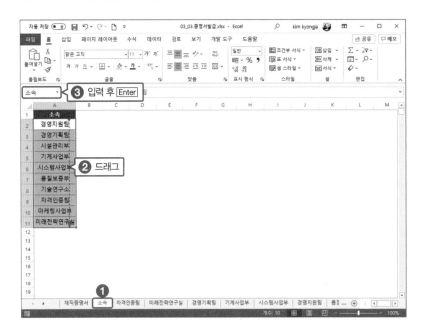

02 콤보 상자 삽입하기 ❶ [개발 도구] 탭–[컨트롤] 그룹–[삽입]–[콤보 상자(ActiveX 컨트롤)▦] 을 클릭합니다. ❷ [소속 선택] 그룹 안에 드래그합니다. ❸ [개발 도구] 탭–[컨트롤] 그룹–[속성]을 클릭합니다. [속성] 창에서 ❹ [이름]에 **cbo소속**, [ListFillRange]에 **소속**을 입력합니다.

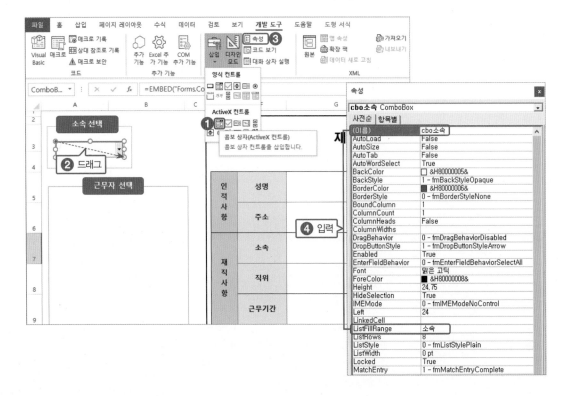

03 명령 단추 삽입하기 ❶ [개발 도구] 탭-[컨트롤] 그룹-[삽입]-[명령 단추(ActiveX 컨트롤)▣]을 클릭합니다. **❷** [소속 선택] 그룹 옆 빈 공간에 드래그해 삽입합니다. **❸** 삽입된 명령 단추를 Ctrl + Shift 를 누른 상태에서 아래로 드래그하여 복사합니다.

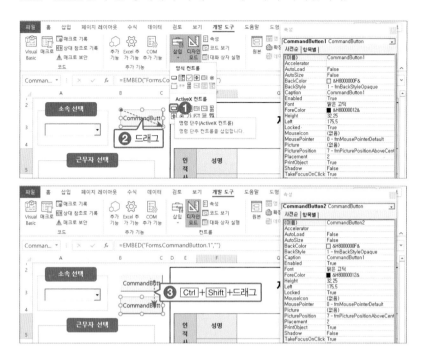

04 ❶ 첫 번째 명령 단추를 클릭한 후 [속성] 창에서 **❷** [이름]에 **cmd인쇄**, [Caption]에 **증명서 인쇄**를 입력합니다. **❸** 두 번째 명령 단추를 클릭한 후 [속성] 창에서 **❹** [이름]에 **cmd초기화**, [Caption]에 **증명서 초기화**를 입력합니다.

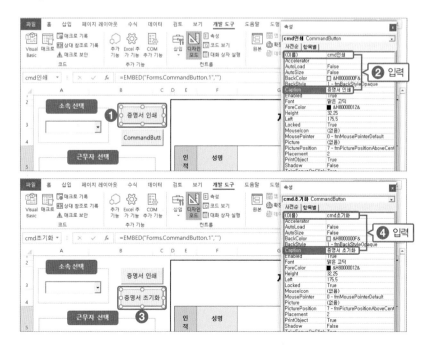

05 목록 상자 삽입하기 ❶ [개발 도구] 탭-[컨트롤] 그룹-[삽입]-[목록 상자(ActiveX 컨트롤)▦] 을 클릭합니다. ❷ [근무자 선택] 그룹 안에 드래그하여 삽입합니다. [속성] 창에서 ❸ 다음과 같이 각 속성을 변경합니다.

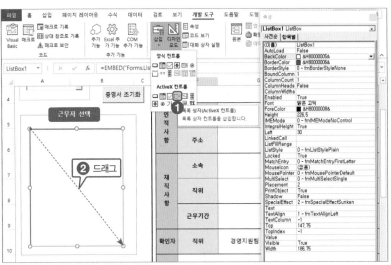

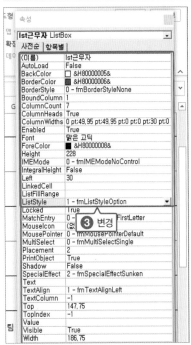

속성	값
이름	lst근무자
ColumnsCount	7
ColumnsHeads	True
ColumnsWidths	0;50;50;0;0;30;0
IntegraHeight	False
ListStyle	1-fmListStyleOption

실력향상 [ColumnsCount]는 목록 상자에 표시할 열 개수를 지정하는 속성으로, 각 시트의 근무자 정보가 총 일곱 개 열로 입력되어 있어 **7**을 입력합니다. [ColumnsHeads]는 머리글 표시 유무를 지정하는 속성으로, True로 설정하면 [ListFillRange] 속성에서 사용되는 범위의 위쪽 셀 문자를 머리글로 표시합니다. [ColumnsWidths]는 각 열의 너비를 지정하는데 **0;50;50;0;0;30;0**로 입력하면 두 번째 열, 세 번째 열, 여섯 번째 열 데이터만 목록 상자에 표시하고 다른 열은 표시하지 않습니다. [IntegraHeight]를 **False**로 설정하면 목록 상자의 높이가 고정됩니다. [ListStyle]은 목록 상자의 시각적 표시 옵션으로, **1-fmListStyleOption**으로 지정하면 목록 앞에 옵션 단추가 표시됩니다.

06 콤보 상자의 이벤트 프로시저 작성하기 'cbo소속' 콤보 상자를 더블클릭합니다. [Sheet1 (코드)] 창이 표시되고 'cbo소속_Change' 이벤트 프로시저가 추가됩니다.

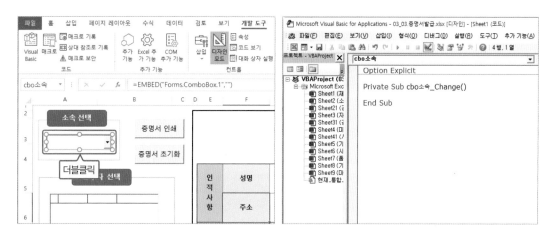

07 선택한 소속의 시트를 찾아 근무자 정보를 목록 상자에 표시하도록 'cbo소속' 콤보 상자의 이벤트 프로시저에 다음 코드를 입력합니다.

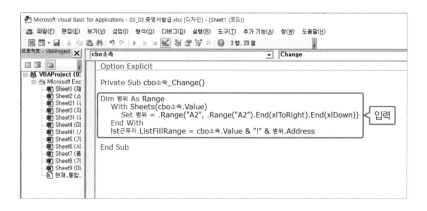

❶ Private Sub cbo소속_Change( )
❷ Dim 범위 As Range
❸   With Sheets(cbo소속.Value)
❹   Set 범위 = .Range("A2", .Range("A2").End(xlToRight).End(xlDown))
❺   End With
❻   lst근무자.ListFillRange = cbo소속.Value & "!" & 범위.Address
End Sub

❶ 'cbo소속' 콤보 상자의 값이 변경될 때 실행할 이벤트 프로시저입니다.

❷ '범위' 변수를 선언합니다. 목록 상자의 ListFillRange 속성값으로, 근무자 정보 범위가 저장될 변수입니다.

❸ **Sheets(cbo소속.Value)** 코드를 반복적으로 사용하기 위해 With 문으로 묶습니다. ❹에서 마침표(.) 앞에 이 코드가 생략되었음을 의미합니다.

❹ 선택한 소속의 근무자 정보에 해당하는 범위를 찾아 '범위' 변수에 저장합니다. 예를 들어 'cho소속' 콤 보 상자에서 '경영지원팀'을 선택하면 [경영지원팀] 시트의 [A2] 셀부터 아래쪽과 오른쪽의 마지막 셀까 지의 범위를 변수에 저장합니다. **Range("A2", .Range("A2").End(xlToRight).End(xlDown))**는 [A2] 셀에서 [Ctrl]+[Shift]+[→]를 누른 후 [Ctrl]+[Shift]+[↓]를 누른 것과 같습니다.

❺ With 문을 종료합니다.

❻ 'lst근무자' 목록 상자에 ListFillRange 값을 입력합니다. ListFillRange는 'lst근무자' 목록 상자에 보여 줄 데이터로, 고정된 범위를 속성값으로 사용할 때는 [속성] 창에 입력하지만 유동적인 범위를 사용할 때는 프로시저에서 코드로 작성합니다. 코드로 작성할 때는 '시트명!셀주소' 형식에 대입되도록 입력합 니다.

08 목록 상자의 이벤트 프로시저 작성하기 ❶ [개체]에서 [lst근무자]를 클릭합니다. 'lst근무자_ Click' 이벤트 프로시저가 추가되면 ❷ 선택한 근무자의 인적사항이 재직증명서 양식에 입력되도 록 다음 코드를 입력합니다.

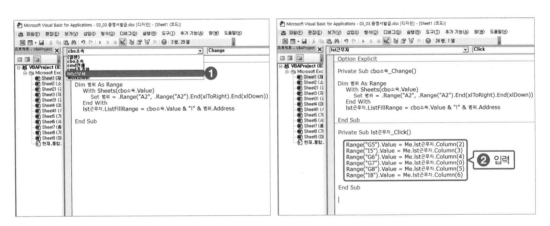

🔼 **실력향상** 콤보 상자는 목록 단추를 클릭하여 값을 변경하므로 Change가 기본 이벤트이지만, 목록 상자는 목록에 있는 항목을 선택만 하게 되므로 Click이 기본 이벤트입니다.

```
❶ Private Sub lst근무자_Click()
❷     Range("G5").Value = Me.lst근무자.Column(2)
❸     Range("I5").Value = Me.lst근무자.Column(3)
❹     Range("G6").Value = Me.lst근무자.Column(4)
❺     Range("G7").Value = Me.lst근무자.Column(0)
❻     Range("G8").Value = Me.lst근무자.Column(5)
❼     Range("I8").Value = Me.lst근무자.Column(6)
   End Sub
```

❶ 'lst근무자' 목록 상자를 클릭했을 때 실행되는 이벤트 프로시저입니다.

❷ [G5] 셀에 'lst근무자' 목록 상자의 2번 열(성명)을 입력합니다. 'lst근무자' 목록 상자의 열 번호는 0부터 6까지 총 7개입니다.

❸ [I5] 셀에 'lst근무자' 목록 상자의 3번 열(주민등록번호)을 입력합니다.

❹ [G6] 셀에 'lst근무자' 목록 상자의 4번 열(주소)을 입력합니다.

❺ [G7] 셀에 'lst근무자' 목록 상자의 0번 열(소속)을 입력합니다.

❻ [G8] 셀에 'lst근무자' 목록 상자의 5번 열(직위)을 입력합니다.

❼ [I8] 셀에 'lst근무자' 목록 상자의 6번 열(입사일자)을 입력합니다.

09 인쇄 명령 단추의 이벤트 프로시저 작성하기 ❶ [개체]에서 [cmd인쇄]를 클릭합니다. 'cmd인쇄_Click' 이벤트 프로시저가 추가되면 ❷ [증명서] 시트를 인쇄 미리 보기하는 코드를 입력합니다.

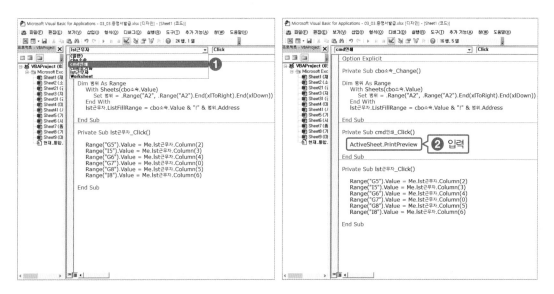

❶ Private Sub cmd인쇄_Click()
❷   ActiveSheet.PrintPreview
End Sub

❶ 'cmd인쇄' 명령 단추를 클릭했을 때 실행되는 이벤트 프로시저입니다.

❷ 현재 시트를 미리 보기합니다.

10 초기화 명령 단추의 이벤트 프로시저 작성하기 ❶ [개체]에서 [cmd초기화]를 클릭합니다.
'cmd초기화_Click' 이벤트 프로시저가 추가되면 ❷ 재직증명서 양식에서 각 셀의 데이터를 지우는
코드를 입력합니다.

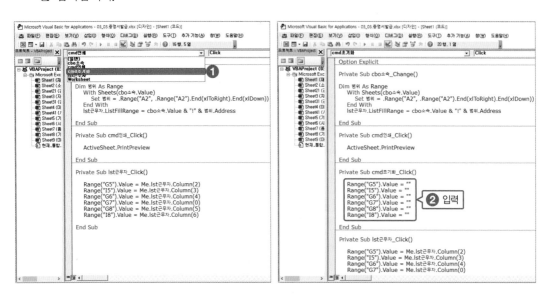

❶ Private Sub cmd초기화_Click()
❷   Range("G5").Value = ""
❸   Range("I5").Value = ""
❹   Range("G6").Value = ""
❺   Range("G7").Value = ""
❻   Range("G8").Value = ""
❼   Range("I8").Value = ""
End Sub

❶ 'cmd초기화' 명령 단추를 클릭했을 때 실행될 이벤트 프로시저입니다.

❷ ~ ❼ 각 셀에 입력된 정보를 모두 삭제해 빈 셀로 만듭니다. 셀 내용을 삭제하는 방법은 Value 속성의
값을 ""로 대입하거나, ClearContents 메서드를 이용하여 Range("G3").ClearContents를 입력하는
것입니다.

11 결과 확인하기 ❶ [재직증명서] 시트 탭을 클릭한 후 ❷ 'cho소속' 콤보 상자에서 임의의 소속을 클릭합니다. ❸ 'lst근무자' 목록 상자에서 임의의 근무자를 클릭하면 인적사항이 재직증명서 각 셀에 입력됩니다.

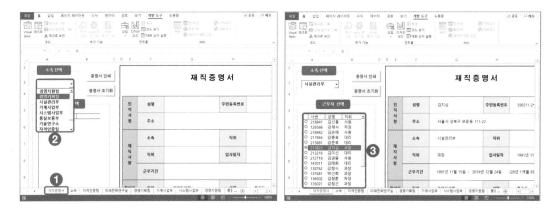

12 [증명서 인쇄] 단추를 클릭하면 인쇄 미리 보기가 표시됩니다.

13 [증명서 초기화] 단추를 클릭하면 재직증명서 각 셀의 데이터가 모두 지워집니다.

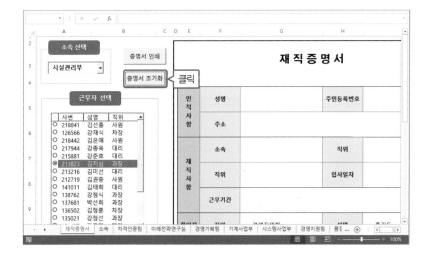

핵심기능

04

사용자 정의 폼과 컨트롤 도구 상자로 대화상자 만들기

실습 파일 | 없음
완성 파일 | Part02/Chapter03/03_04.비품등록(완성).xlsm

엑셀에서 사용하고 있는 [셀 서식], [정렬]과 같은 대화상자를 사용자가 직접 만들려면 사용자 정의 폼과 컨트롤 도구 상자를 이용합니다. 사용자 정의 폼으로 대화상자의 틀을 만들고 컨트롤 도구 상자로 폼 안에 내용을 디자인합니다. 여기서는 사용자 정의 폼과 컨트롤 도구 상자를 사용하는 기본적인 방법에 대해 살펴보겠습니다.

미리 보기

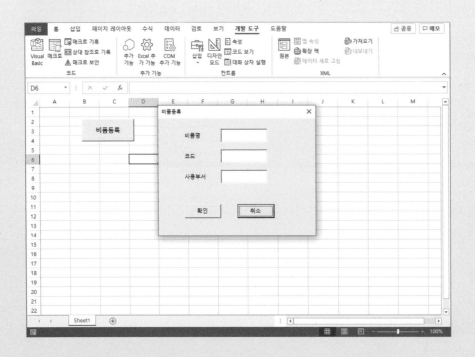

회사에서 바로 통하는 **키워드 :** 사용자 정의 폼, 컨트롤 도구 상자, 폼 속성, Show 메서드

한눈에 보는 작업순서

사용자 정의 폼 삽입하기 ▶ 폼 속성 변경하기 ▶ 레이블과 텍스트 상자 추가하기 ▶ 컨트롤 복사하기 ▶ 폼 실행 프로시저 작성하기

01 사용자 정의 폼 추가하기 새 통합 문서를 열고 [Visual Basic 편집기]에서 [삽입]-[사용자 정의 폼]을 클릭합니다. [UserForm1]이 추가됩니다.

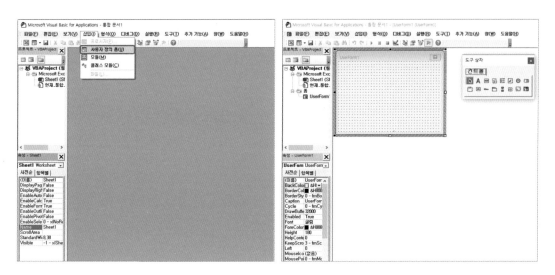

02 폼 크기와 속성 변경하기 ❶ 폼 오른쪽 모서리 크기 조절점을 드래그하여 크기를 변경합니다. [속성] 창에서 **❷** [이름]을 **frm비품등록**, [Caption]을 **비품등록**으로 입력합니다.

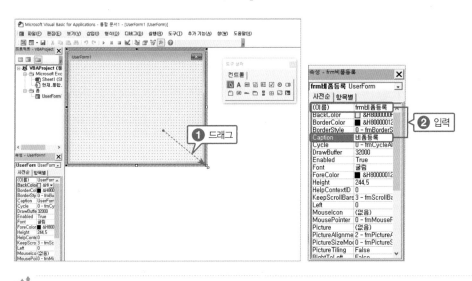

실력향상 워크시트에서 사용했던 ActiveX 컨트롤의 [속성] 창과 [Visual Basic 편집기]에 표시되는 [속성] 창은 같습니다. 워크시트에서 [속성] 창을 표시했다가 닫으면 [Visual Basic 편집기]에 [속성] 창이 표시되지 않는 경우가 있습니다. [속성] 창이 표시되지 않으면 [보기]-[속성 창]을 클릭합니다.

03 레이블 추가하기 ❶[도구 상자]에서 [레이블▲]을 클릭한 후 ❷폼 위에 드래그합니다. 추가된 레이블이 선택된 상태로 [속성] 창에서 ❸[Caption]을 **비품명**으로 변경합니다.

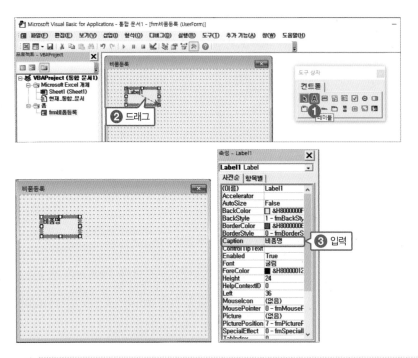

📶 **실력향상** [속성] 창에 한글을 입력하면 글자가 깨지는 것처럼 보이지만 자음과 모음이 합쳐지면 정상적으로 표시됩니다.

04 텍스트 상자 추가하기 ❶[도구 상자]에서 [텍스트 상자▣]를 클릭한 후 ❷폼 위에 드래그하여 삽입합니다. 추가된 텍스트 상자가 선택된 상태입니다. [속성] 창에서 ❸[이름]을 **txt비품명**으로 변경합니다.

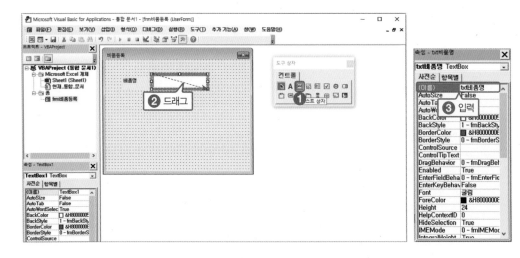

05 컨트롤 복사하기 ❶ Ctrl 을 누른 상태에서 레이블과 텍스트 상자를 각각 클릭합니다. ❷ Ctrl 을 누른 상태에서 아래로 드래그하여 두 개씩 복사합니다.

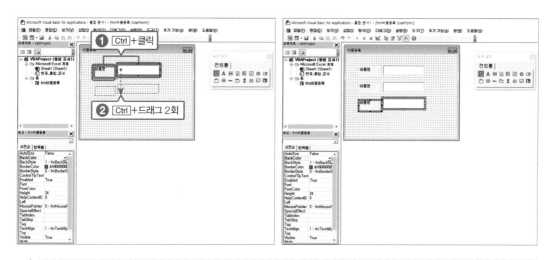

📊 실력향상 사용자 정의 폼에서 개체를 복사할 때는 Ctrl + Shift +드래그로 복사되지 않습니다. Ctrl 만 누른 상태에서 드래그하여 복사합니다. 컨트롤은 기본적으로 폼 모눈에 맞춰 배치되기 때문에 수평과 수직으로 복사됩니다.

06 ❶ 복사된 레이블을 각각 클릭하여 [속성] 창에서 ❷ [Caption]을 **코드**, **사용부서**로 변경하고, ❸ 텍스트 상자를 각각 클릭하여 [속성] 창에서 ❹ [이름]을 **txt코드**, **txt사용부서**로 변경합니다.

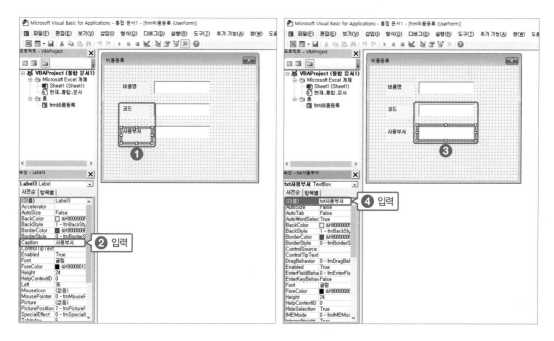

07 명령 단추 추가하기 ❶[도구 상자]에서 [명령 단추⏹]를 클릭한 후 ❷ 폼 아래쪽 빈 공간에 드래그하여 삽입합니다. ❸ 추가된 명령 단추를 Ctrl을 누른 상태에서 오른쪽으로 드래그하여 복사합니다.

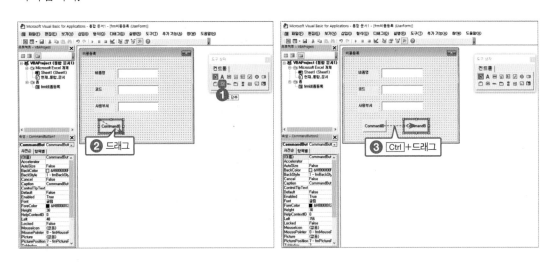

08 ❶ 첫 번째 명령 단추를 클릭하고 [속성] 창에서 ❷ [이름]은 **cmd확인**, [Caption]은 **확인**으로 변경합니다. ❸ 두 번째 명령 단추를 클릭하고 [속성] 창에서 ❹ [이름]은 **cmd취소**, [Caption]은 **취소**로 변경합니다.

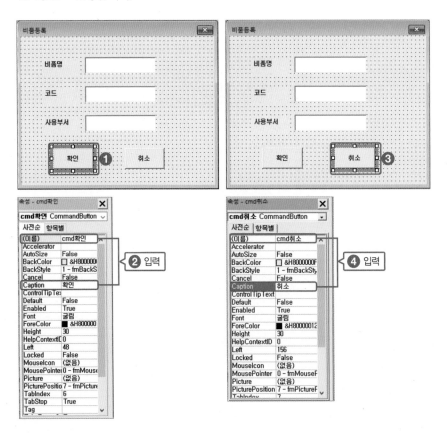

09 폼 실행하기 [표준] 도구 모음에서 [Sub/사용자 정의 폼 실행▶]을 클릭합니다. 워크시트 화면에 폼 실행 결과가 표시됩니다.

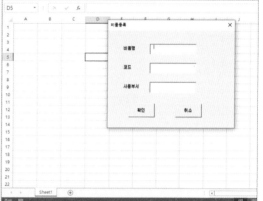

10 폼을 실행하는 프로시저 작성하기 ❶ [삽입]–[모듈]을 클릭합니다. 모듈이 삽입되면 ❷ 폼을 실행하는 프로시저를 다음과 같이 작성합니다.

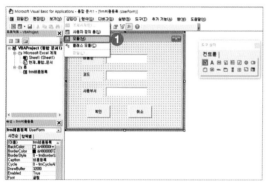

❶ Sub 폼실행( )
❷   frm비품등록.Show vbModeless
End Sub

❶ '폼실행' 프로시저입니다. 공용 모듈에 작성되는 Sub 프로시저이므로 워크시트에 삽입한 단추나 바로 가기 키, [매크로] 대화상자 등을 이용하여 실행할 수 있습니다.

❷ 'frm비품등록' 폼을 실행합니다. Show 메서드는 폼을 화면에 표시하는 메서드로, modal 인수를 사용할 수 있습니다. modal 인수를 생략하거나 vbModal을 입력하면 폼이 실행된 상태에서 다른 작업을 할 수 없습니다. **vbModeless**를 입력해 폼이 실행된 상태에서도 다른 작업을 할 수 있게 합니다.

11 단추에 프로시저 연결하기 ❶ [Sheet1] 시트 탭을 클릭합니다. ❷ [개발 도구] 탭–[컨트롤] 그룹–[삽입]–[단추(양식 컨트롤)▭]을 클릭합니다. ❸ 시트의 임의의 위치에 적당한 크기로 드래그해 삽입합니다. [매크로 지정] 대화상자의 ❹ [매크로 이름]에서 [폼실행]을 클릭한 후 ❺ [확인]을 클릭합니다.

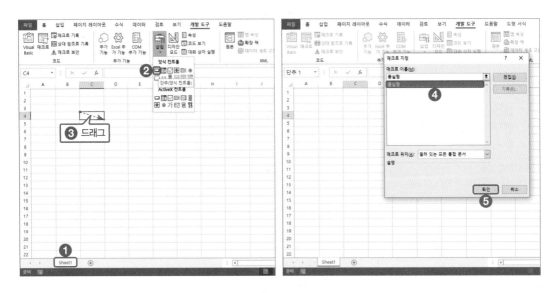

12 ❶ 단추의 이름을 **비품등록**으로 변경합니다. ❷ 프로시저가 연결된 단추를 클릭하면 폼이 실행됩니다.

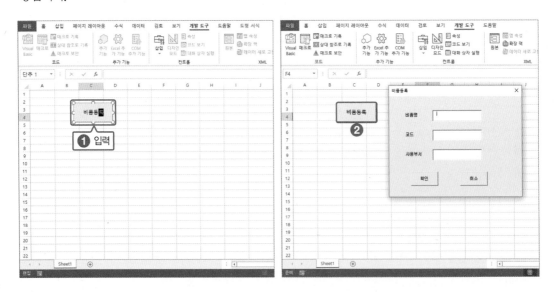

비법노트

컨트롤 도구 상자 살펴보기

컨트롤 도구는 사용자 정의 폼 위에 삽입하는 도구로, 실제적인 프로그램이 실행되는 개체입니다. 사용자 정의 폼을 삽입하거나 삽입된 폼이 선택되면 컨트롤 도구 상자가 기본으로 표시됩니다. 컨트롤 도구는 워크시트에서 사용하는 ActiveX 컨트롤과 기능이 같고 ActiveX 컨트롤보다 개체가 더 많습니다.

컨트롤 도구의 종류와 용도에 대해 살펴보겠습니다.

❶ 개체 선택 : 컨트롤들의 이동이나 크기 조정을 위해 폼에 작성된 컨트롤을 선택할 때 사용합니다.

❷ 레이블 : 폼 위에 문자를 보여줄 때 주로 사용하는 도구로, 폼이 실행된 상태에서 문자를 입력 받을 수는 없습니다.

❸ 텍스트 상자 : '입력란'이라고도 하며 폼이 실행된 상태에서 문자를 입력 받고 편집할 수 있습니다.

❹ 콤보 상자 : 텍스트 상자와 목록 상자의 기능을 조합한 형태로, 문자를 입력할 수 있고 목록 중에서 항목을 선택할 수도 있습니다. 속성과 사용 방법은 목록 상자와 비슷합니다.

❺ 목록 상자 : 목록을 표시하고 그 목록 중에서 하나 또는 여러 항목을 선택할 경우에 사용합니다. 콤보 상자는 목록 단추를 클릭해야 원하는 항목을 선택할 수 있지만 목록 단추는 선택할 수 있는 목록을 먼저 보여주기 때문에 항목을 바로 선택할 수 있습니다.

❻ 확인란 : 선택하거나 선택하지 않는 설정을 체크로 나타내며, 여러 항목을 동시에 선택할 수 있습니다.

❼ 옵션 단추 : 여러 옵션 중에서 반드시 하나만 선택할 경우에 사용합니다. 옵션 단추는 대부분 프레임으로 묶어서 한 프레임 안에 있는 옵션 단추 중에서 하나만 선택하도록 합니다.

❽ 토글 단추 : '전환 단추'라고도 하며, ON/OFF 상태를 표시할 때 사용합니다.

❾ 프레임 : 프레임 안에 여러 컨트롤을 삽입하여 그룹화합니다.

❿ 명령 단추 : 단추를 클릭하여 명령을 수행할 수 있도록 만들 때 사용합니다.

⓫ 연속탭 : 한 개 이상의 컨트롤을 포함하고 같은 영역의 페이지를 여러 개 정의할 수 있도록 사용합니다.

⓬ 다중 페이지 : 정보를 표시하는 여러 페이지를 그룹화할 경우에 사용합니다.

⓭ 스크롤 막대 : '이동줄'이라고도 하며, 수평 이동줄과 수직 이동줄을 드래그하여 만들 수 있고 특정 범위에서 현재 위치를 표시할 때 주로 사용합니다.

⓮ 스핀 단추 : 스크롤 막대와 비슷하며, 드래그하여 수직 스핀 단추와 수평 스핀 단추 모양을 만들 수 있고 값의 증감을 표현할 때 주로 사용합니다.

⓯ 이미지 : 이미지를 표시할 때 사용하는 컨트롤로, [속성] 창에서 직접 삽입하면 고정된 이미지가 되지만 이벤트 프로시저에 의해서 표시되면 선택 항목에 따라 이미지를 변경하여 볼 수 있습니다. 지원되는 파일 형식에는 비트맵(BMP)을 비롯하여 아이콘 파일, WMF, JPG, GIF 등이 있습니다.

⓰ RefEdit : 범위를 입력 받을 때 주로 사용하며, 컨트롤 오른쪽에 확장 단추가 표시되어 마우스를 이용하여 범위 설정을 할 수 있습니다.

Show, Hide 메서드와 Load, Unload 문

VBA 키워드 : Show 메서드, Hide 메서드, Load 문, Unload 문

1. Show 메서드

사용자 정의 폼을 화면에 표시하는 메서드입니다.

- **형식** : 폼이름.Show modal인수

 - **modal** : 생략 가능한 인수로, 폼이 실행되어 열려 있는 상태에서 다른 창을 열고 작업하는 것의 허용 여부를 결정합니다. 인수에 상숫값을 설정할 때는 vbModal이나 vbModeless를 사용하고, 값을 설정할 때는 1 또는 0을 사용합니다. 생략할 경우 vbModal로 설정됩니다.

상수	값	설명
vbModal	1	현재 폼이 실행된 상태에서 다른 창을 선택할 수 없습니다. 생략할 경우 기본값으로 설정됩니다.
vbModeless	0	현재 폼이 실행된 상태에서도 다른 창을 선택하여 열고 작업할 수 있습니다.

2. Hide 메서드, Load 문, Unload 문

사용자 정의 폼을 닫을 때는 Unload 문을 사용합니다. Show 메서드의 반대는 Hide 메서드인데, 사용자 정의 폼에 Hide 메서드를 사용하면 사용자 정의 폼의 내용을 그대로 유지한 상태에서 화면이 보이지 않도록 합니다. 즉, 폼을 잠시 숨기는 것과 같습니다.

Unload 문의 반대인 Load 문은 폼을 실행하여 메모리에 올리지만 화면에는 표시하지 않습니다. Load 문은 폼을 화면에 표시하지 않은 상태로 동작시킬 때 사용합니다.

Show 메서드와 Hide 메서드, Load 문과 Unload 문의 관계를 정리하면 다음과 같습니다.

용도	코드	기능과 사용 형식
폼을 완전하게 열고 닫기	Show 메서드	• 폼을 초기 상태에서 엽니다. • 폼이름.Show
	Unload 문	• 폼을 완전하게 닫습니다. • Unload 폼이름
화면에 나타내지 않고 메모리에서만 작업하기	Hide 메서드	• 폼을 화면에서 숨기지만 메모리에는 남겨지므로 폼의 내용이 그대로 유지됩니다. • 폼이름.Hide
	Load 문	• 폼을 메모리에 올리지만 화면에 표시하지는 않습니다. • Load 폼이름

견적서를 입력하는
사용자 정의 폼 만들기

실습 파일 | Part02/Chapter03/03_05.견적서폼.xlsx
완성 파일 | Part02/Chapter03/03_05.견적서폼(완성).xlsm

도서의 상세 정보를 정확히 모르더라도 쉽게 작성할 수 있는 도서 검색 및 견적서 입력 폼을 만들어보겠습니다. 도서명을 목록에서 선택하면 해당 도서의 단가와 표지가 각 컨트롤에 자동으로 표시되고, 폼에서 입력한 내용이 견적서 시트에 입력되도록 합니다. 이번 핵심기능에서는 도서 검색을 통해 견적서를 입력하는 폼을 디자인하고, 다음 핵심기능에서 각 컨트롤이 동작할 수 있도록 이벤트 프로시저를 작성해보겠습니다.

미리 보기

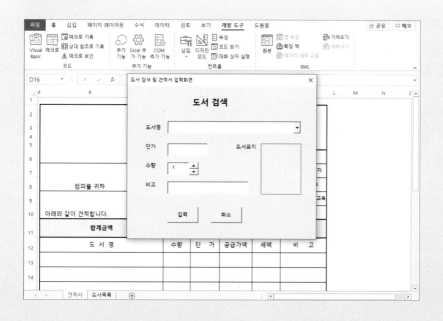

회사에서 바로 통하는 키워드 : 콤보 상자, 텍스트 상자, 스핀 단추, 이미지, 명령 단추, 레이블

한눈에 보는 작업순서

도서 목록 범위 이름 정의하기 ▶ 레이블 추가하기 ▶ 콤보 상자 추가하기 ▶ 텍스트 상자 추가하기 ▶ 스핀 단추 추가하기 ▶

이미지 추가하기 ▶ 명령 단추 추가하기 ▶ 탭 순서 지정하기

01 도서 목록 범위 이름 정의하기 실습 파일을 열고 ❶ [도서목록] 시트 탭을 클릭합니다. ❷ [A3: B21] 범위를 지정한 후 ❸ [이름 상자]에 **단가표**를 입력하고 Enter 를 누릅니다.

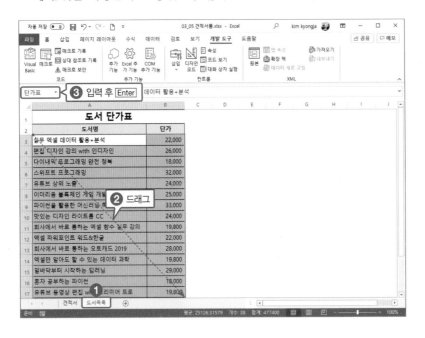

02 사용자 정의 폼 삽입하기 [Visual Basic 편집기]에서 ❶ [삽입]–[사용자 정의 폼]을 클릭합니다. ❷ 삽입된 폼 오른쪽 모서리 크기 조절점을 드래그하여 크기를 변경합니다. [속성] 창에서 ❸ [이름]을 **frm견적서**, [Caption]을 **도서 검색 및 견적서 입력화면**으로 입력합니다.

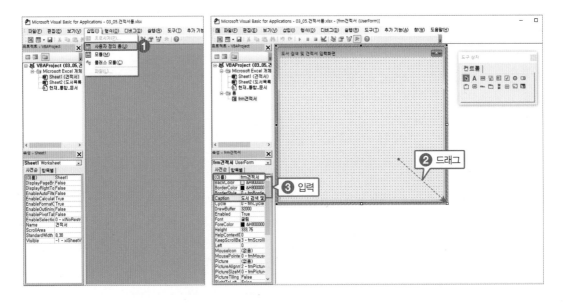

03 레이블 추가하고 글꼴 서식 변경하기 ❶ [도구 상자]에서 [레이블 Ⓐ]을 클릭한 후 ❷ 폼 상단에 드래그하여 삽입합니다. [속성] 창에서 ❸ [Caption]에 **도서 검색**을 입력하고, ❹ [Font]의 확장 단추를 클릭합니다. [글꼴] 대화상자에서 ❺ [글꼴]은 [맑은 고딕], [글꼴 스타일]은 [굵게], [크기]는 16으로 지정하고 ❻ [확인]을 클릭합니다.

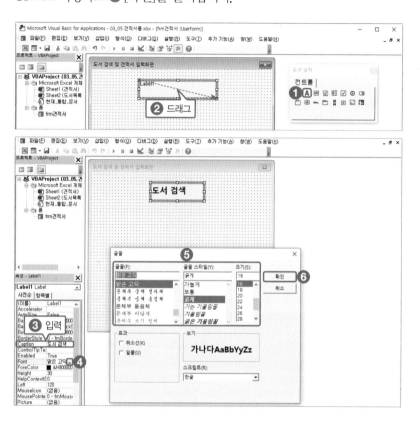

04 레이블 다섯 개 추가하기 ❶ [도구 상자]에서 [레이블 Ⓐ]을 클릭한 후 ❷ 폼에 드래그하여 삽입합니다. 삽입된 레이블 컨트롤을 ❸ Ctrl 를 누른 상태에서 드래그하여 네 개를 복사합니다. ❹ 레이블 컨트롤의 [Caption]을 각각 **도서명, 단가, 수량, 비고, 도서표지**로 변경합니다.

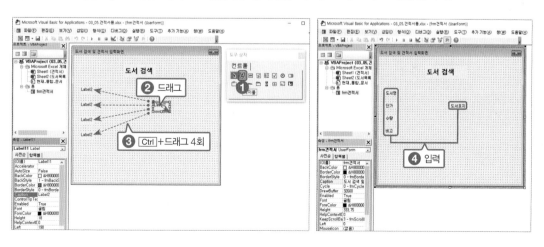

05 cbo도서명 콤보 상자 추가하기 ❶ [도구 상자]에서 [콤보 상자▦]를 클릭한 후 ❷ '도서명' 레이블 옆에 드래그하여 삽입합니다. 콤보 상자의 [속성] 창에서 ❸ [이름]을 **cbo도서명**, [Column Count]는 **2**, [ColumnWidths]는 **100;0**, [ListRows]는 **19**, [RowSource]는 **단가표**, [Style]은 **2-fmStyleDropDownList**로 변경합니다.

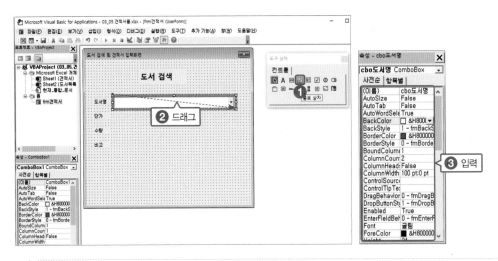

밑 실력향상 시트의 '단가표' 범위를 콤보 상자의 목록으로 사용하고, [ColumnCount]를 **2**로 설정하여 두 개 열을 불러오지만 [ColumnWidths]를 **100;0**으로 지정하여 두 번째 열은 표시하지 않습니다. [ListRows]는 한 번에 보여줄 목록 수로 도서 개수가 총 19개이므로 **19**로 입력합니다. [Style]을 **2-fmStyleDropDownList**로 설정하면 콤보 상자에 도서명을 직접 입력할 수 없고 목록에서만 선택할 수 있습니다.

06 txt단가 텍스트 상자 추가하기 ❶ [도구 상자]에서 [텍스트 상자▦]를 클릭한 후 ❷ '단가' 레이블 옆에 드래그하여 삽입합니다. 텍스트 상자의 [속성] 창에서 ❸ [이름]을 **txt단가**, [Locked]는 **True**로 변경합니다.

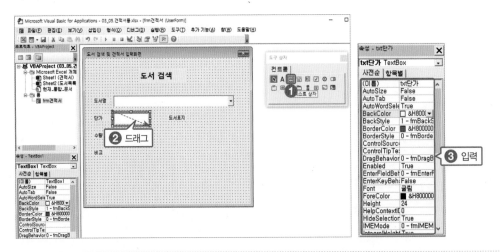

밑 실력향상 'cho도서명' 콤보 상자에서 선택하는 도서명의 단가가 자동으로 표시되도록 해야 하므로 직접 입력되는 것을 막기 위해 [Locked] 속성을 **True**로 설정합니다.

07 txt수량 텍스트 상자 추가하기 ❶ [도구 상자]에서 [텍스트 상자▦]를 클릭한 후 ❷ '수량' 레이블 옆에 드래그하여 삽입합니다. 텍스트 상자의 [속성] 창에서 ❸ [이름]을 **txt수량**, [Text]는 **1**로 입력합니다.

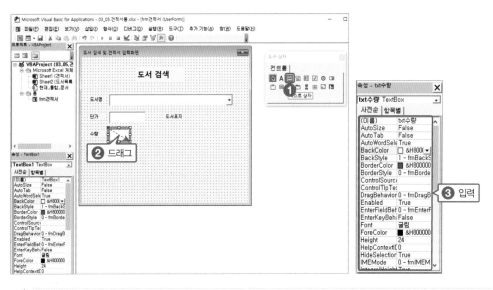

실력향상 [Text] 속성에 입력하는 문자는 텍스트 상자에서 기본으로 보여주는 문자입니다.

08 spn수량 스핀 단추 추가하기 ❶ [도구 상자]에서 [스핀 단추▦]를 클릭한 후 ❷ 'txt수량' 텍스트 상자 옆에 드래그하여 삽입합니다. 스핀 단추의 [속성] 창에서 ❸ [이름]을 **spn수량**, [Min]은 **1**로 입력합니다.

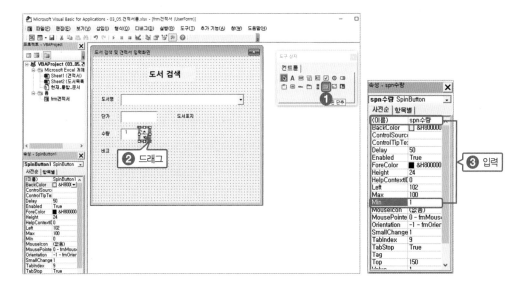

09 txt비고 텍스트 상자 추가하기 ❶[도구 상자]에서 [텍스트 상자▣]를 클릭한 후 ❷'비고' 레이블 옆에 드래그하여 삽입합니다. 텍스트 상자의 [속성] 창에서 ❸[이름]을 **txt비고**로 입력합니다.

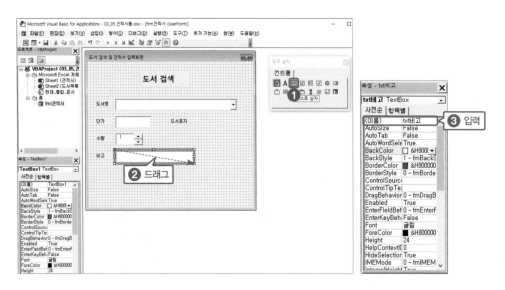

10 도서표지 이미지 추가하기 ❶[도구 상자]에서 [이미지▣]를 클릭한 후 ❷'도서표지' 레이블 옆에 드래그하여 삽입합니다. 이미지의 [속성] 창에서 ❸[이름]을 **img표지**, [PictureSizeMode]는 **1-fm Picture SizeModeStretch**로 변경합니다.

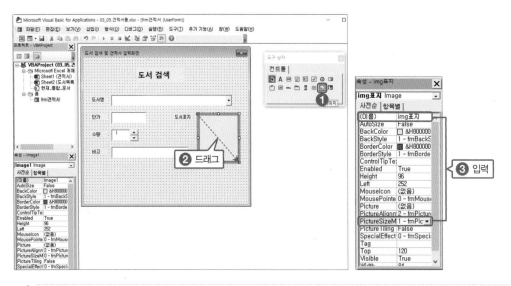

🔺 **실력향상** 이미지 컨트롤의 [PictureSizeMode] 속성을 **1-fmPictureSizeModeStretch**로 설정하면 그림을 컨트롤 크기에 맞게 늘리거나 줄여서 표시합니다.

11 명령 단추 추가하기 ❶ [도구 상자]에서 [명령 단추▣]를 클릭한 후 ❷ 폼 아래 빈 공간에 드래그하여 삽입합니다. ❸ 추가된 명령 단추를 [Ctrl]을 누른 상태에서 옆으로 드래그하여 복사합니다.

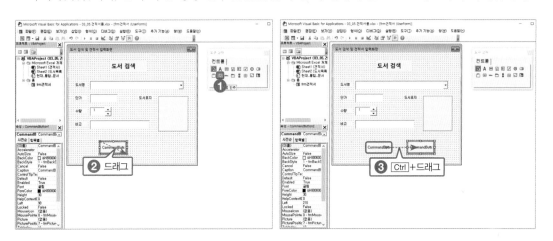

12 ❶ 첫 번째 명령 단추를 클릭하고 [속성] 창에서 ❷ [이름]은 **cmd입력**, [Caption]은 **입력**으로 변경합니다. ❸ 두 번째 명령 단추를 클릭하고 [속성] 창에서 ❹ [이름]은 **cmd취소**, [Caption]은 **취소**로 변경합니다.

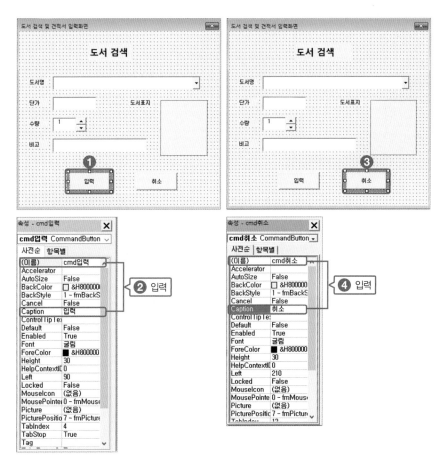

13 탭 순서 지정하기 ❶ 폼의 빈 공간에서 마우스 오른쪽 버튼을 클릭하여 ❷ [탭 순서]를 클릭합니다. [탭 순서] 대화상자에서 ❸ 각 컨트롤을 클릭하고 [위로 이동]과 [아래로 이동]을 클릭하며 탭 순서를 [cbo도서명] → [txt수량] → [spn수량] → [txt비고] → [cmd입력] → [cmd취소]로 설정합니다. 레이블과 자동으로 값이 입력되는 컨트롤은 탭 사용이 필요하지 않으므로 [cmd취소] 뒤로 이동시킵니다.

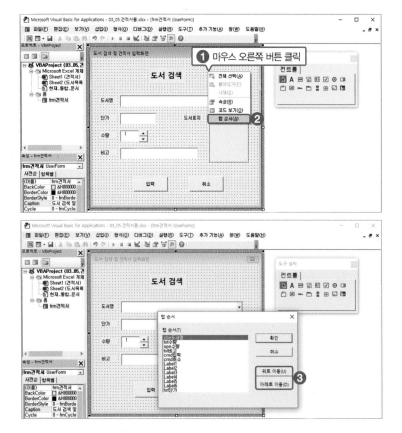

실력향상
탭 순서는 폼이 실행되었을 때 키보드의 Tab 을 이용하여 컨트롤을 이동할 순서입니다.

14 폼 실행하기 ❶ [표준] 도구 모음에서 [Sub/사용자 정의 폼 실행▶]을 클릭합니다. 폼이 실행됩니다. ❷ 도서명의 목록 단추를 클릭하면 도서명이 표시됩니다.

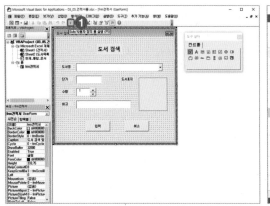

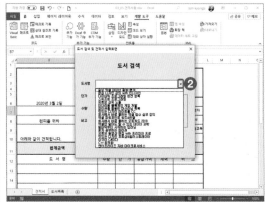

매크로
기본

매크로
만들기

VBA
기본

조건문
/반복문

화면
디자인

실무
프로
그램

문법
노트

핵심기능 06

폼의 컨트롤이 작동하는 이벤트 프로시저 작성하기

실습 파일 | Part02/Chapter03/03_06.견적서프로그램.xlsm
완성 파일 | Part02/Chapter03/03_06.견적서프로그램 (완성).xlsm

사용자 정의 폼에 추가한 컨트롤들이 역할을 수행하려면 이벤트 프로시저가 필요합니다. 도서 검색 및 견적서 입력 폼에 추가된 각 컨트롤들이 동작할 수 있도록 이벤트 프로시저를 작성하고 워크시트에서 폼을 실행하는 프로시저도 함께 작성해보겠습니다.

미리 보기

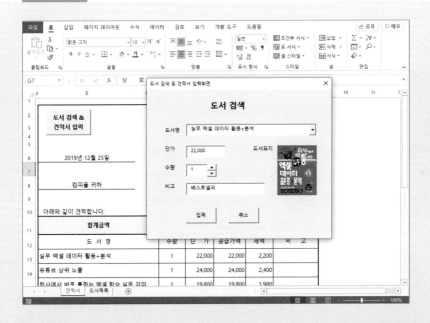

회사에서 바로 통하는 **키워드** : ListIndex 속성, Format 함수, LoadPicture 함수, Picture 속성, SetFocus 메서드, SendKeys 메서드, WorksheetFunction 속성, CountIf 함수, Val 함수, R1C1 수식, IsNumeric 함수, Unload 문, If 조건문

한눈에 보는 작업순서	견적서 폼 실행하는 프로시저 작성하기 ▶	도서명 콤보 상자 Change 이벤트 프로시저 작성하기 ▶	수량 스핀 단추 Change 이벤트 프로시저 작성하기 ▶	수량 텍스트 상자 AfterUpdate 이벤트 프로시저 작성하기 ▶
	입력과 취소 명령 단추 이벤트 프로시저 작성하기 ▶	도서명이 선택되지 않았을 때 오류 해결하기 ▶	중복된 도서 입력 차단과 컨트롤 초기화하기	

01 견적서 폼 실행하는 프로시저 작성하기 실습 파일을 열고 [Visual Basic 편집기]에서 ❶ [삽입]-[모듈]을 클릭합니다. ❷ 추가된 모듈에 '폼실행' 프로시저를 작성합니다.

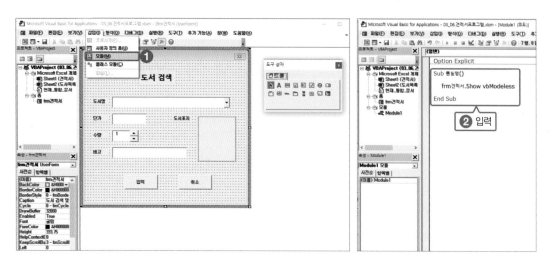

```
Sub 폼실행()
❶      frm견적서.Show vbModeless
End Sub
```

❶ 'frm견적서' 폼을 실행합니다. 폼이 실행된 상태에서도 다른 작업을 할 수 있도록 vbModeless 형태로 설정합니다.

02 단추에 프로시저 연결하기 ❶ [견적서] 시트 탭을 클릭합니다. ❷ [개발 도구] 탭-[컨트롤] 그룹-[삽입]-[단추(양식 컨트롤)▢]을 클릭합니다. ❸ 시트 왼쪽 빈 공간에 드래그하여 삽입합니다. [매크로 지정] 대화상자의 ❹ [매크로 이름]에서 [폼실행]을 클릭하고 ❺ [확인]을 클릭합니다.

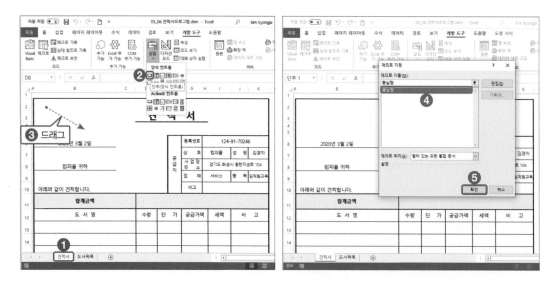

03 ❶ 단추의 레이블을 **도서 검색 & 견적서 입력**으로 변경합니다. ❷ 임의의 다른 셀을 클릭한 후 ❸ [도서 검색 & 견적서 입력] 단추를 클릭하면 폼이 실행됩니다.

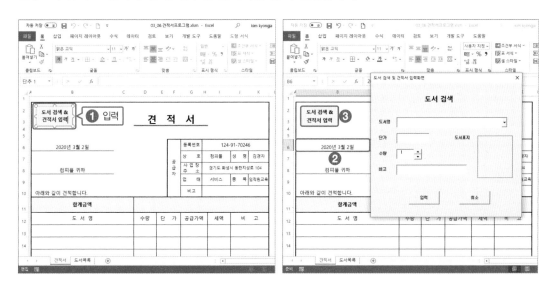

04 cbo도서명 콤보 상자의 이벤트 프로시저 작성하기 [Visual Basic 편집기]의 [프로젝트] 탐색기 창에서 ❶ [frm견적서]를 더블클릭합니다. 폼이 나타나면 ❷ 'cbo도서명' 콤보 상자를 더블클릭합니다. [코드] 창이 나타나고 'cbo도서명_Change' 이벤트 프로시저가 추가됩니다.

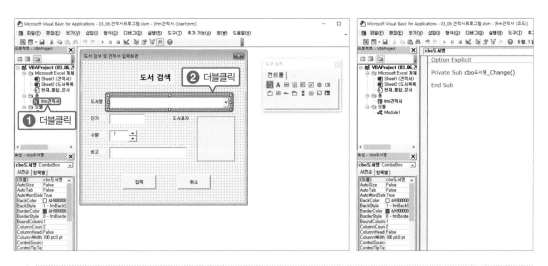

📊 **실력향상** 사용자 정의 폼에 삽입된 컨트롤들의 이벤트 프로시저는 모두 폼의 [코드] 창에 작성됩니다. 폼의 컨트롤이나 빈 공간을 더블클릭하면 폼의 [코드] 창이 표시되고, [코드] 창을 닫거나 [프로젝트] 탐색기 창에서 폼 이름을 더블클릭하면 다시 폼이 표시됩니다.

05 'cbo도서명' 콤보 상자에서 도서명을 선택하면 해당 도서의 단가가 'txt단가' 텍스트 상자에 표시되고 표시 이미지는 'img표지' 이미지에 보여주는 코드를 다음과 같이 입력합니다.

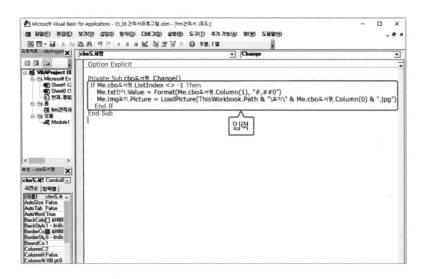

❶ Private Sub cbo도서명_Change()
❷   If Me.cbo도서명.ListIndex <> -1 Then
❸   Me.txt단가.Value = Format(Me.cbo도서명.Column(1), "#,##0")
❹   Me.img표지.Picture = LoadPicture(ThisWorkbook.Path & "₩표지₩" & Me.cbo
             도서명.Column(0) & ".jpg")
❺   End If
End Sub

❶ 'cbo도서명' 콤보 상자의 값이 변경되었을 때 실행할 이벤트 프로시저입니다.

❷ 도서명에 선택된 항목이 있는지 확인하는 조건문입니다. 도서명에서 선택된 항목이 없으면 ListIndex 속성이 '-1' 값을 가지는데 **ListIndex <> -1** 식은 도서명에 선택된 항목이 있는 경우의 조건으로, 조건 식이 참이면 ❸ ~ ❹를 실행합니다.

❸ 조건식이 참일 때 실행하는 문장으로 'txt단가' 텍스트 상자에 'cbo도서명' 콤보 상자 1번 열의 값을 대입 합니다. 콤보 상자의 Column은 0부터 시작하므로 1번 열의 값은 두 번째 열인 '단가'를 뜻합니다. 단가 의 값을 '#,##0' 형식으로 표시하기 위해 Format 함수를 사용합니다.

❹ 조건식이 참일 때 실행하는 문장으로 선택된 도서의 표지 이미지를 'img표지'에 로드합니다. 'cbo도서 명' 콤보 상자의 0번 열에 있는 도서명과 표지 이미지의 파일명이 같기 때문에 도서명과 같은 이미지 파 일을 LoadPicture 함수를 이용하여 'img표지'에 불러옵니다. LoadPicture 함수를 이용하여 이미지를 불러올 때 '파일경로명₩파일명'을 모두 표시해야 하는데, 표지 이미지 파일은 현재 통합 문서가 있는 폴 더의 [표지] 폴더 안에 있습니다. 그러므로 경로명을 **ThisWorkbook.Path & "₩표지₩"**로 지정하고 확장자(jpg)는 **&** 연산자로 연결합니다.

❺ If 조건문을 종료합니다.

06 cbo도서명 콤보 상자의 이벤트 프로시저 결과 확인하기 ❶ [견적서] 시트 탭을 클릭한 후 ❷
[도서 검색 & 견적서 입력] 단추를 클릭합니다. 폼이 실행되면 ❸ 도서명을 선택합니다. 선택한 도
서의 단가와 표지가 표시됩니다.

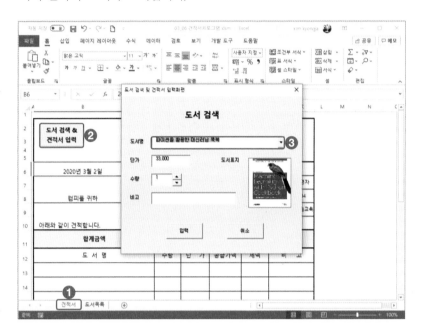

07 spn수량 스핀 단추의 이벤트 프로시저 작성하기 [Visual Basic 편집기]를 열고 [코드] 창의
[개체]에서 [spn수량]을 클릭합니다. 'spn수량_Change' 이벤트 프로시저가 추가됩니다.

08 'spn수량' 스핀 단추를 클릭하면 'txt수량' 텍스트 상자의 값이 변경되는 코드를 입력합니다.

❶ Private Sub spn수량_Change( )
❷   Me.txt수량.Value = Me.spn수량.Value
End Sub

❶ 'spn수량' 스핀 단추의 값이 변경되었을 때 실행할 이벤트 프로시저입니다.

❷ 'spn수량' 스핀 단추의 값이 변경되면 그 값을 'txt수량' 텍스트 상자에 입력합니다.

09 **txt수량 텍스트 상자의 이벤트 프로시저 작성하기** ❶ [코드] 창의 [개체]에서 [txt수량]을 클릭한 후 ❷ [프로시저]에서 [AfterUpdate]를 클릭합니다.

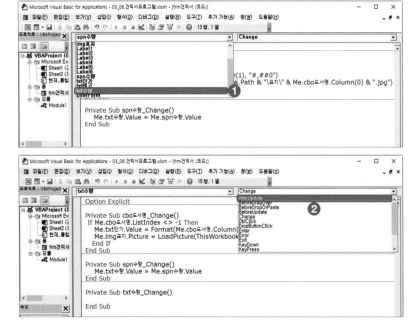

⊞⊞ 실력향상

텍스트 상자의 Change 이벤트는 문자를 하나 입력하거나 삭제할 때마다 발생하므로 텍스트 상자에서는 After Update 이벤트를 주로 사용합니다.

10 'txt수량_Change' 이벤트 프로시저는 삭제하고, 'txt수량_AfterUpdate' 이벤트 프로시저에 0 보다 큰 숫자 데이터만 입력되도록 조건문을 포함한 문장을 입력합니다.

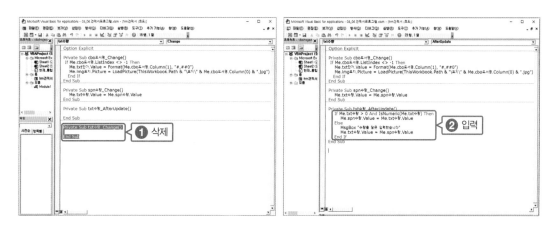

❶ Private Sub txt수량_AfterUpdate()
❷   If Me.txt수량 >0 And IsNumeric(Me.txt수량) Then
❸   Me.spn수량.Value = Me.txt수량.Value
❹   Else
❺   MsgBox "수량을 잘못 입력했습니다"
❻   Me.txt수량.Value = Me.spn수량.Value
❼   End If
End Sub

❶ 'txt수량' 텍스트 상자의 값이 변경된 후에 실행되는 이벤트 프로시저입니다.

❷ 'txt수량' 텍스트 상자에 입력된 값이 0보다 크고 데이터 형식이 숫자인지 비교하는 조건문입니다. IsNumeric 함수는 개체의 데이터 형식이 숫자인지 확인하여 숫자일 경우 참을 반환하고, 숫자가 아니면 거짓을 반환합니다.

❸ 조건식이 참일 때 실행하는 문장으로, 'txt수량'의 값에 'spn수량'의 값을 대입합니다. 수량을 변경하는 텍스트 상자와 스핀 단추의 값은 항상 같아야 하므로 필요한 문장입니다.

❹ ~ ❻ 조건식이 거짓일 때 실행하는 문장으로, 메시지를 표시하고 'txt수량'의 값을 'spn수량'의 값으로 변경합니다.

❼ If 조건문을 종료합니다.

11 cmd입력 명령 단추의 이벤트 프로시저 작성하기 [코드] 창의 [개체]에서 [cmd입력]을 클릭합니다. 'cmd입력_Click' 이벤트 프로시저가 추가됩니다.

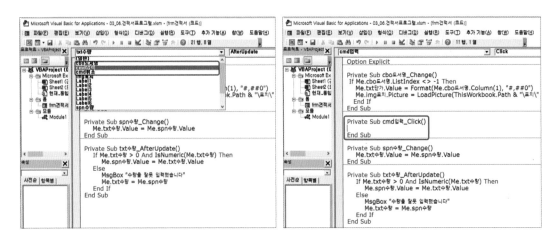

12 [입력] 단추를 클릭하면 폼의 각 컨트롤 값이 [견적서] 시트에 입력되도록 하는 코드를 다음과 같이 입력합니다.

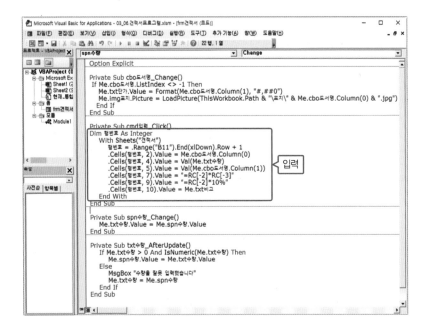

❶ Private Sub cmd입력_Click()
❷ Dim 행번호 As Integer
❸   With Sheets("견적서")
❹   행번호 = .Range("B11").End(xlDown).Row + 1
❺   .Cells(행번호, 2).Value = Me.cbo도서명.Column(0)
❻   .Cells(행번호, 4).Value = Val(Me.txt수량)

```
❼          .Cells(행번호, 5).Value = Val(Me.cbo도서명.Column(1))
❽          .Cells(행번호, 7).Value = "=RC[-2]*RC[-3]"
❾          .Cells(행번호, 9).Value = "=RC[-2]*10%"
❿          .Cells(행번호, 10).Value = Me.txt비고
       End With
    End Sub
```

❶ [입력] 단추를 클릭했을 때 실행할 이벤트 프로시저입니다.

❷ '행번호' 변수를 정수형으로 선언합니다. [견적서] 시트에 입력할 셀의 행 번호를 저장할 변수입니다.

❸ **Sheets("견적서")**를 With 문으로 묶어 ❹ ~ ❿의 마침표(.) 앞에 생략되었음을 표시합니다.

❹ '행번호' 변수에 값을 계산하여 저장합니다. [견적서] 시트의 [B11] 셀에서 Ctrl + ↓를 눌렀을 때 이동하는 셀의 행 번호에 1을 더한 값을 대입합니다.

❺ B열에 도서명을 입력합니다. **Cells(행번호, 2)**는 2번 열로 B열을 뜻하고, 'cbo도서명' 콤보 상자의 **Column(0)**는 첫 번째 열로 도서명을 뜻합니다.

❻ D열에 수량을 숫자로 변환하여 입력합니다.

❼ E열에 단가를 숫자로 변환하여 입력합니다. 'txt단가'에 있는 값은 Format 함수에 의해 쉼표(,)가 포함되어 Val 함수를 사용할 수 없습니다. 'cbo도서명'의 1번 열이 단가이므로 이 값을 Val 함수를 통해 숫자로 변환한 다음 입력합니다.

❽ G열에 공급가액을 '수량×단가'로 계산하여 입력합니다. **=RC[-2]*RC[-3]**을 대입하면 셀에는 '=D13*E13' 수식이 입력됩니다. RC[-2]는 상대 참조 수식을 입력하는 방법으로, 수식을 입력하는 셀을 기준으로 행은 같은 행이고 열은 두 칸 감소한 셀을 참조합니다.

❾ I열에 세액을 '공급가액×10%'로 계산하여 입력합니다. **=RC[-2]*10%**을 대입하면 셀에는 '=G13*10%' 수식이 입력됩니다.

❿ J열에 비고를 입력합니다.

13 cmd취소 명령 단추의 이벤트 프로시저 작성하기 ❶ [코드] 창의 [개체]에서 [cmd취소]를 클릭합니다. ❷ 'cmd취소_Click' 이벤트 프로시저가 추가되면 폼을 닫는 문장을 입력합니다.

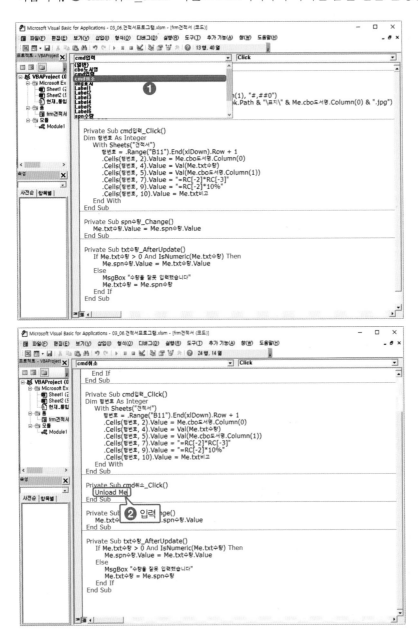

❶ Private Sub cmd취소_Click()

❷   Unload Me

End Sub

❶ [취소] 단추를 클릭했을 때 실행되는 이벤트 프로시저입니다.

❷ 현재 폼을 닫습니다. **Me**는 현재 코드가 실행되는 개체로 'frm견적서' 폼을 뜻합니다. **Unload frm견적서**로 입력해도 됩니다.

14 도서명이 선택되지 않았을 때 오류 해결하기 ❶ [견적서] 시트 탭을 클릭한 후 ❷ [도서 검색 & 견적서 입력] 단추를 클릭합니다. ❸ 도서명을 선택하지 않고 [입력]을 클릭합니다. 실행 오류가 발생합니다. ❹ [디버그]를 클릭합니다. 'cmd입력_Click' 이벤트 프로시저에서 도서명의 0번 열 값을 찾을 수 없어서 오류가 발생한 것을 알 수 있습니다. ❺ [표준] 도구 모음에서 [재설정■]을 클릭합니다.

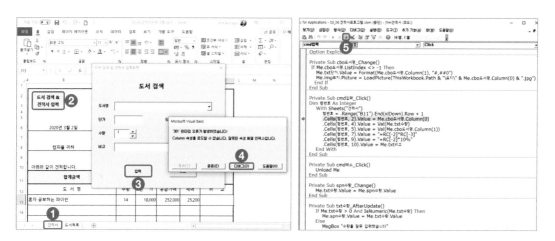

15 도서명이 선택되지 않으면 [견적서] 시트에 값이 입력되지 않도록 조건문을 추가합니다.

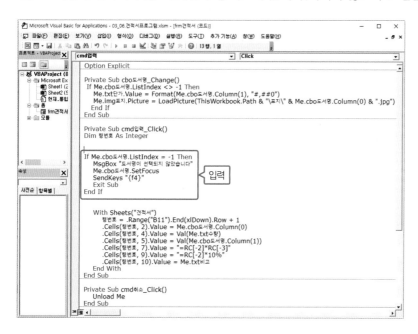

```
Private Sub cmd입력_Click()
Dim 행번호 As Integer
❶  If Me.cbo도서명.ListIndex = -1 Then
❷      MsgBox "도서명이 선택되지 않았습니다"
```

```
❸      Me.cbo도서명.SetFocus
❹      SendKeys "{f4}"
❺      Exit Sub
❻ End If
    With Sheets("견적서")
        행번호 = .Range("B11").End(xlDown).Row + 1
        .Cells(행번호, 2).Value = Me.cbo도서명.Column(0)
        .Cells(행번호, 4).Value = Val(Me.txt수량)
        .Cells(행번호, 5).Value = Val(Me.cbo도서명.Column(1))
        .Cells(행번호, 7).Value = "=RC[-2]*RC[-3]"
        .Cells(행번호, 9).Value = "=RC[-2]*10%"
        .Cells(행번호, 10).Value = Me.txt비고
    End With
End Sub
```

❶ 'cbo도서명' 콤보 상자에 선택된 항목이 있는지 확인하는 조건문입니다. 선택된 항목이 없으면 ListIndex 속성이 '-1' 값을 가지는데, **ListIndex = -1** 조건식이 참이면 ❷ ~ ❺를 실행하고 거짓이면 ❻ 다음 문장을 실행합니다.

❷ 조건식이 참일 때 실행하는 문장으로, 메시지를 표시합니다.

❸ ~ ❹ 조건식이 참일 때 실행하는 문장으로, 'cbo도서명' 콤보 상자의 목록을 펼쳐서 보여줍니다. SetFocus 메서드는 특정 개체에 커서를 두는 역할을 하고, SendKeys 메서드는 키보드의 바로 가기 키를 누르는 역할을 합니다. 콤보 상자에 셀 포인트가 있을 때 키보드의 F4 를 누르면 콤보 상자의 목록이 펼쳐집니다.

❺ 도서명이 선택되지 않으면 셀에 입력하지 않아야 하므로 프로시저를 종료합니다.

❻ If 문을 종료합니다.

16 중복된 도서 입력 차단과 컨트롤 초기화하기 [견적서] 시트에 입력된 도서명은 두 번 이상 입력되지 않도록 하고 입력이 완료되면 폼의 컨트롤들이 초기화되도록 'cmd입력_Click' 이벤트 프로시저에 다음 코드를 추가합니다.

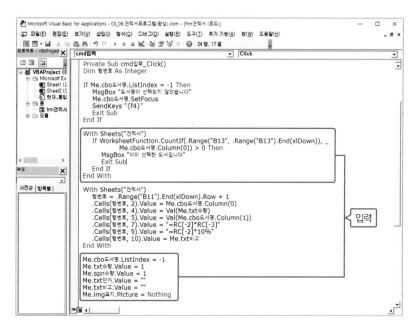

```vba
Private Sub cmd입력_Click()
Dim 행번호 As Integer
If Me.cbo도서명.ListIndex = -1 Then
        MsgBox "도서명이 선택되지 않았습니다"
        Me.cbo도서명.SetFocus
        SendKeys "{f4}"
        Exit Sub
End If
```
❶ `With Sheets("견적서")`
❷   `If WorksheetFunction.CountIf(.Range("B13", .Range("B13").End(xlDown)), _`
            `Me.cbo도서명.Column(0)) > 0 Then`
❸   `MsgBox "이미 선택한 도서입니다"`
❹   `Exit Sub`
❺   `End If`
`End With`
`With Sheets("견적서")`
    `행번호 = .Range("B11").End(xlDown).Row + 1`

```
            .Cells(행번호, 2).Value = Me.cbo도서명.Column(0)
            .Cells(행번호, 4).Value = Val(Me.txt수량)
            .Cells(행번호, 5).Value = Val(Me.cbo도서명.Column(1))
            .Cells(행번호, 7).Value = "=RC[-2]*RC[-3]"
            .Cells(행번호, 9).Value = "=RC[-2]*10%"
            .Cells(행번호, 10).Value = Me.txt비고
        End With
❻ Me.cbo도서명.ListIndex = -1
❼ Me.txt수량.Value = 1
❽ Me.spn수량.Value = 1
❾ Me.txt단가.Value = ""
❿ Me.txt비고.Value = ""
⓫ Me.img표지.Picture = Nothing
End Sub
```

❶ **Sheets("견적서")**를 With 문으로 묶어서 ❷ 문장의 마침표(.) 앞에 생략되었음을 표시합니다.

❷ 중복되는 도서명인지 확인하는 조건문입니다. 워크시트에서 사용하는 CountIf 함수를 사용하여 결과가 0보다 큰지 확인하는 조건식입니다. CountIf는 VBA에 없고 워크시트에서 사용하는 함수이므로 WorkSheetFunction 속성을 사용하고, CountIf 함수의 범위는 [견적서] 시트의 [D13] 셀에서 Ctrl +Shift +Ⅰ를 눌렀을 때의 범위이며, 비교하는 값은 'cbo도서명' 콤보 상자에서 선택한 도서명입니다.

❸ ~ ❹ 조건식이 참일 때 실행할 문장으로, 메시지 창을 표시하고 프로시저를 종료합니다.

❺ If 문을 종료합니다.

❻ 'cbo도서명' 콤보 상자를 초기화합니다. 콤보 상자의 ListIndex 속성이 −1이면 Null이 됩니다.

❼ ~ ❽ 'txt수량' 텍스트 상자와 'spn수량' 스핀 단추에 **1**을 대입하여 초기화합니다.

❾ ~ ❿ 'txt단가' 텍스트 상자와 'txt비고' 텍스트 상자에 빈 값을 대입하여 초기화합니다.

⓫ 표지 이미지를 비워둡니다. 이미지 컨트롤은 Picture 속성으로, 이미지를 표시하거나 해제할 수 있습니다.

17 결과 확인하기 ❶ [견적서] 시트 탭을 클릭한 후 ❷ [도서 검색 & 견적서 입력] 단추를 클릭합니다. 도서명을 선택하지 않고 ❸ [입력]을 클릭합니다. 도서명이 선택되지 않았다는 메시지가 나타나면 ❹ [확인]을 클릭합니다. 도서명 목록이 펼쳐져 보입니다.

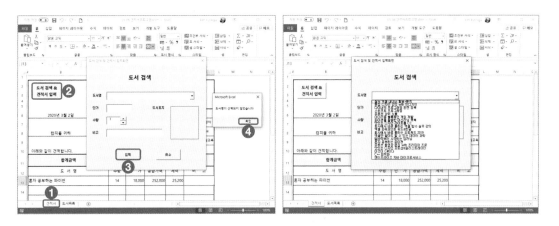

18 ❶ 각 항목을 모두 입력한 후 ❷ [입력]을 클릭하면 [견적서] 시트에 내용이 입력됩니다. 폼의 컨트롤은 모두 초기화됩니다.

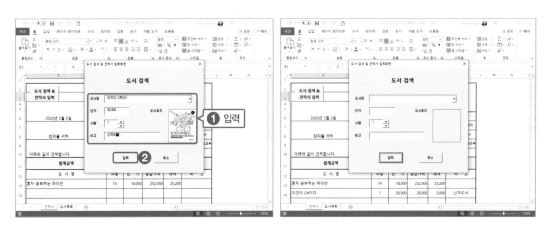

19 ❶ [견적서] 시트에 이미 입력된 도서명과 같은 도서명을 선택한 후 ❷ [입력]을 클릭하면 이미 선택한 도서라는 메시지가 표시되고 [견적서] 시트에 입력되지 않습니다. ❸ [확인]을 클릭합니다.

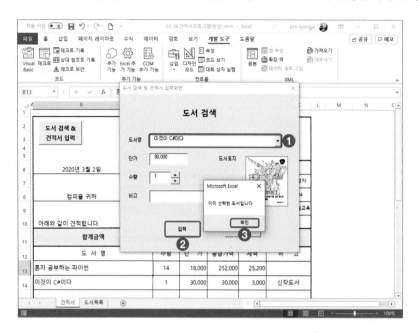

CHAPTER

04

프로젝트
실무 프로그램
만들기

구슬이 서 말이라도 꿰어야 보배라고 하듯 VBA 문법을 알고 있더라도 그것을 실무에 적용할 수 없다면 가치가 없을 것입니다. VBA를 실무에 가장 빠르게 활용할 수 있는 방법은 실무에서 많이 사용되는 프로그램을 다양하게 직접 만들어보는 것입니다. 이번 CHAPTER에서는 앞에서 학습한 VBA에 대한 지식들을 모아 실무에 가장 가까운 사례를 중심으로 프로그램을 만들어보겠습니다.

셀을 선택하거나 값이 변경될 때 실행되는 프로그램 만들기

실습 파일 | Part02/Chapter04/04_01.이벤트프로시저.xlsx
완성 파일 | Part02/Chapter04/04_01.이벤트프로시저(완성).xlsm

01 프로젝트 시작하기

파일을 열었을 때 자동으로 실행되어야 하는 프로그램이 있거나 특정 셀을 클릭했을 때 실행되어야 하는 프로그램이 있다면 이벤트 프로시저로 작성하여 해당 개체의 이벤트가 발생되었을 때 자동으로 실행되도록 합니다.

엑셀 VBA에서는 통합 문서의 이벤트 프로시저는 현재 통합 문서의 [코드] 창에서 작성하고, 워크시트나 셀의 이벤트 프로시저는 각 시트의 [코드] 창에 작성합니다.

파일을 열거나 닫을 때 반복적으로 해야 하는 작업을 이벤트 프로시저에 작성해보고, 셀을 클릭했을 때 수식에서 참조하고 있는 셀을 찾아 표시하거나 선택한 행 데이터에 채우기 색을 자동 설정하는 이벤트 프로시저를 작성해보겠습니다.

회사에서 바로 통하는 키워드	Workbook_Open 이벤트, BeforeClose 이벤트, Worksheet_SelectionChange 이벤트, Now 함수, Target 인수, Interior 속성, Color 속성

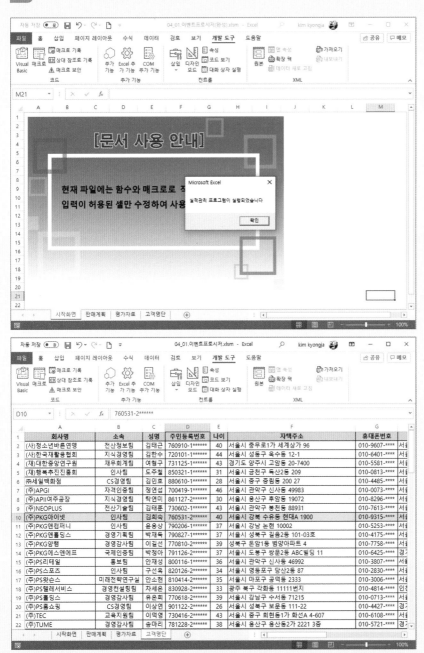

한눈에 보는 작업순서

파일이 열릴 때 실행되는 이벤트 작성하기 ▶ 파일이 닫히기 직전에 실행되는 이벤트 작성하기 ▶ 수식에서 참조하는 셀 찾아 표시하는 이벤트 작성하기 ▶ 클릭한 행에 채우기 색 자동 설정하는 이벤트 작성하기

STEP 01 파일이 열리고 닫힐 때 실행되는 이벤트 프로시저 작성하기

❶ [현재_통합_문서 (코드)] 창에 'Workbook_Open' 이벤트 프로시저를 추가합니다.

❷ [시작화면] 시트를 선택하고 메시지를 표시하는 문장을 입력합니다.

❸ Workbook_BeforeClose 이벤트 프로시저를 추가합니다.

❹ [판매계획] 시트에 날짜와 시간을 입력하고 파일을 저장하는 코드를 입력합니다.

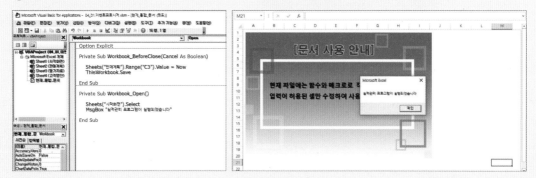

STEP 02 수식에서 참조하는 셀을 찾아 채우기 색 변경하는 이벤트 프로시저 작성하기

❶ [Sheet3 (코드)] 창에 'Worksheet_SelectionChange' 이벤트 프로시저를 추가합니다.

❷ 수식에서 참조하고 있는 셀을 찾아 채우기 색을 설정하는 코드를 입력합니다.

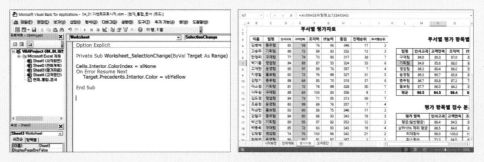

STEP 03 선택한 셀의 행 데이터 목록에 채우기 색 설정하는 이벤트 프로시저 작성하기

❶ [Sheet4 (코드)] 창에 'Worksheet_SelectionChange' 이벤트 프로시저를 추가합니다.

❷ 클릭한 셀의 행 데이터에 채우기 색을 설정하는 코드를 입력합니다.

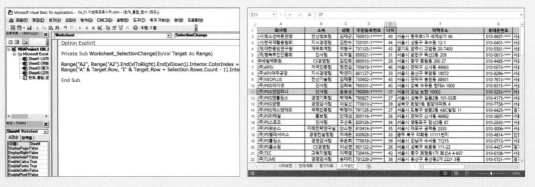

파일이 열리고 닫힐 때 실행되는 이벤트 프로시저 작성하기

STEP 01

파일을 열 때 사용자가 안내 메시지를 확인할 수 있도록 [시작화면] 시트가 항상 먼저 표시되게 하고, 파일을 닫기 전에는 [판매계획] 시트의 [C3] 셀에 마지막으로 작업한 날짜와 시간이 자동으로 입력되도록 현재 통합 문서의 Open 이벤트 프로시저와 BeforeClose 이벤트 프로시저를 작성해보겠습니다.

01 현재 통합 문서의 코드 창 표시하기 실습 파일을 열고 [Visual Basic 편집기]의 [프로젝트] 탐색기 창에서 ❶ [현재_통합_문서]를 더블클릭합니다. [현재_통합_문서 (코드)] 창이 표시됩니다. ❷ [개체]에서 [Workbook]을 클릭합니다.

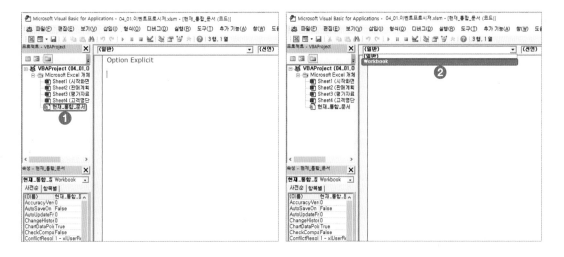

02 Open 이벤트 프로시저 작성하기 'Workbook_Open' 이벤트 프로시저가 추가됩니다. 파일을 열 때 항상 [시작화면] 시트를 선택하고 메시지가 표시되도록 하는 코드를 입력합니다.

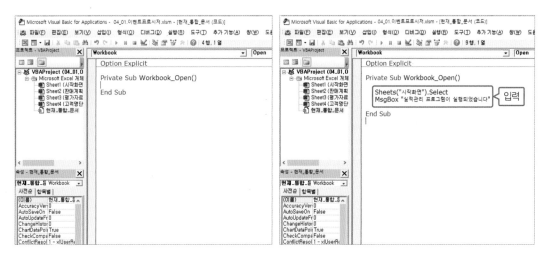

```
❶ Private Sub Workbook_Open()
❷     Sheets("시작화면").Select
❸     MsgBox "실적관리 프로그램이 실행되었습니다"
End Sub
```

❶ 현재 통합 문서가 열릴 때 자동으로 실행할 이벤트 프로시저입니다.

❷ [시작화면] 시트를 선택합니다.

❸ 메시지를 표시합니다.

03 BeforeClose 프로시저 작성하기 ❶ [프로시저]에서 [BeforeClose]를 선택합니다. 'Work book_BeforeClose' 이벤트 프로시저가 추가되면 ❷ [판매계획] 시트의 [C3] 셀에 날짜와 시각을 입력하고 통합 문서를 저장하는 코드를 입력합니다.

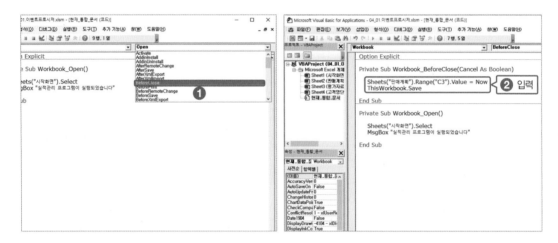

```
❶ Private Sub Workbook_BeforeClose(Cancel As Boolean)
❷     Sheets("판매계획").Range("C3").Value = Now
❸     ThisWorkbook.Save
End Sub
```

❶ 현재 통합 문서가 닫히기 직전에 실행할 이벤트 프로시저입니다.

❷ [판매계획] 시트의 [C3] 셀에 현재 날짜와 시각을 입력합니다. Now 함수는 워크시트와 VBA에서 공통
   으로 사용하는 함수로, 오늘 날짜와 현재 시각을 표시합니다.

❸ 현재 통합 문서를 저장합니다.

04 결과 확인하기 통합 문서를 저장하지 않고 닫습니다. 통합 문서를 저장하지 않아도 저장 여부를 확인하는 창이 표시되지 않습니다. 'BeforeClose' 이벤트 프로시저에 의해 통합 문서가 저장되었기 때문입니다.

05 닫았던 통합 문서를 다시 엽니다. ❶ [보안 경고]에서 [콘텐츠 사용]을 클릭합니다. [시작화면] 시트가 선택되고 메시지가 표시됩니다. ❷ [확인]을 클릭합니다.

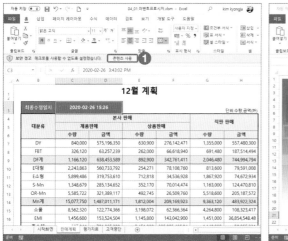 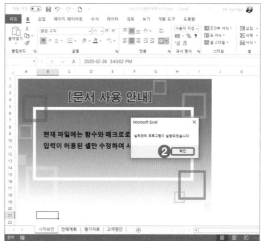

06 가장 최근에 파일을 저장한 날짜와 시각이 [판매계획] 시트의 [C3] 셀에 입력되어 있는 것을 확인합니다.

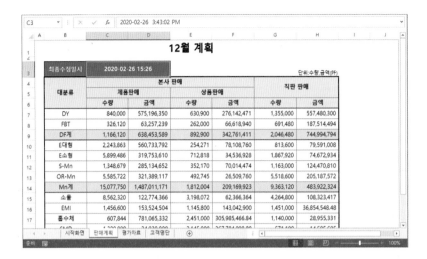

STEP 02

수식에서 참조하는 셀을 찾아 채우기 색을 변경하는 이벤트 프로시저 작성하기

셀에 수식이나 함수가 입력되어 있을 때 셀 편집 모드가 되면 참조하고 있는 셀이나 범위에 테두리 색이 표시되는데, 좀 더 명확하게 참조하고 있는 셀을 표시하기 위해 채우기 색을 설정하려고 합니다. 이러한 경우 셀을 클릭했을 때 발생되는 SelectionChange 이벤트에 Precedents 속성을 이용하면 원하는 결과를 만들 수 있습니다.

07 평가자료 시트의 코드 창 표시하기 [Visual Basic 편집기]의 [프로젝트] 탐색기 창에서 ❶ [Sheet3 (평가자료)]를 더블클릭합니다. [Sheet3 (코드)] 창이 표시됩니다. ❷ [개체]에서 [Worksheet]를 클릭합니다.

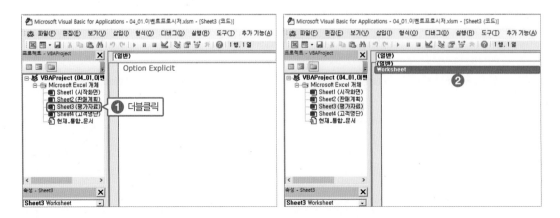

08 SelectionChange 이벤트 프로시저 작성하기 'Worksheet_SelectionChange' 이벤트 프로시저가 추가됩니다. 클릭한 셀에 수식이 입력되어 있을 경우 참조하는 셀을 찾아 채우기 색을 노란색으로 설정하는 코드를 입력합니다.

① `Private Sub Worksheet_SelectionChange(ByVal Target As Range)`
②   `Cells.Interior.ColorIndex = xlNone`
③   `On Error Resume Next`
④   `Target.Precedents.Interior.Color = vbYellow`
`End Sub`

① 현재 시트에서 셀 선택을 변경할 때 실행할 이벤트 프로시저입니다. 이 이벤트가 발생하면서 선택한 셀의 Range 정보를 'Target' 개체 변수에 저장합니다.

② 이전에 발생한 이벤트로 색상이 설정된 셀이 있을 수 있으므로 전체 셀의 채우기 색을 '없음'으로 설정합니다. 엑셀에서 색상을 설정할 때 '없음'은 ColorIndex 속성에만 사용할 수 있습니다.

③ 오류 처리문입니다. 수식이 없는 셀을 선택하면 ④에서 오류가 발생하는데, 오류가 발생하더라도 프로그램을 중단하지 않고 오류가 발생한 다음 문장을 실행합니다.

④ 선택한 셀이 참조하고 있는 셀을 찾아 채우기 색을 노란색으로 변경합니다. Precedents는 수식이 참조하고 있는 셀 정보를 반환하는 속성입니다.

09 결과 확인하기 ❶ [평가자료] 시트 탭을 클릭합니다. ❷ 수식이 입력된 임의의 셀을 클릭하면 수식에서 참조하는 셀의 채우기 색이 변경되고, 수식이 없는 셀을 클릭하면 채우기 색이 설정되지 않습니다.

A	B	C	D	E	F	G	H	I
				부서별 평가자료				
이름	팀명	인사고과	고객만족	조직력	IT능력	총점	전체순위	부서별순위
김병배	총무팀	85	99	76	86	346	17	2
고송주	기획팀	98	72	99	83	352	13	3
한정회	구매팀	77	74	73	93	317	38	7
박기홍	영업팀	94	88	87	55	324	33	6
고재현	운영팀	95	97	89	76	357	7	4
지영철	홍보팀	80	72	76	99	327	31	5
김정기	총무팀	99	64	85	70	318	37	6
마소정	기획팀	81	72	76	99	328	30	7
이두원	구매팀	89	84	100	83	356	9	1
김도영	영업팀	84	73	71	85	313	39	7
조윤정	운영팀	93	99	89	76	357	7	4
차상헌	홍보팀	93	90	88	75	346	17	3
강필구	총무팀	84	80	86	93	343	19	3
박선정	기획팀	89	95	87	82	353	12	2
박종욱	구매팀	85	72	93	93	343	19	4
김정철	홍보팀	74		100	98	342	21	2
최원여	운영팀	96		91	97	367	1	1

부서별 평가 항목별

팀명	인사고과	고객만족	조직력	IT
구매팀	84.0	80.3	87.0	8
기획팀	84.9	85.6	88.0	8
영업팀	86.3	80.4	86.0	8
운영팀	89.3	90.7	85.9	8
총무팀	86.7		87.2	7
홍보팀	87.7	86.0	84.2	8
평균	86.5	84.5	86.4	8

평가 항목별 점수 분

평가 항목	인사고과	고객만족	조
평균(일반평균)	86.4	84.5	8
상하10% 제외 평균	86.5	84.6	8
최대점수	99.0	100.0	10
최소점수	71.0	64.0	6

시작화면   판매계획   평가자료   고객명단

실력향상

Precedents 속성은 수식에서 직접 참조하는 셀뿐만 아니라 다른 수식에서 참조하는 셀도 포함하여 반환하므로 [전체순위] 셀을 클릭하면 [총점] 범위와 [총점] 계산에 사용된 [인사고과], [고객만족], [조직력], [IT능력] 셀에도 채우기 색이 설정됩니다.

STEP 03 선택한 셀의 행 데이터 목록에 채우기 색 설정하는 이벤트 프로시저 작성하기

데이터 목록이 많은 시트에서 선택한 항목을 좀 더 편하게 구분하기 위해 행 데이터 전체에 채우기 색이 자동 설정되도록 해보겠습니다. 특정 셀을 클릭했을 때 자동으로 동작되어야 하므로 SelectionChange 이벤트 프로시저로 작성합니다.

10 [Sheet4]의 코드 창 표시하기 [Visual Basic 편집기]의 [프로젝트] 탐색기 창에서 ❶ [Sheet4 (고객명단)]을 더블클릭합니다. [Sheet4 (코드)] 창이 표시되면 ❷ [개체]에서 [Worksheet]를 클릭합니다.

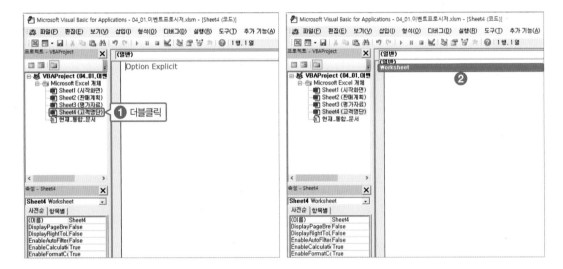

11 SelectionChange 이벤트 프로시저 작성하기 'Worksheet_SelectionChange' 이벤트 프로시저가 추가됩니다. 클릭한 셀의 행 데이터에 채우기 색이 자동 설정되도록 다음 코드를 입력합니다.

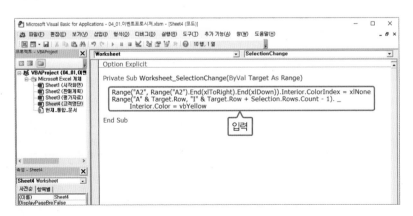

① Private Sub Worksheet_SelectionChange(ByVal Target As Range)

②   Range("A2", Range("A2").End(xlToRight).End(xlDown)).Interior.ColorIndex = xlNone

③   Range("A" & Target.Row, "I" & Target.Row + Selection.Rows.Count - 1). _
         Interior.Color = vbYellow

End Sub

① 현재 시트에서 셀 선택을 변경할 때 실행할 이벤트 프로시저입니다. 이 이벤트가 발생하면서 선택한 셀의 Range 정보를 'Target' 개체 변수에 저장합니다.

② 이전에 발생한 이벤트에 의해 채우기 색이 설정된 행이 있으면 색상을 '없음'으로 변경합니다. [A2] 셀에서 [Ctrl]+[Shift]+[→]을 누른 후 다시 [Ctrl]+[Shift]+[↓]를 눌렀을 때 선택된 범위의 채우기 색이 '없음'으로 설정됩니다.

③ 선택된 셀의 행 데이터에 채우기 색을 설정합니다. **Target.Row**는 선택한 셀의 행 번호를 반환합니다. 만약 [B5] 셀이 선택되었다면 Target.Row는 5를 반환합니다. 따라서 Range("A" & 5, "I" & 5)가 되어 [A5:I5] 범위에 채우기 색이 설정됩니다. **Selection.Rows.Count – 1**은 여러 행을 선택한 경우 선택한 행들에 모두 채우기 색이 설정되도록 하기 위한 코드로, [B5:B10] 범위를 지정했다면 Range("A" & 5, "I" & 5+6–1)이 되어 [A5:I10] 범위에 채우기 색이 설정됩니다. 언더바(_)를 이용하여 두 줄로 입력했습니다.

12 결과 확인하기 **①** [고객명단] 시트 탭을 클릭합니다. **②** 임의의 셀을 클릭하거나 범위를 드래그해 선택하면 행 데이터에 채우기 색이 설정됩니다.

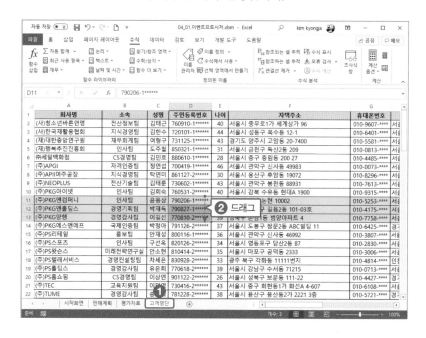

기준 날짜가 경과되면 자동으로 셀을 보호하는 프로그램 만들기

실습 파일 | Part02/Chapter04/04_02.실적완료표시.xlsx
완성 파일 | Part02/Chapter04/04_02.실적완료표시(완성).xlsm

01 프로젝트 시작하기

매출 실적이 입력된 파일을 열면 오늘 날짜를 기준으로 완료기한이 지났을 경우 해당 실적을 더 이상 수정할 수 없도록 자동으로 시트 보호가 설정되는 프로그램을 만들려고 합니다.

이 프로그램은 통합 문서를 열었을 때 자동으로 실행되어야 하므로 현재 통합 문서의 [코드] 창에 Open 이벤트 프로시저로 작성합니다. 또한 시트를 보호할 때는 Protect 메서드를 사용하는데, 이 메서드에는 입력해야 하는 인수가 많으므로 자동 매크로로 기록해보겠습니다.

회사에서 바로 통하는 키워드 Workbook_Open 이벤트, Protect 메서드, Unprotect 메서드, Cells 속성, Locked 속성, Now 함수, Do While 반복문, If 조건문

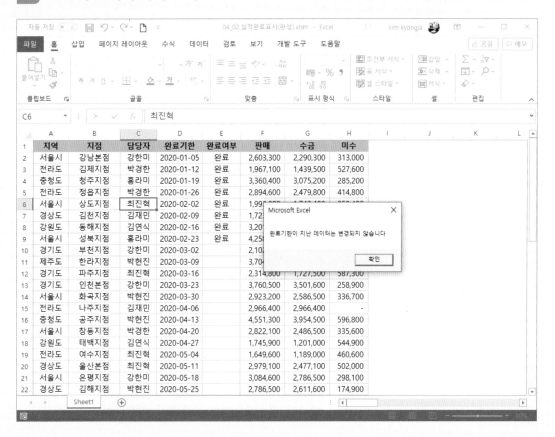

한눈에
보는
작업순서

| 통합 문서 Open 이벤트 프로시저 추가하기 | ▶ | 시트 보호 해제와 셀 잠금 해제 문장 추가하기 | ▶ | 날짜를 비교하여 셀을 잠그는 If 조건문과 Do While 반복문 추가하기 | ▶ |

| 시트 보호 기능을 자동 매크로로 기록하기 | ▶ | Open 이벤트 프로시저에서 호출하기 |

STEP 01 현재 통합 문서의 Open 이벤트 프로시저 작성하기

❶ [현재_통합_문서 (코드)] 창에 Workbook_Open 이벤트 프로시저를 추가합니다.

❷ 시트 보호와 셀 잠금을 해제하는 코드를 입력합니다.

❸ 완료 기한과 오늘 날짜를 비교하여 날짜가 경과했을 경우 행 데이터에 셀 잠금을 적용하는 작업이 반복되도록 Do While 문과 If 조건문을 입력합니다.

STEP 02 시트 보호 작업을 자동 매크로로 기록하여 Call 문으로 호출하기

❶ 자동 매크로 기록을 시작합니다.

❷ [검토] 탭-[보호] 그룹-[시트 보호]에서 [암호 입력]과 [워크시트에서 허용할 내용]을 선택합니다.

❸ 기록한 매크로를 'Workbook_Open' 이벤트 프로시저에서 Call 문으로 호출합니다.

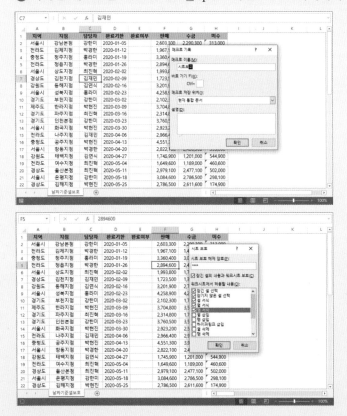

현재 통합 문서의 Open 이벤트 프로시저 작성하기

현재 통합 문서의 [코드] 창에 'Workbook_Open' 이벤트 프로시저를 추가하여 먼저 시트 보호와 셀 잠금을 해제하는 코드를 입력합니다. 오늘 날짜를 기준으로 D열의 완료 기한이 경과했으면 행 데이터에 셀 잠금을 적용하는 작업이 반복되도록 Do While 문과 If 조건문을 입력합니다.

01 현재 통합 문서의 코드 창 표시하기 실습 파일을 열고 [Visual Basic 편집기]의 [프로젝트] 탐색기 창에서 ❶ [현재_통합_문서]를 더블클릭합니다. [현재_통합_문서 (코드)] 창이 표시됩니다. ❷ [개체]에서 [Workbook]을 클릭합니다.

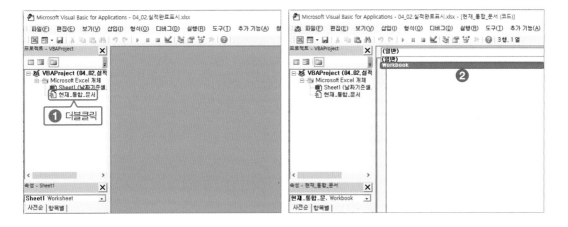

02 Open 이벤트 프로시저 작성하기 'Workbook_Open' 이벤트 프로시저가 추가됩니다. 추가된 이벤트 프로시저에 다음과 같이 코드를 입력합니다.

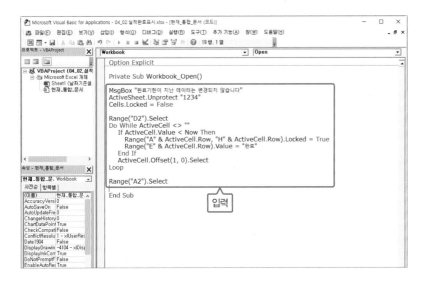

```
Option Explicit

Private Sub Workbook_Open()

MsgBox "완료기한이 지난 데이터는 변경되지 않습니다"
ActiveSheet.Unprotect "1234"
Cells.Locked = False

Range("D2").Select
Do While ActiveCell <> ""
    If ActiveCell.Value < Now Then
        Range("A" & ActiveCell.Row, "H" & ActiveCell.Row).Locked = True
        Range("E" & ActiveCell.Row).Value = "완료"
    End If
    ActiveCell.Offset(1, 0).Select
Loop

Range("A2").Select

End Sub
```

입력

```
❶ Private Sub Workbook_Open()
❷   MsgBox "완료기한이 지난 데이터는 변경되지 않습니다"
❸   ActiveSheet.Unprotect "1234"
❹   Cells.Locked = False
❺   Range("D2").Select
❻   Do While ActiveCell <> ""
❼     If ActiveCell.Value < Now Then
❽       Range("A" & ActiveCell.Row, "H" & ActiveCell.Row).Locked = True
❾       Range("E" & ActiveCell.Row).Value = "완료"
❿     End If
⓫     ActiveCell.Offset(1, 0).Select
⓬   Loop
⓭   Range("A2").Select
End Sub
```

❶ 현재 통합 문서가 열릴 때 자동으로 실행할 이벤트 프로시저입니다.

❷ 메시지를 표시합니다.

❸ 시트 보호를 해제합니다. 이전 작업에 의해 시트 보호가 되어 있을 수 있으므로 먼저 시트 보호를 해제해야 다음 작업을 할 수 있습니다.

❹ 모든 셀의 셀 서식 잠금을 해제합니다. 완료 기한이 경과한 데이터에만 잠금을 설정하기 위해 먼저 전체 셀 잠금을 해제해야 합니다.

❺ [D2] 셀을 클릭합니다.

❻ 반복문을 시작합니다. 현재 셀에 데이터가 있을 때까지 ❼ ~ ⓫을 반복 실행합니다.

❼ 조건문을 시작합니다. 현재 셀(완료 기한)과 오늘 날짜를 비교하여 오늘 날짜보다 작으면 ❽ ~ ❾를 실행합니다.

❽ 조건식이 참일 때 실행하는 문장으로, 현재 셀의 행 데이터에 셀 잠금을 설정합니다. 현재 셀이 [D2] 셀이면 **ActiveCell.Row**는 2가 되어 [A2:H2] 범위에 셀 잠금이 설정됩니다.

❾ 조건식이 참일 때 실행하는 문장으로, E열에 **완료**를 입력합니다. 현재 셀이 [D2] 셀이면 [E2] 셀에 입력되고, 현재 셀이 [D3] 셀이면 [E3] 셀에 입력됩니다.

❿ 조건문을 종료합니다.

⓫ 다음 비교를 위해 아래로 한 칸 이동한 셀을 선택합니다.

⓬ 반복문을 종료합니다.

⓭ [A2] 셀을 클릭합니다.

시트 보호 작업을 자동 매크로로 기록하여
Call 문으로 호출하기

시트 보호 작업에는 Protect 메서드를 사용하는데, 시트 보호를 하면서 [워크시트에서 허용할 내용]을 쉽게 선택할 수 있도록 자동 매크로로 기록해보겠습니다. 그리고 기록된 매크로를 수정하여 'Workbook_Open' 이벤트 프로시저에서 호출하도록 하겠습니다.

03 시트보호 매크로 기록하기 ① [날짜기준셀보호] 시트 탭을 클릭합니다. ② [개발 도구] 탭-[코드] 그룹-[매크로 기록]을 클릭합니다. [매크로 기록] 대화상자에서 ③ [매크로 이름]에 **시트보호**를 입력한 후 ④ [확인]을 클릭합니다.

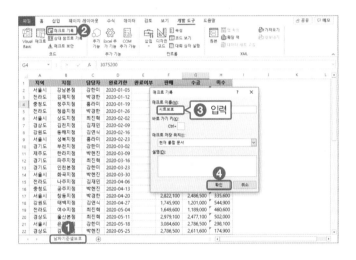

04 시트보호 매크로 기록하기 ① [검토] 탭-[보호] 그룹-[시트 보호]를 클릭합니다. [시트 보호] 대화상자에서 ② [암호]에 **1234**를 입력하고, ③ [워크시트에서 허용할 내용]에서 [셀 서식], [열 서식], [행 서식]에 체크한 후 ④ [확인]을 클릭합니다. ⑤ [암호 확인] 대화상자에서 **1234**를 입력한 후 ⑥ [확인]을 클릭합니다.

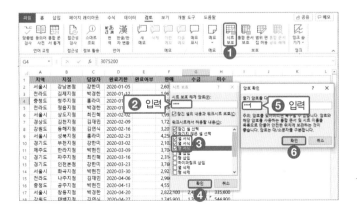

05 매크로 기록 중지하고 코드 확인하기 ❶ [개발 도구] 탭–[코드] 그룹–[기록 중지]를 클릭합니다. [Visual Basic 편집기]의 [프로젝트] 탐색기 창에서 ❷ [Module1]을 더블클릭합니다. '시트보호' 매크로의 코드가 표시됩니다.

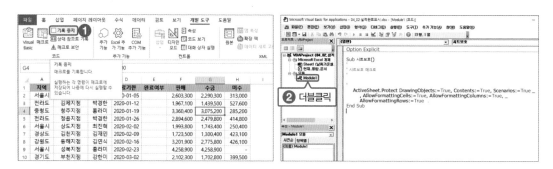

06 시트보호 프로시저 수정하기 매크로로 기록된 코드에는 입력한 암호가 보이지 않고, [허용할 내용]으로 체크하지 않은 항목들이 있어서 편집해보겠습니다.

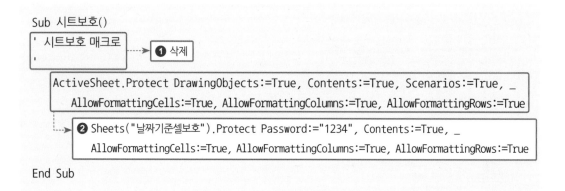

❶ 주석문은 삭제합니다.

❷ Password 인수를 추가하고, DrawingObjects 인수와 Scenarios 인수는 삭제합니다. Drawing Objects는 개체 편집에 대한 허용 여부이고, Scenarios는 시나리오 편집에 대한 허용 여부입니다.

07 프로시저 코드 이해하기 수정한 코드를 살펴보겠습니다.

```
Sub 시트보호()
❶    Sheets("날짜기준셀보호").Protect Password:="1234", Contents:=True, _
         AllowFormattingCells:=True, AllowFormattingColumns:=True, AllowFormattingRows:=True
End Sub
```

❶ [날짜기준셀보호] 시트를 보호합니다. 암호는 **1234**이고, 셀 내용을 보호합니다. 편집을 허용할 항목은 [셀 서식], [열 서식], [행 서식]입니다. 한 문장인데 언더바(_)를 이용하여 두 줄로 입력했습니다.

08 Open 이벤트 프로시저에서 시트보호 매크로 호출하기 [프로젝트] 탐색기 창에서 ❶ [현재_ 통합_문서]를 더블클릭합니다. 'Open' 이벤트 프로시저에 ❷ Call 문을 추가 입력합니다.

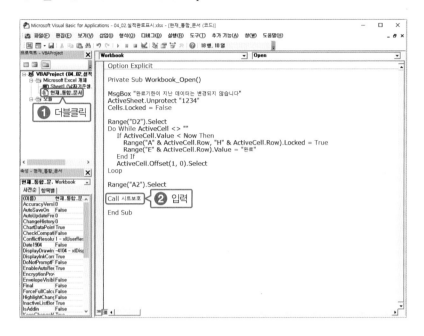

```
Private Sub Workbook_Open()
MsgBox "완료기한이 지난 데이터는 변경되지 않습니다"
ActiveSheet.Unprotect "1234"
Cells.Locked = False
Range("D2").Select
Do While ActiveCell <> ""
    If ActiveCell.Value < Now Then
        Range("A" & ActiveCell.Row, "H" & ActiveCell.Row).Locked = True
        Range("E" & ActiveCell.Row).Value = "완료"
    End If
    ActiveCell.Offset(1, 0).Select
Loop
Range("A2").Select
❶ Call 시트보호
End Sub
```

❶ '시트보호' 프로시저를 호출합니다. '시트보호' 프로시저는 공용 모듈인 [Module1]에 입력되어 있으므로 현재 통합 문서의 [코드] 창에서 호출할 수 있습니다.

09 결과 확인하기 ❶ 통합 문서를 저장한 후 닫습니다. ❷ 닫은 파일을 다시 열고 [보안 경고]에서 [콘텐츠 사용]을 클릭합니다.

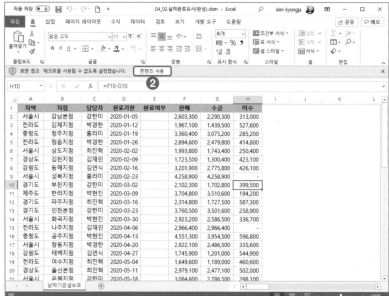

10 완료된 데이터는 변경할 수 없음을 알리는 메시지가 나타납니다. ❶ [확인]을 클릭하면 오늘보다 이전 날짜인 데이터의 E열에 **완료**가 입력됩니다. ❷ **완료**가 표시된 행의 데이터를 수정하려고 하면 자료가 보호되어 있음을 알리는 메시지가 나타납니다.

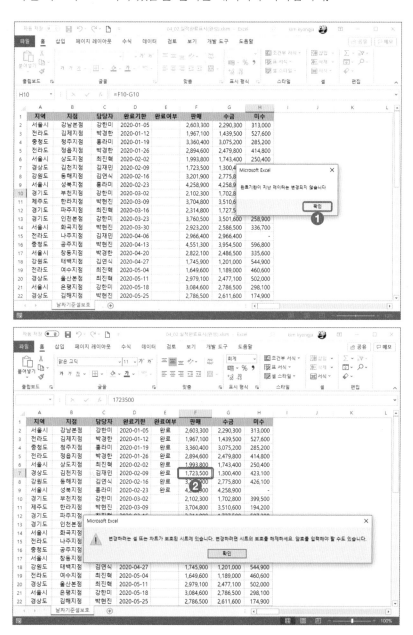

자동 필터가 적용된 목록에 붙여 넣기하는 프로그램 만들기

실습 파일 | Part02/Chapter04/04_03.분류별제품코드.xlsx
완성 파일 | Part02/Chapter04/04_03.분류별제품코드(완성).xlsm

01 프로젝트 시작하기

[매출현황] 시트의 일자별 매출현황 목록에는 품목코드가 없는 셀이 있습니다. 다른 시트에서 복사하여 붙여 넣으려고 필터를 설정한 후 [분류]를 기준으로 일부 행만 표시되도록 하였습니다. 그 다음 [품목코드] 시트에서 원하는 코드만 복사하여 붙여 넣었더니 화면에 보이는 셀뿐 아니라 보이지 않는 셀도 포함하여 붙여 넣어집니다. 엑셀은 필터가 설정된 상태에서는 화면에 보이는 셀만 복사해도 보이지 않는 전체 범위 데이터가 붙여 넣어집니다. 이때 하나씩 일일이 찾아서 붙여 넣는 대신 매크로 프로그램을 만들어 사용하면 편리합니다. 필터를 적용하고 화면에 보이는 셀만 복사하여 붙여 넣을 수 있는 매크로 프로그램을 만들고 모든 문서에 사용할 수 있도록 추가 기능으로 저장해보겠습니다.

회사에서 바로 통하는 키워드	InputBox 메서드, If 조건문, For Each 반복문, SpecialCells 속성, ScreenUpdating 속성, Item 속성, RowHeight 속성, Copy 속성, PasteSpecial 속성, GoTo 문, 오류 처리문

02 프로젝트 예제 미리 보기

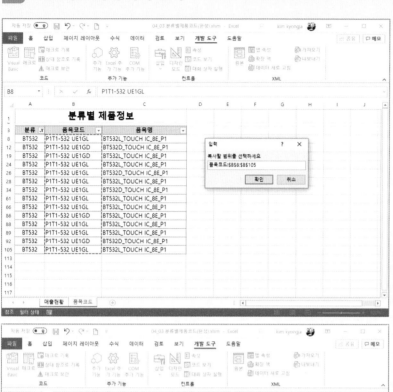

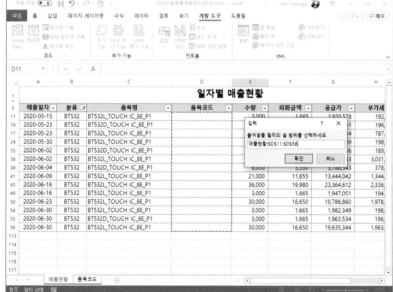

한눈에 보는 작업순서	변수 선언하기	▶	복사와 붙여 넣을 범위 입력 받기	▶	화면에 보이는 셀만 복사하여 붙여 넣는 과정 반복하기	▶	추가 기능으로 저장하기	▶	[홈] 탭에 도구 단추 등록하기

STEP 01 변수를 선언하고 복사와 붙여 넣을 범위를 입력 받는 프로그램 만들기

❶ 공용 모듈에 프로시저를 추가합니다.

❷ 사용할 변수를 선언하는 코드를 입력합니다.

❸ 복사할 범위와 붙여 넣을 범위를 입력 받는
코드를 입력합니다.

STEP 02 복사된 데이터를 붙여 넣는 반복문 추가 입력하기

❶ 각 변수에 저장된 범위에서 화면에 보이는
셀만 복사하여 화면에 보이는 셀에 붙여 넣
는 작업이 반복되도록 조건문과 반복문을
추가 입력합니다.

❷ 복사 모드를 해제하고 화면 업데이트 과정을
표시합니다.

STEP 03 추가 기능으로 저장하여 홈 탭에 도구 단추 등록하기

❶ 매크로를 작성한 통합 문서를 엑셀 추가 기능 형식으로 저장합니다.

❷ 저장한 추가 기능 파일을 엽니다.

❸ [홈] 탭에 [매크로] 그룹을 만들고 [필터붙여넣기] 프로시저를 도구 단추에 연결합니다.

STEP 01 변수를 선언하고 복사와 붙여 넣을 범위를 입력받는 프로그램 만들기

공용 모듈에 '필터붙여넣기' 프로시저를 추가하고 먼저 사용할 변수를 선언합니다. 변수에는 복사할 범위, 붙여 넣을 범위, 반복문에 사용할 범위, 붙여 넣을 셀 카운터 변수가 필요합니다. 그 다음 복사할 범위와 붙여 넣을 범위를 입력 받을 수 있도록 InputBox 메서드를 사용하여 실행문을 입력합니다.

01 모듈과 프로시저 추가하기 실습 파일을 엽니다. [Visual Basic 편집기]에서 ❶ [삽입]–[모듈]을 클릭합니다. ❷ **Sub 필터붙여넣기**를 입력한 후 Enter 를 누릅니다. 프로시저가 추가됩니다.

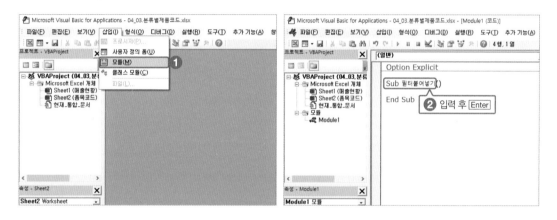

02 변수 선언과 InputBox 메서드 입력하기 변수를 선언한 후 복사하고 붙여 넣을 범위를 입력 받을 수 있도록 InputBox 메서드를 이용해 다음과 같이 입력합니다.

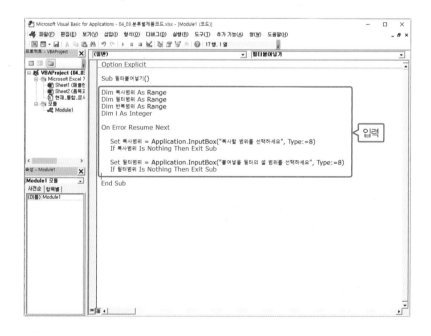

```
Sub 필터붙여넣기()
❶ Dim 복사범위 As Range
❷ Dim 필터범위 As Range
❸ Dim 반복범위 As Range
❹ Dim i As Integer
❺ On Error Resume Next
❻     Set 복사범위 = Application.InputBox("복사할 범위를 선택하세요", Type:=8)
❼     If 복사범위 Is Nothing Then Exit Sub
❽     Set 필터범위 = Application.InputBox("붙여넣을 필터의 셀 범위를 선택하세요", Type:=8)
❾     If 필터범위 Is Nothing Then Exit Sub
End Sub
```

❶ 복사할 범위를 저장할 '복사범위' 변수를 선언합니다.

❷ 붙여 넣을 범위를 저장할 '필터범위' 변수를 선언합니다.

❸ 복사와 붙여 넣기를 반복할 때 사용할 반복문의 '반복범위' 변수를 선언합니다.

❹ 붙여 넣을 셀의 순번을 저장할 'i' 변수를 정수형으로 선언합니다.

❺ 오류 처리문입니다. 입력 대화상자에서 범위를 지정하지 않고 [취소]를 클릭하면 오류가 발생하는데, 오류가 발생하더라도 프로시저를 중단하지 않고 그 다음 문장을 실행하도록 합니다.

❻ 복사할 범위를 입력 받는 입력 대화상자를 표시합니다. 복사 범위를 입력 받아 '복사범위' 변수에 저장합니다.

❼ '복사범위' 변수가 비어 있으면 프로그램을 종료하는 조건문입니다. 입력 대화상자에서 [취소]를 클릭하면 변수에 저장된 범위가 없으므로 프로그램이 종료됩니다.

❽ 붙여 넣을 범위를 입력 받는 입력 대화상자를 표시합니다. 붙여 넣을 범위를 입력 받아 '필터범위' 변수에 저장합니다.

❾ '필터범위' 변수가 비어 있으면 프로그램을 종료하는 조건문입니다.

복사된 데이터를 붙여 넣는 반복문 추가 입력하기

각 변수에 저장된 범위에서 화면에 보이는 셀만 복사하여 화면에 보이는 셀에 붙여 넣는 작업이 반복되도록 조건문과 반복문을 추가 입력합니다. 그 다음 복사 모드를 해제하고 화면 업데이트 과정을 표시하여 프로그램을 완성합니다.

03 조건문과 반복문 추가 입력하기 각 변수에 저장된 범위가 화면에 보이는 셀인지 비교하여 화면에 보이는 셀에만 붙여 넣는 조건문과 반복문을 '필터붙여넣기' 프로시저에 다음과 같이 추가합니다.

```vba
Sub 필터붙여넣기()
Dim 복사범위 As Range
Dim 필터범위 As Range
Dim 반복범위 As Range
Dim i As Integer
On Error Resume Next
    Set 복사범위 = Application.InputBox("복사할 범위를 선택하세요", Type:=8)
    If 복사범위 Is Nothing Then Exit Sub
    Set 필터범위 = Application.InputBox("붙여넣을 필터의 셀 범위를 선택하세요", Type:=8)
    If 필터범위 Is Nothing Then Exit Sub
❶    Application.ScreenUpdating = False
❷    i = 1
❸    For Each 반복범위 In 필터범위.SpecialCells(xlCellTypeVisible)
❹ 다음비교:
❺        If 복사범위.Item(i).RowHeight <> 0 Then
❻            복사범위.Item(i).Copy
❼            반복범위.PasteSpecial
❽            i = i + 1
❾        Else
❿            i = i + 1
⓫            GoTo 다음비교
⓬        End If
⓭        Next
⓮    Application.CutCopyMode = False
⓯    Application.ScreenUpdating = True
End Sub
```

❶ 작업 과정을 화면에 표시하지 않도록 설정합니다.

❷ 붙여 넣을 순번을 저장할 'i' 변수에 초깃값으로 **1**을 대입합니다.

❸ '필터범위' 변수에 저장된 범위 중 화면에 보이는 범위만 '반복범위' 변수에 대입하여 셀 개체 수만큼 ❹ ~ ⓬를 반복 실행합니다.

❹ GoTo 문에서 이동할 레이블입니다.

❺ '복사범위'의 셀이 화면에 보이는 셀인지 확인입니다. 복사할 범위에도 필터가 설정되어 있을 경우 화면에 보이는 범위만 복사해야 하므로 필요한 문장입니다. **Item(i)**은 처음 실행할 때는 첫 번째 값, 두 번째 반복할 때는 두 번째 값으로 변경되고, **RowHeight** 속성값이 0이면 화면에 보이지 않는 셀을 뜻합니다.

❻ ~ ❽ 조건문이 참일 때 실행할 문장으로, '복사범위'에 셀을 복사하여 '반복범위'에 붙여 넣습니다. 다음 데이터를 비교하기 위해 붙여 넣을 순번을 **1** 증가시킵니다.

❾ ~ ⓫ 조건문이 거짓일 때 실행할 문장으로 다음 데이터를 비교하기 위해 붙여 넣을 순번을 **1** 증가시킵니다. '다음비교' 레이블이 있는 ❹로 분기(이동)합니다.

⓬ 조건문을 종료합니다.

⓭ 반복문을 종료합니다.

⓮ 복사 모드를 해제합니다.

⓯ 작업 과정이 다시 화면에 보이도록 설정합니다.

04 결과 확인하기 ❶ [매출현황] 시트 탭을 클릭합니다. ❷ [분류] 필터 단추▼를 클릭하여 ❸ [모두 선택]의 체크를 해제하고 [BT532]에 체크한 후 ❹ [확인]을 클릭합니다. ❺ [품목코드] 시트 탭을 클릭합니다. ❻ [분류] 필터 단추▼를 클릭하여 ❼ [모두 선택]의 체크를 해제하고 [BT532]에 체크한 후 ❽ [확인]을 클릭합니다.

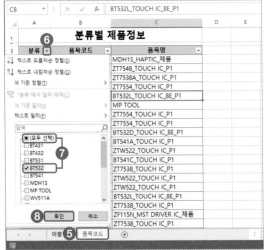

05 ❶[개발 도구] 탭-[코드] 그룹-[매크로]를 클릭합니다. [매크로] 대화상자에서 ❷[실행]을 클릭합니다. 프로시저가 실행되고 [입력] 대화상자가 나타나면 ❸[품목코드] 시트 탭을 클릭하여 ❹[B8:B105] 범위를 지정한 후 ❺[확인]을 클릭합니다.

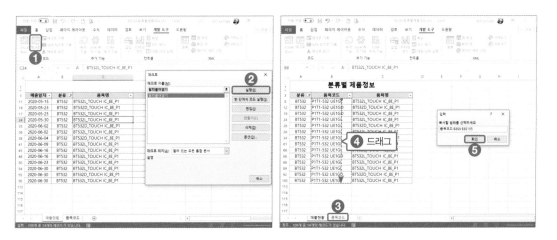

06 다시 [입력] 대화상자가 나타납니다. ❶[매출현황] 시트 탭을 클릭하고 ❷[D11:D56] 범위를 지정한 후 ❸[확인]을 클릭합니다. [품목코드] 시트의 코드가 복사되어 [매출현황] 시트의 화면에 보이는 셀에만 붙여 넣어집니다.

STEP 03 추가 기능으로 저장하여 홈 탭에 도구 단추 등록하기

'필터붙여넣기' 프로시저를 모든 엑셀 문서에 사용할 수 있도록 추가 기능으로 저장한 후 [홈] 탭에 [매크로] 그룹을 만들어 도구 단추로 등록해보겠습니다.

07 추가 기능으로 저장하기 ❶ [파일] 탭-[다른 이름으로 저장]을 클릭합니다. ❷ 파일 이름으로 **필터복사**를 입력하고 ❸ 파일 형식에서 [Excel 추가 기능(*.xlam)]을 클릭한 후 ❹ [저장]을 클릭합니다.

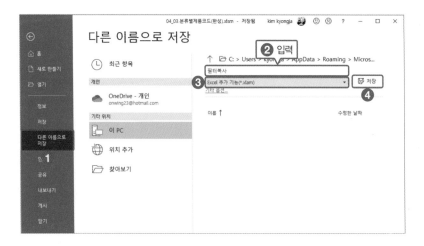

08 추가 기능 파일 열기 ❶ [개발 도구] 탭-[추가 기능] 그룹-[Excel 추가 기능]을 클릭합니다. [추가 기능] 대화상자에서 ❷ [필터복사]에 체크하고 ❸ [확인]을 클릭합니다.

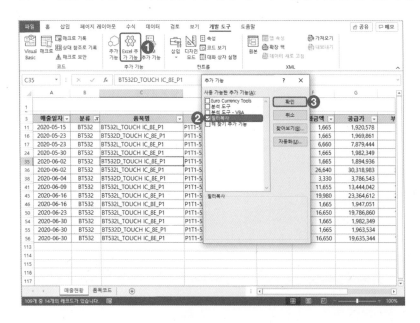

09 홈 탭에 매크로 등록하기 ❶ [파일] 탭-[옵션]을 클릭한 후 [Excel 옵션] 대화상자에서 ❷ [리본 사용자 지정]을 클릭합니다. [리본 메뉴 사용자 지정]의 [기본 탭]에서 ❸ [홈] 탭을 클릭한 후 ❹ [새 그룹]을 클릭합니다.

10 ❶추가된 [새 그룹(사용자 지정)]을 클릭한 후 ❷[이름 바꾸기]를 클릭합니다. ❸[이름 바꾸기] 대화상자에서 [표시 이름]에 **매크로**를 입력한 후 ❹[확인]을 클릭합니다. ❺[명령 선택] 목록에서 [매크로]를 클릭합니다. ❻[필터붙여넣기]를 클릭한 후 ❼[추가]를 클릭합니다. [매크로] 그룹 안에 [필터붙여넣기]가 추가됩니다. ❽[확인]을 클릭합니다.

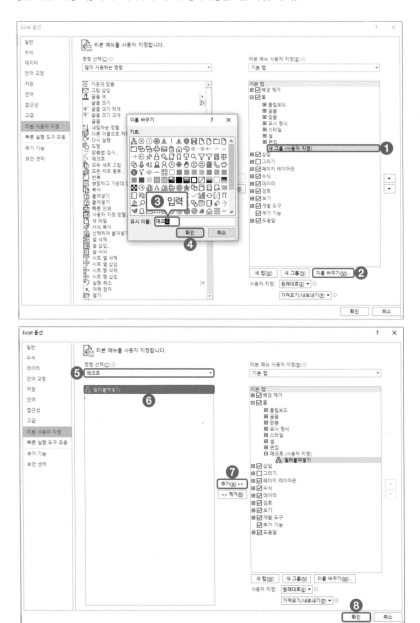

11 홈 탭에서 결과 확인하기 [홈] 탭에 [매크로] 그룹과 [필터붙여넣기] 도구가 추가되었습니다.

피벗 테이블을 작성하고 자동으로 새로 고침하는 프로그램 만들기

실습 파일 | Part02/Chapter04/04_04.폐기물발생량집계.xlsx
완성 파일 | Part02/Chapter04/04_04.폐기물발생량집계(완성).xlsm

01 프로젝트 시작하기

간단한 피벗 테이블은 VBA를 사용하지 않고 필요할 때마다 직접 만들 수 있지만 행이나 값 영역에 배치해야 할 필드의 개수가 많거나 값 요약 기준의 계산 유형을 일일이 합계나 평균으로 변경하기 번거로울 경우 VBA로 피벗 테이블 작업을 자동화하면 편리합니다. 이번 예제에서는 VBA를 이용하여 피벗 테이블을 작성하고 행 영역의 필드 순서를 원하는 기준대로 정렬해보겠습니다. 그 다음 작성된 피벗 테이블의 원본 데이터가 변경되면 피벗 새로 고침을 하지 않아도 자동으로 업데이트되도록 해보겠습니다.

회사에서 바로 통하는 키워드 PivotTables 개체, PivotItems 개체, PivotCaches 메서드, CreatePivotTable 메서드, PivotFields 메서드, AddDataField 메서드, RowAxisLayout 메서드, Refresh 메서드, Orientation 속성, MergeLabels 속성

	A	B	C	D	E	F	G	H
1			값					
2	용도	주구조	콘크리트	벽돌	블럭	기와	목재	금속류
3		RC조	2409.46	1067.55	3156.36	73.04	312.81	420.08
4		기타	6.75	0	18.76	0	2.63	0.13
5	주거용	목조	2662.44	619.61	2427.45	3916.42	2574.13	48.71
6		블록조	3285.69	285.28	9041	4233.36	4802.79	188.64
7		시멘트벽돌조	2966.98	4932.97	1785.01	994.71	1671.57	177.02
8	주거용 요약		11331.32	6905.41	16428.58	9217.53	9363.93	834.58
9		RC조	422.2	327.34	213.89	0	214.75	7.62
10	상업용	목조	25.49	0	25.61	42.46	48.23	0.22
11		블록조	63.52	0.36	201.15	185.46	128.03	3.71
12		시멘트벽돌조	27.71	43.3	56.59	0	45.37	0.34
13	상업용 요약		538.92	371	497.24	227.92	436.38	11.89
14	주상복합	RC조	3217.18	2469.6	1971.13	42.68	823.97	288.2
15		시멘트벽돌조	973.93	1517.25	331.25	73.67	811.92	56.58
16	주상복합 요약		4191.11	3986.85	2302.38	116.35	1635.89	344.78
17	아파트	RC조	16445.45	0	0	0	5146.21	28.85
18		시멘트벽돌조	215.67	432.92	120.78	67.2	340.49	1.48
19	아파트 요약		16661.12	432.92	120.78	67.2	5486.7	30.33
20	공유지	기타	8.99	0	15.02	0	0	0.12
21	공유지 요약		8.99	0	15.02	0	0	0.12
22		RC조	408.36	227.62	31.12	0	30.28	37.83

한눈에 보는 작업순서

공용 모듈에 프로시저 추가하기 ▶ 변수 선언하기 ▶ 피벗 테이블 작성하기 ▶ 행과 열, 값 영역에 필드 배치하기 ▶

행 영역의 필드 정렬 순서 지정하기 ▶ 보고서 레이아웃 형식 변경하기 ▶ 피벗 테이블 자동으로 새로 고침하는 프로시저 작성하기

STEP 01 피벗 테이블을 만들고 행 영역의 필드 정렬 순서를 지정하는 프로시저 만들기

❶ [Visual Basic 편집기]를 열고 공용 모듈에 프로시저를 추가하여 피벗 테이블 작성에 필요한 변수를 선언합니다.

❷ 피벗 캐시를 생성하고 [목록] 시트에서 범위로 지정한 영역을 원본으로 하여 [피벗 테이블] 시트에 피벗 테이블을 작성하는 코드를 입력합니다.

❸ 행과 열, 값에 필드를 배치하고 행 영역에 추가된 '용도' 필드의 정렬 순서를 지정하는 코드를 입력합니다.

❹ 작성된 피벗 테이블의 보고서 레이아웃을 테이블 형식으로 변경하는 코드를 입력합니다.

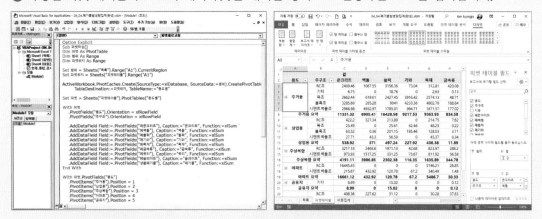

STEP 02 피벗 테이블을 자동으로 새로 고침하는 프로시저 만들기

❶ 원본 데이터의 셀 값이 변경되면 피벗 테이블을 자동으로 새로 고침하는 워크시트 이벤트 프로시저를 작성합니다.

❷ 현재 통합 문서에 작성된 모든 피벗 테이블을 자동으로 새로 고침하는 프로시저를 작성합니다.

STEP 01
피벗 테이블을 만들고 행 영역의 필드 정렬 순서를 지정하는 프로시저 만들기

피벗 테이블 작성에 필요한 변수를 선언한 후 [목록] 시트에서 범위로 지정한 영역을 원본으로 하여 [피벗테이블] 시트에 피벗 테이블을 작성하는 VBA 프로그램을 작성해보겠습니다. 작성된 피벗 테이블의 정렬 순서를 지정하고 보고서 레이아웃을 테이블 형식으로 변경하는 코드를 추가합니다.

01 모듈과 프로시저 추가하기 실습 파일을 열고 [Visual Basic 편집기]에서 ❶ [삽입]-[모듈]을 클릭합니다. ❷ **Sub 피벗작성**을 입력한 후 Enter 를 누릅니다. 프로시저가 추가됩니다.

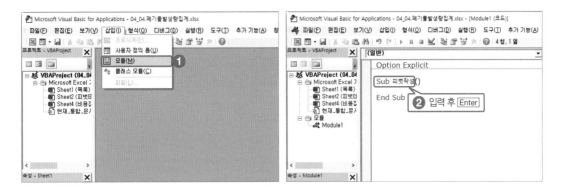

02 변수 선언과 피벗 테이블 작성하기 피벗 테이블을 저장할 변수를 선언하고 [목록] 시트에서 범위로 지정한 영역을 원본으로 하여 [피벗테이블] 시트에 피벗 테이블을 작성하는 코드를 다음과 같이 입력합니다.

```
Sub 피벗작성()
❶ Dim 피벗 As PivotTable
❷ Dim 범위 As Range
❸ Dim 피벗위치 As Range
❹ Set 범위 = Sheets("목록").Range("A1").CurrentRegion
❺ Set 피벗위치 = Sheets("피벗테이블").Range("A1")
❻ ActiveWorkbook.PivotCaches.Create(SourceType:=xlDatabase, SourceData:=범위).
       CreatePivotTable TableDestination:=피벗위치, TableName:="용도별"
❼ Set 피벗 = Sheets("피벗테이블").PivotTables("용도별")
❽ With 피벗
❾     .PivotFields("용도").Orientation = xlRowField
❿     .PivotFields("주구조").Orientation = xlRowField
⓫     .AddDataField Field:=.PivotFields("폐콘크리트"), Caption:="콘크리트",
          Function:=xlSum
⓬     .AddDataField Field:=.PivotFields("폐벽돌"), Caption:="벽돌", Function: =xlSum
⓭     .AddDataField Field:=.PivotFields("폐블럭"), Caption:="블럭", Function: =xlSum
⓮     .AddDataField Field:=.PivotFields("폐기와"), Caption:="기와", Function: =xlSum
⓯     .AddDataField Field:=.PivotFields("폐목재"), Caption:="목재", Function: =xlSum
⓰     .AddDataField Field:=.PivotFields("폐금속류"), Caption:="금속류", Function: =xlSum
⓱     .AddDataField Field:=.PivotFields("폐유리"), Caption:="유리", Function: =xlSum
⓲     .AddDataField Field:=.PivotFields("폐슬레이트"), Caption:="슬레이트",
          Function:=xlSum
⓳     .AddDataField Field:=.PivotFields("생활폐기물"), Caption:="폐기물",
          Function:=xlSum
⓴ End With
End Sub
```

❶ 피벗 테이블을 저장할 '피벗' 변수를 선언합니다.

❷ 피벗 테이블에 사용할 원본 데이터의 범위를 저장할 '범위' 변수를 선언합니다.

❸ 피벗 테이블이 작성될 셀 위치를 저장할 '피벗위치' 변수를 선언합니다.

❹ [목록] 시트의 [A1] 셀을 기준으로 주변 영역의 범위를 '범위' 변수에 저장합니다. [A1] 셀에서 Ctrl + A
를 눌렀을 때 선택되는 범위와 같습니다.

❺ [피벗테이블] 시트의 [A1] 셀을 '피벗위치' 변수에 저장합니다.

❻ 현재 통합 문서에 새로운 피벗 캐시를 생성합니다. 피벗 소스는 [표 또는 범위]를 사용하고, 사용할 원본
데이터는 '범위' 변수에 저장된 셀 범위를 사용합니다. 피벗 작성 위치는 '피벗위치' 변수에 저장된 셀이
고, 피벗 테이블의 이름은 **용도별**로 지정합니다. 한 문장으로, 임의의 위치에서 줄 바꿈을 하려면 언더
바(_)를 이용합니다.

❼ [피벗테이블] 시트에 작성된 [용도별] 피벗 테이블을 피벗 변수에 저장합니다.

❽ **피벗**을 With 문으로 묶어서 **❾** ~ **⓳**의 마침표(.) 앞에 '피벗'이 생략되었음을 표시합니다.

❾ '용도' 필드를 행에 추가합니다.

❿ '주구조' 필드를 행에 추가합니다.

⓫ '폐콘크리트' 필드를 값에 추가합니다. 레이블 이름은 **콘트리트**, 요약 기준은 합계로 설정합니다. 한 줄로 입력합니다.

⓬ '폐벽돌' 필드를 값에 추가합니다. 레이블 이름은 **벽돌**, 요약 기준은 합계로 설정합니다.

⓭ '폐블럭' 필드를 값에 추가합니다. 레이블 이름은 **블럭**, 요약 기준은 합계로 설정합니다.

⓮ '폐기와' 필드를 값에 추가합니다. 레이블 이름은 **기와**, 요약 기준은 합계로 설정합니다.

⓯ '폐목재' 필드를 값에 추가합니다. 레이블 이름은 **목재**, 요약 기준은 합계로 설정합니다.

⓰ '폐금속류' 필드를 값에 추가합니다. 레이블 이름은 **금속류**, 요약 기준은 합계로 설정합니다.

⓱ '폐유리' 필드를 값에 추가합니다. 레이블 이름은 **유리**, 요약 기준은 합계로 설정합니다.

⓲ '폐슬레이트' 필드를 값에 추가합니다. 레이블 이름은 **슬레이트**, 요약 기준은 합계로 설정합니다. 한 줄로 입력합니다.

⓳ '생활폐기물' 필드를 값에 추가합니다. 레이블 이름은 **폐기물**, 요약 기준은 합계로 설정합니다. 한 줄로 입력합니다.

⓴ With 문을 종료합니다.

03 결과 확인하기 ❶ [피벗테이블] 시트 탭을 클릭합니다. ❷ [개발 도구] 탭-[코드] 그룹-[매크로]를 클릭하고 [매크로] 대화상자에서 ❸ [실행]을 클릭합니다. 피벗 테이블이 작성됩니다.

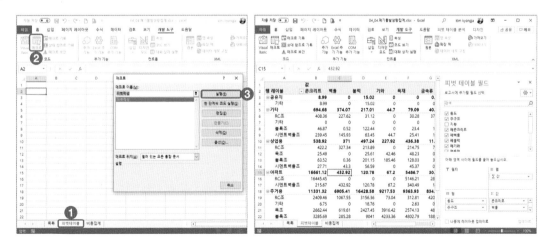

04 필드 정렬 순서 지정하고 보고서 레이아웃 형식 변경하기 작성된 피벗 테이블의 행 레이블 정렬 순서를 변경하고 보고서 레이아웃을 테이블 형식으로 표시하는 코드를 다음과 같이 입력합니다.

```
Sub 피벗작성()
Dim 피벗 As PivotTable
Dim 범위 As Range
Dim 피벗위치 As Range
Set 범위 = Sheets("목록").Range("A1").CurrentRegion
Set 피벗위치 = Sheets("피벗테이블").Range("A1")
ActiveWorkbook.PivotCaches.Create(SourceType:=xlDatabase, SourceData:=범위). _
    CreatePivotTable TableDestination:=피벗위치, TableName:="용도별"
Set 피벗 = Sheets("피벗테이블").PivotTables("용도별")
With 피벗
    .PivotFields("용도").Orientation = xlRowField
    .PivotFields("주구조").Orientation = xlRowField
    .AddDataField Field:=.PivotFields("폐콘크리트"), Caption:="콘크리트", _
        Function:=xlSum
    .AddDataField Field:=.PivotFields("폐벽돌"), Caption:="벽돌", Function: =xlSum
    .AddDataField Field:=.PivotFields("폐블럭"), Caption:="블럭", Function: =xlSum
    .AddDataField Field:=.PivotFields("폐기와"), Caption:="기와", Function: =xlSum
    .AddDataField Field:=.PivotFields("폐목재"), Caption:="목재", Function: =xlSum
    .AddDataField Field:=.PivotFields("폐금속류"), Caption:="금속류", Function: _
        =xlSum
```

```
            .AddDataField Field:=.PivotFields("폐유리"), Caption:="유리", Function: =xlSum
            .AddDataField Field:=.PivotFields("폐슬레이트"), Caption:="슬레이트", Function: _
                =xlSum
            .AddDataField Field:=.PivotFields("생활폐기물"), Caption:="폐기물", Function: _
                =xlSum
    End With
❶   With 피벗.PivotFields("용도")
❷       .PivotItems("주거용").Position = 1
❸       .PivotItems("상업용").Position = 2
❹       .PivotItems("주상복합").Position = 3
❺       .PivotItems("아파트").Position = 4
❻       .PivotItems("공유지").Position = 5
❼       .PivotItems("기타").Position = 6
❽   End With
❾   With 피벗
❿       .RowAxisLayout xlTabularRow
⓫       .MergeLabels = True
⓬   End With
    End Sub
```

❶ **피벗.PivotFields("용도")**를 With 문으로 묶어서 ❷ ~ ❼의 마침표(.) 앞에 '피벗.PivotFields("용도")'
 가 생략되었음을 표시합니다.

❷ '용도' 필드의 항목 중 '주거용' 항목을 첫 번째 순서로 지정합니다.

❸ '상업용' 항목을 두 번째 순서로 지정합니다.

❹ '주상복합' 항목을 세 번째 순서로 지정합니다.

❺ '아파트' 항목을 네 번째 순서로 지정합니다.

❻ '공유지' 항목을 다섯 번째 순서로 지정합니다.

❼ '기타' 항목을 여섯 번째 순서로 지정합니다.

❽ With 문을 종료합니다.

❾ **피벗**을 With 문으로 묶어서 ❿ ~ ⓫의 마침표(.) 앞에 '피벗'이 생략되었음을 표시합니다.

❿ 보고서 레이아웃을 테이블 형식으로 표시합니다.

⓫ 레이블이 있는 셀을 병합 후 가운데 맞춤으로 설정합니다. 행 영역에 배치한 '용도' 레이블이 셀 병합된
 후 가운데 맞춤으로 표시됩니다.

⓬ With 문을 종료합니다.

05 결과 확인하기 ❶[피벗테이블] 시트 탭을 클릭합니다. ❷[A:J] 열을 범위로 지정한 후 ❸마우스 오른쪽 버튼을 클릭하여 ❹[삭제]를 선택합니다. ❺[개발 도구] 탭-[코드] 그룹-[매크로]를 클릭하고 [매크로] 대화상자에서 ❻[실행]을 클릭합니다.

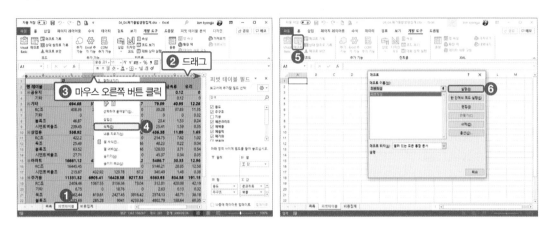

실력향상 [피벗테이블] 시트의 피벗 테이블을 삭제하지 않고 프로시저를 실행하면 같은 위치에 같은 이름으로 피벗 테이블을 작성할 수 없어 오류가 발생합니다. 작성된 피벗 테이블을 삭제한 후 프로시저를 실행합니다.

06 행 레이블의 정렬 순서가 프로시저에서 지정한 순서로 변경되었고, 보고서 레이아웃이 테이블 형식으로 변경되었습니다.

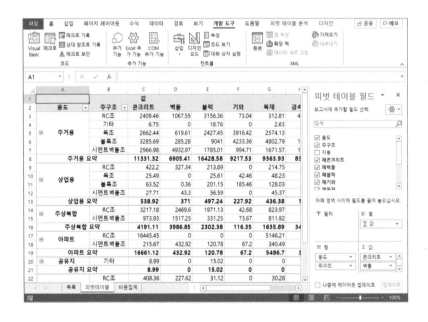

피벗 테이블을 자동으로 새로 고침하는 프로시저 만들기

피벗 테이블이 자동으로 새로 고침되도록 두 가지 방법으로 프로그램을 작성해보겠습니다. 첫 번째는
[목록] 시트의 셀 데이터 값이 변경되면 [피벗테이블] 시트에 작성된 피벗 테이블이 자동으로 새로 고침
되도록 Worksheet_Change 이벤트 프로시저를 작성하는 방법이고, 두 번째는 현재 통합 문서에 작
성된 모든 피벗 테이블이 새로 고침되도록 공용 모듈에 프로시저를 작성하는 방법입니다.

07 목록 시트의 코드 창 표시하기 [Visual Basic 편집기]의 [프로젝트] 탐색기 창에서 ❶ [Sheet1
(목록)]를 더블클릭합니다. [Sheet1 (코드)] 창이 표시됩니다. ❷ [개체]에서 [Worksheet]를 클릭한
후 ❸ [프로시저]에서 [Change]를 클릭합니다.

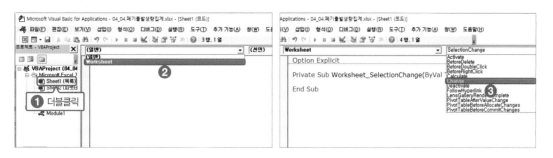

💪 **실력향상** 피벗 테이블의 원본 데이터로 사용된 [목록] 시트의 셀 데이터가 변경된 경우에 실행되어야 하는 프로시저이므로 [목
록] 시트에 'Change 이벤트' 프로시저를 작성합니다.

08 Worksheet_Change 이벤트 프로시저가 추가됩니다. 'Worksheet_SelectionChange' 이벤
트 프로시저는 범위로 지정하고 Delete 를 눌러 삭제합니다.

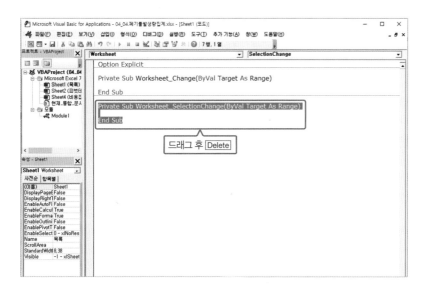

09 변경된 피벗 테이블 새로 고침하는 코드 입력하기 피벗 테이블 범위로 지정된 셀 값에 변경이 있었는지 확인한 후 피벗 테이블을 새로 고침하는 코드를 다음과 같이 입력합니다.

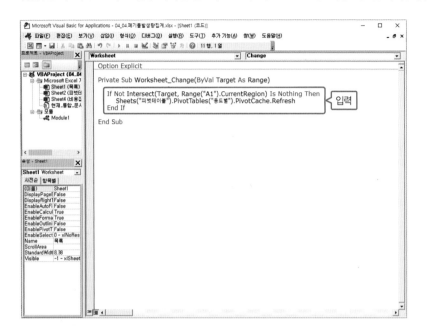

```
❶ Private Sub Worksheet_Change(ByVal Target As Range)
❷     If Not Intersect(Target, Range("A1").CurrentRegion) Is Nothing Then
❸         Sheets("피벗테이블").PivotTables("용도별").PivotCache.Refresh
❹     End If
End Sub
```

❶ [목록] 시트의 셀 데이터 값이 변경되었을 때 실행되는 이벤트 프로시저입니다.

❷ 값이 변경된 셀이 [A1] 셀에서 연속된 범위인지 확인하는 조건문입니다. Intersect 메서드는 두 개 이상의 셀 범위에서 교차되는 영역을 반환합니다. Change 이벤트가 발생하면 데이터가 변경된 셀 정보가 'Target' 변수에 저장되고, Intersect 메서드로 **Target**과 **Range("A1").CurrentRegion** 두 범위의 교차 영역을 확인합니다. 그 결과가 Nothing이 아니면 ❸을 실행합니다.

❸ [피벗테이블] 시트에 있는 [용도별] 피벗을 새로 고침합니다.

❹ 조건문을 종료합니다.

10 결과 확인하기 ❶ [목록] 시트 탭을 클릭한 후 ❷ [A2:A4] 범위를 지정합니다. ❸ **재건축**을 입력한 후 Ctrl + Enter 를 누릅니다. ❹ [피벗테이블] 시트 탭을 클릭합니다. 피벗 테이블 행 레이블에 '재건축' 항목이 추가되었습니다.

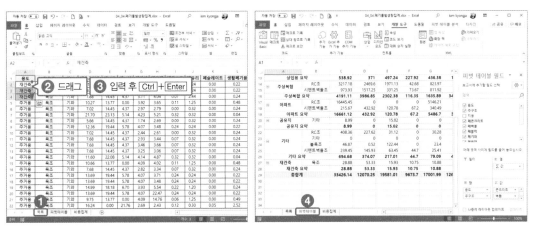

11 모든 피벗 테이블 새로 고침하는 프로시저 작성하기 [Visual Basic 편집기]의 [프로젝트] 탐색기 창에서 ❶ [Module1]을 더블클릭합니다. ❷ 현재 통합 문서에 작성된 모든 피벗 테이블을 새로 고침할 수 있는 프로시저를 다음과 같이 작성합니다.

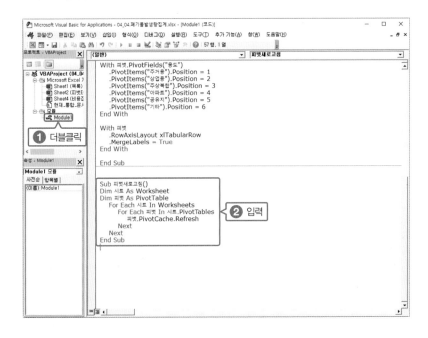

```
Sub 피벗새로고침()
❶ Dim 시트 As Worksheet
❷ Dim 피벗 As PivotTable
❸     For Each 시트 In Worksheets
❹         For Each 피벗 In 시트.PivotTables
❺             피벗.PivotCache.Refresh
❻         Next
❼     Next
End Sub
```

❶ 워크시트를 저장할 '시트' 변수를 선언합니다.

❷ 피벗 테이블을 저장할 '피벗' 변수를 선언합니다.

❸ 현재 문서의 모든 시트를 '시트' 변수에 대입하여 개체 수만큼 ❹ ~ ❻을 반복 실행합니다.

❹ 각 시트에 작성된 모든 피벗 테이블을 '피벗' 변수에 대입하여 개체 수만큼 ❺를 반복 실행합니다. 한 시트에 여러 개의 피벗 테이블이 있을 수 있으므로 이 반복문이 필요합니다.

❺ 피벗 테이블을 새로 고침합니다.

❻ 피벗 반복문을 종료합니다.

❼ 시트 반복문을 종료합니다.

12 결과 확인하기 ❶[비용집계] 시트 탭을 클릭합니다. ❷[B2:B4] 범위를 지정하고 **한빛미디어**를 입력한 후 Ctrl + Enter 를 누릅니다. ❸[C2:C4] 범위를 지정하고 **홍길동**을 입력한 후 Ctrl + Enter 를 누릅니다.

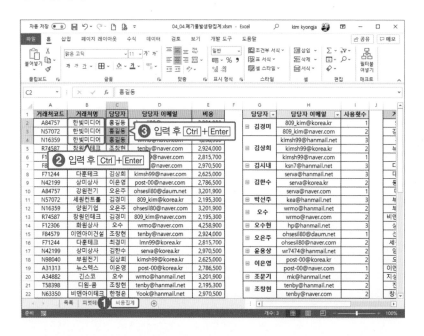

13 ❶ [개발 도구] 탭-[코드] 그룹-[매크로]를 클릭한 후 [매크로] 대화상자의 ❷ [매크로 이름]에서 [피벗새로고침]을 클릭하고 ❸ [실행]을 클릭합니다.

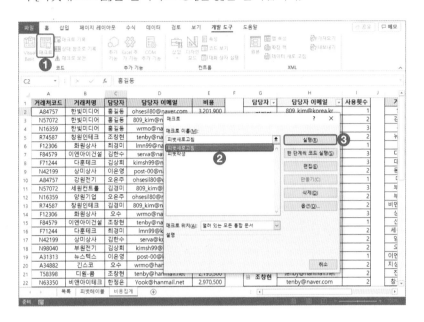

14 [비용집계] 시트에 있는 두 개의 피벗 테이블이 새로 고침됩니다.

방향키 이동 간격을 설정하는 프로그램 만들기

실습 파일 | Part02/Chapter04/04_05.실험측정데이터.xlsx
완성 파일 | Part02/Chapter04/04_05.실험측정데이터(완성).xlsm

01 프로젝트 시작하기

시트에서 셀을 선택할 때 키보드의 방향키를 이용하면 현재 셀에서 상하좌우 한 칸씩 이동하며 선택됩니다. 이때 분석할 데이터 목록이 많다면 방향키로 한 번에 여러 칸을 이동하면 더 편리할 것입니다. 이번 예제에서는 키보드의 상하좌우 방향키를 누를 때 이동하는 칸 수를 직접 지정할 수 있는 프로그램을 만들어보겠습니다.

이 프로그램은 상하좌우 방향키에 각각 연결할 네 개의 프로시저가 필요하고, 이 프로시저들을 방향키의 기능으로 연결해주는 메인 프로시저가 필요합니다. 또한 방향키에 설정된 기능을 해제하여 원래의 기능으로 되돌리는 방향키 해제 프로시저도 필요하므로 총 여섯 개의 프로시저를 작성해보겠습니다.

회사에서 바로 통하는 키워드	OnKey 메서드, InputBox 메서드, If 조건문, Offset 속성, On Error Resume Next

02 프로젝트 예제 미리 보기

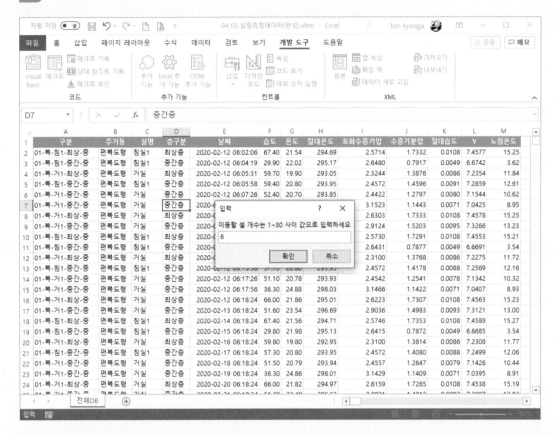

한눈에 보는 작업순서

상하좌우 방향키에 연결할 프로시저 네 개 작성하기 ▶ 방향키 설정 프로시저 작성하기 ▶ 방향키 해제 프로시저 작성하기

STEP 01 상하좌우 방향키에 연결할 프로시저 네 개 작성하기

❶ 방향키로 이동할 단위가 저장될 모듈 수준 변수를 선언합니다.

❷ 위쪽 방향키를 눌렀을 때 원하는 칸만큼 이동하는 '위쪽' 프로시저를 작성합니다.

❸ '위쪽' 프로시저를 세 개 복사하여 아래쪽, 왼쪽, 오른쪽 방향으로 원하는 칸만큼 이동하도록 프로시저를 수정합니다.

STEP 02 방향키 설정과 해제 프로시저 작성하기

❶ 상하좌우 방향키에 '위쪽', '아래쪽', '왼쪽', '오른쪽' 프로시저를 각각 연결하는 '방향키설정' 프로시저를 작성합니다.

❷ 방향키에 연결된 프로시저를 해제하여 기본 기능으로 재설정하는 '방향키해제' 프로시저를 작성합니다.

상하좌우 방향키에 연결할 프로시저 네 개 작성하기

상하좌우 방향키에 각각 연결할 프로시저가 총 네 개 필요합니다. 이 프로시저에서 공통으로 사용할 수 있는 모듈 수준 변수를 선언한 후 먼저 위쪽 방향키를 눌렀을 때 원하는 칸만큼 위쪽으로 이동하는 프로시저를 작성합니다. 작성한 프로시저를 세 개 복사하여 아래쪽, 왼쪽, 오른쪽으로 각각 방향을 바꾸어 셀이 이동되도록 Offset 속성값을 변경해보겠습니다.

01 모듈 추가와 변수 선언하기 실습 파일을 엽니다. [Visual Basic 편집기]에서 ❶ [삽입]-[모듈]을 클릭합니다. ❷ 이동할 칸 수를 저장할 '이동단위' 변수 선언문을 입력합니다. 자료 형식은 정수형 데이터 저장되는 Integer로 설정합니다.

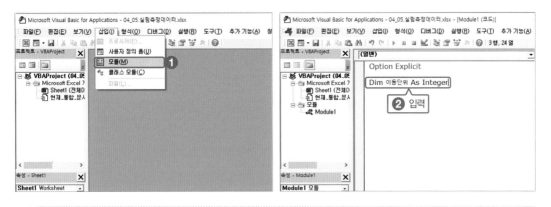

⬆⬆⬆ 실력향상 현재 모듈에 있는 모든 프로시저에서 공동으로 사용할 변수는 프로시저 밖에 선언해야 합니다.

02 위쪽 방향키에 연결할 프로시저 작성하기 ❶ **Private Sub 위쪽**을 입력한 후 Enter 를 누릅니다. 프로시저가 추가됩니다. ❷ 위쪽 방향키를 눌렀을 때 실행할 코드를 다음과 같이 입력합니다.

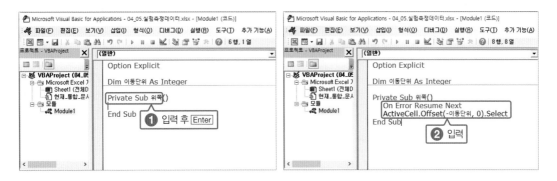

⬆⬆⬆ 실력향상 '위쪽' 프로시저는 위쪽 방향키에 연결되어 실행되어야 하므로 Sub 문 앞에 Private를 추가합니다. Private Sub로 프로시저를 작성하면 [개발 도구] 탭-[코드] 그룹-[매크로]를 클릭했을 때 [매크로] 대화상자에 표시되지 않습니다.

```
Private Sub 위쪽()
❶      On Error Resume Next
❷      ActiveCell.Offset(-이동단위, 0).Select
End Sub
```

❶ 오류 처리문으로, 이 문장 다음에 에러가 발생하더라도 프로시저를 중단하지 않고 계속 실행하도록 합니다. 만약 현재 선택된 셀이 1행이라면 위쪽으로 이동할 수 없기 때문에 ❷에서 오류가 발생합니다. 오류가 발생하더라도 On Error Resume Next 문이 있으면 그대로 프로시저가 실행되어 End Sub를 만나 프로시저가 종료됩니다.

❷ 현재 셀에서 위쪽으로 변수에 저장된 숫자만큼 이동합니다. Offset 속성은 현재 위치를 기준으로 상하좌우 상대적 위치를 지정할 때 사용하는 속성입니다. '셀개체.Offset(이동 행수, 이동 열수)'의 형식으로 사용하는데, 값이 음수이면 위쪽이나 왼쪽으로 이동합니다.

03 위쪽 프로시저 복사하기 ❶ 위쪽 프로시저 문장을 모두 선택한 후 ❷ [Ctrl]+[C]를 누릅니다. ❸ End Sub 다음에 빈 줄을 추가한 후 ❹ [Ctrl]+[V]를 세 번 누릅니다.

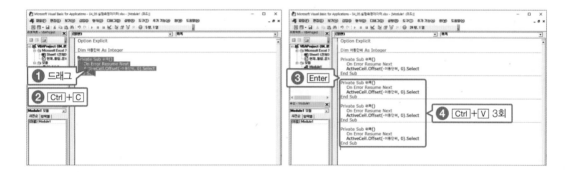

04 복사된 프로시저 수정하기 프로시저 이름과 Offset 속성의 값을 각각 다음과 같이 수정합니다.

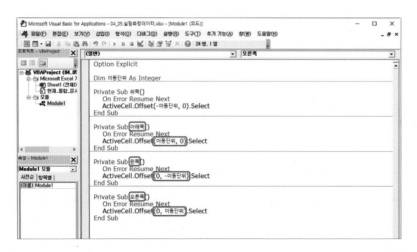

❶ `Private Sub 아래쪽()`
❷ `    On Error Resume Next`
❸ `    ActiveCell.Offset(이동단위, 0).Select`
`End Sub`

❶ 아래쪽 방향키에 연결할 프로시저입니다.

❷ 오류 처리문으로, 만약 현재 선택된 셀이 마지막 행이라면 아래쪽으로 이동할 수 없기 때문에 이 문장이 필요합니다.

❸ 현재 셀에서 아래쪽으로 변수에 저장된 숫자만큼 이동합니다.

❶ `Private Sub 왼쪽()`
❷ `    On Error Resume Next`
❸ `    ActiveCell.Offset(0, -이동단위).Select`
`End Sub`

❶ 왼쪽 방향키에 연결할 프로시저입니다.

❷ 오류 처리문으로, 만약 현재 선택된 셀이 A열이라면 왼쪽으로 이동할 수 없기 때문에 이 문장이 필요합니다.

❸ 현재 셀에서 왼쪽으로 변수에 저장된 숫자만큼 이동합니다. 변숫값 앞에 음수 기호가 있기 때문에 왼쪽으로 이동합니다.

❶ `Private Sub 오른쪽()`
❷ `    On Error Resume Next`
❸ `    ActiveCell.Offset(0, 이동단위).Select`
`End Sub`

❶ 오른쪽 방향키에 연결할 프로시저입니다.

❷ 오류 처리문으로, 만약 현재 선택된 셀이 마지막 열이라면 오른쪽으로 이동할 수 없기 때문에 이 문장이 필요합니다.

❸ 현재 셀에서 오른쪽으로 변수에 저장된 숫자만큼 이동합니다.

매크로
기능

매크로
만들기

VBA
기본

폼으로
사용자화

화면
디자인

실무
프로
그램

문법
노트

STEP 02 방향키 설정하고 해제하는 프로시저 작성하기

상하좌우 방향키에 위쪽, 아래쪽, 오른쪽, 왼쪽 프로시저를 각각 연결할 수 있는 프로시저를 작성하고, 다시 해제하여 방향키의 원래 기능으로 복원하는 프로시저도 함께 작성해보겠습니다.

05 방향키설정 프로시저 작성하기 ❶ '오른쪽' 프로시저 다음에 빈 줄을 추가하고 ❷ '방향키설정' 프로시저를 다음과 같이 입력합니다.

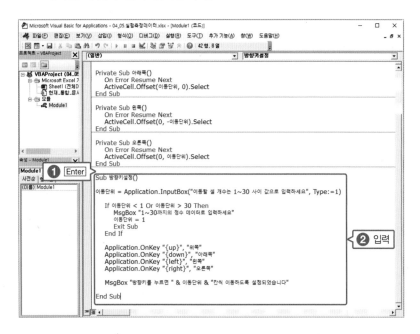

```
Sub 방향키설정()
❶    이동단위 = Application.InputBox("이동할 셀 개수는 1~30 사이 값으로 입력하세요", Type: =1)
❷        If 이동단위 < 1 Or 이동단위 > 30 Then
❸            MsgBox "1~30까지의 정수 데이터로 입력하세요"
❹            이동단위 = 1
❺            Exit Sub
❻        End If
❼        Application.OnKey "{up}", "위쪽"
❽        Application.OnKey "{down}", "아래쪽"
❾        Application.OnKey "{left}", "왼쪽"
❿        Application.OnKey "{right}", "오른쪽"
⓫        MsgBox "방향키를 누르면 " & 이동단위 & "칸씩 이동하도록 설정되었습니다"
     End Sub
```

❶ 방향키로 이동할 칸 수를 입력 받는 대화상자를 나타냅니다. Application.InputBox는 입력 받는 데이터 형식을 지정할 수 있는 메서드로, Type 인숫값을 **1**로 지정하면 숫자 데이터만 입력 받을 수 있습니다. 입력 받은 결과를 '이동단위' 변수에 저장합니다.

❷ '이동단위' 변수의 값이 1~30 사이인지 비교하는 조건문입니다. 1보다 작거나 30보다 크면 ❸ ~ ❺를 실행합니다.

❸ ~ ❺ 조건문이 참일 때 실행할 문장으로, 메시지 대화상자를 나타내고 '이동단위' 변수의 값을 **1**로 초기화한 후 프로시저를 종료합니다.

❻ 조건문을 종료합니다.

❼ 키보드 위쪽 방향키①에 '위쪽' 프로시저를 연결합니다. Onkey는 특정 키를 누르면 지정한 프로시저를 실행하는 메서드입니다. Onkey 메서드로 키가 설정되면 키 설정을 해제하거나, 엑셀의 모든 통합 문서를 닫고 다시 실행하기 전까지 유지됩니다.

❽ 키보드 아래쪽 방향키①에 '아래쪽' 프로시저를 연결합니다.

❾ 키보드 왼쪽 방향키①에 '왼쪽' 프로시저를 연결합니다.

❿ 키보드 오른쪽 방향키①에 '오른쪽' 프로시저를 연결합니다.

⓫ 각 방향키에 이동 단위가 설정되었음을 알리는 메시지 대화상자를 나타냅니다.

06 방향키 해제 프로시저 작성하기 ❶ '방향키설정' 프로시저 다음에 빈 줄을 추가하고 ❷ '방향키해제' 프로시저를 다음과 같이 입력합니다.

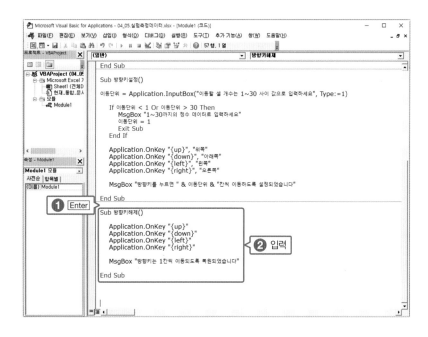

```
Sub 방향키해제()
❶      Application.OnKey "{up}"
❷      Application.OnKey "{down}"
❸      Application.OnKey "{left}"
❹      Application.OnKey "{right}"
❺      MsgBox "방향키는 1칸씩 이동되도록 복원되었습니다"
End Sub
```

❶ ~ ❹ 키보드의 상하좌우 방향키에 엑셀 자체의 기능으로 재설정하여 한 칸씩 이동하도록 복원합니다.
　　Onkey 메서드에서 키 인숫값은 있고, 연결할 프로시저가 없으면 해당 키가 엑셀의 기본 기능으로 복원
　　됩니다.

❺ 방향키 설정이 해제되었음을 알리는 메시지 대화상자를 나타냅니다.

07 결과 확인하기 ❶ [전체DB] 시트 탭을 클릭합니다. ❷ [개발 도구] 탭–[코드] 그룹–[매크로]를
클릭합니다. [매크로] 대화상자의 ❸ [매크로 이름]에서 [방향키설정]을 클릭한 후 ❹ [실행]을 클릭
합니다.

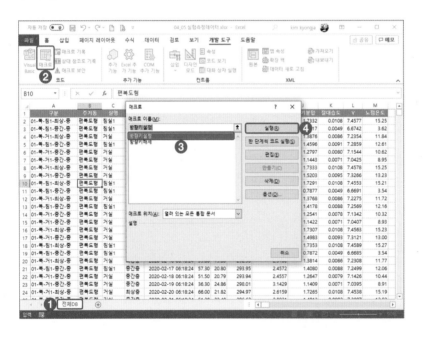

08 ❶[입력] 대화상자에 **10**을 입력한 후 ❷[확인]을 클릭합니다.

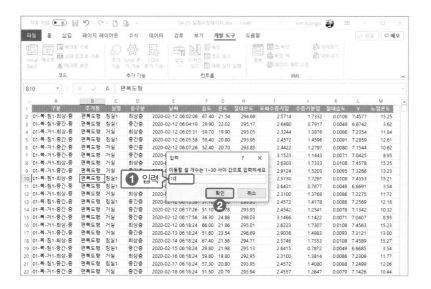

09 방향키를 누르면 10칸씩 이동한다는 메시지가 나타납니다. ❶[확인]을 클릭합니다. ❷ 상하 좌우 방향키를 누르면 10칸씩 이동됩니다.

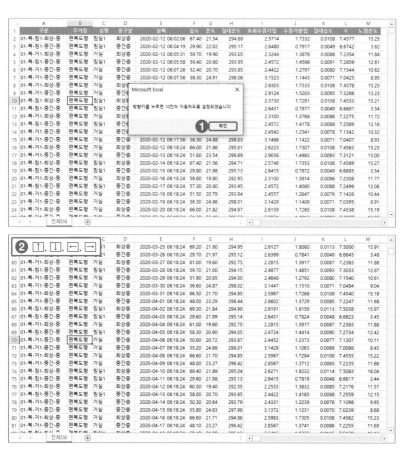

10 ❶ [개발 도구] 탭-[코드] 그룹-[매크로]를 클릭합니다. [매크로] 대화상자의 ❷ [매크로 이름]에서 [방향키해제]을 클릭한 후 ❸ [실행]을 클릭합니다. 방향키 설정이 해제되었다는 메시지가 나타납니다. ❹ [확인]을 클릭합니다.

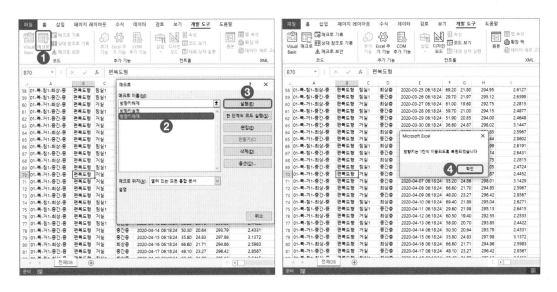

Onkey 메서드

VBA 키워드 : Onkey 메서드

Onkey는 Application 개체에 사용하는 메서드로, 특정 키에 대한 기능을 정의할 때 사용합니다. 특정 키에 새로운 기능을 지정할 수도 있고, 해당 키를 사용할 수 없도록 설정할 수도 있습니다.

1. Onkey 메서드 형식

- **형식** : `Application.Onkey Key 인수, Procedure 인수`

  - **Key** : 필수 인수로 입력되는 키를 나타내는 문자열로, Alt, Ctrl, Shift를 조합할 수 있습니다. 문자열이므로 모든 키는 큰따옴표로 묶습니다. 대문소자를 구별하지 않습니다.

  - **Procedure** : 생략 가능한 인수로, 실행할 프로시저의 이름을 지정합니다. 문자열로 지정해야 하므로 큰따옴표로 묶습니다. 생략하면 엑셀 프로그램에서 지정하는 키의 기본 기능으로 설정됩니다.

2. 키보드 각 키의 표기법

키	입력할 코드	키	입력할 코드
Backspace	{Backspace} 또는 {Bs}	F1 ~ F15	{F1}부터 {F15}까지

키	입력할 코드	키	입력할 코드
⬇	{Down}	Help	{Help}
➡	{Right}	Home	{Home}
⬅	{Left}	Insert	{Insert}
⬆	{Up}	Num Lock	{Numlock}
Break	{Break}	Page Down	{Pgdn}
Caps Lock	{Capslock}	Page Up	{Pgup}
Clear	{Clear}	Return	{Return}
Delete 또는 Del	{Delete} 또는 {Del}	Scroll Lock	{Scrolllock}
End	{End}	Tab	{Tab}
Enter	~(물결표)	Shift	+
Enter (숫자 키패드)	{Enter}	Ctrl	^
Esc	{Escape} 또는 {Esc}	Alt	%

3. 사용 예

① Applicaion.OnKey "^{F1}", "설명"
② Applicaion.OnKey "%{a}", "입력"
③ Applicaion.OnKey "^{p}", ""
④ Applicaion.OnKey "^{c}", ""
⑤ Applicaion.OnKey "^{c}"

① Ctrl + F1 을 누르면 '설명' 프로시저가 실행됩니다.
② Alt + A 를 누르면 '입력' 프로시저가 실행됩니다.
③ Ctrl + P 의 기능을 해제하여 해당 키를 눌러도 아무 동작도 하지 않도록 합니다. 바로 가기 키로 인쇄하지 못하도록
　할 때 사용합니다.
④ Ctrl + C 의 기능을 해제하여 Ctrl + C 로 복사할 수 없도록 합니다.
⑤ Ctrl + C 의 기능을 복원하여 원래 기능으로 사용할 수 있도록 합니다.

같은 색의 셀 개수를 세는 사용자 정의 함수 만들기

실습 파일 | Part02/Chapter04/04_06.영농보상목록.xlsx
완성 파일 | Part02/Chapter04/04_06.영농보상목록(완성).xlsm

01 프로젝트 시작하기

엑셀 시트에 사용할 수 있는 함수에는 다양한 종류가 있지만 내 업무에 딱 맞는 함수가 없는 경우가 있습니다. 그럴 경우 사용자가 VBA를 통해서 직접 만들어 사용할 수 있는데, 이를 사용자 정의 함수라고 합니다. 특정한 범위에서 개수를 구할 때는 COUNT, COUNTA, COUNTIF, COUNTIFS 함수를 사용합니다. 그런데 이러한 함수들은 모두 셀의 값을 기준으로 개수를 구합니다. 셀에 적용된 채우기 색을 기준으로 개수를 구하는 함수가 업무에 필요하다면 사용자 정의 함수를 만들어야 합니다. VBA를 이용해 사용자 정의 함수를 만들고, 엑셀의 모든 문서에서 사용할 수 있도록 추가 기능으로 저장하겠습니다.

회사에서 바로 통하는 키워드 Function 프로시저, For Each 반복문, If 조건문, Interior 속성, Color 속성

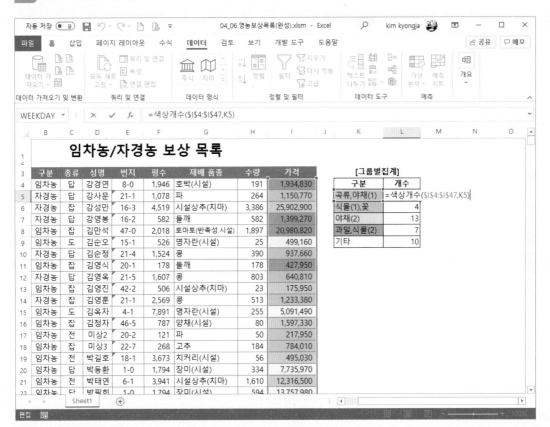

한눈에 보는 작업순서

| Function 프로시저 추가하기 | ▶ | 변수 선언하기 | ▶ | 조건문과 반복문으로 개수 카운터하기 | ▶ | 계산된 최종값 함수에 저장하기 | ▶ |

| 추가 기능으로 저장하기 | ▶ | 추가 기능 파일 열기 | ▶ | 셀에 함수 입력하기 |

STEP 01 채우기 색을 기준으로 셀 개수를 구하는 Function 프로시저 작성하기

❶ 공용 모듈에 Function을 추가하고 함수에 사용할 두 개의 인수를 지정합니다.

❷ 범위로 지정한 영역을 저장할 변수와 개수를 누적하여 저장할 변수를 선언하는 코드를 입력합니다.

❸ 범위로 지정한 영역의 채우기 색이 조건의 색과 일치하는지 비교하는 조건문과 반복문을 입력합니다.

❹ 계산된 최종값을 함수 이름에 대입합니다.

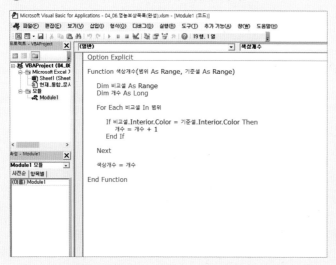

STEP 02 추가 기능으로 저장하여 셀에 함수 입력하기

❶ 통합 문서를 엑셀 추가 기능으로 저장합니다.

❷ 저장한 추가 기능 파일을 엽니다.

❸ 셀에 함수를 입력하여 계산합니다.

채우기 색을 기준으로 셀 개수를 구하는 Function 프로시저 작성하기

모듈에 Function 프로시저를 추가하고, 범위로 지정한 영역에서 조건 셀과 채우기 색이 일치하는 셀의 개수를 카운트하여 최종값을 함수 이름에 대입하는 조건문과 반복문을 입력해보겠습니다.

01 모듈과 Function 프로시저 추가하기 실습 파일을 열고 [Visual Basic 편집기]에서 ❶ [삽입]-[모듈]을 클릭합니다. ❷ 추가된 모듈에 **Function 색상개수(범위 As Range, 기준셀 As Range)**를 입력한 후 Enter 를 누릅니다.

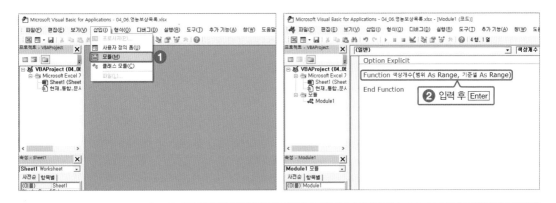

📊 **실력향상** 사용자 정의 함수는 Function으로 시작하여 End Function으로 끝나는 형식으로 사용하고, 프로시저 안에 입력하는 명령문은 Sub 프로시저와 같습니다. **색상개수**는 함수 이름이 되고, **범위**와 **기준셀**은 함수에 사용되는 인수가 됩니다.

02 변수 선언하고 조건문과 반복문 입력하기 입력 범위에서 조건 셀과 채우기 색이 일치하는 셀의 개수를 카운트하여 최종값을 함수 이름에 대입하는 조건문과 반복문을 '색상개수' 프로시저에 다음과 같이 입력합니다.

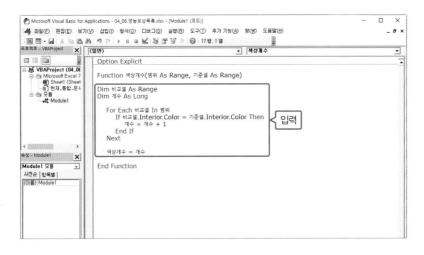

① Function 색상개수(범위 As Range, 기준셀 As Range)

② Dim 비교셀 As Range

③ Dim 개수 As Long

④   For Each 비교셀 In 범위

⑤   If 비교셀.Interior.Color = 기준셀.Interior.Color Then

⑥   개수 = 개수 + 1

⑦   End If

⑧   Next

⑨   색상개수 = 개수

⑩ End Function

❶ 사용자 정의 함수를 시작합니다. 함수 이름은 '색상개수'이고, '범위' 인수와 '기준셀' 인수를 사용합니다. '범위' 인수는 채우기 색이 설정된 범위로 사용되고, '기준셀' 인수는 어떤 색상의 개수를 구할 것인지 지정하는 조건 셀이 됩니다. 인수를 지정할 때는 **As Range**처럼 자료 형식도 함께 지정하는데, 변수를 선언할 때 사용하는 자료 형식 지정과 같습니다.

❷ 반복문에 사용할 '비교셀' 변수를 선언합니다.

❸ 채우기 색이 맞으면 개수를 누적하여 저장할 '개수' 변수를 선언합니다.

❹ 반복문을 시작합니다. 함수를 입력할 때 지정하는 범위를 '비교셀' 변수에 대입하여 개체 수만큼 **❺** ~ **❼**을 반복 실행합니다.

❺ 채우기 색이 같은지 비교하는 조건문입니다.

❻ If 조건식이 맞을 때 실행하는 문장으로, '개수' 변수의 값을 1 증가시킵니다.

❼ 조건문을 종료합니다.

❽ 반복문을 종료합니다.

❾ '개수' 변수에 저장된 최종값을 함수 이름에 대입합니다. 사용자 정의 함수는 항상 최종값을 함수 이름에 대입해야 함수를 입력한 셀에 결과가 표시됩니다.

❿ 사용자 정의 함수를 종료합니다.

03 함수 마법사로 결과 확인하기 ❶ [Sheet1] 시트 탭을 클릭한 후 ❷ [L5] 셀을 클릭합니다. ❸ [수식] 탭-[함수 라이브러리] 그룹-[함수 삽입]을 클릭합니다. [함수 마법사] 대화상자의 ❹ [범주 선택]에서 [사용자 정의]를 클릭한 후 ❺ [함수 선택]에서 [색상개수]를 클릭합니다. ❻ [확인]을 클릭합니다.

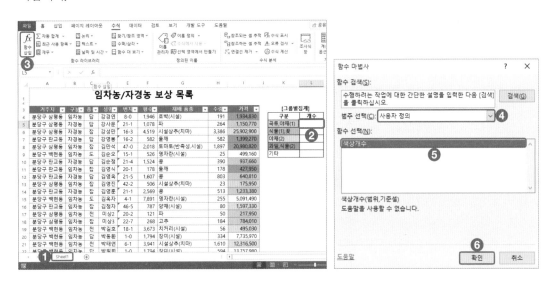

04 ❶ [범위] 입력란에 커서를 두고 ❷ [I4:I47] 범위를 지정한 후 ❸ F4 를 누릅니다. ❹ [기준셀] 입력란에 커서를 두고 ❺ [K5] 셀을 클릭합니다. ❻ [확인]을 클릭합니다.

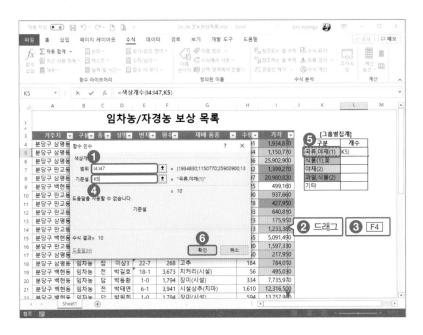

05 셀에 직접 함수 입력해보기 ❶ [L6] 셀에 **=색상개수($I$4:$I$47,K6)**를 입력합니다. ❷ [L6] 셀의 채우기 핸들을 더블클릭하여 수식을 복사합니다.

STEP 02 추가 기능으로 저장하여 셀에 함수 입력하기

사용자 정의 함수는 엑셀의 모든 문서에 사용할 수 있어야 하므로 추가 기능으로 저장하여 사용하는 것이 좋습니다. '색상개수' 함수를 추가 기능으로 저장한 후 열어보겠습니다.

06 추가 기능으로 저장하기 ❶ [파일]–[다른 이름으로 저장]을 클릭합니다. ❷ 파일 이름으로 **색상기준개수함수**를 입력하고 ❸ 파일 형식에서 [Excel 추가 기능(*.xlam)]을 클릭한 후 ❹ [저장]을 클릭합니다.

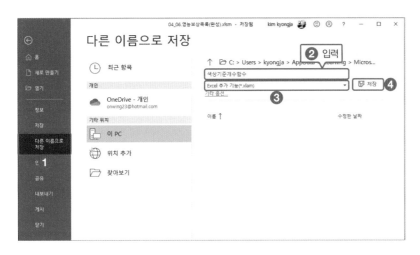

07 추가 기능 파일 열기 ❶ [개발 도구] 탭–[추가 기능] 그룹–[Excel 추가 기능]을 클릭합니다. [추가 기능] 대화상자에서 ❷ [색상기준개수함수]에 체크하고 ❸ [확인]을 클릭합니다.

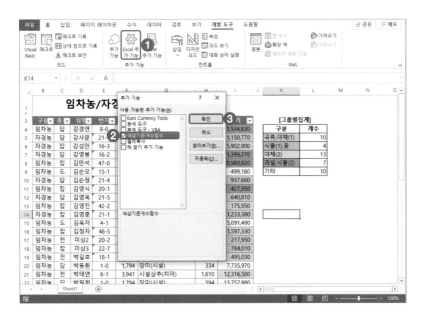

08 새 통합 문서에 함수 입력해보기 열려 있는 모든 엑셀 통합 문서를 닫고 새 통합 문서를 열어 ❶ [수식] 탭-[함수 라이브러리] 그룹-[함수 삽입]을 클릭합니다. [함수 마법사] 대화상자의 ❷ [범주 선택]에서 [사용자 정의]를 클릭합니다. [함수 선택] 목록에 [색상개수]가 표시됩니다.

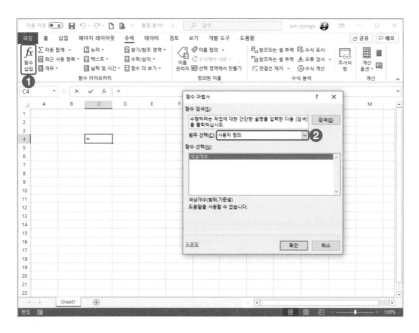

사용자 정의 함수의 특징과 형식

VBA 키워드 : 사용자 정의 함수

1. 사용자 정의 함수의 특징

❶ 사용자 정의 함수는 공용 모듈에 작성합니다.

❷ 사용자 정의 함수 안에 사용되는 명령어는 Sub 프로시저에서 사용하는 문법과 같습니다.

❸ 사용자 정의 함수는 함수에서 계산된 결괏값을 셀에 표시해야 하기 때문에 프로시저가 종료된 다음 반드시 반환하는 값이 존재해야 합니다.

❹ 사용자 정의 함수는 엑셀의 다른 함수와 같이 함수 마법사를 사용하여 워크시트에 입력할 수 있고, 셀에 직접 입력할 수도 있습니다.

❺ 엑셀의 모든 문서에 사용할 수 있어야 하므로 추가 기능으로 저장하여 사용하는 것이 좋습니다.

2. 사용자 정의 함수의 형식

사용자 정의 함수는 Funciton으로 시작하여 End Function으로 끝나고, 함수가 계산을 위해 입력 받아야 하는 값이나 범위는 함수 이름 다음에 인수로 지정합니다.

• 형식

```
Function ❶ 함수 이름(❷ 인수1, 인수2, 인수3, ....)
    ❸ 함수에서 계산될 명령문 (설정한 인수 사용)
    ❹ 함수 이름 = 결괏값
End Function
```

❶ **함수 이름** : 한글, 영문, 숫자 등을 혼합하여 사용하되 첫 글자는 반드시 문자여야 합니다. 매크로 이름이나 Sub 프로시저 이름 사용 규칙과 같습니다.

❷ **인수** : 인수는 함수를 사용할 때 사용자가 직접 입력하는 셀 주소나 값, 조건 등이 해당됩니다. 이 인수는 작성할 함수에서 필요한 개수만큼 추가합니다. 작성한 사용자 정의 함수의 인수가 두 개라면 함수를 함수 마법사로 삽입할 경우 인수를 설정하는 입력란이 두 개 표시됩니다. 인수에는 자료 형식을 설정할 수 있습니다. '인수 As 자료형식'으로 설정하며 변수를 선언할 때 사용하는 자료 형식과 같고 생략할 수도 있습니다.

❸ **함수에서 계산될 명령문** : 프로그램을 실행할 때 필요한 변수 선언부터 조건문과 반복문 등을 포함한 실행문이 해당됩니다.

❹ **함수 이름 = 결괏값** : 사용자 정의 함수에서는 여러 가지 명령문을 활용하여 계산을 하고 그 결괏값을 반드시 함수 이름에 대입해야 워크시트 셀에 함수를 통하여 계산한 결과가 표시됩니다. 함수 이름에 마지막 계산 결과를 대입하는 문장은 항상 End Function 바로 전에 작성합니다.

07

품명을 기준으로 코드를 같은 행으로
이동시키는 프로그램 만들기

실습 파일 | Part02/Chapter04/04_07.분류별코드정리.xlsx
완성 파일 | Part02/Chapter04/04_07.분류별코드정리(완성).xlsm

01 프로젝트 시작하기

시스템에서 다운로드한 품목별 목록 데이터에 품목번호, 품목명, 품목코드가 각 열에 입력되어 있습니다. 품목명이 같을 경우 품목코드가 같은 행 오른쪽으로 나열되도록 표시하여 중복되는 품목명을 삭제하려고 합니다. 각 품목별 품목코드의 개수가 같을 경우 수식을 사용하거나 상대 참조 자동 매크로를 사용하여 좀 더 편하게 자동화할 수 있지만 품목별 품목코드의 개수가 다르다면 VBA로 코딩하여 프로그램을 만들어야 합니다.

B열의 품목명을 비교하여 같으면 품목코드를 D열, E열, F열, … 등으로 일괄 이동하는 프로시저를 작성하고 이동이 완료되면 불필요한 품목명 행을 삭제한 후 열 머리글을 입력하는 문장을 추가하여 완성해보겠습니다.

회사에서
바로 통하는
키워드
Do While 반복문, For Next 반복문, If 조건문, Cut 메서드, Delect 메서드, Offset 속성, SpecialCells 속성, EntireRow 속성, ScreenUpdating 속성

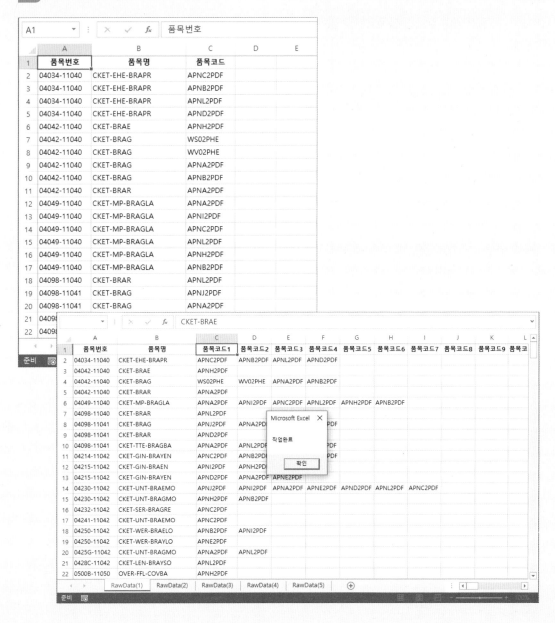

한눈에
보는
작업순서

| 모듈과 프로시저 추가하기 | ▶ | 변수 선언하기 | ▶ | 품목명을 비교하여 품목코드 이동하기 | ▶ | 불필요한 행 삭제하기 | ▶ | 품목코드 머리글 입력하기 |

STEP 01 품목명이 같으면 품목코드를 같은 행 오른쪽 열로 이동시키는 프로시저 작성하기

❶ 공용 모듈에 프로시저를 추가하고 변수를 선언합니다.

❷ [B2] 셀부터 품목명이 같은지 비교하고 같은 품목명이면 품목코드를 차례대로 오른쪽 열에 이동하는 조건문과 반복문을 입력합니다.

STEP 02 불필요한 행을 삭제하고 열 머리글을 입력하는 코드 추가하기

❶ C열에서 빈 셀만 선택하여 행 전체를 삭제하는 코드를 추가합니다.

❷ 품목코드가 입력된 열의 1행에 품목코드1, 품목코드2, 품목코드3,…으로 머리글이 입력되도록 반복문을 추가합니다.

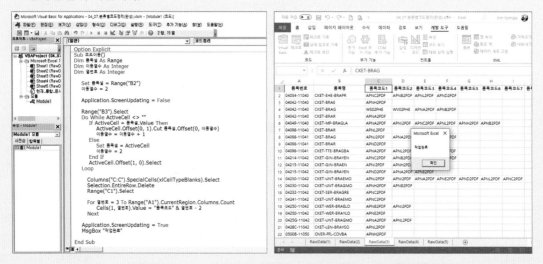

STEP 01 품목명이 같으면 품목코드를 같은 행 오른쪽 열로 이동시키는 프로시저 작성하기

모듈과 프로시저를 추가하여 실행문에 필요한 변수를 선언한 후 [B2] 셀부터 품목명이 같은지 비교하고 같은 품목명이면 품목코드를 차례대로 오른쪽 열에 이동하는 조건문과 반복문을 입력해보겠습니다.

01 모듈과 프로시저 추가하기 실습 파일을 열고 [Visual Basic 편집기]에서 ❶ [삽입]–[모듈]을 클릭합니다. ❷**Sub 코드이동**을 입력한 후 Enter 를 누릅니다.

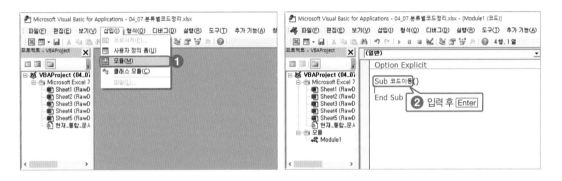

02 변수 선언과 품목코드를 이동하는 코드 입력하기 변수를 선언한 후 B열의 품목명이 같은지 비교하여 품목코드를 오른쪽 열로 이동시키는 조건문과 반복문을 다음과 같이 입력합니다.

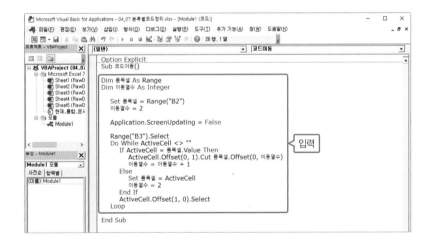

Sub 코드이동()
❶ Dim 품목셀 As Range
❷ Dim 이동열수 As Integer
❸　　 Set 품목셀 = Range("B2")

```
❹        이동열수 = 2
❺        Application.ScreenUpdating = False
❻        Range("B3").Select
❼        Do While ActiveCell <> ""
❽            If ActiveCell = 품목셀.Value Then
❾                ActiveCell.Offset(0, 1).Cut 품목셀.Offset(0, 이동열수)
❿                이동열수 = 이동열수 + 1
⓫            Else
⓬                Set 품목셀 = ActiveCell
⓭                이동열수 = 2
⓮            End If
⓯            ActiveCell.Offset(1, 0).Select
⓰        Loop
End Sub
```

❶ B열의 품목명을 저장할 '품목셀' 변수를 선언합니다.

❷ 품목코드의 이동할 열수를 저장할 '이동열수' 변수를 선언합니다.

❸ '품목셀' 변수에 초깃값으로 [B2] 셀을 대입합니다. [B2] 셀은 처음 비교할 품목명입니다.

❹ '이동열수' 변수에 초깃값으로 **2**를 대입합니다. '이동열수' 변수는 품목코드를 현재 위치에서 오른쪽으로 몇 칸 떨어진 셀로 이동할 것인지 결정하는 값으로, 품목코드를 처음 이동할 때는 B열에서 D열로 두 칸 떨어진 셀로 이동해야 하므로 2를 대입하는 것입니다.

❺ 작업 과정을 워크시트 화면에 표시하지 않습니다.

❻ [B3] 셀을 클릭합니다.

❼ 반복문을 시작합니다. 현재 셀에 값이 있는 동안 ❽ ~ ⓯를 반복 실행합니다.

❽ 현재 셀과 '품목셀' 변수에 저장된 셀 값이 같은지 비교하는 조건문을 시작합니다.

❾ ~ ❿ 조건이 참일 때 실행할 문장으로 품목코드를 같은 행 오른쪽 열로 이동합니다. 다음 품목코드로 이동하기 위해 '이동열수' 변숫값을 1 증가시킵니다.

⓫ ~ ⓭ 조건이 거짓일 때 실행할 문장으로, 현재 셀을 '품목셀' 변수에 대입합니다. 조건이 거짓인 경우는 새로운 품목명이 시작되는 것이므로 '품목셀' 변숫값을 변경합니다. '이동열수' 변숫값도 다시 2로 초기화합니다.

⓮ 조건문을 종료합니다.

⓯ 다음 품목명을 비교하기 위해 아래쪽으로 한 칸 이동한 셀을 선택합니다.

⓰ 반복문을 종료합니다.

03 결과 확인하기 ❶ [RawData(1)] 시트 탭을 클릭합니다. ❷ [개발 도구] 탭–[코드] 그룹–[매크로]를 클릭합니다. [매크로] 대화상자에서 ❸ [실행]을 클릭합니다. 매크로가 실행되고 같은 품목명의 품목코드가 오른쪽 열로 이동됩니다.

불필요한 행을 삭제하고 열 머리글을 입력하는 코드 추가하기

불필요한 행을 삭제하기 위해 C열을 기준으로 빈 셀만 선택하여 행 전체를 삭제하는 문장을 추가하고, 품목코드가 입력된 열의 1행에 품목코드1, 품목코드2, 품목코드3,… 으로 머리글을 입력하는 반복문을 추가해보겠습니다.

04 행 삭제와 머리글 입력 문장 추가하기 '코드이동' 프로시저에 C열을 기준으로 빈 셀을 선택하여 행 전체를 삭제하는 문장과 1행에 품목코드 머리글을 입력하는 반복문을 다음과 같이 추가합니다.

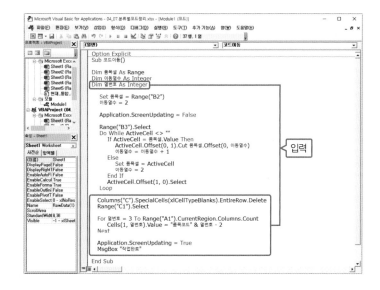

```
Sub 코드이동()
Dim 품목셀 As Range
Dim 이동열수 As Integer
❶ Dim 열번호 As Integer
        Set 품목셀 = Range("B2")
        이동열수 = 2
        Application.ScreenUpdating = False
        Range("B3").Select
        Do While ActiveCell <> ""
                If ActiveCell = 품목셀.Value Then
                        ActiveCell.Offset(0, 1).Cut 품목셀.Offset(0, 이동열수)
                        이동열수 = 이동열수 + 1
                Else
                        Set 품목셀 = ActiveCell
                        이동열수 = 2
                End If
                ActiveCell.Offset(1, 0).Select
        Loop
❷       Columns("C").SpecialCells(xlCellTypeBlanks).EntireRow.Delete
❸       Range("C1").Select
❹       For 열번호 = 3 To Range("A1").CurrentRegion.Columns.Count
❺               Cells(1, 열번호).Value = "품목코드" & 열번호 - 2
❻       Next
❼       Application.ScreenUpdating = True
❽       MsgBox "작업완료"
End Sub
```

❶ '열번호' 변수를 선언합니다. 이 변수는 1행에 품목코드 머리글을 입력할 때 사용되는 반복문의 카운터 변수입니다.

❷ C열을 기준으로 빈 셀들의 행 전체를 삭제합니다.

❸ [C1] 셀을 클릭합니다.

❹ 1행에 품목코드 머리글을 입력하기 위해 반복문을 시작합니다. C열부터 머리글이 입력되어야 하므로 반복 카운터 초깃값은 3이고, [A1] 셀에서 주변 데이터 영역의 열 개수가 마지막 머리글이 입력되어야 할 열 번호이므로 반복 카운터 최종값이 됩니다.

❺ 반복 실행되는 문장으로, 1행에 품목코드 머리글을 입력합니다. 처음 실행할 때는 열 번호가 3이므로 [C1] 셀에 품목코드1이 입력되고, 두 번째 실행할 때는 열 번호가 4가 되므로 [D1] 셀에 품목코드2가 입력됩니다.

❻ 반복문을 종료합니다.

❼ 작업 과정이 화면에 표시되도록 다시 설정합니다.

❽ 작업완료 메시지 대화상자를 나타냅니다.

05 결과 확인하기 ❶ [RawData(2)] 시트 탭을 클릭합니다. ❷ [개발 도구] 탭-[코드] 그룹-[매크로]를 클릭합니다. [매크로] 대화상자에서 ❸ [실행]을 클릭합니다. 품목코드가 이동된 후 불필요한 행이 삭제되고 머리글이 입력됩니다. 작업완료를 알리는 메시지가 나타나면 ❹ [확인]을 클릭합니다.

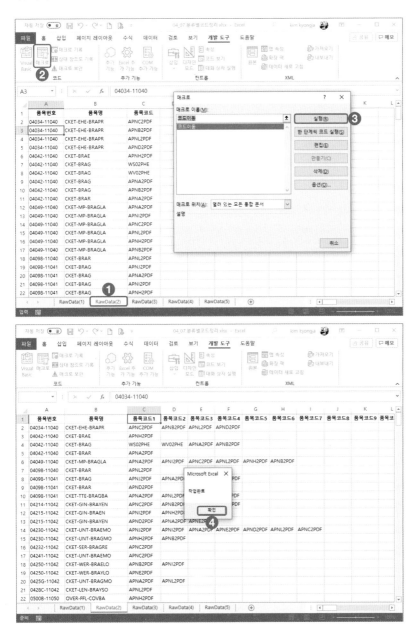

프로젝트

08

여러 개의 파일을 한 시트에 취합하는 프로그램 만들기

실습 파일 | Part02/Chapter04/04_08.통계데이터취합.xlsx
완성 파일 | Part02/Chapter04/04_08.통계데이터취합(완성).xlsm

---

01 프로젝트 시작하기

여러 파일에 분리되어 있는 같은 양식의 데이터를 한 시트에 취합하는 것은 빈번한 작업 중 하나입니다. 이때 각각의 파일을 열어 복사한 후 붙여 넣는 과정을 반복하게 되는데 이 작업을 자동화하는 프로그램을 만들어 사용하면 편리합니다.

예제 폴더의 [파일취합] 폴더 안에는 17개의 지역별 인구 데이터 통계가 저장된 통합 문서가 있습니다. 각 통합 문서의 첫 번째 시트 데이터를 모두 복사하여 현재 통합 문서의 [통계데이터취합] 시트에 모으는 프로그램을 만들어보겠습니다.

회사에서 바로 통하는 키워드

GetOpenFilename 메서드, Open 메서드, Close 메서드, UBound 함수, Copy 메서드, PasteSpecial 메서드, Workbooks 개체, ThisWorkbook 속성, End 속성, DisplayAlerts 속성, On Error GoTo 에러처리문

02 프로젝트 예제 미리 보기

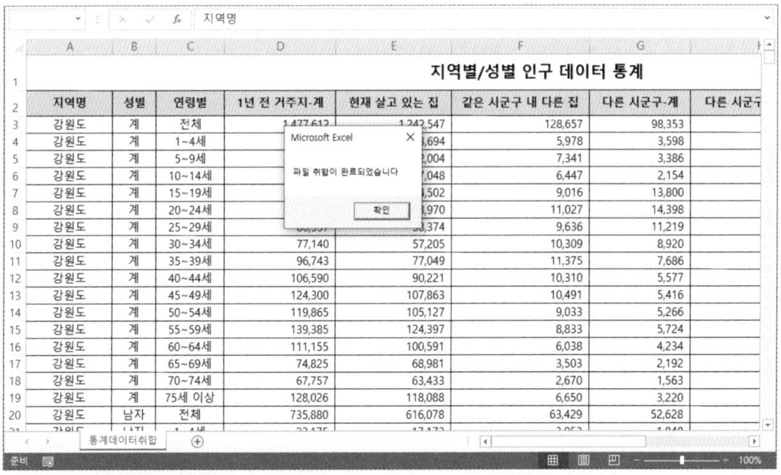

한눈에 보는 작업순서

모듈과 프로시저 추가하기 ▶ 변수 선언하기 ▶ 열기 대화상자 표시하기 ▶ 복사할 파일 열기 ▶ 복사하여 붙여 넣기 ▶ 파일 닫기

STEP 01 변수 선언과 열기 대화상자를 표시하는 프로시저 작성하기

❶ 공용 모듈에 프로시저를 추가하고 변수를 선언합니다.

❷ 열기 대화상자를 표시하여 사용자가 취합할 파일을 선택하면 파일의 정보를 변수에 저장하는 코드를 입력합니다.

STEP 02 선택된 파일을 열어 복사한 후 붙여 넣는 작업을 반복하는 코드 추가하기

❶ 반복문을 시작하고 사용자가 선택한 파일을 하나씩 여는 코드를 입력합니다.

❷ 첫 번째 시트의 [A2] 셀부터 마지막 데이터까지 복사하여 프로그램이 작성된 통합 문서의 [통계 데이터취합] 시트로 붙여 넣는 코드를 입력합니다.

❸ 복사가 완료된 파일을 닫고 반복문을 종료하는 코드를 입력합니다.

❹ 오류가 발생했을 때 처리할 수 있는 코드를 추가합니다.

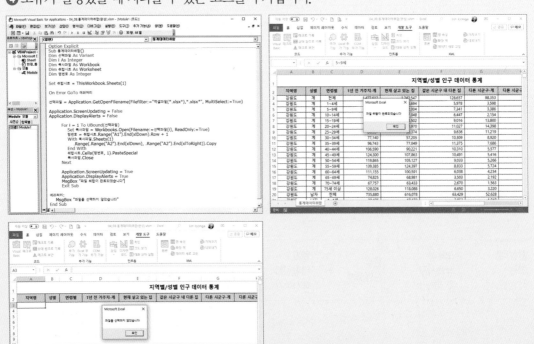

변수 선언과 열기 대화상자를 표시하는 프로시저 작성하기

모듈과 프로시저를 추가한 후 실행문에서 사용할 변수를 선언합니다. 그 다음 열기 대화상자를 표시하여 사용자가 취합할 파일을 선택하면 파일의 정보를 변수에 저장하는 문장을 입력해보겠습니다.

01 모듈과 프로시저 추가하기 실습 파일을 열고 [Visual Basic 편집기]에서 ❶ [삽입]–[모듈]을 클릭합니다. ❷ **Sub 통계데이터취합**을 입력한 후 Enter를 누릅니다. 프로시저가 추가됩니다.

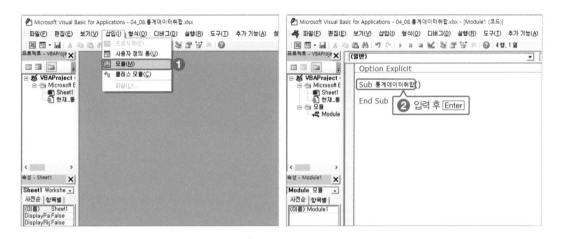

02 변수 선언과 GetOpenFilename 메서드 입력하기 실행문에 필요한 변수를 선언하고 취합할 파일을 사용자가 선택할 수 있도록 열기 대화상자를 표시하는 코드를 입력합니다.

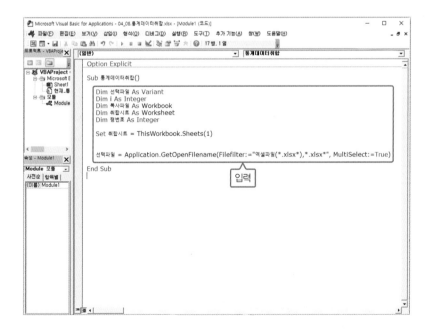

```
Sub 통계데이터취합()
❶ Dim 선택파일 As Variant
❷ Dim i As Integer
❸ Dim 복사파일 As Workbook
❹ Dim 취합시트 As Worksheet
❺ Dim 행번호 As Integer
❻ Set 취합시트 = ThisWorkbook.Sheets(1)
❼ 선택파일 = Application.GetOpenFilename(Filefilter:="엑셀파일(*.xlsx*),*.xlsx*",
     MultiSelect:=True)
End Sub
```

❶ '선택파일' 변수를 Variant(가변형)으로 선언합니다. GetOpenFilename 메서드에 의해 열기 대화상
자가 나타나면 취합할 파일을 선택하게 되는데, 이 파일의 정보를 저장할 변수입니다. 열기 대화상자에
서 파일을 두 개 이상 선택하면 파일 이름이 배열로 변수에 대입되고, [취소]를 클릭하면 False가 대입되
므로 변수의 자료 형식을 설정할 수 없어서 가변형으로 선언합니다.

❷ 반복문에 사용될 'i' 카운터 변수를 선언합니다.

❸ 반복문에서 복사할 파일을 저장할 '복사파일' 변수를 선언합니다.

❹ 프로그램이 작성된 통합 문서의 [통계데이터취합] 시트를 저장할 '취합시트' 변수를 선언합니다.

❺ 취합되는 시트에 데이터를 붙여 넣을 행 번호를 저장할 '행번호' 변수를 선언합니다.

❻ 프로그램이 작성된 통합 문서의 첫 번째 시트를 '취합시트' 변수에 대입합니다. 이 프로그램은 두 개 이
상의 통합 문서가 열린 상태에서 작업이 되므로 'ThisWorkbook.Sheets(1)' 형식으로 개체를 지정해야
합니다.

❼ GetOpenFilename 메서드를 이용하여 확장자가 'xlsx'인 파일만 표시하는 열기 대화상자를 표시합니
다. xlsx로 확장자를 설정하면 엑셀 2007 이상 파일만 표시됩니다. MultiSelect 인수를 **True**로 설정하
여 두 개 이상의 파일을 선택할 수 있도록 합니다. 한 줄로 입력합니다.

📊 **실력향상** GetOpenFilename 메서드는 열기 대화상자를 표시하고 사용자가 선택한 파일 이름을 가져옵니다. 그러나 파일
을 열지는 않으므로 파일 열기 작업이 필요할 경우 GetOpenFilename 메서드에서 반환하는 값을 이용하여 WorkBooks.Open 메
서드를 이용해야 합니다. GetOpenFilename 메서드는 'Application.GetOpenFilename(FileFilter, FilterIndex, Title, ButtonText,
MultiSelect)' 형식으로 입력합니다.

03 결과 확인하기 ❶ [통계데이터취합] 시트 탭을 클릭합니다. ❷ [개발 도구] 탭–[코드] 그룹–[매크로]를 클릭합니다. [매크로] 대화상자에서 ❸ [실행]을 클릭합니다. 매크로가 실행되어 취합할 파일을 선택할 수 있는 [열기] 대화상자가 표시됩니다. ❹ 취합할 파일이 있는 폴더로 이동하고 ❺ Ctrl + A를 눌러 모든 파일을 선택한 후 ❻ [열기]를 클릭합니다. 그 다음 실행문을 입력하지 않았기 때문에 아무런 변화가 없습니다.

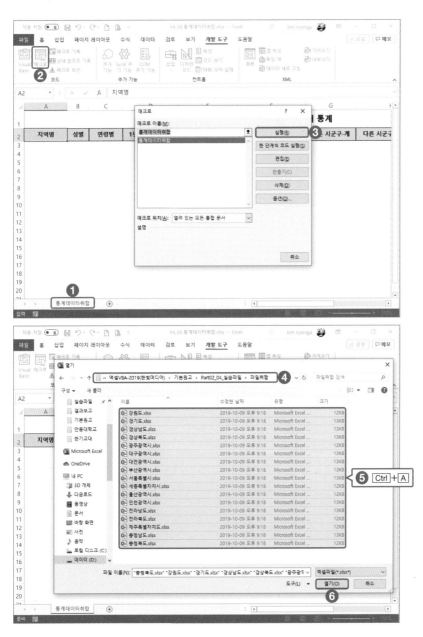

STEP 02 선택된 파일을 열어 복사한 후 붙여 넣는 작업을 반복하는 코드 추가하기

[열기] 대화상자에서 선택한 파일을 하나씩 각각 열어서 내용을 복사하는 반복문을 입력해보겠습니다. 만약 [열기] 대화상자에서 [취소]를 클릭하면 오류가 발생하므로 이 오류를 처리할 수 있는 코드도 함께 입력합니다.

04 복사하여 붙여 넣는 문장 추가하기 선택한 파일을 열고 첫 번째 시트의 내용을 복사하여 [통계데이터취합] 시트로 붙여 넣는 작업을 반복하도록 '통계데이터취합' 프로시저에 다음과 같이 반복문을 추가 입력합니다.

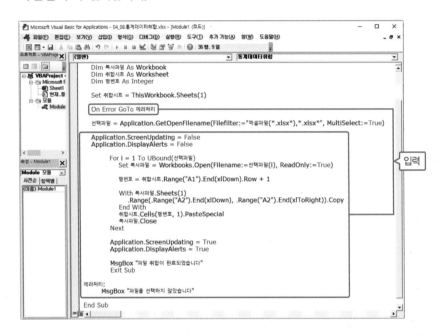

```
Sub 통계데이터취합()
        Dim 선택파일 As Variant
        Dim i As Integer
        Dim 복사파일 As Workbook
        Dim 취합시트 As Worksheet
        Dim 행번호 As Integer
        Set 취합시트 = ThisWorkbook.Sheets(1)
❶      On Error GoTo 에러처리
        선택파일 = Application.GetOpenFilename(Filefilter:="엑셀파일(*.xlsx*),*.xlsx*",
            MultiSelect:=True)
❷      Application.ScreenUpdating = False
```

```
❸        Application.DisplayAlerts = False
❹          For i = 1 To UBound(선택파일)
❺            Set 복사파일 = Workbooks.Open(Filename:=선택파일(i), ReadOnly:=True)
❻            행번호 = 취합시트.Range("A1").End(xlDown).Row + 1
❼            With 복사파일.Sheets(1)
❽              .Range(.Range("A2").End(xlDown), .Range("A2").End(xlToRight)).Copy
❾            End With
❿            취합시트.Cells(행번호, 1).PasteSpecial
⓫            복사파일.Close
⓬          Next
⓭          Application.ScreenUpdating = True
⓮          Application.DisplayAlerts = True
⓯          MsgBox "파일 취합이 완료되었습니다"
⓰          Exit Sub
⓱      에러처리:
⓲          MsgBox "파일을 선택하지 않았습니다"
        End Sub
```

❶ 이 문장 다음에 오류가 발생하면 오류 처리 레이블이 있는 ⓱로 이동합니다. 열기 대화상자에서 [취소]를 클릭하면 다음 문장에서 오류가 발생하기 때문에 오류 처리문이 필요합니다.

❷ 작업 과정을 워크시트 화면에 표시하지 않습니다.

❸ 복사한 후 통합 문서를 닫을 때 클립보드의 내용을 저장할 것인지 확인하는 메시지 대화상자를 나타내지 않고 기본 설정사항으로 프로그램이 진행되도록 합니다.

❹ 반복문을 시작하는 문장으로, ❺ ~ ⓫을 반복 실행합니다. **UBound(선택파일)**를 이용하여 For Next 반복문의 최종값을 계산하는데 '선택파일' 변수에는 열기 대화상자에서 선택한 파일들이 배열 형태로 저장되어 있고, UBound 함수를 사용하여 변수에 저장된 가장 큰 인덱스값을 계산합니다.

❺ 선택된 파일을 읽기 전용으로 열어서 '복사파일' 변수에 대입합니다. 파일이 수정되지 않도록 하기 위해 ReadOnly 속성을 **True**로 설정하여 읽기 전용으로 열어 작업하는 것이 안전합니다.

❻ '취합시트' 변수에 저장된 시트에 붙여 넣을 행 번호를 계산하여 '행번호' 변수에 대입합니다. '취합시트' 변수에는 프로그램이 작성된 통합 문서의 [통계데이터취합] 시트가 저장되어 있습니다.

❼ ~ ❾ **복사파일.Sheets(1)**를 With 문으로 묶어서 ❽의 마침표(.) 앞에 생략되었음을 표시합니다. '복사파일' 변수에 저장된 통합 문서 첫 번째 시트의 [A2] 셀부터 아래쪽과 오른쪽 방향으로 모든 데이터를 복사합니다.

❿ 복사한 데이터 목록을 [통계데이터취합] 시트에 붙여 넣습니다.

⓫ 복사가 완료된 통합 문서를 닫습니다.

⑫ 반복문을 종료합니다.

⑬ ~ ⑭ 화면 업데이트 과정과 경고 메시지 표시를 나타내도록 다시 기본값으로 설정합니다.

⑮ 파일 취합이 완료되었다는 메시지 대화상자를 나타냅니다.

⑯ 프로시저를 종료합니다. 오류 없이 정상적으로 실행되면 ⑰ ~ ⑱을 실행하지 않아야 하므로 필요한 문장입니다.

⑰ 오류가 발생했을 때 이동할 레이블입니다.

⑱ 파일이 선택되지 않았다는 메시지 대화상자를 나타냅니다.

05 결과 확인하기 ❶ [통계데이터취합] 시트 탭을 클릭합니다. ❷ [개발 도구] 탭-[코드] 그룹-[매크로]를 클릭합니다. [매크로] 대화상자에서 ❸ [실행]을 클릭합니다. 매크로가 실행되어 취합할 파일을 선택할 수 있는 [열기] 대화상자가 표시됩니다. ❹ 취합할 파일이 있는 폴더로 이동하고 ❺ Ctrl + A 를 눌러 모든 파일을 선택한 후 ❻ [열기]를 클릭합니다.

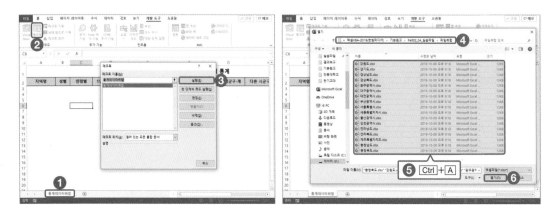

06 프로그램이 실행되고 [통계데이터취합] 시트에 복사된 내용이 표시됩니다. 작업이 완료되었다는 메시지가 나타나면 [확인]을 클릭합니다.

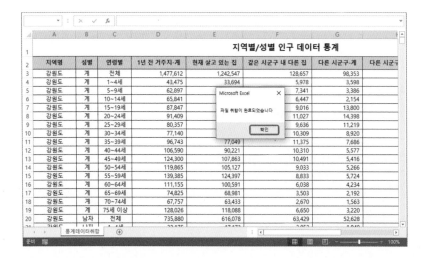

07 열기 대화상자에서 취소 클릭하기 ❶ [개발 도구] 탭-[코드] 그룹-[매크로]를 클릭합니다. [매크로] 대화상자에서 ❷ [실행]을 클릭합니다. [열기] 대화상자가 표시되면 ❸ [취소]를 클릭합니다. 파일을 선택하지 않았다는 메시지가 나타나면 ❹ [확인]을 클릭합니다.

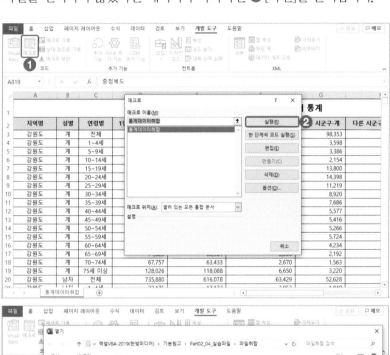